17847

LIBRAIRIE ARCHÉOLOGIQUE DE VICTOR DIDRON
13, RUE HAUTEFEUILLE, A PARIS

ARCHITECTURE
CIVILE ET DOMESTIQUE

AU MOYEN AGE ET A LA RENAISSANCE

DESSINÉE ET PUBLIÉE
PAR
AYMAR VERDIER
ARCHITECTE
Correspondant du Comité historique des arts et monuments

ET PAR LE
D' F. CATTOIS

GRAVURES
PAR
LÉON GAUCHEREL

PROSPECTUS

C'est un préjugé généralement répandu, de croire que les dispositions et les formes architectoniques du moyen âge ne peuvent, en aucun cas, être appliquées aux constructions civiles de notre époque. Notre art national, a-t-on souvent répété, convient sans doute pour élever des édifices religieux; mais de quelle utilité peut-il être pour construire, au XIX⁰ siècle, des hôtels de ville vastes et bien disposés, des hôpitaux salubres, des colléges agréables et commodes, des halles, des châteaux ou des maisons? On ajoute : les révolutions et le goût moderne ont détruit presque tous les monuments civils, et, quand il nous en resterait encore de nombreux modèles, faudrait-il les imiter, les besoins à satisfaire aujourd'hui étant tout à fait différents de ceux d'autrefois?

La publication que nous entreprenons est une réponse à ces diverses objections. Nous montrerons d'abord que toutes les contrées de l'Europe ont conservé des monuments civils d'une grande importance. Ensuite, nous espérons prouver que l'étude de ces édifices peut être d'une utilité incontestable aux architectes chargés de constructions analogues. On croit généralement que la pensée chrétienne absorbait tout au moyen âge, et ne laissait presque aucune place aux autres éléments qui exercent aujourd'hui tant d'influence sur les destinées des sociétés modernes : c'est là, sans aucun doute, une erreur manifeste. Assurément, à toutes les époques de l'histoire, dans l'antiquité, comme aux siècles chrétiens, les monuments inspirés par le sentiment religieux sont supérieurs à tous les autres par leur caractère de grandeur et de beauté; cependant, même aux époques si ferventes du moyen âge, alors que l'Église bâtissait de nombreuses cathédrales, la Cité élevait, à côté, de riches hôtels de ville, des halles, des colléges, de vastes hôpitaux. Les princes, les abbés, les religieux, les particuliers, construisaient des villes, des palais, des fermes et des maisons. En Allemagne, en Flandre, en Italie, on trouve encore un grand nombre de ces hôtels de ville, de ces palais publics, centres de l'activité municipale dans les cités républicaines de ces contrées. L'Angleterre, où la vie scientifique s'est de bonne heure développée, conserve dans deux villes célèbres, à Oxford et à Cambridge, de nombreux colléges dont les anciennes et curieuses dispositions n'ont jamais été modifiées. La France, malgré toutes ses révolutions religieuses et politiques, est encore très-riche en châteaux, en fermes, en habitations particulières. L'attrait d'un sujet presque inexploré jusqu'ici et si curieux cependant, la crainte trop fondée de voir détruire sous nos yeux, par l'inintelligence du goût moderne, ces témoins de la vie civile de nos pères, tout nous a engagés à commencer et à poursuivre les études dont nous venons aujourd'hui publier le résultat.

Dans ce travail, fruit de nos recherches, nous nous proposons un double but. D'abord nous voulons faire connaître aux archéologues toute une classe de monuments dont on s'est peu occupé jusqu'ici : en conséquence, des notices descriptives et historiques très-détaillées accompagneront régulièrement les gravures : en regard de chaque dessin sera toujours placé le texte correspondant. En second lieu, nous pensons qu'il serait de la plus grande utilité, pour les architectes, d'étudier comment leurs prédécesseurs du moyen âge ou de la renaissance comprenaient la disposition ou la décoration des édifices civils de différente nature; pour faciliter cette étude, à côté des plans et élévations géométrales nous donnerons toujours des détails d'exécution soigneusement mesurés et cotés. Bien des usages se sont sans aucun doute modifiés, et nous sommes loin de prétendre qu'il faille copier servilement les édifices civils anciens; nous pensons seulement qu'il n'en est peut-être pas un seul dans lequel on ne puisse trouver quelque renseignement utile pour la composition de projets modernes. Nous nous estimerons assez payés de tous nos efforts, si l'étude des types que nous publions peut inspirer l'idée de donner dans l'avenir aux édifices civils quelque chose de la grandeur et de l'élégance des monuments analogues du moyen âge et de la renaissance. — Notre travail se divise en deux parties principales : les monuments d'utilité publique et les monuments domestiques, ou d'utilité privée. Ces deux sections se partagent elles-mêmes en plusieurs séries ; nous en indiquerons les principales, pour fixer plus nettement l'attention sur le but où nous tendons.

I° MONUMENTS PUBLICS.

I. — Plans de villes et de bourgs.
II. — Hotels de ville et maisons communes.
III. — Hopitaux, maladreries, hospices.
IV. — Palais de justice.
V. — Prisons, piloris et gibets.
VI. — Colléges, universités, écoles.
VII. — Halles et marchés.
VIII. — Greniers d'abondance.
IX. — Bourses et douanes.
X. — Aqueducs et ponts.
XI. — Fontaines, lavoirs et abreuvoirs.
XII. — Cimetières et tombeaux.

XIII. Statues, monuments commémoratifs.

II° CONSTRUCTIONS DOMESTIQUES.

I. — Palais et manoirs royaux.
II. — Palais des évêques.
III. — Chateaux.
IV. — Manoirs particuliers.
V. — Maisons et leurs dépendances.
VI. — Fermes et granges.
VII. — Moulins, fabriques et boutiques.
VIII. — Ameublement et décoration des maisons.
IX. — Jardins, viviers, puits, sources minérales.

Chacun des édifices ou bâtiments que nous venons d'énumérer formera une série séparée contenant, autant que possible, des types des différents siècles, choisis dans tous les pays de l'Europe. Les monuments que nous allons publier sont tous inédits, et nous les avons nous-mêmes décrits, mesurés et dessinés sur place. Les gravures seront exécutées par M. Gaucherel, et, sous sa direction, par MM. Sauvageot, Lecoq, et différents autres artistes.

Nous ne donnerons, dans les séries, que des monuments importants et pouvant servir de type pour un siècle ou pour un pays ; mais chacune des séries sera suivie d'un travail d'ensemble accompagné de gravures sur métal ou sur bois à une petite échelle, en sorte qu'on puisse se faire une idée générale de certains édifices moins remarquables, mais intéressants cependant par quelques-unes de leurs dispositions. Nous pourrons ainsi comparer des édifices de même nature

— 4 —

dans les principales contrées de l'Europe et faire ressortir les modifications produites par l'influence des climats, par la nature particulière des matériaux, et par les différences d'habitudes des peuples. En réunissant ces résumés, on aura une histoire abrégée de l'architecture civile depuis la chute de l'empire romain jusqu'à la fin du XVIe siècle.

CONDITIONS DE LA SOUSCRIPTION

L'ouvrage, divisé en Séries, se composera de 40 à 50 livraisons paraissant de mois en mois. Chaque livraison contiendra 2 Planches gravées sur acier ou sur cuivre et une Notice historique et descriptive. — Le format est in-4°, pour les planches et le texte. Le papier, les caractères et l'impression seront en tout conformes au présent Prospectus.

Pour les Souscripteurs à tout l'ouvrage, la livraison.	2 fr.	» c.
Pour la Province, chaque livraison.	2	25
Pour l'Étranger, chaque livraison.	2	50
Une livraison achetée séparément.	2	50
Chaque livraison sur papier de Chine, en plus. . . .	1	»

ON SOUSCRIT :

A LA LIBRAIRIE ARCHÉOLOGIQUE DE VICTOR DIDRON

A PARIS, RUE HAUTEFEUILLE, 13 ;

A Londres, chez Barthès et Lovell ;	A Leipzig, chez Weigel et Michelsen ;
A Oxford, chez H. Parker ;	A Cologne, chez Boisserée ;
A Bruxelles, chez C. Muquardt ;	A Milan, chez Dumolard ;
A Rome, chez Merle ;	A Madrid, chez Monnier et Bonnat-Sarvy.

La première livraison paraîtra le 1ᵉʳ mars. Elle contiendra : Le plan, l'élévation géométrale, et le puits de l'hôpital de Beaune, ainsi que la première partie de la Notice de cet édifice.

PARAÎTRONT DE MOIS EN MOIS :

La suite et la fin de la Monographie de l'hôpital de Beaune ; une Maison du XIIIe siècle ; des Hôtels de Ville ; des Châteaux ; une Ferme ; une Fontaine ; des Maisons de différentes époques, etc.

PARIS. — IMPRIMÉ PAR J. CLAYE ET Cⁱᵉ, RUE SAINT-BENOÎT, 7

ARCHITECTURE

CIVILE ET DOMESTIQUE

AU MOYEN AGE ET A LA RENAISSANCE

PARIS
IMPRIMERIE DE J. CLAYE
7, RUE SAINT-BENOIT

ARCHITECTURE
CIVILE ET DOMESTIQUE

AU MOYEN AGE ET A LA RENAISSANCE

DESSINÉE ET DÉCRITE

PAR

AYMAR VERDIER

ARCHITECTE DU GOUVERNEMENT

ET PAR LE

DR F. CATTOIS

TOME SECOND

PARIS
LIBRAIRIE ARCHÉOLOGIQUE DE Vve DIDRON
RUE SAINT-DOMINIQUE-SAINT-GERMAIN, 23

1857
1858

PALAIS PUBLIC DE SIENNE

QUATORZIÈME SIÈCLE.

Parmi les plus florissantes républiques de l'Italie, pléiades de souverainetés qui brillent au front de cette glorieuse contrée comme les étoiles au ciel, Sienne, aux plus beaux jours de sa puissance, sut élever en son sein des monuments dignes de ses illustres destinées. Les fières prétentions qu'elle montra d'avoir eu pour poser ses fondements les descendants même du moins heureux des fils de Rhéa, n'ont point été étrangères sans doute aux efforts qui la rendirent, quoique de loin, l'émule de la capitale du monde. Romulus et Rémus, nourris du lait d'une louve, ont été les insignes souvenirs qu'elle a voulu rattacher à sa naissance, à l'exemple de Rome elle-même. Ses armes parlantes, en effet, comme celles de la métropole de l'univers, portent les deux frères enfants appendus aux mamelles de l'animal sauvage. Partout, aux grands arcs d'entrée de ses murailles, devant ses édifices, sur ses places, et jusqu'aux portes des ses temples, des colonnes isolées ont pour couronner le large galbe de leurs chapiteaux le groupe de la bête fauve allaitant ses mâles nourrissons. A voir la multiplicité de ces images en des lieux si distants et si différents, au sommet des montagnes de l'antique Étrurie, et dans la plaine prédestinée du Latium, on dirait en vérité que les nouveaux-nés, héros de cette scène saisissante, afin d'établir de part et d'autre des droits sacrés d'origine, pour comble de prodige auraient été doués du merveilleux don de l'ubiquité.

Quoi qu'il en soit du symbole mystérieux de la brute des forêts, devenue nourrice et mère, et de ses petits d'adoption, tant de prestige et de poésie dans ce fait accepté ne pouvait être que le point de départ d'une tradition puissante. En revendiquant comme marques de sa grandeur les jumeaux des bords du Tibre, Sienne n'a voulu que se rendre ainsi témoignage à elle-même de sa réelle importance. Ce noble sentiment, ce légitime enthousiasme qui fut son mobile, fit d'elle en sa virilité comme l'image diminuée de la maîtresse et souveraine de la terre. C'est cet élan d'orgueil qui suscita en ses veines cette activité féconde d'où sortirent d'innombrables chefs-d'œuvre en tous genres pendant sa grande période du moyen âge : car c'est miracle vraiment de voir comment, à travers les phases diverses de ses développements, tous les arts à cette époque prirent essor sous ses pouvoirs agités.

Quoi! l'homme ne serait-il donc appelé à tant produire qu'à la condition de détruire autour de lui dans la même proportion? Qui ne le croirait à l'aspect des créations sans nombre et des travaux immenses d'un temps où l'on ne voit que guerres incessantes de ville à ville, de classe à classe, de famille à famille, d'homme à homme ; et le point où nous sommes ne fut-il pas plus qu'aucun autre le théâtre de ce double mouvement d'anéantissement et d'enfantement qui se manifesta alors par toute l'Europe. Mais par où Sienne montre spécialement son génie créateur, sa vitalité dans le passé, c'est l'ardeur qu'on sent qu'elle a mise à élever les édifices qui devaient faire son ornement et sa gloire. Sa force d'expansion, ses efforts organiques furent tels, qu'à travers ses luttes les plus acharnées, au milieu de ses effusions de sang en dehors comme au dedans de ses limites, sa main n'a pas plus failli au grand œuvre de son embellissement qu'au devoir de sa défense. N'aurions-nous, entre ses monuments de tous genres, à citer en preuve de tant de zèle pour sa splendeur que le palais où siégeaient les pouvoirs de sa communauté souveraine, certes un pareil témoin toujours debout de son amour pour le grand et le beau suffirait à justifier l'opinion que nous avons conçue d'elle.

C'est dans la vaste enceinte élevée à sa magistrature suprême que nous voulons concentrer un moment nos regards et notre admiration. Il y a là je ne sais quelle empreinte de bon goût, de simplicité et de majesté tout ensemble, une si haute émanation de l'art de nos pères et de nos maîtres pour bâtir, en enseignant aux peuples leur histoire, qu'il y faut nécessairement pour nous chercher des modèles et des inspirations : or le mérite de cette grande construction ressort encore moins de l'union savamment combinée de la brique, de la pierre et du marbre que des exemples d'héroïsme, des leçons de la vie publique tracées à grands traits de tous côtés et de toutes manières sur ses parois et sur ses lambris. Et quand à de tels avantages vient encore se joindre à chaque pas de ses contours le charme de l'imprévu, on conçoit facilement que l'attention soit toute sollicitée par ce qu'une œuvre si originale offre d'intérêt et d'attrait, jusque dans les plus naïves irrégularités de ses grandes lignes.

Voyez ce dernier caractère surtout saillir de suite à tous les regards dans la disposition générale du plan par terre et de l'élévation. Entre autres frappantes singularités, qui ne s'étonne de rencontrer deux brisements de la même ligne droite dans la façade de ce noble monument. Est-il rien, en vérité, de plus extraordinaire que cette déviation redoublée dans un ensemble d'ailleurs si bien traité? On dirait presque que les architectes Angelo et Agostino da Sienna la voulurent faire entrer dans leurs projets comme pour se conformer au dessin circulaire de la place del Campo; mais il n'en est point ainsi : ces célèbres artistes durent subir d'autres nécessités de lieux qu'ils surent merveilleusement accommoder à leurs vues. Les annales de la cité nous apprennent qu'ils commencèrent leur œuvre à la fin du XIIIe siècle. Ils trouvèrent sans doute deux palais élevés aux côtés de l'emplacement qui leur fut abandonné; et c'est pourquoi ils auraient su si bien se conformer aux exigences qu'ils rencontraient, ou mieux encore en tirer un habile parti. Eh bien! dans ce démanchement bizarre en apparence, résultat d'ailleurs d'accroissements successifs et non prévus, on reconnaît une docilité simple du génie qui, plus encore que la difficulté vaincue, fait éprouver un sentiment d'indicible satisfaction. Une tache que le goût de la raide symétrie repousse peut-être n'est point une faute pour le talent qui sait se l'approprier comme une hardiesse ou une heureuse licence.

On rapporte donc que deux maisons peu distantes et non alignées furent jointes en même temps au principal corps de logis qui se serait par là presque accru des deux tiers de son étendue. Quoi qu'il en soit, ce vaste bâtiment fut toujours destiné par la république à être le lieu des délibérations de son sénat, le siége de l'autorité de ses consuls, la demeure peut-être aussi de ses podestats, l'hôtel de ville enfin, Palazzo Publico. Le municipe siennois ne vit point de difficultés à s'agrandir peu à peu aux dépens des riches habitations de ses voisins. C'est ainsi qu'à notre surprise la demeure de simples citoyens a pu se mettre aisément en accord par une sorte de juxtaposition avec la *Seigneurie* elle-même. A ce dernier nom donné par les peuples du pays au foyer même de leurs grands pouvoirs, qui ne se récrierait parmi nous d'étonnement et peut-être d'indignation? Telle était pourtant la dénomination féodale acceptée dans ces petites sociétés, dans ces démocraties inquiètes et turbulentes dont l'indépendance ne répugnait pas à ces désignations que repoussent aujourd'hui nos mœurs et notre langage. L'envie à tous les échelons sociaux, comme nous la voyons régner parmi nous, n'avait altéré ni le véritable esprit de patriotisme ni les notions de hiérarchie qui sont partout du plus puissant secours contre les troubles de l'ordre politique.

Malgré la délimitation des rangs et la subordination des classes entre elles, il n'était pas rare aussi de voir au milieu de ces populations, jalouses cependant de toute suprématie aristocratique, les familles patriciennes élever leur demeure en rivale de la résidence destinée à recevoir les grands pouvoirs de l'État. C'est ce qui nous aidait à expliquer les diverses adjonctions que nous signalions tout à l'heure au Palais Public et leur obliquité, bien que la rectitude du plan et la symétrie de la façade en fussent un peu blessées. Mais la fortune des nobles devait toujours s'abaisser devant la dignité des chefs du peuple, et cette marque de position subordonnée se traduisait extérieurement par le signe convenu pour exprimer les priviléges de la naissance ou ceux de la possession du pouvoir. Les tours des plus riches et des plus anciennes maisons, suivant l'inflexible rigueur de la coutume, ne pouvaient jamais atteindre le niveau de celle qui était souverainement attribuée au siége du gouvernement.

Cette sage loi de la hiérarchie des donjons italiens, si différents en tous points des nôtres, nous apporte un nouvel éclaircissement avec la position du Palais du peuple presque à l'extrême limite d'une pente assez sensible de terrain. L'une et l'autre condition servent à nous rendre compte de la prodigieuse et j'oserais dire téméraire projection de la tour qui le domine. La hauteur perpendiculaire, sans ressaut, sans retraite, sans appui, sans contre-fort ni arc-boutant d'aucune sorte, en est telle qu'elle égale presque les flèches les plus élancées de nos cathédrales. L'œil attentif y trouverait peut-être sans étonnement quelque défaut de proportion ; mais, tout en l'accusant sous ce rapport, on se rappelle à l'instant la prédominance nécessaire qui devait lui être assurée. En effet, l'hémicycle de la place en amphithéâtre, qui s'étend avec ampleur en plan incliné vers la base du monument, était tout entier bordé, circonscrit par des habitations qui auraient bientôt voulu s'arroger les mêmes prérogatives : car toutes à l'envi prétendaient annoncer de loin l'importance de leurs maîtres par leurs tours analogues, mais toutes inférieures au moins de quelques palmes à la première d'entre elles. Le pouvoir voulait que la partie de l'édifice qui l'exprimait par excellence dominât tous les sommets qui l'entouraient de loin ou de près. En un mot, si la tour reine et maîtresse de la cité ne pouvait être dépassée en aval, suivant la volonté absolue des citoyens, elle ne devait pas l'être davantage en amont ; et c'est précisément ce qui nous explique comment nous rencontrons ici la plus étonnante hardiesse unie à la plus rare élégance de forme. La colonne rectangulaire que nous considérons ne se couronnait si haut du chapiteau de ses mâchicoulis allongés et fortement encorbellés que pour laisser plus de latitude aux grands qui voulaient dresser un monument semblable de leur orgueil sur les points les plus culminants de la colline.

Mais si nous nous élevons aux bords de la balustrade de cette plate-forme jetée audacieusement dans les airs avec le beffroi qu'elle porte, et que nous nous représentions une fête populaire agitant ses flots alentour de la maison de la communauté, ou bien une de ces tourmentes politiques plus vivantes encore qui remuaient si souvent les démocraties au fond de leurs entrailles, quelle image, quel saisissant spectacle, ce tableau ne présente-t-il pas à l'imagination, et combien n'est-il pas encore au-dessous de la réalité, quels que soient les efforts de l'esprit pour ressaisir, aidé de l'histoire, les souvenirs de ces grands et profonds mouvements? Telle est l'impression que nous avons éprouvée quand nous nous sommes penchés sur la rampe de cette tour en nous attachant avec force aux barres de la grande ossature en fer d'où pend la cloche municipale qui, par ses tintements de l'heure, nous rappelait à l'improviste ses émouvants tocsins d'autrefois. Dans cet espace du ciel, des timbres d'airain de différents volumes et poids ont été portés en dehors par des machines à puissants leviers : les dates anciennes de leur galbe indiquent assez que la dynamique était une science habilement pratiquée par les fondeurs de l'époque; leurs millésimes sont précis; rien d'important n'a été jusqu'ici changé à l'établissement premier de cet ingénieux et fort appareil de sonnerie, tout entier fondu, coulé et dressé par des ouvriers expérimentés de ces temps.

Qu'on nous permette encore de considérer dans l'intéressant objet que nous étudions avec tant de détail la masse de sa base, qui est comme enclavée dans les fondements d'une construction antérieure. L'on apercevra en même temps comment les murs de celle-ci revêtent le vigoureux soubassement, jusqu'à l'arcature romane d'ornements en terre cuite au sommet des ailes de l'édifice; puis l'on voit de cette ligne s'élancer, comme un trait, la gaine aérienne de l'escalier par où l'on accède au plain-pied de la corbeille en belle pierre de taille qui le termine. Enfin l'on trouve ce couronnement évasé à dessein pour porter à faux son garde-fou avec sa petite voie de circulation, et pour en inscrire un autre en brique à huit créneaux seulement, posés eux-mêmes comme des balustres sur de petits arcs en très-légère saillie. Partout l'on remarque le soin apporté par les constructeurs à bien établir chacune des parties que nous venons de repasser brièvement en revue, et partout l'on aime à constater combien ils ont mérité le succès qu'ils ont ambitionné, par la parfaite solidité de leur œuvre.

Mais pourquoi nous sommes-nous arrêtés si longtemps sur ce sujet? C'est peut-être aujourd'hui pour nous la dernière occasion de parler du symbole en maçonnerie de la puissance publique comme de la suzeraineté : et d'ailleurs ne trouvions-nous pas ici le modèle accompli, pour l'Italie, de cette représentation matérielle de la souveraineté? Aucun autre lieu, aucune autre capitale d'État indépendant ne nous en a offert un aussi noble et bel exemple. Ni Florence, ni Bologne, ni tant d'autres centres de gouvernement, n'ont atteint la perfection du genre à ce même degré que Sienne. Il nous reste pourtant à exprimer une surprise, celle que nous cause le nom de Torre della Mangia[1]. D'après des données

---

[1]. *Mangia*, vrai radical de l'infinitif *mangiare*, et de notre vieux mot français *mangier*, est entré métaphoriquement dans la locution italienne *fare il mangia da Siena*, faire le brave, l'entreprenant, le matamore. Ces figures ne se rattacheraient-elles pas à des fanfaronnades, à des extravagances de table, si communes à l'époque dont il s'agit. Qui ne se rappelle le roi Henri VIII d'Angleterre chantant avec ses poëtes les joies de son ventre à roulettes. Le gaster ou abdomen était très-choyé dans les repas homériques de nos aïeux. Et à ce propos du rapprochement de *mangia* et de notre *mangier*, verbe ou substantif, qu'il nous soit permis de constater en passant combien l'italien et notre vieil idiome étaient proches parents. Quand au delà des Alpes on disait *piazza, biancha, chiara, chiusa, fiori, chiave, freddo, bene, pane, nero*, en deçà des monts nous écrivions et prononcions *piasse, bianche, caire, quiouse, fieurs et fiori, caif, fred, ben, pan, ner*, comme il se pratique encore aujourd'hui parmi nos paysans de Normandie, du Maine et de l'Anjou. Mais ne semble-t-il pas qu'une autre influence se soit fait sentir plus tard dans la transformation des premières expressions en celles de *place, blanche, claire, fleur* et *fleuri, clef*, paraissant imiter de préférence les termes espagnols *plazza, blancha,*

ARCHITECTURE CIVILE ET DOMESTIQUE.

certaines, cette dénomination remonte au commencement même de son érection, en 1325. Serait-ce qu'on eût voulu rappeler par là qu'elle touche et domine les principaux marchés de vivres de la ville, la place del Campo et le Foro Boario; car il ne nous serait sans doute guère permis de supposer qu'il vînt ou de la ruine en somptuosités de table de ceux qui, pour l'élever, auraient été forcés d'abandonner à prix d'argent le toit de leur famille, ou bien encore du voisinage immédiat de la salle des banquets de la république, lieu souvent atteint des justes épigrammes du peuple. Les analogies historiques cependant ne manqueraient point pour autoriser les deux sens que l'on voudrait ainsi rattacher à cette appellation; les arts, comme les lettres[1], nous les fournissent en grand nombre, et l'architecture spécialement en a laissé à travers les siècles de mémorables exemples. Les peuples chrétiens ont voulu garder comme un bien inaliénable le privilége de stigmatiser à leur gré les folies des grands ou les travers de leurs maîtres. C'est pourquoi souvent ils ont armé leurs mains de la truelle pour éterniser leurs terribles satires; et parmi les témoignages de leur verve implacable, on pourrait bien compter, selon nous, sans crainte d'erreur, la *torre della Mangia*[2].

Le développement où nous venons de nous laisser entraîner pouvait difficilement trouver plus loin sa place. L'appendice que nous avons dessein d'adjoindre à notre travail devant s'attacher plutôt à la partie théorique qu'aux données pratiques ou à de curieuses recherches sur d'antiques usages, aurait-il été convenable, quand nous l'aurons atteint, de présenter des spéculations sur

---

clara, et *flor*, *florido*, *liave*. Ne dirait-on pas que la cour de Madrid a eu son tour d'action sur notre langue, après l'empreinte qu'y avaient laissée les reines et princesses venues d'Italie. A Catherine et Marie de Médicis ont effectivement succédé Anne et Marie-Thérèse d'Autriche. Le dictionnaire comme le langage a bien pu se montrer un peu courtisan de puissantes souveraines et de leurs nobles cortéges d'étrangers. Si nous remarquons encore à la hâte que la belle prononciation des environs de Blois et de Tours est attribuée au séjour de nos rois sur les bords de la Loire, nous verrons combien l'imitation est dominante à tous les degrés dans les temps de formation de l'accent et des mots. Un aussi rapide aperçu d'archéologie grammaticale doit être pleinement soumis aux seuls juges compétents dans la matière : simples justiciables que nous sommes du tribunal suprême de l'Académie, nous lui déférons humblement nos présentes réflexions.

[1]. Qui ne se rappelle le refrain politique du chansonnier de la révolution :

> Quels dîners, quels dîners
> Les ministres m'ont donnés !

Et ces deux rimes du poëte de la bourgeoisie, Casimir Delavigne,

> .... Dans le siècle où nous sommes
> C'est par de bons dîners qu'on gouverne les hommes.

Comme les pierres de la Mangia, les vers de ces deux gloires, quoique défaillantes, vivront au delà du règne des leurs.

[2]. Suivant le même tour d'esprit nous avons la statue de Pasquin à Rome, et dans un ordre différent d'idées, nous voyons à Rouen la tour de Beurre ainsi baptisée non sans quelque malice peut-être, celle de Saint-Jacques-la-Boucherie à Paris, et tant d'autres de tous côtés.

une matière, après tout, qui n'a plus de relation qu'avec le passé? L'application, de plus en plus difficile, du système des tours dans nos modernes constructions ne peut plus guère avoir qu'une valeur archéologique. A ce titre, leur emploi devait appeler notre attention, et nous lui en avons accordé la part qui lui revenait de droit en cette belle place. Cependant, qui le croirait? le palais de Westminster, élevé récemment à si grands frais pour le parlement anglais, en plein XIXe siècle n'a point rejeté le symbole féodal de la noblesse et de la puissance : il a sacrifié jusqu'à l'harmonie de son plan au signe extérieur en pierres qu'il a voulu produire ou projeter par-dessus tous ses murs en tant que manifestation du sentiment public touchant la majesté royale. La tour de la reine l'emporte en tous sens sur les dimensions de ses voisines, et les cabestans, mus à la vapeur sur ses plus hautes voûtes, n'ont peut-être pas encore achevé de poser ses dernières assises. Mais que de pesanteur dans cet immense amas de matériaux, comparée à l'élégance italienne! D'un côté, la puissance de l'aristocratie, la richesse de l'industrie, les prétentions de tous portant jusqu'aux nues, en masses immenses, le témoignage de l'orgueil britannique; de l'autre, le goût artistique, les proportions ménagées, les règles de l'harmonie respectées jusque dans l'exagération même des formes : caractères qui distingueront éternellement les deux civilisations, comme le ciel et le climat différencient les deux contrées.

Après une trop longue digression d'archéologie comparée, qu'on nous pardonnera peut-être à cause du fil inattendu qu'elle nous a fait suivre, revenons à notre centre de Sienne, au champ de foire, à la place del Campo. Plaçons-nous près de sa fontaine de marbre, si parfaite et si belle qu'elle donna son nom générique à son auteur, Jacopo del Fonte. De ce point culminant du sol, embrassons d'un coup d'œil la grande façade de la Seigneurie. Il est inutile de nous arrêter à la décrire avec détail, puisque toutes les parties en ont été si bien rendues à leur état primitif par le crayon et le burin. Mais dès l'abord, le regard se porte au pied du beffroi sur une chapelle dont la base est du XIVe siècle, et le couronnement de la renaissance : c'est un ex-voto de la piété publique. Elle est ouverte à tout vent par trois de ses côtés. Seize statues de divers saints ornaient jadis les niches de ses montants ; six subsistent encore et font regretter les autres. Une magnifique grille en fer forgé ferme l'arcade occidentale qui lui sert d'entrée ; elle se compose de solides barres où s'attachent, par de simples et forts nœuds, des quatrefeuilles bien accentués. De jolis rinceaux en tôle repoussée lui servent d'amortissement ; puis viennent de longues pointes qui, tout en empêchant le passage, étaient peut-être aussi destinées à recevoir les cierges de la dévotion des fidèles. La beauté de ce travail, nous l'espérons, sera goûtée autant que nous l'avons appréciée nous-mêmes.

Près de cette remarquable barrière commence la série des onze ogives inférieures, qui se terminent vers la droite du spectateur à la colonne des enfants trouvés de la louve. Toutes sont percées et leurs profils tracés dans le massif en pierre du soubassement. Les trois premières à gauche donnent accès au *cortile* ou péristyle de la Mangia, qui, par sa racine presque pleine, distincte et profonde, perce le sol vers la gauche, à l'angle oriental de ce portique. Là, sur une enceinte élevée et peu spacieuse, s'ouvrent des baies aux formes et aux dimensions les plus variées. Nous voyons en bas des piles octogones à chapiteau crucial recevoir sur leurs tailloirs de hauts et larges pleins-cintres; ceux-ci sont surmontés d'ogives couronnées à leur tour près de leur pointe d'arcs extradossés; et puis par-dessus encore, une arcature à corbeaux bizeautés, au lieu de corniche, relie entre eux de longs pilastres qui divisent les trumeaux. Aux faces des piliers s'enfoncent des crampons de fer redressés, dont la force et la multiplicité, la place et la configuration ne peuvent qu'exprimer un usage protecteur. Là, nous retrouvons aussi une disposition entièrement semblable à la cour de la maison des Buonsignori, décrite et dessinée dans notre premier volume. Style, physionomie, empreinte d'époque, main du maître, matières de construction, tout confirme les traits d'origine et de parenté entre les deux édifices. Il n'est pas jusqu'à leurs dissemblances qui ne les rapprochent. La tour dans l'un nous révèle le motif de son absence dans l'autre. La république reconnaissante, dans le magnifique don qu'elle offrait à l'un de ses plus illustres citoyens, entendait bien ne rien transmettre qui pût rappeler même la plus simple apparence de la souveraineté.

Au dedans comme au dehors des cours, les arcs en tiers-point de toutes les baies, portes ou fenêtres, sont pleins, afin que la lumière d'un ciel ardent et pur soit dispensée partout avec plus de mesure. Aux deux étages supérieurs, en avant et en arrière, chaque ouverture est subdivisée en trois parties par des colonnettes de marbre, dont les chapiteaux ornés de feuillages servent de retombées à de charmants trilobes. Une sorte d'attique surélève le corps de logis central; cette prééminence du pavillon du milieu indiquait sans doute que dans la plus importante section du monument devait être le siége primitif et principal de l'autorité. La corniche qui la couronne est composée d'une arcature en saillie et de trois bandeaux surplombant de plus en plus le mur du dernier étage; elle porte aussi des créneaux et deux manières de tourelles crénelées elles-mêmes, d'un aspect quelque peu mauresque, ou mieux byzantin. On sent qu'il règne dans cette portion élevée du bâtiment je ne sais quelle influence de l'Orient, dont nous avons rencontré d'autres traces évidentes à Colle, à San-Gemignano et ailleurs encore. C'est qu'alors les maîtres célèbres s'entendaient tous en un point, la nécessité pour leur gloire des lointains voyages. Les impressions qu'ils avaient reçues se transmettaient à leurs ouvrages, et de cette façon s'établissaient les grandes filiations d'œuvres qui tendaient à relier par l'art les deux empires divisés du vieux monde romain.

Pour orner un large espace nu de son pavillon dominant, l'architecte a voulu, au plus haut de ses parements en brique, inscrire dans un cercle d'or le monogramme vénéré des chrétiens : « Jesus hominum salvator. » Il en a sculpté les initiales en lettres gothiques au milieu d'un soleil irradié de flammes à la manière du moyen âge; et là, sur un fond d'azur, parmi des rayons éclatants, le chiffre sacré avec sa croix de salut et de triomphe, brille à la face du ciel d'une antiquité de quatre siècles et plus. Ce fut un trait de lumière pour nous en présence des souvenirs de notre jeunesse. Si les vieux et saints caractères tracés au frontispice d'un palais du peuple au fond de l'Italie, avaient été mieux connus, certes nous ne les aurions pas vus transformés en la singulière devise qu'une haineuse et systématique prévention osa formuler en ces mots : « Jesus humilis societas [1]. »

A la face opposée au disque symbolique et à ses lettres mystérieuses, il n'apparaît rien de saillant ou de nouveau. Quelques grands arcs de communication qui menaient aux prisons d'État, subsistent encore à droite de ce côté; à gauche des traces de semblable accession aux habitations voisines sont presque entièrement effacées. Nul doute que de considérables dépendances ne se soient peu à peu détachées de leur centre, et que d'annexes qu'elles étaient elles ne soient devenues des branches séparées de leur tronc. Les immenses caves qui occupent tout le soubassement en contre-bas de la place *del Campo* sont ouvertes sur le *foro Boario*. Elles portent à leurs voûtes l'empreinte marquée de l'époque de leur fondation, 1325 environ; et l'on pense qu'au-dessus, s'étendait primitivement le vaste local de la douane. Dans l'une d'elles, on remarque le foulon banal, tel encore qu'il fut établi dans ces temps reculés. Chaque habitant continue d'y avoir recours selon son besoin, moyennant une modique rétribution perçue au profit du fisc communal.

Nous vîmes avec intérêt fonctionner cette vieille machine que tant de générations écoulées n'ont point usée à leur service, et qui se maintiendrait bien des siècles encore, s'il était attaché quelque prix à sa conservation. L'homme préposé à sa garde, avec une bonhomie bien étrangère à nos mœurs, et une insistance polie, voulut nous en faire admirer le jeu simple, puissant et facile. Il nous fit comprendre en même temps avec un vif sentiment de regret le degré d'abaissement et d'humiliation où elle était tombée; car, disait-il avec soupir,

---

[1]. En 1828, l'intime et influent conseiller de la bourgeoisie victorieuse trop tôt, et trop tard vaincue, M. Dupin aîné, député de la Sarthe, s'ingéniait un jour, en pleine assemblée, à inventer la bizarre transformation de sens que nous venons d'indiquer. Il cherchait à complaire par là à ses nouveaux électeurs. Son ardente opposition s'en prenait alors même aux reposoirs de la Fête-Dieu. Il attaqua violemment celui de la Chambre basse, dont il était membre, prétendant qu'une inscription chère à une compagnie exécrée s'y était audacieusement, à l'ombre du sanctuaire des lois. La société abhorrée était bien entendu l'institut des Jésuites. Les signes sacramentels qui leur étaient faussement attribués, suivant l'avocat libéral, se devaient traduire par ces paroles : humble société de Jésus. Un vif débat s'engagea, et la p'us ridicule des interprétations prévalut par un vote du parlement français. Que les temps sont changés! Ainsi Dieu l'a voulu : *deposuit potentes de sede et exaltavit humiles*.

elle n'est plus employée maintenant que *per la bassa classa*. Ce n'est plus, il est vrai, que pour la basse classe du peuple, que la grande roue de ses leviers se meut aujourd'hui. Après avoir rencontré fréquentes fois sur nos pas la franche et nette enseigne d'*albergo del basso mondo*, qui ne heurte personne en ce pays, cette susceptibilité de plébéien eut de quoi nous surprendre; d'où venait-elle, si ce n'est sans aucun doute de ce sens intime d'importance gardée héréditairement dans une même race de serviteurs, depuis l'établissement de cet appareil commun à tous autrefois, grands et petits. L'ouvrier se croyait ainsi déchu du mérite de ses prédécesseurs et de l'estime qu'on faisait jadis de son état. Il n'est chétive position qui n'ait son échelon de vanité et ne prétende l'opposer à plus bas qu'elle.

Avant de quitter les magnificences extérieures du palais où l'œil de l'examen ne saurait trop se complaire, considérons encore un instant l'ornement obligé de quelques-unes de ses surfaces les plus apparentes : ce sont les longs crochets et les grands anneaux de fer fixés aux parois antérieures du rez-de-chaussée. Le nombre en est si considérable qu'il semble avoir nui par là même à la qualité, à la recherche du travail. C'est pourquoi nous avons préféré choisir ailleurs les échantillons de ces objets qui ont atteint en leur genre un incomparable degré de perfection. Les trois plus grêles, que nous avons reproduits avec soin dans une planche spéciale, ont été pris de deux maisons dont nous parlerons peut-être plus tard. Ils sont en fer forgé. L'habileté du ferrandinier s'y montre dans les moindres traits, sous maintes formes et courbes d'une extrême souplesse. Le quatrième de ces appendices gravés ici est un exemple des plus rares et délicieuses fantaisies, coulées en bronze et ciselées comme autant de bijoux précieux. Deux artistes en renom furent appelés à donner les dessins de ces larges anneaux d'orfèvrerie pour le palais *del Magnifico*. Leurs noms sont restés dans la mémoire de tous les Siennois; l'enfant lui-même sait quels sont les auteurs de ces fines et gracieuses créations; il vous dit avec une grave assurance qu'elles sont dues au talent des Mazzini et des Cozzarelli. Il ajoute la date de leur exécution ; c'est aussi celle de l'édifice où elles furent scellées, vers la plus belle moitié de la renaissance. Heureuse patrie des arts qui sut inspirer ainsi de pareils chefs-d'œuvre pour en faire les plus accessoires embellissements ! plus heureuse encore, s'il est possible, de faire naître dans toutes les âmes le respect qui leur est dû! Les reliques d'un genre d'ornements perdu de nos jours demeurent suspendues aux flancs extérieurs des murs, à la portée de tous les bras. Nul n'a porté sur elles un doigt destructeur ; nul encore ne les a atteintes ni profanées de ses convoitises. « O fortunatos nimium sua si bona nôrint! » Fasse le ciel que le voyageur grossier, le cupide et dévastateur touriste ne les découvre pas dans leur solitaire recoin !

Ne nous éloignons pas encore du spectacle qui se déroule à nos regards sans remarquer à la hâte le principal écu qui, au-dessus de l'arc surbaissé du portail d'honneur, a reçu les armoiries de la communauté finement refouillées dans son champ; puis tous les autres écussons, uniformément construits à fond blanc et noir, et enchâssés en avant comme en arrière, dans le tympan aveugle de toutes les ogives. Nos souvenirs, pour la précision historique et descriptive, rétabliront ensuite, vers le centre, les armes en grand des Médicis, d'où se détache, de marbre comme elles, un petit cadre avec les noms gravés en creux : *Cosmo Mediceo, Tusco principi*. Ils restitueront plus bas, sur une simple plaque de pierre, tracé en lettres noires, l'hommage de publique reconnaissance : *Angelo Nicolini, Præfecto M. D. L. X.* Un peu plus loin et plus haut, au-dessus de la charmante chapelle de l'ex-voto, ils replaceront le cadran de douze années, plus ancien que le beau couronnement de la renaissance de cet oratoire public; et ils n'omettront point le distique en caractères d'or que les chiffres allongés et le son des heures expliqueraient au besoin :

Cæca licet tacito volvuntur tempora cursu :
Auribus heic horas nosco auribusque datur.

Enfin ces retours de mémoire indiqueront sans la citer, au massif en pierre du rez-de-chaussée, l'inscription latine qui consacre trop longuement peut-être, la réforme faite par l'empereur d'Allemagne, François Ier, pour rétablir la supputation des temps troublée par la fréquence des rapports avec les peuples de la Grèce et de l'Asie; additions légères sans doute, puisque sans nuire à peine, et sans rien déparer au fond, elles éclairent tant l'histoire de ces lieux.

Après les rapides réminiscences que nous devons à nos impressions, il nous reste à considérer extérieurement d'autres objets primitifs qui viennent encore s'offrir à nous dans nos planches. Ce sont, de diverses parts, les vieilles peintures des vieux vantaux des portes, avec leurs clous et leurs gonds ouvragés, les verrous, les frappoirs incisés d'ornements variés, les serrures et leurs clefs et les boucles même qui les serrent en trousseaux, traitées avec plus de soin selon leur usage. Ce sont les auvents subsistants ou disparus, et qui ne semblaient pas moins destinés à préserver des ardeurs du soleil qu'à garantir des rares ondées de la pluie : le plus élevé d'entre eux par sa position et son peu d'étendue nous paraît expliquer ainsi leur double emploi. Ce sont les petites battières en tuiles creuses qui séparent les dés des créneaux et qui remplacent un peu par leur arrangement les gargouilles de nos anciens toits. Ce sont mille autres détails, et surtout les grands effets des façades extérieures, incomparables pages où l'art et l'histoire se donnent la main pour nous instruire. Si notre élévation diffère en quelques points accessoires, des données de notre notice, en reproduisant dans l'une l'intégrité première de son objet, dans l'autre, la valeur surajoutée de ce que l'on pourrait appeler ses annales lapidaires, nous nous serons montrés deux fois exacts jusqu'au scrupule, et par là même dignes peut-être de quelque approbation.

Des richesses d'un autre ordre à l'intérieur vont fixer maintenant notre attention. En nous dirigeant vers de nouveaux trésors, l'architecture sera toujours notre guide et notre but tout en rendant hommage à ses nobles émules. Et d'abord ne nous attendons pas à rencontrer ces longues enfilades de pièces qui ont été depuis si bien entendues en Italie. Ne comptons point sur les grands vestibules ni sur des escaliers de géants pour nous conduire à de vastes salles ou à de splendides galeries. Le faste moderne des spacieux degrés et des immenses péristyles n'eussent pu trouver place ici. Le moyen âge comprenait autrement que nous la grandeur. Cependant chaque palier où vous abordez, chaque porte qui s'ouvre vous mène ou à une surprise ou à une admiration. Là vous découvrez les fresques historiques qui décorent les murs d'un cabinet ou d'une chambre d'apparat. A chaque pas on rencontre d'autres œuvres encore de la belle école de Sienne, cadres, toiles, tableaux sur bois et sur cuivre, disséminés ou rassemblés; mais nulle part il n'existe de ces longues et innombrables collections, fruits exotiques et tardifs d'une autre civilisation. Souvent dans un passage obscur, un pinceau original n'a point dédaigné de fixer ses créations sur des murs sans parallélisme. Partout où l'art trouvait une place, il y déposait un rayon de sa lumière et de ses beautés : comme la vie, ses inspirations éclosaient en leur temps et leur lieu, et pour s'épanouir, il n'attendait ni les fastueuses récompenses, ni les bruyantes faveurs de la renommée. Naïves comme les mœurs, les imaginations suivaient plutôt leurs attraits, et toutes les poésies n'avaient d'autres entraînements que le sentiment de leur propre fécondité.

C'est ainsi qu'il plut un jour à la République, dans la dispensation de ses munificences, de parer l'une de ses spacieuses salles des peintures de Spinello Aretino. Avec elle, il fut aisé de s'entendre alors pour choisir les principaux traits de la vie d'Alexandre III et de Frédéric Ier. Les faits surpassèrent l'entreprise, et la majesté de l'histoire sauvera seule peut-être l'œuvre du peintre. De larges espaces reçurent de sa main les triomphes superbes de la papauté sur l'empire : il y représenta les prétentions du pape hautes comme le ciel, et les abaissements de l'empereur humbles comme la poussière. Des dix ou douze grands sujets de cette épopée de l'orgueil divinisé, un seul a subi des mutilations profondes; plusieurs autres ont souffert quelques altérations du temps; mais tous font regretter que l'auteur d'une ancienne et belle madone qui brille, près de là, de sa magnifique et sainte pureté, n'ait pas présidé à l'accomplissement d'une œuvre d'une telle importance : il ne lui eût rien manqué dès lors, ni la splendeur du drame, ni l'éclat du talent, ni le charme qui s'attache aux représentations des fiers combats de l'esprit et de la matière, et aux alternatives de leurs victoires.

L'enceinte où sont réunis le plus de chefs-d'œuvre de tous genres, c'est la chapelle intérieure. N'imaginez pas qu'il y ait jamais un édifice de quelque étendue, sans une large part destinée au culte de la patrie, sous ses lambris.

Pouvoirs publics, princes, riches, rivalisent de zèle pour avoir, si j'ose ainsi parler, Dieu chez eux comme sauvegarde, et comme sanction. Sienne a noblement payé son tribut à cet usage. Heureux celui qui publiera toutes les merveilles rassemblées dans son oratoire municipal; le mérite de tant de choses précieuses rejaillira sur son choix ; son nom en recevra un vrai lustre : et comme les beaux fronts du midi qui rendent toujours quelques reflets du soleil qui les frappe, un tel ouvrage aurait bien en partage aussi son double rayonnement. Pour nous, nous ne pouvons qu'énumérer rapidement tout ce que nos yeux ont admiré dans cette chapelle du palais public. Trois travées en profondeur, une seule en largeur, les premières subdivisées par des meneaux et des arcatures variées, circonscrivent son périmètre; ce serait trop peu assurément, si une immense pièce qui la renferme en quelque sorte n'ajoutait à son étendue, pour les solennelles assistances : c'est la salle du grand conseil, où l'on distingue encore le portrait en grisaille du général Siennois Guido Ricci da Foliano, la pierre des tortures que l'on voulait ainsi, par une sorte d'opposition, rapprocher de l'autel des expiations infinies; puis sur ses parois d'autres titres de gloire de Simon de Sienne; puis ses baies ogivales, ouvertes sur les monts voisins, et leurs siéges latéraux, dont l'un excavé légèrement en gouttière, a reçu les plus profanes usages : de là seulement vient la lumière au sanctuaire et au chœur, par voie dite de souffrance, et pourtant, malgré l'éloignement des ouvertures directes, rien n'échappe de ce que l'art a concentré dans ce coin réservé à l'office divin des grands jours de la cité.

En entrant, le montant gauche de la porte présente un magnifique bénitier de bronze avec sa cuvette de marbre blanc : du même côté, pour tracer et limiter le passage, se déroule une grille de séparation, due au dessin délicat de Jacopo de la Quercia. En face, à droite, est une image démesurée de saint Christophe, par Taddeo Bartoli; le même, plus loin aussi, a peint la vie de la sainte Vierge en de nombreux compartiments qui se relient facilement entre eux par l'unité de composition. L'ingénuité d'imagination de l'éminent artiste a très-heureusement rendu les derniers moments de la mère de Dieu, en figurant, par un tour ingénieux et hardi de conception, le corps séparé de l'âme; et celle-ci, on le reconnaît à la ressemblance, s'est envolée vers le ciel dans le sein d'Abraham ; pensée charmante exprimée avec cette naïve et placide expression qui en fait une apothéose digne de son objet. Tout cet important travail ne laisse pas que d'avoir eu une assez longue durée. On lit dans un cartouche des grandes arcades l'inscription suivante : *Thadæus Bartoli de Senis pinxit istam capellam M. CCCCVII, cum figurâ S. Christophori et cum istis aliis figuris MCCCCXIIII.* Quatre siècles ont passé sur l'œuvre toujours admirée d'un enfant de Sienne, qui fut avec un égal succès, élève, maître, et continuateur de son école, et le temps n'a pas moins respecté les grands et beaux traits de ses figures que ses droits à la renommée. Malgré le mélange qu'il a fait de personnages païens, Caton, Cicéron, d'apôtres, de saints et d'anges, avec des divinités de la fable, l'entrée et presque toute la retraite sacrée ont été de sa main empreintes de tant de beautés, qu'on voit là, loin de la lumière directe du soleil, comme autant de richesses dissimulées à dessein pour les faire mieux saillir dans leur pénombre.

D'autres palettes plus célèbres encore furent aussi conviées à illustrer cet endroit isolé et consacré à la prière. Un homme dont le surnom a contaminé la mémoire, y a largement apporté le tribut de son incontestable talent. La vivacité de ses tons, la ferme et vivante accentuation de ses formes, l'harmonie de ses contours unie à une extrême finesse et douceur de traits, se reconnaissent aisément dans la madone qu'il lui a donnée, et dans l'entourage d'esprits célestes dont il s'est plu à parer son trône. Rival heureux, puisqu'il fut vainqueur de ses compagnons de fortune, avec eux il a laissé sur les mêmes feuilles murales qui leur furent abandonnées, plus d'un témoignage de ce faire plein de grâce et d'attraits, de cette largeur de pensée et d'exécution qui le distingue entre tous. La flétrissure de ses mœurs et la honte de sa fin tragique, n'ont point empêché son mérite de survivre. Plusieurs édifices voisins, des églises, des cloîtres, l'académie, en montrent avec orgueil des traces immortelles; et l'étranger qui s'étonne à bon droit d'une appellation dont une sorte d'idolâtrie artistique du passé ne justifie point les contemporains d'avoir fait usage, passe avec préoccupation en l'entendant retentir à ses oreilles avec autant de simplicité que si l'on articulait le plus beau nom des annales de l'art.

Que pourrions-nous dire des stalles sculptées et marquetées avec cette exquise délicatesse dont à peine voyons-nous revivre de faibles imitations sur des coffrets commandés à grands frais. Le génie de la patience secondait les heureuses inspirations de l'ouvrier qui exécutait ce que l'on pourrait appeler des tours de force d'une telle habileté. Les mosaïques du pavé n'étaient pas traitées avec moins de soin dévoué et avec moins de succès. L'intelligence se montrait avec toutes les ressources, sous les traits les plus déliés, dans tous ces ouvrages; le goût le plus pur y avait présidé en maître; et nous ne savons pas sous ce rapport de dépôt plus intéressant pour tout ce qu'il renferme en ce genre de détails si négligés aujourd'hui. Ce qui les surpasse tous encore par le fini, c'est la lampe en bronze doré qui tombe de la voûte : on dirait un nœud de dentelle qui se soutient en l'air, tant il reste peu de matière pour en former les mailles et le tissu. Quand la flamme scintillait à travers cette gaze si délicieusement brodée, on devait craindre que sa douce chaleur même n'altérât ou n'anéantît quelque élégant filigrane des anneaux de suspension, ou ne consumât la fine texture de la partie de l'appareil destinée à porter le vase qui la contient. Si tous les autres instruments du culte répondaient à cette perfection, c'était vraiment là le réceptacle d'incomparables merveilles; mais il ne nous fut pas donné de nous en assurer, le bon vouloir de l'autorité, et le temps pour l'obtenir nous ayant manqué. Que de regrets pour nous dans le souvenir de ces graves omissions : s'il n'a pas dépendu de nos instantes démarches de les éviter, nos efforts n'ont pu nous consoler des pertes que nous n'aurons point à subir seuls pour ce recueil.

A l'exposition où nous sommes, du côté du midi au-dessus des voûtes della capella di Maria Vergine, sur la sala del gran Consiglio de l'année 1237, règne dans la même étendue une grande et belle loge, couronnement du magnifique ensemble de l'édifice. Cette dépendance nécessaire de tout palais italien n'avait de rivales que dans les vastes demeures des Piccolomini et des Sarazini; mais pour la décoration, pour les heureuses et larges dispositions, elle ne le cédait à aucune d'elles. Ouverte en ample et irrégulier parallélogramme vers les montagnes voisines, elle se dresse sur cinq piliers de briques qui portent sa toiture comme une simple tente. Des sièges de marbre blanc s'appuient à ses supports, et deux d'entre eux, comme au premier étage, ont été détournés, contre toute convenance, de leur destination première. La charpente qui la constitue presque tout entière est apparente. Trois maîtresses poutres partagent ses versants en cinq traversées ou divisions presque égales. Larges lattes ou voliges clouées sous leurs tuiles creuses, puissants chevrons et sortes de modillons terminés à leurs extrémités en forme de coussinets d'arrêt, entraits, pannes, poutrelles, fortes consoles, pour soulager les plus grosses pièces de bois, caissons en légers bardeaux avec listel d'encadrement peint en noir, et champ semé d'étoiles blanches que relèvent quelques rayons d'un rouge vif, voilà tout ce dont se compose l'ossature visible de ce grand abri contre les ardeurs du soleil et les rosées de la nuit. Une couleur de sang de bœuf d'un vigoureux effet s'étend sur toutes les parties, et leur donne un peu de ce ton sombre qui tempère heureusement les trop vives impressions des rayons de la lumière.

C'était là, planant sur le marché aux bœufs, Foro Boario, recevant l'air assaini et rafraîchi des monts Siennois, en pleine vue des campagnes, que les magistrats, comme les riches familles dans leurs habitations particulières, montaient en commun pour respirer les fraîcheurs embaumées des longs soirs du printemps et de l'été. Là souvent ont été mûris les grands conseils qui ont décidé du sort de la république, et le sénat qui la gouvernait ne dérogeait point à sa dignité en portant ses délibérations jusque sous ce toit protecteur. N'était-ce point d'ailleurs pour lui un moyen de soustraire ses plus graves résolutions à la connaissance d'un ennemi, en s'isolant mieux à cette hauteur de toute recherche indiscrète? Les cinq baies ogivales du fond de la galerie, ouvertes jadis et maintenant obstruées, les deux arcades orientales de l'un des côtés, qui s'aperçoivent à peine aujourd'hui dans l'épaisseur d'une maçonnerie de remplissage, laisseraient à croire qu'une surveillance plus facile et l'éloignement des importuns faisaient du second étage ainsi disposé un supplément commode et sûr du premier. Que de conspirations, que de combinaisons d'intérêts de tout genre, de conflits de fortune, d'intrigues galantes, de conclusions de mariages politiques, ont ainsi eu lieu, à la face du ciel, dans les maisons des princes et des nobles! Sous les toits appropriés en apparence aux seuls besoins d'aspirer les vents frais des régions supérieures de l'atmosphère, que de secrets ont été livrés aux nuages du haut de ces tribunes aériennes sans descendre jamais jusqu'à terre; que de discordes sont également tombées de là pour le malheur de tous! Mais avant tout, la *loggia* est certes un bel et utile appendice que l'architecture italienne devra conserver au nombre des traits originaux de ses constructions de luxe, et que nous devrions bien imiter nous-mêmes avec les modifications nécessitées par le climat et commandées par nos besoins.

Ce n'est point une moisson entière que nous avons eu la prétention de recueillir dans une part si privilégiée du domaine des beaux-arts : nous n'avons voulu qu'indiquer de riches sillons, marquer quelques gerbes en glanant à la dérobée des épis abandonnés sur une terre éternellement fertile. Que serait-ce s'il nous avait été donné de poursuivre nos investigations à travers tout le champ enclos des vieilles murailles de la ville, dessinant et décrivant nos découvertes de chaque pas! Ainsi nous aurions pu reproduire de monumentales fontaines en style ogival qui s'élèvent de tous côtés, depuis la porte des troupeaux, « porta ovile », jusqu'aux extrémités opposées de l'enceinte. Il en est une même que le temps et les diluvions ont enfouie sous le sol, et qui a reçu de cette marée montante des sables de la vallée un rare caractère de beauté. On sait qu'elle fut un jour un ornement élevé sur la voie publique, alors que des flots de population se pressaient sur les pentes de quartiers maintenant délaissés et couverts de cultures.

Après les réservoirs d'eaux si pures et si vives qu'elles enivraient, dit-on, jusqu'à produire la folie, après les palais, combien de maisons sont demeurées debout avec tout leur intérêt du passé! Il n'est pas une rue, pas une place encore habitée, pas un jardin, pas une vigne des anciens faubourgs, qui n'eût renfermé pour nous d'importants vestiges d'un art tout prêt à se ranimer au souffle nouveau de notre civilisation; et le réduit du plus pauvre, que n'eût-il point contenu souvent aussi de vieux débris de mobilier qui ne sont point encore devenus la proie de marchands enrichis en appauvrissant leur patrie! Quelle féconde station pour l'architecte et l'archéologue que cette Sienne tout entière d'un autre âge, qui nous a tant séduit par ses œuvres, dépouilles opimes qu'elle a sauvées de ses propres ravages, des injures du temps et des mains du soldat étranger! Car elle aussi a eu ses jours de sommeil et de destruction. Cependant une capitale d'État, puis de province, qui par ses édifices religieux, publics et civils fut presque intégralement contemporaine de notre saint Louis, de son père et de ses fils, aurait-elle pu ne pas nous séduire au plus haut degré! L'architecture romane et surtout son héritière immédiate y ont jeté de toutes parts de trop admirables produits, intacts comme à leur premier jour, pour qu'il n'y eût pas là nombre de bons exemples à prendre et à proposer. Mais quel étonnant modèle que celui qui les couronne tous de sa splendeur et de son antiquité! Quelle métropole dominée de son dôme, dominant à son tour la hauteur de sa nef; les palais, tous de marbre comme elle, de ses archevêques, de ses princes et de ses pauvres : car les hôpitaux de ces temps et de ces pays peuvent être appelés également du nom de l'habitation des rois pour leur vastité et la magnificence de leurs peintures murales, pieuses offrandes de génies errants à l'aventure comme les chevaliers leurs amis, ou souvent encore leurs rivaux. Et dans cette cathédrale, que d'objets du plus haut prix : le pavé de ses grandes mosaïques; un tombeau, premier essai de Michel-Ange; ses autels, ses retables, ses tableaux, ses statues et sa cloche du onzième ou douzième siècle, singulière forme de baril ouvert par le fond; ajoutons l'incomparable et grandiose annexe de la *libreria*, ses missels, ses manuscrits à miniatures, ses immenses fresques de Pinturicchio et de Raphaël; et enfin le groupe de ses trois grâces antiques, chastes nudités, innocences païennes que la barbarie avait ensevelies à la place du socle même qui les porte aujourd'hui, que la foi n'a ni répudiées, ni éloignées d'elle après leur résurrection, parce qu'elle y a peut-être reconnu comme un symbole prophétique de sa pureté et de la beauté virginale de ses célestes sœurs. Qu'on n'accuse point notre pensée de profanation. Sur les dalles voisines, les sibylles n'ont-elles pas été burinées à grands traits par des mains chrétiennes, et les Pères de l'Église n'ont-ils pas souvent cité des vers du poëte de Mantoue comme autant d'accents précurseurs de l'ère de la rédemption.

Voilà cependant, si recueillant nos impressions, nous jetons un rapide regard en arrière, ce que fut l'une des cent têtes des États de l'Italie, ceinte jadis de sa couronne souveraine; voilà ce qu'elle est restée jusqu'à nous, avec ses monuments, ses artistes, ses héros, ses saints et ses saintes de cette incomparable époque du moyen âge; avec ses populaires dévotions, sa foi anticipée au privilége solennellement confirmé de la mère de Dieu, sa foi, écho de l'enthousiasme d'Éphèse, qui lui valut depuis des siècles le titre de Cité de la Vierge; avec ses madones sans nombre, et entre toutes les plus belles, celle de Simon Memmi, qui s'efface aujourd'hui sous le dais en lambeaux, tissé et brodé par les plus délicates mains de son aristocratie; avec son école inspirée, fondée par cet ancien maître, niée longtemps ou méconnue, puis révélée de nos jours avec éclat; avec sa coupole gothique, la plus ancienne peut-être de son style qui soit sous le ciel, gigantesque ciborium qui porte, sur ses huit légers pieds de marbre, par-dessus le faîte du temple, le signe sacré de sa destination; avec ses ruines inachevées d'un autre transept de sa basilique, pans d'appareil abandonnés à divers degrés de leur hauteur jusqu'au troisième rang de leurs fenêtres béantes, dont les lignes pures, les plates-bandes et tous les ornements fortement accentués, semblent annoncer, à trois siècles de distance, les formes de notre renaissance française; avec les os, la couche de pierre et les lettres vénérées de sa jeune patronne Catherine, qui redressa des papes et réprimanda des rois; avec son sanctuaire retiré, humble demeure de cette héroïne dont le nom s'unit à jamais au sien pour leur commune gloire; avec les grandes images de cette même vierge, indigène sainteté, si dignement glorifiée par le pinceau de Razzi, qu'une basse envie aurait[1], suivant un grave témoignage, honteusement calomnié; avec son audacieuse et proverbiale Mangia qui se dresse encore une fois à nos yeux pour nous rappeler par opposition la tour de la faim, où périrent à Pise Ugolin et ses fils, sous les coups d'une implacable vengeance; enfin, avec je ne sais quelle auréole radieuse d'œuvres de l'art et de la nature, d'horizons purs et profonds, de collines baignées dans la lumière, et de monuments de tous genres qui ornent son front; voilà, disons-nous, ce que la ville, mère du palais public qui nous a tant charmé et si longuement attaché, offre en raccourci à notre attention, ce que Sienne présente avec orgueil et sans bruit à notre éternelle admiration.

[1]. M. Rio, dans son ouvrage intitulé *De la Poésie chrétienne,* a cherché à établir que Vasari s'est sciemment trompé sur le compte de cet illustre maître, et les motifs sur lesquels il se fonde ne nous paraissent point sans valeur.

HOTEL DE LA TRÉMOUILLE

A PARIS

QUINZIÈME SIÈCLE

Encore une tige, une fleur épanouie de notre art moissonnée, abattue sous nos yeux. Encore un noble et beau débris de moins parmi nous ; perte à jamais irréparable pour cette ville de toutes les grandes créations, comme de toutes les folles et incessantes destructions : car, dans son sein toujours déchiré et toujours renouvelé, Paris, de son glorieux passé du moyen âge, de son originalité jadis si féconde en monuments domestiques de tous genres, n'a presque rien conservé de vivant et debout. Après les ruines du temps, les mutilations barbares ; après les dégradations lentes, les subites démolitions. Et s'il fut, il y a cinquante ans, dans la destinée de coupables instruments d'anéantir tant d'œuvres des ancêtres, tant de vieux types d'architecture, objets de nos regrets, aurait-on pu croire que cette mission de leurs sauvages mains se serait transmise de nos jours, non moins redoutable peut-être jusqu'aux organes les plus élevés du pouvoir. Cependant nous avons été témoins de ces déplorables transmissions : l'édifice qui va nous occuper nous les rappelle tristement. Malgré l'intérêt qui s'attache au malheur même de déchéances méritées, ce retour vers de fatales traditions nous obsède sans cesse et nous irrite encore. Qui ne se souvient comme nous avoir vu le premier en dignité des préfets de la France stipendier les démolisseurs de 1830. Puis, dix ans plus tard, dans le calme à peine reconquis de l'ordre social, qui n'a pu voir l'un des pénultièmes successeurs à cette haute charge s'en prendre aux pierres que nous cherchons à relever ici de notre plume, en les abandonnant à dessein aux vents des plus vulgaires intérêts.

Faut-il donc que nous aussi nous en appelions des morts, pour apprendre aux vivants en faveur à mieux mourir ? Faut-il, dans nos justes rigueurs, accuser aujourd'hui des tombes honorées, pour en tirer d'utiles enseignements au profit de l'avenir ? Quelque peine qui s'attache à ce devoir, nous le remplirons avec courage. A chacun des hauts dignitaires, des chefs élevés de l'administration la responsabilité archéologique qui leur incombe. Tout en respectant les titres et les noms, les chutes profondes et les défaites imprévues, juger les actes et leur infliger le discrédit qui doit les atteindre est une légitime tâche dont nous ne voulons point décliner la nécessité. Le seul repentir des fautes publiques est inefficace; il leur faut un châtiment qui se renouvelle sans cesse, ne serait-ce que pour inspirer une crainte salutaire aux mauvais desseins.

On rapporte que le magistrat qui présida dix ans et plus, sous le régime déchu, aux diverses fortunes de la capitale, ne put se soustraire aux susceptibilités, aux fâcheuses préoccupations dont l'homme public devrait toujours être dégagé ou vainqueur. Blessé des attaques dirigées contre lui par les âpres combattants de l'archéologie, il voulut, dit-on, se faire une arme contre eux du vandalisme même qui lui était justement reproché. A l'enlèvement de la magnifique grille en fer forgé de la place Royale, à la dispersion à vil prix de la superbe charpente des Bernardins, causes d'un litige qui propagea le scandale par la presse, il ajouta un grief de plus. L'hôtel de la Trémouille était alors menacé jusque dans ses fondements; il refusa de le racheter des deniers publics. Frappé au vif d'un tel dédain, le Jérémie de nos antiquités françaises fit entendre d'amères et justes clameurs : ses généreuses et véhémentes indignations, ses retentissants défis à l'ennemi se croisèrent en tout sens. Ce fut aussi par d'ardentes et nobles réclamations qu'on vit alors un écrivain, jeune encore, orateur illustre déjà, préluder dans ces innocentes luttes à d'autres combats. Vaine destinée de l'éloquence qui s'épuisait ainsi à défendre des princes dont la couronne usurpée tremblait plus encore sur leur tête que leur tête elle-même sous le poids de leurs années : plus stériles encore, s'il est possible, ses efforts pour appuyer, pour préserver des murailles qui avaient vu toutes les grandeurs de la monarchie passer à leurs pieds.

Les cris d'alarme sortis de nos rangs, les éclats de voix de nos maîtres et de nos guides, tous les talents conjurés, les souvenirs nationaux, les instances publiques, rien n'y fit. Entraînée par son chef, qui lui fit partager ses dépits, l'édilité parisienne dédaigna toutes les plaintes; elle abandonna sans retour une si belle portion de son domaine des arts : rejet obstiné qui devint un arrêt de mort. L'antique demeure des Talmon, des Tarente, des La Trémouille fut condamnée à devenir la proie d'une avide spéculation, elle qui aurait pu si bien se prêter à tous les usages municipaux de cette grande part de la communauté dont elle aurait été le centre. Le noble manoir, d'un vote ou d'un mot, pouvait devenir une maison commune, un palais du peuple; il se trouvait ainsi pour longtemps à l'abri de tous les coups. Au lieu de cette facile transformation, qu'est-il advenu? De ses vastes et solides bâtiments tout a disparu, tout, si ce n'est quelques membres brisés, dispersés, que nos soins pieux ont recueillis çà et là comme ces fossiles de nos musées, débris d'autres agitations et d'autres bouleversements de la terre.

Ces restes précieux, nous les trouvons hélas! épars de tous côtés. L'un gît sur le sol des Thermes de Julien, sous l'abri protecteur d'un contemporain plus heureux et mieux traité, l'hôtel de Cluny. C'est une pierre arrachée de caveaux ou de soubassements bien plus anciens que les murs relevés sans doute qu'ils eurent à porter plus tard. Une courte colonnette bien profilée avec chapiteau à crochets accuse manifestement pour les bases une construction du xiii° siècle. Comment l'élégant auteur de l'*Itinéraire archéologique de Paris*, qui nous l'a fait connaître, ne l'a-t-il point rattachée à une simple note dont il aurait pu ne pas nous laisser le regret dans son nouvel ouvrage? Par l'attrait de son style, M. de Guillhermy nous aurait bientôt conduit jusqu'à l'avant-cour de l'École des Beaux-Arts ; et là, il nous aurait montré, soigneusement réunies par les ordres d'un éminent architecte, d'autres parties plus considérables du même édifice ; reliques que tant de sollicitude inspirée par le plus digne talent ont posées, malgré la gêne de l'espace, sous des arcades appliquées à la maison voisine, pour les défendre contre toutes les injures du temps. Deux autres lambeaux d'une riche balustrade formant appui de fenêtres, ceux qui correspondaient aux plus petites de la seule façade dessinée et gravée, ont été encastrés par le maître de ces lieux au-dessus d'un logement de service ; faible signe d'un trop tardif remords.

C'est là pourtant tout ce qu'un riche marchand, dans ses prospérités croissantes, a gardé de souvenirs d'une merveille qui gênait ses plans d'industrie. Et encore ces parcelles sont-elles cachées à l'arrière d'une cour où l'œil de l'artiste ne pénétrera jamais. Le hasard seul nous les a fait découvrir; les habitants eux-mêmes ignorent leur origine, et pour eux, après moins de vingt ans, déjà toute tradition est brisée. Nous ne pouvons compter les déchirures de profils, de rinceaux, de feuillages en relief, les éclats de têtes, de bras et de jambes des figurines d'enfants ou de génies que le stupide maillet des barbares de la civilisation a enlevées, pour en faire des trophées de voyage, révoltante pratique qui disparaîtra, nous l'espérons, devant la présomption humiliée d'un peuple entier de coupables, en présence d'habitudes relevées par plus de goût et de raison. C'est ainsi que se trouvent égarés, disséminés, cent fragments de même valeur, semblables en cela, nous nous plaisons à le redire, à ceux de ces espèces perdues que la Providence a mis en réserve à l'écart, dans quelque couches du globe. Bénissons Dieu, bénissons la main de ceux qui nous ont gardé ces débris si divers d'origine ; car ils sont autant de témoignages des puissances créatrices qui ont suspendu leur action.

Si donc nous avions eu quelque compensation pour la perte qui nous a été infligée! Si, pour l'indigne traitement que reçurent du même coup en cette occasion les arts et l'archéologie, il nous eût été donné du moins de voir s'élever à la place du logis des princes de La Trémouille une œuvre digne de lui succéder! Mais qu'il est loin d'en être ainsi pour apaiser nos regrets! Et pour les faire taire, que pouvait être pour nous la bâtisse sans caractère qui a usurpé son emplacement. Regret éternel que le vieil hôtel n'ait pas subsisté jusqu'à ce jour. La ligne droite des embellissements de Paris l'aurait peut-être rencontré comme tangente sur son passage; et dès lors nul doute qu'elle ne l'eût traité comme la tour de Saint-Jacques, qui s'était élevée en même temps non loin de son enceinte, et qu'elle ne l'eût aussi, de son côté, entouré de plus d'air, de lumière et d'espace qu'il n'en eut sans doute jamais. Les grandes et somptueuses demeures qui se pressaient autour de lui avaient toutes disparu. Jusqu'à l'hôtel de Soissons, palais de nos rois dont il ne restait pas trace, si ce n'est le gracieux observatoire dressé vers le ciel en colonne cannelée pour les fantaisies d'une reine turbulente et superstitieuse. N'était-ce pas un titre de plus de survivance, un motif de conservation de ce qui restait de l'ancien toit d'une famille dont le nom est une des gloires de notre histoire. Non, non; toutes ces chances se sont anéanties; un mauvais vouloir d'un moment, un inintelligent dépit ont suffi pour nous les enlever. L'ouragan causé par des vanités blessées et des vues de lucre a tout emporté.

Mais grâce aux épaves échappées à la tempête, grâce surtout aux dessins recueillis à temps par un habile et sûr crayon, nous avons pu atténuer les effets de ce renversement. Si nos planches excitent quelque intérêt, si nos élévations et nos façades éveillent la curiosité, si la jolie tourelle qui remplit à elle seule une de nos plus belles gravures fixe l'attention, l'on pourra, si l'on veut, juger l'exactitude de nos ensembles par celle de nos détails, en allant, comme nous le disions tout à l'heure, admirer les pages déchirées de l'original que le palais des Beaux-Arts, dans son hospitalité trop souvent exclusive peut-être, n'a point dédaignées. On y verra combien est fondée notre admiration pour ces formes déliées qui annoncent déjà les réactions près de triompher de la Renaissance, combien est profond notre respect pour les œuvres de goût que le siècle qui va commencer recevra toutes empreintes encore du génie des temps antérieurs. Et cet examen constaterait mieux qu'aucune explication l'heureux mélange de l'esprit de tradition et de celui d'innovation qui se rencontre jusque dans les moindres moulures et sculptures conservées du sujet.

Trois cycles de cent années, non plus que de profonds ébranlements n'avaient pu porter atteinte aux ornements délicats, aux traits vifs et fins qui ont sillonné la pierre sur toutes les parois. Ni le temps ni les mauvais traitements n'ont émoussé les arêtes de ces treillis refouillés de mille façons qui se déroulent sur toutes les surfaces; en sorte que nos regrets se trouvent encore avivés par l'intégrité même des parties préservées jusqu'à ce jour. Mais des éléments de cette importance, si nombreux qu'ils soient, si intacts qu'ils s'offrent aux regards, ne pourraient répondre à ce qu'exigerait une description telle que nous désirerions l'entreprendre. Après la belle et instructive notice de M. Didron, il ne nous resterait en vérité rien à faire sur cette matière. Cependant, qu'il nous soit permis de rectifier à la hâte une légère erreur du savant archéologue.

Après avoir énuméré les quinze ou vingt noms successifs que reçut, suivant les temps et les occupants, cet hôtel de La Trémouille [1], il établit, par d'assez plausibles motifs en apparence, que plusieurs de ces désignations, celles surtout qui se rapportent aux plus anciennes dates, devaient être apocryphes; et pour s'inscrire ainsi en faux contre ces vieilles dénominations, il s'appuie sur l'état relativement récent des constructions qui dépassaient le sol. Les fondations semblent, au contraire, avoir pleinement justifié depuis jusqu'aux premiers baptêmes populaires dans l'ordre des temps qu'ils rappellent. N'y avons-nous pas vu, en effet, ainsi qu'il ressort de notre rapide coup d'œil jeté au musée de Cluny, des marques non moins équivoques de l'époque de saint Louis. Nouvelle preuve pour nous de ce qu'il existe toujours un fond de vérité dans les plus vulgaires traditions, qui ne sont, après tout, que des habitudes de l'esprit public nées d'un fait, recueillies et transmises héréditairement.

Trois siècles auraient donc apposé leur sceau sur cette habitation, qui a reçu le nom définitif que nous lui connaissons; car le XVIe s'y est empreint, de son côté, sur une large part. C'est au portail d'honneur, sorte d'arc de triomphe qui, avec ses médaillons d'empereurs et de guerriers romains et son aspect sévère, cadre assez bien avec le titre de chevalier sans reproche de celui qui l'éleva sans aucun doute, Louis de La Trémouille, dont la vie admirable, dit encore excellemment M. Didron énumérant ses hauts faits, marche de pair avec celle des maréchaux de Napoléon.

Nous ne connaissons rien de plus beau en archéologie ni de plus digne d'être cité comme modèle d'exposition historique et artistique que les quelques colonnes, perdues aujourd'hui, d'un journal qui a eu la fortune de renfermer cette courte et précieuse monographie sous forme d'extrait d'un rapport officiel. Que ne nous est-il accordé de la reproduire en entier comme un exemple d'appréciation juste, élevée, de discussion grave, modérée, d'inspiration soutenue, de style enfin parfaitement approprié à son objet. Cet éclair, présage d'autres lumières, aurait dû pénétrer l'œuvre d'un ami qui, à toutes ses doléances et ses regrets, aurait ajouté ainsi un intérêt de plus. L'éloge funèbre d'un monument qui a mérité d'être si bien loué, avait sa place marquée entre les deux

[1]. L'histoire est muette ou menteuse à l'égard de l'hôtel de La Trémouille: Elle l'appelle hôtel des Carneaux ou Créneaux, hôtel de Philippe-Auguste, hôtel de la reine Blanche, hôtel d'Orléans, hôtel des Preux, hôtel de La Trémouille, hôtel de Bellièvre, hôtel des Bourdonnais, hôtel de la Couronne d'Or. J'oublie peut-être trois ou quatre noms. (L'*Artiste*, 2e série, tome III, 2e livraison, dimanche, 14 juillet 1839, article de M. Didron.)

lignes destinées à l'enregistrer comme un illustre mort. Le lecteur en eût recueilli une double admiration, et ce sentiment n'aurait point manqué d'aller droit au but désiré.

Mais ce qui saillit le plus dans l'ensemble comme expression d'art et de temps, c'est le quinzième siècle avec toute l'efflorescence de son déclin. Rien ne peut rendre l'effusion de ses richesses sur le principal corps de logis et surtout aux deux tourelles en pendant l'une de l'autre à ses extrémités; rien ne peut donner l'idée de la variété des ornements qui se déroulent sans surcharge sur sa surface. Il n'y a qu'un dessin exactement rendu par la gravure qui puisse représenter tant de choses à la fois; or, ces résultats de précision et de perfection pour l'œil exercé, ces *desiderata* de l'artiste et de l'homme de goût, nous les avons obtenus à l'aide du travail exquis de la planche qui reproduit la grande façade, et mieux encore de celle où se voit la charmante tourelle de l'oratoire. Il ne nous appartient point de louer notre œuvre nous-même; mais aux coopérateurs qui nous prêtent leur burin avec tant de succès, qui en usent pour nous avec tant de talent, nous leur devons justice et nous nous plaisons à la leur rendre quand ils ont si bien su interpréter notre désir. L'exposition universelle des beaux-arts a d'ailleurs devancé notre témoignage, en admettant et récompensant ce qu'ils ont présenté de leurs efforts aux appréciations de ce grand concours. Nous le disons avec fierté, leur récompense rejaillit sur nous, puisque l'*Architecture civile et domestique* en peut revendiquer sa part avec d'autres ouvrages aussi favorisés [1].

Citons, avant d'aller plus loin, quelques lignes de la belle description que nous indiquions tout à l'heure et dont nous aurions voulu pouvoir ne rien retrancher : elles dépeignent la chapelle suspendue entre le ciel et la terre, comme un trône supporté par de presque invisibles supports. « Dans l'angle
« à gauche, y est-il dit, en pendant à la cage de l'escalier s'élève une tourelle
« qui servait d'oratoire et dont les deux étages sont supportés par un soubasse-
« ment à jour découpé en ogives. Les retombées de la voûte s'appuient sur trois
« piliers à simples moulures et sur trois charmantes colonnettes. Qu'on se figure
« un pot à fleurs, un vase de la Renaissance, tout strié de moulures et de festons
« en relief et porté sur un trépied à jour. L'escalier est à droite, et à l'autre
« tour opposée, loin du bruit des visiteurs ou des gens de service qui montent
« et descendent les marches, est reculé l'oratoire qui donnait sur le jardin. Là,
« on cherchait à prier Dieu dans le silence, ou tout au plus au chant des
« oiseaux auquel répondait le chant de l'âme qui s'élevait au ciel. Cependant,
« une petite fenêtre surbaissée regarde dans la cour du haut de chaque étage;
« c'est un peu profane, à la vérité, mais on ne pouvait interdire à la dame de

---

1. MM. Penel et Sauvageot ont obtenu chacun une mention honorable pour leurs gravures admises à l'exposition universelle des beaux-arts : deux grands cadres de nos planches étaient du nombre.

« La Trémouille ce regard étroit et bas sur le monde, cette courte distraction à ses longues prières. »

Un peu plus loin, l'auteur, résumant ses propres considérations, ajoute en quelques mots qui synthétisent vivement sa pensée : « Les portes sont cintrées, les arcades sont en ogive, les fenêtres sont carrées et croisées. C'est, en « architecture, le synchrétisme qui adopta la plate-bande des Grecs, le cintre des « Romains et l'ogive des Gothiques. Le monument est homogène cependant, et « ces formes diverses vivent ensemble en bonne harmonie. » Il poursuit ses développements, et, à quelques lignes de distance, il revient avec un nouvel enthousiasme au petit temple qu'il nous a fait admirer, dressé sur ses colonnettes à cannelures superficielles et légèrement torses. « Quant à l'oratoire, dit-il, quant aux « colonnettes qui le portent, c'est riche comme un tabernacle. Déjà dans la « cage de l'escalier de petits génies ailés qui se battent et se prennent aux yeux, « des griffons qui se mordent les ailes et des chiens la queue, des choux épa« nouis en rosaces; des figures d'anges bouffis brodaient çà et là les angles du « plafond; mais à l'oratoire, c'est un massif de fleurs et d'animaux, de végé« taux et d'arabesques zoologiques; c'est une pluie d'ornements. De la base « des colonnes aux chapiteaux qui portent les nervures de la voûte, on monte « d'une fleur à un oiseau, d'un dauphin à un bouquet de fruits. Les plantes « et les fleurs qu'on y distingue sont des marguerites, des roses, des œillets, « des arums, des gousses de pois et de haricots, des fraises, un bouquet de « six avelines, un autre de trois épis de blé, un autre de folle-avoine, des « raisins, des feuilles de vigne et des chardons. Une fleur se termine comme « les personnées de Linné, par une tête d'animal, une tête de dauphin. De même « que les zoophites dans la nature lient les plantes aux animaux, de même cet « ornement lie, sur ces colonnettes, les fleurs aux oiseaux. Un échassier, pot « de fleurs vivant, embecque une plante; là une huppe marche tête haute et « fière. Ailleurs un aigle enfonce des serres aiguës et un bec pointu dans le « corps d'un poisson qu'il dévore; une alouette à plumet mange un ver, un « paon épluche une longue vipère; un gros héron, ailes abattues par la couar« dise, tombe sous le regard courageux plutôt encore que sous les pattes fré« missantes d'un tout petit faucon.

« On croirait que le maître du logis a fait sculpter sur ces fûts de colonnes « une image des plaisirs et des objets préférés, comme pour en faire hommage « au Dieu qu'il priait dans son oratoire. Toutes ces arabesques sont-elles des « ex-voto, des fleurs offertes à Dieu, ou des représentations profanes, afin de « rappeler en hiver les fleurs et les fruits qui parfumaient et enrichissaient au « printemps et en automne le jardin contigu, afin de rappeler à la ville les « chasses et les pêches de la campagne. »

Les citations, rapines de la pensée d'autrui plutôt qu'emprunts légitimes, ne peuvent-elles se justifier d'elles-mêmes quand elles sont un enseignement qu'on ne saurait s'approprier? Après mille traits qu'il excelle à rassembler à sa manière, le savant archéologue compare ses souvenirs, cherche des analogies ou des contrastes, et tente en quelques mots les rapprochements qui suivent : « Ici, à propos « de l'ornementation et des formes de l'architecture, se présenterait une question « curieuse. La maison de Moret, transportée aux Champs-Élysées et dite de « François I*er*, est tout entière de la Renaissance; l'hôtel de Cluny, gigantesque « châsse de pierre, où M. Dusommerard a recueilli ses précieuses reliques, est « complétement gothique. A l'hôtel de La Trémouille, le gothique se couche et « la renaissance se lève; les dernières branches de l'ogive, les dernières feuilles « du chardon et du chou sont chassées par les nouvelles courbes du cintre nou- « veau ou renouvelé, par les pousses jeunes ou rajeunies de l'acanthe ou du « laurier; déjà les oves, les cordons de perles, les denticules, les palmettes, « annoncent l'aurore de la renaissance. L'hôtel de La Trémouille est de l'âge de « Gaillon; mais Gaillon, encore gothique, a été exécuté par une main italienne « et habituée aux délicatesses de la renaissance, et l'hôtel de Paris, déjà renais- « sant, a été façonné par une main gothique qui voyait à regret les innovations. « Gaillon quitte le vieux style pour embrasser avec passion les formes nouvelles « au-devant desquelles il court. La Trémouille consent à recevoir la renais- « sance, mais en la laissant venir plutôt qu'en l'accueillant encore.

« Gaillon est un romantique qui se dépouille de toutes les vieilleries; La « Trémouille un classique et un conservateur qui se contente de rajeunir ou de « feindre quelques-unes des formes décrépites du moyen âge. On explique ainsi « la grossièreté des arabesques de l'hôtel de La Trémouille et la beauté des « ornements de Gaillon. C'est un jeune artiste qui a fait Gaillon : c'est un vieil « ouvrier gothique qui a bâti et sculpté La Trémouille, où, quoi qu'elle fasse, « l'acanthe a la forme et la lourdeur d'un chou, où les palmettes sont gothisées. »

Puis enfin l'auteur, dans ses communications au ministre anéanties pour nous, relevant sans aucun doute le mérite et la dignité de son sujet, qu'il semble par préoccupation oublier un instant, termine en ces termes : « D'ailleurs, la renais- « sance est pleine de suavité et de délicatesse, et sur le terrain où a poussé l'hôtel « de La Trémouille, elle ne pouvait respirer et s'épanouir à l'aise comme sur la « colline de Gaillon. Elle fut obligée de s'harmoniser avec ce qui l'environnait, « de feindre des habitudes grossières et de s'encanailler, on peut le dire, pour « aller de pair avec les rues Tirechappe, de la Limace et des Mauvaises-Paroles, « qui l'avoisinent et la cernent. »

Le style pouvait-il mieux traduire ce que l'œil a si bien vu? Et de tout cela nous n'avons plus qu'une section de la corbeille hexagonale, fraction détachée de son tout, dressée sur ses appuis où nous l'avons déjà montrée à son dernier refuge, brisée dans sa hauteur avant son second étage, privée de son toit et de son diadème de plomb doré, en un mot réduite à un élément qui ne saurait la faire revivre à l'imagination dans son intégrité ; et comme aucune représentation graphique n'en avait été faite avant la destruction, tout en aurait donc péri sans le dévouement passionné qui nous en a conservé, avec la physionomie entière, des traits que l'on croirait imaginés à plaisir, tant il entre de caprice dans leur création. Partout d'ailleurs règne une grande profusion d'ornements ; si le lieu saint par convenance en est encore plus entouré, il n'est pas une place en évidence qui n'en ait eu sa part[1].

Cette richesse diffuse et toujours variée s'étend jusqu'à la vis de l'escalier et gagne de proche en proche, le long de la rampe, la hauteur du second étage, pour faire honneur à ses hôtes d'élite. Le pivot de ce degré en limaçon est un noyau plein, décoré de moulures et semé, sur ses spirales, de bouquets de broderies. On y voit aussi une main courante en pierre, richement profilée, laquelle s'enroule en hélice autour de lui. Ce fût svelte et solide, enlevé de ses fondements, soustrait à la dispersion de ses tronçons, ne porte plus aujourd'hui, depuis sa tête penchée jusqu'à ses pieds, que les cicatrices de ses marches arrachées. Nous ignorons si ce modèle de rampant, qui se couronnait sans doute de gracieuses retombées à son sommet, a été dessiné en même temps que le vase qui le contenait, et ce vase était la tourelle de droite, pendant de la précédente : l'une et l'autre, appendices charmants, étaient placés là, chacun de leur côté, comme deux sentinelles avancées ; celle-ci, pour recevoir les visiteurs, qu'elle appelait par la commodité de sa direction ; celle-là, plus à l'écart à gauche, pour mieux orienter son autel et offrir, dans le lever du soleil, un symbole du temps qui n'est que l'aurore de l'éternité. Si nous rappelions en outre les joyaux sans nombre qui ont été distraits du dedans, que de pertes sans retour à déplorer plus amèrement encore peut-être.

Arrêtons-nous : malgré les détriments, une compensation nous est restée, faible sans doute, importante cependant, si nous considérons l'étendue de la perte qui nous menaçait. Il nous a été possible de reproduire le fidèle portrait de l'édifice anéanti. Son image revit. L'estampe en a mieux retracé l'empreinte, le

---

[1]. Peut-être nous demandera-t-on pourquoi nous ne donnons aucun linéament du bâtiment principal : au moment où il allait disparaître, il avait été gratté, ratissé, applani ; il avait perdu entièrement ses traits caractéristiques. La face, écorchée au vif, en avait été couverte d'un épais badigeon, et ce traitement honteux lui avait été réservé précisément parce qu'elle était plus exposée à la vue. Le grand corps de logis avait six travées en largeur ; trois étages en hauteur. Il était plus large et plus haut que les autres. Chacune de ses fenêtres et de ses croisées était surmontée d'une acrotère armoriée que la révolution et les intempéries avaient profondément dégradées. On doit s'affliger de n'avoir rien conservé de ce grand côté, si ce n'est la cage de l'escalier et la tourelle d'oratoire qui, le flanquant à ses deux bouts, se réjouissaient encore de tous leurs ornements, suivant l'expression du fondateur des *Annales d'Archéologie*, et faisaient deviner ce que devait être la façade entière, comme aux franges qui bordent les extrémités on juge la qualité d'une étoffe.

signalement parfait, nous dirions presque l'intime anatomie, que ne l'aurait pu faire aucun détail écrit. L'histoire de ses derniers moments, des secousses qu'il a subies à travers nos transformations de goût, des attaques qui l'ont abattu, ont dû remplacer ici les explications de ses harmonies extérieures et de toutes les convenances des divisions intérieures de son plan. A l'aide de nos gravures, on les voit, on les suit, on les saisit. L'acier, dans cette occasion, défie toute autre perfection que la sienne, puisque la lumière elle-même ne peut plus éclairer, pour le conserver, l'objet qu'il nous a rendu. Recevons donc son produit comme il nous l'a donné, vivant d'une vie sans rivale; le type qui l'a fourni n'est plus.

Une dernière réflexion se présente à notre esprit : elle honore à la fois et le défunt palais et ceux dont les souvenirs lui sont restés fidèles. Du jour où l'hôtel de La Trémouille fut mortellement menacé, de ce jour-là même date l'intérêt de l'opinion publique pour nos vieux monuments. La nouvelle de la trahison qui l'abandonnait, l'annonce de la cupidité qui méditait sa fin, fut un vrai deuil pour tous. L'affluence des hommes de tous les rangs et de toutes les conditions, sous ses voûtes et dans ses cours quand son heure fut sonnée, atteste ce sentiment. Ce n'était plus le temps des démolitions escomptées à l'avance. L'expression de la douleur commune en cette circonstance fut une première lueur de consolation pour nous : c'était, nous pouvons le dire aujourd'hui avec orgueil, l'avant-coureur d'une victoire. Le ciel ne nous en a point refusé les prémices; il rendra, nous n'en doutons point, le triomphe complet.

FONTAINE DE PÉROUSE

TREIZIÈME SIÈCLE

Pour ajouter une gloire de plus à toutes ses gloires, l'Italie éternellement féconde se couvrit au moyen âge, comme aux plus beaux jours de ses périodes étrusques et romaines, de monuments civils de tous genres et sans nombre. Entre les plus remarquables, il n'en est point où l'art ait autant multiplié ses merveilles que les fontaines destinées à orner les rues, les places, les jardins, les cours et les colonnades des palais et jusqu'aux portiques même des temples. Disons-le de suite, car c'est bien leur plus frappant caractère, il n'est pas un de ces réservoirs, qu'ils viennent de la grandeur des papes, de la libéralité des princes, ou bien encore de la sage gestion des vieilles républiques ou des communes, qui ne joignent à l'intention d'embellir les lieux qui les entourent un autre but non moins louable sans doute, celui de répondre aux premiers besoins des populations, aux plus impérieuses exigences de la salubrité et de l'utilité publiques.

Telle fut à cet égard la domination d'un intérêt si élevé qu'il y eut de ces sources venues de loin et à grands frais, dues entièrement aux impulsions d'une charitable munificence. On dirait qu'elles jaillirent du cœur des mourants comme un dernier témoignage de leur pieuse commisération envers les pauvres et les petits. C'était couronner dignement une vie chrétienne et patricienne que d'amener ainsi des canaux qui pussent, au milieu des ardeurs de l'été, porter un salutaire rafraîchissement dans les veines de ceux qui sont voués aux plus durs labeurs et aux privations de la fortune. C'était à son dernier jour bien mériter de Dieu et de la patrie d'apporter par ses dons ou ses legs des flots en abondance pour désaltérer le sang des familles qui, dans leurs veilles comme dans leur sommeil, ne peuvent se soustraire aux atteintes d'une brûlante atmosphère : la grande tribu du peuple, en effet, n'a point en partage à respirer l'air frais et pur des immenses salles, des longues galeries, des chambres dont les voûtes élevées en berceaux ou en dômes sont un si puissant apaisement aux poitrines haletantes de chaleur et fatiguées de repos.

30 ARCHITECTURE CIVILE ET DOMESTIQUE.

Nous allons retracer l'histoire d'un de ces grands bienfaits d'un pays, le plus digne d'admiration peut-être de son temps, de son style et de son importance. Saisir de suite et profondément l'attention par l'ensemble de cette œuvre magnifique, ce doit être dès le début l'objet de tous nos efforts. A l'aspect de son élévation que nous rapprochons à dessein de son plan, on demeurera sans doute comme nous frappé de la simplicité de son ordonnance, de l'ampleur de son développement et de la beauté de toutes ses proportions. Un vaste perron de

pierre, deux bassins superposés d'inégale grandeur, l'un et l'autre de marbre précieux, une vasque de bronze avec son support et le groupe de même matière qui s'en élève, tels sont, en y joignant les jets supérieurs, les éléments d'une disposition en cône de l'effet le plus monumental. Au-dessus des quatre degrés, dans le riche et majestueux déroulement des parois du socle, le regard trouve à l'instant une si parfaite harmonie qu'il n'en peut attendre que de satisfaisantes impressions : car l'ornementation répandue sur tous ses côtés avec un peu moins de sobriété peut-être qu'il ne s'en voit au-dessus, n'infirme en rien l'idée de solidité et de durée que cette création offre d'ailleurs plus qu'aucune autre du même ordre qu'elle. Plus haut, la décoration moins multipliée, moins abondante présente d'admirables types de statuaire entre des surfaces unies où la vue s'arrêterait presque à regret, si des reliefs du même faire avaient dû primitivement les couvrir. On serait vraiment tenté de se croire en présence d'une composition antique, quand on voit de la sorte les grandes lignes horizontales régner en maîtresses sur tout l'ouvrage, et de larges retraites diviser à angles droits les étages par de puissants ressauts tranchés dans toute la hauteur. Serait-ce que l'on aurait voulu éviter par-là la forme trop pyramidale qui donne à l'œil moins de repos, à l'esprit moins de calme pour asseoir ses appréciations.

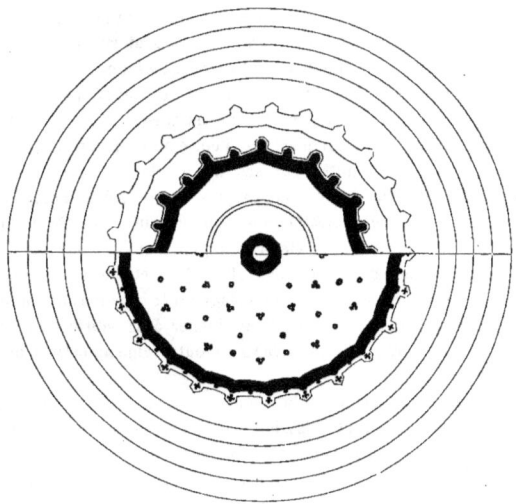

Puis enfin vient la grande coupe d'airain, ceinte sur son bord externe d'une inscription en lettres gothiques du plus beau caractère; et du centre de la conque l'on voit émerger des nymphes qui semblent, par leurs attitudes doucement inclinées, vouloir faire de son galbe et de leurs eaux le miroir de leurs grâces toutes classiques.

Des lignes si rapides quoique fidèles, comme on l'apercevra de suite, nous l'espérons, seraient en réalité bien impuissantes à retracer l'idée générale de cet objet important, si nos gravures sur bois ne nous venaient en aide pour en offrir une satisfaisante perspective. Après la synthétique image que nous avons cherché à reproduire deux fois dans un même tableau, le reste, et de beaucoup le plus long, osons le dire, c'est toute une histoire; ou plutôt c'est une entière encyclopédie. Mais avant d'entrer davantage en matière, rappelons-nous la fontaine sans pareille, l'un des principaux sujets qui nous soient échus dans nos monographies du premier volume. Une ville voisine de Pérouse va nous offrir un point de rapprochement; et de là nous partirons pour faire ce qu'il nous sera permis d'appeler, non sans quelque raison, la physiologie comparée de deux monuments de même usage, de même époque, de même origine, mais d'inspiration et d'exécution bien différentes.

Viterbe, tout en ayant lieu de s'enorgueillir de sa création, ne put prétendre longtemps le disputer à sa rivale; et si cependant ce fut sa pensée qu'elle l'avait emporté à cet égard par ses seigneurs les Gatteschi sur les podestats de la république limitrophe, son attente a été trompée. Ce fut environ dans les mêmes années (l'intervalle, s'il y en eut, est loin d'être précisé par les historiens), que les deux communautés conçurent le même dessein. Elles semblèrent élever à l'envi l'une de l'autre, la première par l'entremise de l'un de ses plus riches et puissants habitants, l'autre par ses magistrats, deux grandes cascades qu'elles appelèrent dans leurs annales presque du même nom. L'entreprise parut leur donner une égale satisfaction; mais Pérouse, assurée de la victoire, aurait été plus modeste que sa rivale; l'émulation n'exalta point ses espérances. Elle ne voulut de comparaison qu'avec elle-même, et elle se contenta d'affecter à son œuvre le titre bien mérité de Fonte-Maggiore[1]; sage mesure de sa part qui, la faisant se replier dans ses murs pour donner à sa satisfaction propre une expression plus modérée, excluait avec soin toute vaine apparence de présomption et d'envie.

C'était d'ailleurs par-là laisser à la *Fontana senza pari* de la capitale voisine une ambitieuse dénomination qui trahissait d'orgueilleuses espérances et montrait une hauteur de ton que les chroniques seules ont respectée; car cette grande estrade hydraulique, loin de rester, comme elle le voulait, le type incomparable de son genre, a dû subir le juste jugement des variations populaires; elle ne s'est plus distinguée dans la suite que par le nom de ses maîtres ou par celui, tout humble qu'il soit, de la place aux Herbes ou plutôt des Deschaux[2], qui l'entoure aujourd'hui. De tels rapprochements ne sont point inutiles sans doute; malgré leur

---

[1]. Les écrivains étrangers à Pérouse et les registres consulaires l'ont appelée *opera maravigliosa*, une œuvre merveilleuse; *opera di mirabile artificio*, un travail d'un art admirable; *oggetto di publica ammirazione*, un objet d'admiration publique; *il primo argomento del patrio decoro*, le premier, le plus digne sujet d'orgueil de la patrie; *fonte insigne*, fontaine insigne, *unica*, l'unique *non tanto in Italia, ma nel mondo intiero*, non-seulement en Italie, mais dans le monde entier. M. Jean-Baptiste Vermiglioli rapporte toutes ces appellations dans son bel ouvrage fait en collaboration de M. Sylvestre Massari sur cette fontaine.

[2]. Dénomination qui vient du voisinage du couvent des carmes déchaussés. Ce mot de notre vieux langage rend parfaitement l'abréviation italienne, qui s'en rapproche beaucoup.

apparente futilité, ils nous en apprennent certes plus sur les vrais caractères de ces petits États que beaucoup de faits importants qui se rattachent à leur histoire. C'est dans les traits de la vie intime de souverainetés si rapprochées et toujours agitées, qu'on saisit plus facilement ce qui les assimile entre elles ou les diversifie. Une insatiable ardeur de supériorité, une sorte de guerre civile de perfection artistique, si nous osons nous exprimer ainsi, une passion exagérée de victoire dans l'exécution de grands projets d'agrément et d'utilité, ne valaient-elles pas mieux après tout que les divisions sans cesse renaissantes des Guelfes et des Gibelins, qui toutefois, sans entraver jamais la marche de la civilisation dans cette belle contrée, n'en déchiraient pas moins douloureusement son sein?

Les deux monuments que nous essayons de rapprocher à cause de leur identité de but, de leur communauté d'origine, de leur parenté de style et de leur même source d'inspiration, nous offrent précisément des signes manifestes de dissemblances qui répondent dans une exacte proportion à ceux de même nature des deux pays entre eux. Le sombre domaine de saint Pierre ne semble-t-il pas avoir revêtu toute la rudesse du front de l'apôtre? Il est âpre comme ses montagnes, nu comme ses champs presque incultes, solitaire comme ses bois, délaissé, négligé comme ses lieux les plus habités. Tout ce qu'il renferme et qu'il tient de la main de l'homme est profondément marqué d'empreintes analogues, et jusque dans la pyramide jaillissante que nous avons décrite plus haut, au quatrième rang de nos sujets, si nous la considérons de sa base à son sommet, nous voyons que tout y a été frappé d'un sceau de gravité sévère, d'un air d'âpreté, je dirai presque d'un cachet de sauvagerie qui caractérisent non-seulement l'ensemble de sa structure, mais encore ses détails, les ornements qui s'y joignent, et surtout les animaux singuliers dont le choix commandé par le blason des Gatteschi ne laisse pas d'ajouter encore à leur héraldique originalité. Dans l'absence de toute statuaire, deux chats, Gatti, accroupis sur leur queue et dressés sur leurs pattes de devant, rappelaient de suite par leur proportion leur diminutif italien, et étaient posés là comme le seing emblématique d'une famille puissante et honorée, et marquaient assez bien ainsi d'où découlait cette importante fondation.

Il est doux de nous souvenir qu'à quelques pas de là seulement, la nature nous offrit à contempler un tableau bien opposé? A peine a-t-on parcouru quelques milles en remontant vers le nord, qu'aussitôt la scène change sous vos yeux. Vous rencontrez bientôt le charmant nid d'aigle d'Orvieto, et vous entrez un peu plus loin dans une province pleine de contraste avec celle que vous quittez. Ici, l'air semble plus pur, la lumière plus limpide et plus bleue; les collines et leurs forêts se dessinent à l'horizon en moelleuses ondulations. Partout de mélancoliques échos, répétant les cris des bergers et la voix des troupeaux, annoncent aux voyageurs la paix de cette terre fortunée. On le voit, nous sommes dans les fertiles campagnes de la rêveuse Ombrie. Il n'est pas de ciel qui inspire plus de calme à l'âme, plus de sereines émotions au cœur, plus de placides impressions aux sens. Et c'est pourquoi sans doute Dieu choisit ce lieu de délices pour produire deux des plus nobles représentants de l'esprit humain; l'un, qui fut le génie de la vertu, et l'autre, qui fut la vertu même du génie[1] : saint François d'Assise et le Pérugin ont été deux gloires qui, sans être égales entre elles, fécondèrent ce beau sol de leur propre fécondité. L'un et l'autre y enfantèrent des prodiges à leur manière, et leur divine paternité laissa comme legs à la patrie une filiation d'héritiers que nous honorons du double culte de l'admiration et de la vénération publiques.

C'est au temps même du premier de ces triomphes, quand Assise brillait de tout l'éclat de la sainteté de l'un de ses plus jeunes enfants, quand par toute l'Italie l'héroïsme de la foi livrait ses plus fiers combats; c'est alors que Pérouse, dans les régions plus humbles et plus humaines de la pensée, se sentit enivrée de son côté de ses célestes dons. A la vue du bien, élevé sous son égide jusqu'à la plus haute puissance de ses manifestations, les imaginations s'exaltèrent, l'amour du beau eut ses inspirations, et le domaine entier de cette petite république se couvrit d'œuvres merveilleuses de ce grand siècle. Les antiquités étrusques et les ruines romaines, sous l'influence rénovatrice du talent, s'unirent dans la même enceinte aux conceptions nouvelles. Le respect du passé de deux civilisations, l'appel fait aux traditions de la Grèce et de Byzance, loin d'attiédir, ne fit qu'exciter davantage l'ardeur de ses habitants. A la métropole, au palais public, aux églises sans nombre, aux édifices de tous genres, à la place qui s'étend au milieu d'eux, et qui s'en entoure comme d'une ceinture précieuse, il fallait un ornement de plus. Dans le centre de la cité, il manquait un aquarium digne d'elle. Le souvenir du modèle voisin que nous rappelions tout à l'heure rendait encore plus vifs ses regrets. Pérouse, fière aussi, à juste titre, de ses beaux visages, voulut avoir de même ses belles eaux; elle conçut peut-être alors la noble pensée de surpasser Viterbe, et ce fut aux mêmes mouvements d'inspiration et de style qu'elle s'adressa. Elle invoqua l'art qui venait de s'épanouir sous une forme nouvelle, et plus heureuse, elle rencontra une exécution digne de ses désirs et de son ambition.

En ce temps-là, deux pensées dominaient toutes les divisions, les haines, les partis, les guerres et les tyrannies. L'art et la religion servaient de lien entre toutes les dominations qui se partageaient cette contrée. Dieu et le génie trou-

---

1. L'envie, la calomnie et je ne sais quel instinct de justification de l'erreur par l'exemple ne persuaderont jamais à personne que le maître de Raphaël ait été matérialiste et athée. La candeur, la divine pureté de pinceau, ne peuvent devenir un vil métier de manœuvre. Dieu ne permettra jamais ce prodige du mal. Laissons aux calomniateurs le triste bénéfice de leurs efforts.

vaient toujours grâces dans les camps les plus ennemis. Les deux grandes voix du ciel et de la terre étaient mieux entendues des petites magistratures qui se déchiraient que des chefs altiers des empires, et le monument qui nous occupe nous fournit un exemple frappant de la puissance qu'elles exerçaient sur tous les esprits. Mobiles respectés des peuples et de leurs maîtres, l'art et la religion étaient hors de tous débats, parce qu'ils planaient de toute la hauteur de leur souveraineté sur les intérêts divers des sociétés. Un tel phénomène, que la raison moderne s'explique si difficilement, éclaircit à l'instant pour nous bien des ombres de l'histoire du moyen âge. La vérité et la beauté s'étaient embrassées, et elles n'eurent pas même besoin d'attendre le baiser de la justice et de la paix pour assurer la marche de la civilisation ; gloire éternelle de la foi, qui soutenait tout de sa force et grandissait tout de sa majesté.

Les Pérousans donc, faisant taire leurs rivalités nationales, et n'écoutant que leurs sentimens les plus élevés, portèrent leurs regards par-delà leurs murs et les limites de leur territoire. Ils ne voulurent tenir compte, pour l'accomplissement de leur grand projet, que du mérite incontesté de l'artiste qu'ils appelleraient à leur aide. Quel que fût le lieu de son berceau, pourvu qu'il appartînt à la zone privilégiée de leur langue (et Assise encore, pour son abbatiale du même temps, distendit-elle bien davantage les cercles de son choix), où qu'il fût, d'où qu'il vînt, l'homme qu'ils désiraient devait recevoir l'hommage de leur confiance. Admirons ici l'un des plus précieux bienfaits de l'Église. En dissipant les soucis du temps, en repoussant du sein des peuples les angoisses de la convoitise, elle avait, près de son foyer, comme éteint l'égoïsme individuel et local. Une gloire artistique brillait-elle sur un point de la grande fédération de l'Italie chrétienne, il suffisait; les municipes en guerre se la disputaient par des ambassadeurs et des traités. C'est ainsi que l'on vit Jean de Pise, arraché à ses concitoyens, quitter la ville qui s'enorgueillissait de lui donner son nom en retour de sa renommée, et se rendre aux sollicitations de Pérouse, impatiente de mettre à l'épreuve l'habileté d'un tel maître. Et ne voyons-nous pas encore dans ce personnage, qui nous apparaît pour la première fois, se manifester un phénomène singulier : c'est l'effacement de la nature et de la famille en présence de la douce majesté de la religion et de la patrie. Le double patronage qu'il reçut ici-bas, à son baptême et dans sa vie civile, nous a dérobé jusqu'à son origine patronymique : là surtout les noms propres dans les races du peuple déjà n'étaient pas rares. Mais lui, mieux traité que les siens, qui moururent sans généalogie, en acquérant une noblesse nouvelle, eut au moins le bonheur de transmettre à son fils le titre patriotique qu'il avait su conquérir, le compas et le ciseau à la main.

On pense que les deux Pisans se rendirent ensemble aux prières qui leur étaient adressées; toutefois il est certain que l'un et l'autre ont mis la main à l'œuvre qui leur fut confiée, sinon simultanément, du moins, le second, par une sorte de legs de gloire que lui aurait transmis son père; car la tâche de celui-ci était à peine commencée, que la mort l'interrompit. Le respect filial se garda d'altérer en rien la magnifique ordonnance du plan primitivement conçu et adopté; et c'est à cette heureuse circonstance d'unité de vues, malgré l'intervention successive de deux talents de même ordre, que l'on devrait l'harmonie qui règne dans toutes les parties de cet admirable ensemble. Une fois les vastes bases posées, les grandes lignes déterminées, il ne restait plus à l'héritier immédiat, à Nicolas, fils de Jean de Pise, et aux auxiliaires ou assesseurs qui leur furent donnés, qu'à poursuivre sans déviation la marche imprimée dès le commencement. Ainsi nous fut transmise dans toute sa perfection la grande fontaine de Pérouse. Ce n'est plus, comme nous l'avons vu plus loin, l'offrande d'une famille puissante faite aux beaux-arts en vue du bien public, et pour elle-même. Ici, nous avons au contraire un splendide hommage rendu par une population entière au privilége du génie et à l'amour du beau.

Après les édifices consacrés à Dieu, les travaux de ce genre, par leur mérite et leur étendue, sont assurément ceux qui ont le plus hérité de la grandeur romaine. Le peuple-roi avait laissé partout de magnifiques exemples à suivre dans cet ordre de créations. Ses cirques, ses colisées, ses arènes, ses théâtres, ses thermes, ne furent point imités: ils ne devaient jamais l'être par les héritiers de ses empereurs. Mais sous l'inspiration de la foi chrétienne, ses temples se dilatèrent. Ce fut le cri d'un mâle chrétien, que le mot de Michel-Ange : « Panthéon, je te porterai dans les airs. » Les nombreuses et abondantes piscines s'agrandirent sous le souffle de la même pensée. Les aqueducs à ciel ouvert, les longs et puissants cours d'eau souterrains, entrepris jadis moins pour l'utilité commune que pour le faste des patriciens, devinrent les objets qui se reproduisirent le plus à l'avantage de tous, mais surtout des petits et des déshérités des faveurs du monde. L'ingénieuse pénétration de la charité avait su découvrir de suite ce que l'activité désordonnée d'un autre âge avait produit de bon au milieu des somptueuses vanités que les imaginations païennes avaient créées pour tous les appétits des sens. Les sanctuaires donc, pour apaiser la soif des âmes, les fontaines pour calmer la soif des corps, s'étendirent et se multiplièrent. C'était là surtout ce que la civilisation nouvelle s'appliquait à produire sous ses pas, avec cette incomparable proportion de grandeur et d'utilité qui se remarque dans tout ce qu'elle a enfanté. Des splendeurs du passé, les seules qui furent jugées dignes d'être imitées furent celles qui n'avaient pour but que le salut de l'homme; et Rome elle-même, jusque dans ses moindres rayonnements, a été destinée par le ciel à montrer aux beaux-arts comment ils pouvaient réparer leurs plus nobles erreurs, en abandonnant les plus décevantes illusions.

Le poëme de pierre, de marbre et de bronze, qui se déroule en ce moment à nos regards est un de ces fruits précieux du génie dont les siècles privilégiés eux-mêmes se montrent avares. Ses phases presque simultanées de conception et de développement, tant il fallut peu de temps pour le produire, sa double empreinte de physionomie antique et de style nouveau, en font une œuvre toute spéciale à étudier. Les nombreux et riches ornements qui l'entourent, les sujets tirés des deux ordres de la grâce et de la nature qui l'embellissent, ajoutent encore à son importance. C'est un livre ouvert aux vraies appréciations du goût et de la science depuis tantôt six siècles. On y trouve à la fois des trésors d'imagination et de savoir humain, des enseignements de morale et de haute philosophie; partout l'inspiration le dispute à l'imitation, aux réminiscences du passé. A côté de mille caractères de beauté brillent les plus dignes objets de la pensée. Toutes les connaissances y sont représentées par tant de données originales et fécondes, qu'il pourrait à bon droit être considéré comme une sorte d'encyclopédie de cette époque.

Et pourquoi ne serait-il pas en son genre ce que furent dans un autre cours d'idées les sommes de nos grands saints et philosophes, gloires de leur siècle, étonnements du nôtre? Unité, simplicité de plan, homogénéité de travail, infinie variété de détails, recherches savantes de sujets, choix inspiré de beaux types, exécution parfaite de toutes les parties de ce vaste ensemble, que lui manque-t-il donc pour avoir dans la sphère des arts la valeur des plus grands produits de l'esprit? Rien ne lui fait défaut. Dans ce cadre si bien tracé, toutes les sciences, depuis la théologie, leur souveraine, jusqu'à la fable elle-même, ont été conviées à lui porter le tribut de leurs hommages : chacune d'elles a noblement répondu à l'appel, et nous allons les voir maintenant, pour occuper les rangs que leur a destinés le plus habile compas, naître avec leurs dons et leurs attributs sous le plus habile ciseau.

Nous l'avons dit, ce furent deux artistes de même famille par l'esprit comme par le sang qui élevèrent cette admirable fontaine. Mais Nicolas et Jean de Pise furent-ils les seuls auteurs de ce grand ouvrage? Bien qu'alors l'ingénieur, l'architecte, le sculpteur et le peintre lui-même se confondissent souvent dans un même talent, cependant une inscription récemment recueillie par un savant archéologue d'Italie, le professeur Vermiglioli, fait foi d'une collaboration multiple qui s'adjoignit à l'entreprise. On y rencontre en effet[1], mêlés aux noms de

---

1. Voici cette inscription ; elle est devenue un monument précieux pour l'histoire de la fontaine de Pérouse. Nous la donnons dans l'état intégral où elle a été reproduite par ceux qui l'ont découverte et publiée. Les rimes léonines qui semblent comme à dessein en altérer la construction grammaticale en laissent cependant assez facilement percer le sens :

✠ ASPICE QVI TRANSIS JOCVNDVM VIVE FONTES SI BENE PERSPICIAS MIRA VIDERE POTES ERCVLANE PIA LAVRENTI STATE ROGANTES CONSVET LATICES QVI SVPER ASTRA SEDET LACVS ET JVRA CLVSINA QVORVM SINT TIBI CVRA

papes, d'empereurs, de princes et de puissants patrons, ceux de Benvegnate et de Bonensingna, à travers les éloges confus de ces grands constructeurs. Le premier était de Pérouse, qui s'enorgueillissait de l'avoir pour citoyen, sinon pour enfant; l'autre fut appelé de Venise, sa patrie, où il avait acquis un juste renom.

Il est un artiste célèbre que le bord de la vasque d'airain, non plus que le listel inférieur de la seconde cuve, ne désignent point dans leur nomenclature glorieuse; c'est Arnolfo di Lapo. Nonobstant cet oubli, la tradition veut, avec les archives de la république, que cet illustre maître soit venu de Florence joindre son concours à tant d'efforts déjà réunis. Il aurait été concédé aux instances des Pérousans par notre Charles d'Anjou, alors vainqueur de ces contrées, et on lui attribuerait les belles statues qui, comme autant de cariatides, semblent soutenir la frise de la seconde cuve et sa margelle ou tablette supérieure. S'il n'est cité ni de part ni d'autre dans les deux légendes du monument, c'est peut-être qu'il aurait travaillé près de son nouveau souverain les marbres qu'il en aurait reçus, et qui, par un malheur dû aux difficiles abords des carrières, auraient été pris de ruines antiques, dépouilles d'une autre civilisation arrachées peut-être déjà à leur première patrie. Les sculptures de ce grand homme seraient ainsi devenues le don d'un conquérant inquiet, d'un protecteur noblement jaloux. Elles auraient été exécutées loin du théâtre des travaux, et posées après coup au lieu de leur destination, en vue d'accomplir une chevaleresque promesse, et l'absence de leur auteur au moment de l'élévation de l'édifice serait de la sorte un moyen d'interpréter un silence, une omission dont l'histoire a bien le droit de se plaindre avec nous. Terre heureuse où la voix des générations paie la dette des tables de la renommée, où la voix des siècles crie quand les pierres se taisent.

Quoi qu'il en soit de tant d'interventions qui témoignent hautement de l'intérêt et de l'estime attachés à l'objet, le premier, le vrai maître de l'œuvre, celui qui l'a le plus profondément empreinte de son caractère personnel, ce fut Jean de Pise. Ici le cachet est incontestable. On reconnaît le Pisan au coin dont il a frappé toutes ses créations. La physionomie de son esprit s'y reproduit à ce

✠ VRBS PERVSINA PATRIA GAVDE NATVS SIT TIBI FRATER BENVEGNATE BONVS SAPIENTIS AD OMNIA PRONVS HIC OPERIS STRVCTOR FVIT ISTE PER OMNIA DVCTOR HIC EST LAVDANDVS BENEDICTVS NOMINE BLANDVS ORDINE DOTATVS HIC ET FINE BEATUS

✠ NOMINA SCVLPTORVM FONTIS SVNT ISTA BONORVM JOAN. BATH.... NICOLAVS AD OFFICIA GRATVS EST FLOS SCVLPTORVM GRATISSIMVS HIS QVI PROBORVM SEPTVAGINTA..... QVATVOR ATQVE DABIS EST GENITOR PRIMVS GENITVS CARISSIMVS IMVS. NATVS PISANI SINT MVLTO TEMPORE SANI

✠ INGENIO CLARARVM DVCTORE SCIMVS AQVARVM QVI BONENSINGNA VVLGANT MENTE BENIGNA Ill..... OPVS EXEGIT SC... (fort. scilicet.) DVCTILE QVOTIDIAN PEREGIT ENETIIS NATVS PERVSINIS HIC PRIMATVS

✠ FONTES COMPLENTVR SVPER ANNIS MILLE DVCENTIS CVI SI NON DAMPNES NOMEN DIC ESSE JOANNES TERTIVS PAPA FVIT NICOLA TEMPORE DICTO RODVFLVS MAGNVS INDVPERATOR ERAT

point, qu'on ne saurait méconnaître les lignes de ressemblance, les traits de parenté qui existent entre la Fontaine de Pérouse et la chaire du baptistère de Pise. Une autre chaire d'une église de Pistoie, dont la forme nous revient en mémoire, aiderait encore à ce rapprochement. Ces trois productions offrent une identité de faire, qui dès la première impression ne laisse aucune incertitude sur la main d'où elles viennent, comme ces enfants d'un même père qui, dans la diversité de leurs visages, portent des marques infaillibles de leur origine. Les colonnes baignantes qui portent le second bassin au milieu des eaux du premier ont des rapports frappants avec celles qui forment la base à jour des tribunes chrétiennes que nous venons d'indiquer. Colonnettes courtes, épaisses et légères pourtant eu égard à leur fonction, réminiscences de moulures antiques, composition de chapiteaux, adoption du galbe nouveau et de ses ornements un peu mêlés, profils innovés, air enfin que la plume ne saurait rendre et que le dessin exprime à peine lui-même, tout nous fait ranger à une comparaison qu'il ne nous reste d'ailleurs aucun motif de combattre ou de rejeter.

Serait-ce donc là une faute qu'il fallût imputer à impuissance ou à infécondité? Non, sans doute. Toute génération a les mêmes lois. Les formes nettement conçues dans les arts, sont analogues aux types génériques dans les races vivantes. L'âme frappe de son sceau tout ce qu'elle crée dans la sphère de l'idéal comme dans le cercle des réalités spécifiques. Chaque intelligence, comme chaque main, semble avoir son seing propre, manière de camée gravé en creux au fond de l'âme, qui donne malgré nous un même relief à l'expression de la pensée; et c'est là ce qui nous explique jusque dans les plus grandes variétés de composition les similitudes qui rapprochent les ouvrages d'un même auteur entre eux, quelles que soient en apparence les différences de leur but et de leur destination. Qui ne sait aussi que l'hérédité, considérée en son sens le plus mystérieux, pénètre dans les profondeurs de toutes les conceptions humaines, et que les fondateurs d'école, dans la postérité de leurs disciples, ont été comme autant de patriarches, de chefs de dynasties acceptés sans conteste.

Jean de Pise eut ce don providentiel d'empreindre tout ce qu'il fit de sa haute et puissante nature, et de l'accentuer à ce point qu'à défaut d'élèves la piété filiale nous transmet scrupuleusement le genre qu'elle en avait reçu. Placé par sa naissance aux extrêmes limites de l'art antique, il ne le dédaigna point : loin de là, il en refléta de beaux rayons encore, tout en se mêlant avec amour au mouvement qui naissait et l'entraînait. Nul mieux que lui de son siècle ne sut rendre aussi sensible l'esprit de tradition et d'innovation, et nous retrouvons cette double trace de son génie dans ce qu'il nous a laissé de plus saillant, soit pour l'ornement des temples de sa chère patrie, soit pour l'embellissement de la place publique de Pérouse. Du plan, passons aux détails; analysons ce qu'il fit ici avec son fils; car l'un et l'autre, après les grandes lignes jetées et les assises posées, évoquèrent leur ciseau pour le mettre au service de leur inspiration et de leur science. C'était l'habitude de ces temps de synthèses et de divisions de tous genres, qu'un même bras recourût l'un après l'autre aux instruments dont l'art est en possession depuis son origine.

Trois vastes degrés de travertin montent au pied du bassin inférieur, d'où les eaux sont puisées pour les usages domestiques. Là se déroule la série de cinquante bas-reliefs correspondant deux à deux aux vingt-cinq côtés qui forment le contour du réservoir. Chaque couple de cadres divisés par une colonnette représente, ou des mois de l'année, ou des signes du zodiaque, ou quelques autres allégories : l'histoire, la fable, toutes les poésies y ont aussi trouvé leurs places. Les panneaux partagés n'en font que mieux ressortir par leur hauteur les sujets qu'ils renferment, et le parti de les multiplier de la sorte n'a pas peu contribué à grandir l'étendue de la base du réceptacle. Les trois pilastres accouplés aux angles des faces qui divisent sa circonférence, posés sur un stilobate à riches profils, portent un entablement qui relie admirablement avec ses modillons et ses larges moulures toutes les parties dont il est formé. Dans le silence des jets supérieurs, en ne considérant rien de ce qui surgit de son fond, cette portion importante, isolée de l'ensemble, n'en exprimerait pas moins son emploi ; elle serait toujours la citerne à ciel ouvert où les sources des montagnes d'alentour coulent sans cesse par leurs canaux souterrains.

Avant d'aborder la description d'aucune des sculptures qui en ornent toutes les parois, pour y être conduit sans effort, quel lien plus naturel que celui qui naît pour nous de l'immortel modèle dont l'art s'est inspiré pour les produire ? Il me souvient encore des jeunes filles s'acheminant de tous côtés vers le théâtre d'eau avec leurs vases vides, dont la forme n'a pas varié sous la main du potier depuis les Etrusques. Je les vois franchissant d'un pas assuré les degrés qui leur permettaient d'atteindre la margelle d'appui. J'ignore si leurs regards se faisaient un miroir de la limpidité du cristal vers lequel elles se penchaient. Mais ce qui ne peut plus s'effacer des impressions reçues, c'est la marche ferme et modeste, c'est la noble et simple verticale, l'attitude souple et grave de ces femmes descendant et portant sur leur tête, à travers la ville, le fardeau dont elles ont raison d'être fières. Rien ne saurait mieux relever leur beauté que la rectitude de ligne qu'elles savent si bien garder dans leur humble fonction, et qu'elles portent avec tant de charmes dans toutes leurs habitudes quand elles l'ont acquise. Je ne sache pas qu'il y ait de plus admirable maintien que celui des Romaines du peuple qui ont reçu et conservé cet usage, et j'attribue sans hésiter à cette pratique séculaire cet air, ce port magnifique sans prétention, digne sans hauteur, réservé sans feinte, qu'on retrouve jusque dans les enfants des mères qui l'ont transmis comme un héritage de grâces à leurs familles.

Le profil superbe de leurs fronts, la majestueuse perpendiculaire de toutes leurs poses rappellent, dans le repos comme dans le mouvement, les matrones des anciens jours dont l'attitude, signe d'une autre domination, commandait partout en public le respect autour d'elles : et ce sont ces merveilleuses perfections de stature, de traits, de ton, de regard, d'allure et de tenue que nous allons retrouver au plus haut degré dans nos personnages de femmes, d'un fini plus soigné peut-être encore que le reste. Nous avons signalé déjà le groupe en bronze de trois nymphes debout portant sur leurs épaules la coupe ou l'urne terminale d'où l'eau monte et retombe à grands jets. Est-il bustes plus élégants, plus nobles et gracieuses figures. C'est la beauté athénienne à qui le génie nouveau apporte tous les prestiges de sa naissance. C'est la gravité romaine que relèvent encore je ne sais quelle modestie de vêtements, quelle candeur et sérénité d'expression, quelle pudeur, quelle naïveté de visage, toutes richesses de l'âme trop inconnues de l'antiquité.

Que de douce rêverie dans ces têtes penchées sans effort sous le réceptacle de la source ; que de moelleuses inflexions dans les bras levés vers les anses de support. Comme l'aisance exclut la rudesse dans les mains retournées vers les flancs et fermement appuyées au-dessous de la ceinture sur les hanches, que les plis de la robe accusent à peine sans les effacer. A ce dernier égard rappelons que, toute nudité mise à part, la statuaire païenne, par les saillies, par les torsions de la partie inférieure du torse, blesse profondément, même sous des voiles, le sens moral de la pudeur. Le geste, le jeu des reins et des lombes traduit à dessein des contours que la pureté dissimule sans trahir le vrai. Rien de semblable ne porte atteinte à notre sujet : en lui, l'art a cessé de corrompre : il ne sait plus qu'élever, séduire ou charmer le cœur et l'esprit; une œuvre profane de notre ère vient nous le prouver entre mille.

Si de là nous descendons à l'étage que le patriotisme dans son enthousiasme d'admiration prétend tenir en entier d'Arnolfo di Lapo, nous n'y trouverons peut-être que la matière changée : car le même burin a pu dessiner les objets de métal du couronnement et ceux qui vont fixer maintenant notre attention. L'inspiration, la pensée, la délicatesse du travail ne pourraient que nous faire admettre pour tous une même origine. Il en est des lignes relativement à l'imitation de la nature comme du style et de la pensée pour les œuvres de l'esprit : un trait, un point en fait reconnaître les auteurs; tel est le rayon de lumière qui nous éclaire dans notre présente appréciation.

Autour de ce polygone si sobre d'ornements, puisque tous ses côtés sont lisses, qu'apercevons-nous avant tout? Huit statues de femmes adossées aux angles et posées comme autant d'appuis sous une délicate corniche qui semble destinée à les abriter de l'ombre de ses profils. Quoi de plus saisissant, de plus puissant pour attirer le regard que leurs imposantes postures, la mâle beauté de leurs faces, l'ampleur de leurs riches draperies, et tout ce qui, sous les vêtements, constitue la dignité, la convenance de la tournure, l'habitude sévère de tous les membres et du corps. C'est d'abord, dans l'ordre de la description historique que nous avons plusieurs fois citée [1], la Victoire sans ailes, au costume oriental, au faisceau de bois de laurier qu'elle porte élevé de la main droite comme un bâton de commandement. — C'est l'Église Romaine que nous montrons dans l'une de nos planches, les yeux fixés au ciel pour marquer en quelque sorte que sa puissance s'étend jusqu'à cette hauteur. Son front inspiré, le froncement de ses sourcils, son orbite profond, ses lèvres mues par la parole, lui font présenter en souveraine le modèle du temple roman et gothique qu'elle tient avec orgueil dans ses bras comme le fruit de ses entrailles.

Vient ensuite une autre Rome, « Roma gentium », ainsi que le porte l'inscription sans plus ni moins, pour marquer par là peut-être que toutes les nations de l'univers lui appartiennent, et réciproquement qu'elle appartient à tous les peuples de la terre. Tel a bien été le sort de la cité par excellence, *urbs*, dans les deux phases de sa providentielle domination, et l'avenir mieux encore que le passé dévoilera le mystérieux mandat de son existence à travers celle du monde. Comme nous avons vu la Victoire les tenir de la droite, elle tient de la gauche les faisceaux du pouvoir, et porte de l'autre côté le globe qui, avant sa moderne restauration, devait être crucigère. Mais sa ressemblance, son analogie avec les effigies des médailles de Galba, de l'empereur Émilien, de la famille Fusia, et sa physionomie byzantine surtout n'auraient certes pas dû faire exclure la croix. Aux lions du siége, marque de la puissance, cet auguste caractère ajouté n'eût été qu'un motif de plus, pour les savants auteurs des notes qui nous guident, de joindre à la désignation de leurs emblèmes, les mots de leur douce langue, *segnali sempre di fortezza e virtù*. L'art de notre âge a d'autres signes que les muffles des bêtes féroces pour rendre allégoriquement la grande pensée de pouvoir, et c'est l'un de ses premiers titres de gloire d'avoir su relever le beau par le génie moral de ses fictions et de ses images.

Passons rapidement en revue d'autres plus spéciales personnifications. Nous découvrons la béatitude, la sainteté du martyr Laurent, *Divinitas Beati Laurentii*, magnifique expression du style lapidaire, qui peint admirablement d'un seul trait et la glorification spirituelle du héros du ciel, et la perfection artistique du sujet. La dévotion au diacre mort sur le gril, le confiant abandon des Pérousans au culte du bienheureux qui devint le patron de leur Église mère, ne peut avoir été rendu par plus d'ardeur et d'extase. On le sent, l'aspiration de l'être vers son centre est dépassée. Nous avons l'apothéose, l'intuition, la

---

1. L'ouvrage de M. Baptiste Vermiglioli sur la grande fontaine de Pérouse.

possession de Dieu même. Il semble que cette âme, à cause de la jeunesse même de sa vie, de la douce vertu qu'elle respire, de son exaltation sainte, n'ait pas dû revêtir une apparence virile. Elle est moins que la femme forte, elle est plus que l'innocente et pure faiblesse du sexe. L'auteur, par la hardiesse, par la poésie de sa pensée, a voulu cette mystérieuse transformation pour mieux rendre la céleste nature de son modèle. Nous allons rejoindre celui-ci plus tard, et nous le découvrirons rayonnant déjà sous sa forme terrestre de la divine béatitude qui vient d'éclater à nos yeux.

Nous voyons la ville de Clusium, la moderne Chiusi, apportant à Pérouse l'abondance de ses blés, *Domina Clusii ferens granum Perusiæ*. Sa tête faiblement inclinée, son regard soumis, ses mains posées et réunies sur son sein pour soutenir la glane, le bouquet de ses épis, indiquent assez qu'elle s'avance pour payer un tribut à son heureuse maîtresse. — Nous apercevons l'auguste Pérouse, fière de ses terres fertiles entre toutes, *Augusta Perusia et fertilis de omnibus his;* ou plutôt la cité souveraine, représentée comme Rome elle-même assise sur son trône, montre avec orgueil sa corne d'abondance remplie de toutes les sortes de fruits que produit son domaine. Un chapiteau soutient ses pieds sous les plis de sa robe, et compense par sa hauteur le raccourci rendu nécessaire par ce mode de station, double exception de ce genre admise à ce rang. L'artiste n'a point voulu perdre cette occasion de vaincre une difficulté en faisant ressortir à tous les yeux l'idée de souveraineté par une position qui diffère de toutes les autres.

La divinité, la nymphe du lac de Trasimène, nous apparaît avec son front rayonnant de joie : elle porte à Pérouse les poissons de ses eaux, *Domina laci ferens pisces Perusiæ*. Le nom seul de ces illustres rives nous a retracé de bien chers souvenirs d'un autre âge : il nous a rappelé qu'elles ont été immortalisées par la plus puissante d'entre toutes les voix de l'histoire, par toutes les poésies, celles du malheur comme celles de la fortune. Là Annibal défit les Romains, fait d'impérissable mémoire ; mais, on le conçoit, le zèle éclairé du patriotisme a dû complétement l'écarter d'une page d'un si haut intérêt. — Enfin la série de déités féminines que nous venons de parcourir se termine par une frappante apparition. Une jeune fille présente, appuyée contre son cœur, la puissante tête de Salomon. Alors et depuis c'était une opinion universellement répandue dans l'esprit des peuples ; le fastueux roi de l'antique Orient avait reçu de Dieu un si grand don de sagesse que toute la terre désirait voir sa face. Qui pouvait mieux l'offrir à l'admiration, à l'imitation de tous, ce visage du modèle des sages et des potentats, si ce n'est l'innocence, la beauté candide, la douce modestie? et quel enseignement profond résulte de ce rapprochement de la force et de la faiblesse? comme si l'on eût voulu signifier par là qu'avec l'aide du ciel, la vertu n'est pas moins l'attribut de l'une que de l'autre.

Dans cette galerie, unique au monde sans doute, les combinaisons les plus avancées de l'art ancien ou classique viennent s'accommoder d'elles-mêmes aux aspirations de l'art qui surgit. Les corps humains prennent la place des colonnes : ils ne s'attachent plus à celles-ci comme sous les porches de nos cathédrales ; et pourtant en suppléant les fûts, ils ne se transforment point en supports. Les chevelures et le modelé des cous, les têtes, les coiffures, les couronnes et les diadèmes s'encadrent dans des chapiteaux à larges et grasses feuilles. Les tailloirs s'avancent et s'encorbellent plutôt qu'ils ne pèsent sur ces fronts reliés entre eux par les modillons de l'entablement comme par des créneaux. Les mains seules sont nues ; la robe s'ouvre à peine par le haut pour laisser entrevoir les contours supérieurs de la gorge, et lorsque à la tunique qui cache souvent en entier les chaussures, se joint le manteau et les draperies avec leurs franges, les formes ne s'annoncent pas moins nobles, souples et gracieuses sous les plis et replis qui les voilent. Le vêtement est aux sens ce que le mystère est à l'esprit. La nudité ne sied point à la vérité pure, non plus qu'à la beauté.

Le charme du profil grec dans les figures, les traits grands et sévères du masque romain, les fines commissures de la bouche, les lignes si pures du nez, les orbites profonds et les paupières saillantes qui s'entr'ouvrent en harmonieuse ellipse sur le globe de l'œil, n'ont point été moyens dédaignés de l'artiste. Mais en s'appropriant ces trésors, sa main n'a jamais dévié de l'esthétique nouvelle qui se fit avant tout un dogme de la convenance morale. Parmi les poses si variées qu'il a su donner à ses sujets, il a bien eu soin de ne rien laisser transpirer de la désinvolture païenne. La délicatesse du goût, d'accord avec celle de la conscience, n'en a pas moins produit les chefs-d'œuvre que nous avons vus. Malgré leur destination profane, il respire en eux tant de décence et de pudeur, qu'on peut, en vérité, sans crainte, les rapprocher de nos meilleurs et saints types du même temps. Ni la cathédrale de Chartres, ni la métropole de Reims, ne nous rappellent d'objets plus parfaits. Le génie qui a inspiré et réalisé tant de belles créations, ne le cède point à celui de nos maîtres. Un même feu les anima, l'amour exclusif du bien dans la forme.

Mais quittons les célestes attraits de l'idéal dans notre Église Romaine, dans les chastes vierges ou mères qui l'accompagnent, et nommons de même suivant leur ordre, pour continuer la série où nous venons de nous arrêter avec tant de complaisance, les simulacres virils qui viennent se mêler à elles. Moïse est à leur tête avec la verge du pouvoir divin et le livre de la loi, *Moyses cum virga et lege*. Comme en celui de Michel-Ange, à un moindre degré cependant, on y voit l'exubérance de la vie se faire jour, pour ainsi dire, par tous les pores et par les protubérances traditionnelles du front. — *Nobilis miles Matheus de Corigia*, le noble soldat Mathieu de Corrège. Matteo da Coreggio, fut un des plus fameux podestats de l'Italie, et Pérouse, qu'il gouverna souverainement vers ce temps, a voulu tout à la fois lui réserver une place d'honneur dans ses annales, dans ses souvenirs et dans l'un de ses plus splendides monuments. Mais par le malheur de restaurations nécessaires, des déplacements se firent, et il n'a fallu rien moins que l'archéologie avec l'aide de l'histoire locale pour rétablir l'ordre interverti par l'ignorance et l'inhabileté de l'ouvrier, non moins que par la coupable insouciance des magistrats.

L'ange, auguste messager du ciel, *Angelus Numptius Nobilis*, représente le chef de la plus haute hiérarchie des esprits. Saint Michel a eu toutes les pieuses préférences du moyen âge, et Pérouse, à l'une des portes de la cité, lui avait consacré un temple comme nos grands fondateurs d'abbayes une chapelle dans les tours les plus élevées de leurs monastères. Il porte l'épée nue de la main droite; de la gauche, il retient le fourreau prêt à recevoir le glaive, mouvement qui marque la défaite de l'ennemi du genre humain. Ses cheveux ondoyant sous le souffle divin, son air martial jusque dans le repos, la fierté mâle de son regard, rappellent l'Archange de Raphaël qui l'avait sans doute souvent admiré; même facies, même dessin noble et sévère, même expression calme de la victoire. Serait-ce donc que les deux plus illustres maîtres de la peinture et de la sculpture seraient venus abreuver leur génie à cette source féconde, comme ils avaient pu tant de fois se désaltérer de ses eaux. Pérouse a bien des traces du passage de l'un d'eux dans ses murs. Mais l'autre géant des arts, dominé par sa passion de savoir, n'a pu laisser échapper le chef-d'œuvre que nous avons décrit plus haut en le comparant au sien.

Pérouse, comme tant d'autres, a son origine fabuleuse. L'orgueil national voudrait accréditer le sentiment qui la ferait remonter à un héros, reste échappé des ruines de Troie. La poésie, la peinture, l'histoire elle-même l'ont appelé *Heulixstes, Perusinæ conditor urbis*. La douce et mélancolique image du fondateur semble indiquer du doigt la patrie perdue, et porte dans la main gauche le papyrus déroulé qui a reçu l'empreinte des grands dessins de l'exil. Ici, sans être nus, les pieds ne sont plus recouverts de la robe. L'âme, l'esprit apparaît moins. — Le nom seul du grand prêtre, figure prophétique du Sauveur, *Melchisedec Sacerdos Domini*, était resté gravé aux deux côtés du sommet de sa colonne. Un habile et savant maître, le célèbre Massari, a renouvelé le personnage sacré. Les traditions des meilleures écoles s'y révèlent; la tête surtout reflète le plus haut caractère de dignité. Mais les draperies, les plis du manteau qui recouvre la tête et les reins accusent un autre style. Ce n'est plus la naïve originalité des sujets qui n'ont point péri. A plus de perfection de dessin peut-être ne se joint plus autant de simple et facile expression. — Je ne sache pas qu'il existe en aucun lieu une plus saisissante représentation du précurseur du Christ. Il n'est pas nommé, et pourtant la légende qui le désigne à l'attention, *Nobilis miles Domini, ecce agnus Dei*, indique assez le prophète du désert, le Jean des eaux du Jourdain. Les joues amaigries, la barbe épaisse et sauvage, la chevelure abondante et rude, l'épaule droite découverte, le bras aux formes saillantes et dures, le pied nerveux, fermement posé sur sa plante, le feraient reconnaître, quand bien même de l'index droit, il ne montrerait pas par un divin pronostic l'innocente victime qu'il porte sur le bras gauche, en disant : voici l'agneau de Dieu. Rien de ce beau type n'existe plus; puisse-t-il être réintégré avec la perfection que lui a donnée la gravure italienne.

Après la prophétie, la royauté, comme le signifient ces deux paroles qui en suggèrent une troisième, *Rex magna*. Serait-ce la ressemblance de Rodolphe de Hapsbourg, élu roi des Romains, en 1273, que l'on aurait ainsi voulu transmettre à la postérité. On l'a pensé. Ce monarque fit de grandes choses. Il s'annonça fils soumis de l'Église et se proclama son appui. Le pouvoir souverain pouvait donc être personnifié dans cette haute individualité. La froide réflexion partout répandue en lui, sa vaste tête où se concentrent toutes les forces de l'âme, le corps ramassé, disparaissant en entier sous les diverses parties de l'habit, semblent confirmer cette opinion d'une origine allemande pour le prince représenté, d'une nature phlegmatique du Nord, que le sculpteur a si bien retracée dans ces linéaments. — Le capitaine suit le roi : tel est le développement et l'enchaînement de la pensée : il nous serait facile, si l'espace ne nous manquait, d'en faire ressortir tous les rapports et l'harmonie. Le magistrat est désigné. Il s'appelle *Hermanus de Sassoferato*; le prince porte son seul titre, *rex;* il lui suffit pour se faire reconnaître et distinguer à travers les siècles. Cependant il ne manque, où nous sommes, aucune marque de la puissance, si ce n'est la couronne. La toge ou simarre, la pèlerine d'hermine, la toque ou le béret, une sorte de sceptre élevé dans la main droite et le gant tenu de la gauche; l'un, signe de l'autorité publique, et l'autre, du commandement des armées. Tels sont les attributs distinctifs d'un des plus renommés chefs de la communauté, de ce capitaine du peuple de l'année 1278. Par la grandeur sans doute des services qu'il sut rendre dans sa charge, il se trouve rappelé nominalement avec le podestat son contemporain, Matteo da Coreggio, au collet même de la colonne métallique du monument; honneur que la reconnaissance publique a buriné là pour leur commune immortalité.

Sanctus Petrus Apostolus, Saint Pierre nous apparaît avec sa barbe inculte, ses cheveux courts et négligés, comme il est dit de lui dans l'histoire de Nicéphore. On reconnaît dans cet objet précieux et intact, mieux qu'en tout autre du même rang, la supériorité de main et de conception du maître de Pise ou d'Arnolfo; on y voit la *maestria dello scalpello pisano, o di Arnolfo*, ainsi que s'exprime un auteur italien, d'un fin et sûr jugement. La pénule recouverte de l'antique pallium à la manière romaine, donne à l'apôtre qui rassemble les pans de ce dernier, près de ses clefs sur le bras gauche, un profond caractère de majesté ; l'épaule droite plus libre sous la seule tunique, la main noblement fléchie sur la poitrine et touchant le signe de son universel pouvoir, ajoutent encore à l'expression de sa calme assurance. Le reflet divin est là, il n'est œil qui ne l'y découvre dans sa vérité. — Que signifie l'humble et beau cénobite qui suit avec les deux seuls mots : *Clericus excelsa*. Leur obscurité n'a point été dissipée ; mais l'habit religieux se montre avec la plus stricte conformité aux règles des conciles et recouvre admirablement le moine tout entier, dont aucune forme presque ne se produit, si ce n'est le virginal miroir de son âme.

Vient à son tour l'apôtre des Gentils, *Sanctus Paulus doctor, caput mundi*. Quel court et magnifique cortége d'appellations ! Ce n'est plus la divine puissance qui se pose dans le monde ; c'est la doctrine qui va s'élever sur lui. Comme dans le saint Pierre que nous avons vu, par la grandeur de la conception et la perfection du rendu, qui ne reconnaîtra de suite la main d'un maître. On peut le dire sans hésiter, le même génie, pisan ou florentin, a produit les deux chefs-d'œuvre. Ne semble-t-il pas qu'il se soit affectionné à ce spécial travail d'enfantement ? Le but pour lui a manifestement été d'idéaliser les deux plus grandes personnifications du sénat apostolique ; et certes il a été atteint. L'épée, instrument de son martyre, ou symbole de la parole qu'il va répandre (car ce signe redoublé a de tout temps accompagné la bouche du Christ pour marquer le verbe), le livre que tient saint Paul avec les plis de son manteau frangé ne disent pas moins son titre et sa mission, que l'expression profondément inspirée de sa tête. Il n'y avait point à lutter contre la tradition pour faire reluire à travers ce corps la grande âme qui l'anima. Si le succès fut plus facile pour reproduire cette grave figure, il ne fut ni plus assuré ni plus complet que dans l'effigie reproduite aussi par nous du prince des apôtres.

Chose digne de remarque, en s'avançant de gauche à doite suivant la pente naturelle, on rencontre dans notre série supérieure l'apothéose, la glorification de saint Laurent avant la représentation de son humanité. Aurait-on voulu par là exprimer l'idée si philosophique de la prédestination, montrer, comme un dessein éternellement préconçu de Dieu, la victoire avant le combat, le triomphe avant le triomphateur ? On le croirait en vérité, si l'on considère surtout la transfiguration dont nous avons parlé et qui s'est opérée par un miracle de la grâce dans le passage d'une vie à l'autre, je pourrais presque dire en sens inverse d'un progrès de la nature. Nous avons donc à contempler le jeune diacre tel qu'il fut sur cette terre, dans le charme de sa jeunesse, dans le doux éclat de sa vertu, dans le zèle qui lui fait porter le livre de la bonne nouvelle, dressé, pressé entre ses deux mains avec amour, dans la pompe de ses ornements richement brodés sur tous les bords, dans l'insigne de sa dignité, sa dalmatique aux larges manches et aux somptueux parements de son ouverture, dans la confiance de son ardente mission, signé certain de l'abondance de ses œuvres, *Sanctus Laurentius bonis operibus operatus est.* Il fut en telle vénération que la langue nationale lui a consacré un hymne longtemps chanté par la piété du peuple aux jours de sa fête[1]. Rien, nous l'avons vu, rien n'a manqué à sa gloire, ni basilique, ni d'autres temples, ni chants sacrés, ni poésies vulgaires, ni publics hommages de la cité, ni génie des arts pour accomplir tous les vœux de la patrie.

Portrait d'un successeur régnant ou contemporain sans doute, un pontife, deux seuls doigts levés, bénit à la manière des Grecs. Un évêque de Pérouse, *Sanctus Erculanus, pastor Perusinorum,* le pasteur martyr de Totila, porte au plus haut degré de perfection tous les insignes de sa fonction sacrée. Il soulève son bâton pastoral plutôt qu'il n'en est appuyé. Houlette, crosse ou sceptre, cet attribut de la plénitude du sacerdoce n'a rien des exagérations qu'il a prises de nos jours. Simplicité était grandeur, et nous retrouvons ce profond caractère dans tout ce qui recouvre le chef et les membres du prélat. Une mitre basse, imitant non une pyramide mais une couronne légèrement conique, la chasuble doublée d'une croix sur la poitrine et relevée en longs et ondoyants replis sur les deux bras, l'aube courte de soie, une autre de lin frangée en bas et brodée sur le devant dans la largeur de deux palmes de polilobes d'or, suivant l'ancien usage, long manipule, robe de laine retombant sur les pieds, tout cela, merveilleusement sculpté dans le marbre, semble se dresser aux regards comme un reproche éternel de nos innovations.

A l'exemple du maître, saint Hercule, par ses vertus, excita l'envie et la haine autour de lui. Un autre Judas se trouva pour le livrer à la mort : ce fut, au dire de la légende, un clerc des siens, *Clericus proditor Sancti Erculani.* La trahison ne fut jamais mieux rendue que par la physionomie de ce moine en révolte. Le mal soulève toutes les parties de son corps, et, comme le coursier qui prend le mors aux dents, le rebelle laisse voir dans son regard ardent, dans ses narines dilatées, dans les contractions palpitantes de tous ses muscles, l'impatience du joug de Dieu. Mais quel contraste suit immédiatement ; comme le cœur est consolé de ce triste épisode par la douce apparition du religieux fidèle, du saint qui doit en enfanter tant d'autres comme lui par la divine fécondité de sa persévérance.

Et quelle est donc cette sublime opposition? la voici : *Sanctus Benedictus habens spiritum prophetiæ,* saint Benoît ayant l'esprit de prophétie. Il suffira de voir notre gravure pour comprendre comment ici les extrêmes se touchent. Aux

---

[1]. Un manuscrit du XIVe siècle la donne avec plusieurs autres. On lit en tête des strophes : « In festo sancti Laurentii incipit devotus ». Voici la première : *Laurentio marter glorioso. — Kavallier de Jesu Christo, — Arcidiacon pretioso, — De leccellente papa Sisto. — Foste colui che sequitaste. — E laitto Dio sempre tu amaste* (*Vermiglioli*, p. 38).

pieds du patriarche du cloître, du vieillard fondateur de l'ordre de son nom, un jeune cénobite fléchit les genoux. Le saint enthousiasme de son regard n'exprime qu'obéissance et humilité. La tête fortement renversée en arrière, les yeux fixés au ciel, la poitrine haletante, les bras élevés et les mains doucement rapprochées, les lèvres s'ouvrant et murmurant les plus ardentes promesses, annoncent l'extase de son bonheur. C'est le moment suprême où dans l'exaltation de sa joie il reçoit de son maître le livre des règles qu'il doit apporter à la France. Cette charte bénite laisse lire sur son revers les solennelles paroles : *audi, frater Maure;* elles sont là comme un témoignage assuré d'avance des succès de la mission de saint Maur. L'héroïsme de la vertu, la sainteté a de ces vues profondes de l'avenir qui ne trompent point. *Audi, frater Maure*, écoute frère Maur, obéis, accomplis tes vœux et tu triompheras.

Benoît a donc l'esprit de prophétie, quand il parle et remet au jeune athlète de la solitude le sacré dépôt de ses lois. Il pressent, il voit, il proclame la victoire du soldat qui va combattre loin de lui sous ses ordres. Il confirme la confiante délégation de son pouvoir par la souveraine placidité de sa vieillesse. Il sent que le rejeton de son âme grandira ; ses auspices lui seront toujours présents, puisque entre le maître et le disciple il s'est fait un pacte pour la terre et pour le ciel. Le doux repos de deux anges, tous deux conseillers du bien, que l'absence de leurs ailes ne laisse point méconnaître, ne rend pas d'autre pensée ni d'autre sentiment. Les esprits de Dieu semblent entendre sortir de la bouche du saint leurs propres inspirations plutôt qu'ils n'apportent à ses oreilles leur message d'en haut. Comme on l'aperçoit, le sujet isolé a fait place au groupe, et la gêne de l'espace n'a pas peu contribué à réduire presque aux proportions d'un enfant le délégué que l'un des plus sages législateurs des familles religieuses envoie aux nations de l'occident. Aurait-on encore voulu signifier par là que la faiblesse, aidée de la foi, suffisait pour planter sur notre sol l'arbre qui l'a couvert de ses rameaux ?

Commencée à Moïse, la chaîne que nous venons de parcourir en nous arrêtant à peine à chacun de ses anneaux d'or, se ferme au berger des montagnes de Sion, au prophète guerrier qui fonda en lui la royauté du Christ, *David Rex*. La lyre aux sept cordes dans les mains de celui qui soupira les psaumes, odes par essence, hymnes chantés à jamais par l'univers, le génie abîmé, concentré en Dieu, du chantre des douleurs de la conscience qui s'accompagne des mystérieux accords de l'âme plus que des sons de sa voix et du psaltérion, la couronne posée sur une chevelure sauvage qu'agite le souffle du ciel, sont les signes qui font reconnaître le maître pénitent du trône d'Israël. Sa courte stature, ses larges épaules, ses mains desséchées et nerveuses rappellent encore le vainqueur de Goliath. Il n'est plus là cependant comme nous le retrouverons plus tard préparant sa fronde pour terrasser son ennemi. Mais aux éclats, aux bonds cadencés de la joie, dans ce siècle de goût et de poésie ont été préférés les pathétiques mouvements du repentir ; les larmes ont une sublimité qui n'appartient qu'aux larmes ; et sous les pleurs l'on voit encore les poils durs et noueux du front et des tempes, leurs boucles hérissées et négligées assombrir ce tableau de toutes les tristesses du cœur.

Honneur et bonheur des descriptions citées par nous d'avoir fait des deux plus grandes figures de la Bible les deux termes de leur développement. Nous les avons suivies de chaînon en chaînon dans le cercle qu'elles nous ont tracé pas à pas elles-mêmes. Moïse et David, sont les extrémités qu'elles nous ont offertes, le commencement et la fin de la longue suite de sculptures qui s'est déroulée devant nous avec tant d'éclat, panathénée chrétienne du plus grand prix pour la matière et le travail, supérieure à la statuaire de son temps, supérieure à sa renommée même.

Tel est le bandeau dont Arnolfo di Lapo ceignit le monument le plus précieux peut-être de l'Ombrie, elle qui en renferme tant d'autres de tous genres en son sein. Avec le joyau des trois grâces fondues au feu, ciselées à la main, bronzées à l'air et noblement drapées à la manière gothique, qui termine le cône, et avec sa bordure moyenne, il n'est pas de couronnement d'édifice de même destination qui puisse lui être comparé. Le vaste déploiement de la base annonce de loin l'importance de son usage. L'étendue, la forme, les divisions, les ornements du bassin inférieur charment l'œil par leur belle harmonie. Quoique le développement de l'ensemble n'atteigne aucune des proportions des principales fontaines de Rome, le grandiose ne manque point à la *fonte Maggiore* de Pérouse ; son nom le prouve non moins que sa valeur : l'exagération n'entre pour rien dans le titre qui lui a été donné de siècle en siècle jusqu'à nous : et cet honneur mérité durera comme la réputation du maître qui le lui valut : le lustre de l'un et de l'autre est impérissable.

Nous allons toucher maintenant à la part qui peut être spécialement attribuée aux Pisans. Les premières assises de marbre furent au moins posées et travaillées de leurs mains. Cinquante reliefs occupent autant de rectangles accouplés par paire : une sorte de pilastre les divise sans les désunir. Leur dédoublement remplit mieux ainsi les espaces libres de la circonférence. Par une heureuse alternance avec les vingt-quatre sujets de plus de valeur que nous venons d'esquisser, l'intérêt croît, suivant l'exigence des règles, en s'élevant vers le sommet. Les colonnettes trigumelles à faces plates, à fûts semés de torsades, correspondent en bas aux pieds des statues placées par-dessus en retraite sur la même verticale : et celles-ci séparent les vingt-cinq cadres ou cartouches vides, polis, dont l'aspect lisse contraste si bien avec leurs extrémités. Ces larges surfaces sur leur fond uni n'auraient-elles donc pu expliquer les objets sculptés au-dessous d'elles, et reportés en avant par un profond ressaut. La distance sans doute, puisque les diamètres des cuves superposées diffèrent tant entre eux, et surtout la différence d'étage comme solution de continuité ne l'auront pas permis. Les tablettes ainsi planes et nues laissent mieux voir à ce niveau les richesses distribuées avec plus de goût et plus de sobriété à leurs angles, par opposition aux intervalles qui les séparent.

Mais quels sont les sujets représentés dans les doubles panneaux de chacun des côtés du plus grand polygone? Huit dans le nombre ont été choisis pour être reproduits par la gravure, et deux de nos planches ont été destinées à présenter ces mâles compositions. Que pourrions-nous dire de la géométrie, de l'astronomie, de la dialectique et de la musique, que l'acier ne rende plus saisissant par son trait incisif. L'iconographie, le symbolisme, la langue des signes ne peuvent en vérité s'unir à plus de caractère et d'expression dans les figures. Qu'ajouter à la beauté du pêcheur incliné sur sa ligne, à la vigueur accentuée du batteur de blé qui prend de tout corps et de tout cœur le travail de la moisson dans son aire, l'un et l'autre semblant soumis aux influences du lion et des poissons qui représentent tout à la fois dans le zodiaque leurs actes, les saisons et les mois de leurs occupations? Jamais membres et muscles n'ont mieux soulevé le fléau pour l'abattre sur les gerbes : jamais patient espoir n'a plus régné au front penché vers l'hameçon qui se dérobe sous l'eau.

Comment peindre avec des mots Romulus enfant, apprivoisant sur sa main l'aiglon qui devient à côté l'aigle impérial aux puissantes serres, aux ailes mi-éployées d'envergure, images rapprochées à dessein en cette page, distantes à long intervalle en l'œuvre construite? Quel avenir prophétisé dans le nourrisson de la louve! quel empire prédit sous le symbole de l'animal ailé béquetant sa pâture aux doigts qui le fixent sans l'enchaîner! Est-il rien de mieux traité que la jeunesse gravement drapée sous la simple tunique, l'air prédestiné du souverain futur qui s'ignore? Quoi de mieux frappé au coin de la vie, de l'énergie fière et de la domination, si ce n'est l'emblème animé qui conduira un jour les légions romaines à la conquête du monde. On dit que c'étaient là les armes parlantes de la République natale des maîtres de l'œuvre. Non : c'est l'empire de la terre qu'ils ont ainsi retracé sous les traits du roi des airs. Le regard de l'oiseau qui va droit au soleil à travers l'espace, symbolise pleinement le génie des deux Romes qui va droit à la souveraineté à travers le temps. Qu'un tel langage est plus éloquent que celui même de l'orgueil patriotique!

Les quatre couples de modèles que nous offrons dans nos deux gravures, ne laissent que regrets à leur suite, dès là qu'ils ne peuvent être accompagnés de leur entourage. Moins parfaits d'exécution, il est vrai, que la majestueuse théorie qui se déroule au cercle supérieur, ils ont cependant une importance qui a dû déterminer notre choix. Il nous suffira maintenant de citer par leurs seuls titres leurs analogues que les sciences et les fictions poétiques ont fournis de leur fonds au riche appui de ce contour. Qu'il nous soit permis de porter dans une note[1] toute cette énumération dont la sécheresse technique s'éloignerait de notre but de fixer l'esprit sans trop de contention. Celui qui tient moins à un exposé rapide, à l'histoire descriptive qu'aux effets si expressifs du dessin ou aux séductions de la forme, celui-là passera outre afin d'arriver plus vite au terme auquel nous aspirons nous-même. La fatigue est l'écueil à éviter, soin qui nous doit préoccuper sans cesse pour le lecteur.

Et pourquoi nous sommes-nous donc tant étendus sur une œuvre éloignée de nous, que le temps a ruinée, que les hommes ont changée et délaissée, que le goût seul recherche et apprécie, que le trop rare amour du beau ne peut se retracer à lui-même sans un puissant effort de la pensée, qu'enfin l'unique enthousiasme du passé sait animer d'une nouvelle vie en lui rendant ses traits affaiblis, ses attraits perdus. Il ne fallait rien moins que l'imagination de l'artiste aidée de l'histoire, des traditions, des annales du pays, pour relever en entier ces débris dédaignés et en refaire un exemplaire digne d'être proposé aux inspirations du présent et de l'avenir. Entre de si nombreux motifs de fixer l'examen et de susciter au besoin l'imitation, deux surtout ont suffi pour nous faire entreprendre la digression où nous sommes entrés. La supériorité de la fontaine de Pérouse sur tout ce qui nous reste en son genre de son temps, de son style et de son importance, a été la première impulsion que nous avons suivie. Une autre raison nous a guidés : en faisant abstraction de toute ressemblance, comparaison,

1. 1° Le Verseau, *aquarius*, laisse tomber l'eau de son outre dans la coupe d'un homme d'un âge mûr, assis près d'un feu vivement allumé. Serait-ce une offrande ou expiation païenne ? 2° Une femme vieille, avec sa cruche et son pain, les bras levés au-dessus des flammes, représente, dit-on, Janvier, qui n'est pas nommé. 3° Les Poissons dont nous avons parlé. 4° Février, *Februarius*, le pêcheur, emportant les fruits de sa patience dans un panier d'osier. 5° *Socius*; le bélier apparaît en haut de cette représentation. 6° *Martius*, Mars; un jeune paysan coupe la branche d'un arbre dénudé de ses feuilles. 7° Le Taureau, *Taurus*; la jeunesse virile, couronné en tête, a la branche d'olivier à la main gauche, et la droite appuie un lis sur le cœur. 8° *Aprilis*, Avril; jeune fille portant une corne d'abondance et une corbeille de fleurs sur le bras droit. 9° *Gemini*, les Gémeaux; monstre à deux têtes d'enfant sur un seul corps en regard d'un jeune cavalier qui tient un bouquet. 10° Maius, femme à cheval qui tient un hibou par les pattes. 11° Un Moissonneur robuste coupe le blé sous le signe du cancer ou d'un crabe informe. Il se montre avec la désignation répétée, *Socius*. 12° *Junius*, Juin tord les liens pour en serrer les gerbes. 13° Nous retrouvons notre batteur de blé sous le Lion, *Leo*, qui le regarde. 14° *Julius*, Juillet remue le grain avec sa pelle. 15° Autre personnage encore avec l'appellation *Socius*, qui cueille des fruits. 16° *Augustus*, Août fait sa collecte de figues, fruits plus avancés en ce temps qu'en nos climats. 17° La Balance, *Libra*, préside à la vendange que le vigneron foule de ses pieds dans la jale. 18° *September* porte avec vigueur son mannequin de raisins. 19° *Scorpius*, le Scorpion, trop peu rare en ces parages, voit le paysan transvaser ses vins. 20° Le tonnelier dispose les futailles en octobre, *October*. 21° Le laboureur essaie sa charrue avec ses bœufs, et semble stimulé par le Sagittaire, *Sagittarius*. 22° *November* sème avec espoir les grains. 23° Sous le signe du Capricorne, le boucher dépèce le porc pour le saloir. 24° Le chasseur *December* emporte sur ses épaules le sanglier de la forêt. 25° Le Lion, *Leo*, s'assied en raccourci dans toute sa majesté de roi des animaux. 26° Le Griffon ailé, *Griffa*, le

analogie avec les modèle semblables tirées de diverses contrées, il n'est pas d'édifice de cette nature qui annonce mieux dès son abord, outre sa fonction, ses titres et ses droits à servir d'exemple. Originalité, perfection, tels sont les caractères qui nous ont dû frapper avant tout.

Notre France n'a rien à opposer à ces beaux types du moyen âge qui ont pour but l'utilité commune plus encore que l'embellissement des cités. Une seule ville de la péninsule en renferme et en propose plus à recueillir que beaucoup de nos provinces les mieux partagées de l'occident. Et cependant l'opinion répandue parmi nous qu'il n'y a jamais eu par delà les monts qu'impuissance et stérilité en dehors de l'art grec ou classique n'en reste pas moins établie, dans les meilleurs esprits. Fatal pouvoir des préventions! Faut-il que tant de travaux apparents de tous côtés, ou bien à peine cachés sous le sol, canaux creusés dans les montagnes, aqueducs élevés dans les vallées, eaux jaillissant et coulant à flots dans leurs digues aériennes ou souterraines, aient échappé aux investigations studieuses de voyageurs à qui la fortune des bonnes découvertes et la gloire de les publier sourient à l'envi. Comme nous, ils pouvaient ouvrir les yeux, et voir leurs préjugés s'évanouir : car nous aussi, nous les avions emportés ces jugements aveugles qui nous ont longtemps ravi l'évidence des faits. Mais les étonnements, les admirations sans nombre, les surprises de chaque pas nous ont enfin dessillé la vue, et quand le bandeau fut tombé, notre joie, notre reconnaissance fut égale à l'abondance des biens qui nous étaient offerts. A vrai dire, il ne nous resta plus que les embarras du choix, et la capitale de l'Ombrie plus

suit. Viennent à la suite les images des grandes choses de l'Intelligence. 27° La Grammaire, *Grammatica*, qui enseigne un enfant. 28° La Dialectique, *Dialectica*, vieille qui tient de ses mains le serpent de la dispute. 29° La Rhétorique, *Rectorica* (sic), écrit. 30° L'Arithmétique, *Arithmetica*, fait compter une jeune fille sur ses doigts. 31° *Geometria*, la Géométrie trace une figure avec le compas. 32° La Musique, *Musica*, s'absorbe dans les harmonies de ses clochettes; elle est dans une extase d'inspiration. 33° L'Astronomie couronnée, *Astronomia*, tient suspendue devant ses yeux la sphère céleste. 34° La Philosophie, *Philosophia*, comme une souveraine, porte le diadème, le globe et le sceptre. 35° L'aigle la suit sans autre indication que son air d'empire incontesté. 36° Une autre aigle, plus terrible encore, porte au-dessus de sa tête les mots : *Bis Joannes est sculptor hujus operis*. 37° Ève et Adam mangent le fruit défendu. Ils se reconnaîtraient facilement à leur nudité, à la pomme qu'ils ont cueillie, au serpent qui leur en présente une autre; il n'était pas besoin des mots : *Eva de paradiso*. 38° Adam crie en la montrant, Ève m'a fait pécher, *Eva fecit me peccare*. 39° Samson le fort, *Sanson fortis*, écartelle la gueule d'un lion. 40° Samson dort sur les genoux de Dalila. 41° Un dernier Lion mourant de vieillesse au pied d'un arbre avec l'épigraphe : *Si vis ut timeat Leo*, qui se termine ainsi à la tablette suivante, *Verbera Catulum*. 42° L'on voit un jeune homme frapper d'un lourd bâton un chien hurlant. 43° David prépare sa fronde. 44° Goliath gît à terre. Il meurt sous son armure asiatique. 45° *Romulus* que nous avons vu. 46° *Remulus* (sic) plus emporté, menace l'aiglon qui semble soumis. 47° *Lupa quæ nutrivit Romulum et Remulum*, la louve nourrice de Romulus et Rémus. 48° *Mater Romuli et Remuli*, c'est Rhea Silvia. A bout d'histoire, l'artiste invoque la fable 49° La Grue et le Loup : *Quando Grus evulsit os de gurgite lupi*. 50° Le Loup et l'Agneau : *Quando Lupus comedit agnum*. Avions-nous raison de dire que la fontaine de Pérouse était toute une encyclopédie, une somme du moyen âge?

qu'aucun autre centre des provinces que nous avons parcourues, nous aurait rendus hésitants, incertains, si l'étoile qui brille à sa couronne ne nous eût bientôt fixés au milieu des objets que nous recherchions avec le plus d'ardeur.

Voilà ce qu'entre mille exemples les papes ont fait dans toute l'étendue de leur territoire, avec la perfection de l'art de tous les temps unie à l'utilité commune de tous les lieux. Ce que les empereurs n'entreprenaient que pour les plaisirs raffinés des patriciens dans leurs thermes, leurs successeurs, les maîtres du monde moral, l'accomplirent pour satisfaire aux besoins de tous avec ce sage mélange des éléments du bon et du beau qui constituent la véritable grandeur. Si l'on songe un moment au sens que présente le titre même du suprême pontificat, l'on ne s'étonne plus de la réalisation sous nos yeux de la sublime pensée qu'il exprime. Les souverains pontifes ont à la lettre toujours été les grands poseurs de ponts entre les espaces divisés de leur domaine, comme ils le sont pour l'univers entre le temps et l'éternité. En aucun pays de l'Europe, je n'ai vu les montagnes et les collines unies au même degré par des arches jetées à l'infini entre leurs versants opposés, et ces constructions gigantesques servent souvent de route aux voyageurs comme de passage aux ruisseaux détournés qui vont se déverser au loin dans les villes et jusque dans les hameaux. Il n'est pas rare de rencontrer, comme à la Quercia, des séries d'arcades de trois à quatre milles, une lieue et plus de longueur, qui tracent ainsi le chemin des pas des hommes et le cours caché des eaux. Le magnifique pont d'Ariccia à Velletri vient de combler encore un de ces précipices ou ravins avec ses trois étages de tabliers portés sur d'immenses piles : là il remplit aussi la double fonction de plancher aérien pour les chars et de chéneaux à douce pente qui partent des montagnes. Après ses malheurs, Pie IX ne s'est souvenu que de sa mission d'édifier en pontife, et son bras a posé en face de nos modernes industries un de ces colosses de pierre qui étonneront l'avenir.

Ses prédécesseurs, au moyen âge, avaient opéré de semblables jonctions en bien plus grand nombre et de plus d'étendue; pour atteindre le même but à Pérouse, ils ont traversé les campagnes, franchi les plus profondes anfractuosités, percé les rochers d'un long sillon de briques, et les remparts de la cité se sont entr'ouverts pour recevoir cet immense tracé de constructions, traînée de bienfaits que leur génie a semés de toutes parts comme pour défier à jamais l'ingratitude des peuples. Puis, pour eux, les apaisements de la soif n'eussent point été complets, s'ils n'avaient préparé ceux de la faim. Des tubes couchés sous le sol portent à tous les asiles de la charité le tribut de ce grand aqueduc; il n'est pas jusqu'au bain de pieds du pauvre qui n'en découle dans le refuge ouvert à qui n'a plus de couche pour la nuit. J'ai vu un vieillard se diriger sans trouble dans sa misère vers une retraite isolée dont la porte me fut ouverte par le hasard. Le délaissé, l'abandonné, le dénué de tout bien, a toujours Dieu pour bienfaiteur dans le royaume de son Vicaire. La tête à cheveux blancs qui m'avait guidé se reposa sur un lit : bientôt un simple rafraîchissement fut apporté à l'hôte de la providence. Ses membres l'un après l'autre furent lavés, essuyés, soulevés, étendus. Un morceau de pain de blé, plein de substance parce qu'il est presque sans pores ou cellules, lui fut ensuite présenté : il le mit dans un pli de son drap, se détourna, pria un peu à voix haute, et dormit. Vingt minutes avaient suffi pour cet office : il s'acheva le lendemain au réveil par la distribution de deux baïoques, une autre portion du même aliment que la veille au coucher, un verre rempli au robinet commun de la salle, un congé, un adieu avec recommandation à la Madone, à l'ange gardien, aux saints protecteurs et souhait du même traitement toujours assuré d'ailleurs pour le même temps à quelque distance plus loin. La pauvreté[1] errante dans nos rues à la lueur des étoiles, n'a pour oreiller que la pierre en attendant la prison pour abri, un jugement pour intercession, une condamnation pour dernier recours.

Et pourquoi ne poursuivrions-nous pas notre digression jusqu'au terme le plus frappant pour nous de l'entière vérité! Dans ce pays calomnié depuis trois siècles par toutes les conjurations de l'ignorance, de l'erreur et de la haine, est-il besoin qui n'ait secours, souffrance et soulagement. Est-il peine qui ne trouve consolation, et dénûment, suffisance ; que dis-je ? abondance. Les hôpitaux sont des palais, les hospices des musées, les églises elles-mêmes sont préparées pour dispenser le frais ou la chaleur selon les saisons, et partout l'utile s'accompagne des séductions de la charité et du charme des beaux-arts. Si l'on descend aux plus menues nécessités de la vie, la surprise n'est pas moins grande ; il n'est pas jusqu'aux folies de nos rêveurs qui n'aient là,

1. Cette note, extraite des journaux anglais et français des premiers jours d'octobre 1856, montre par l'opposition des faits le contraste de deux civilisations bien diversement jugées.

« Six jeunes femmes, des paysannes, sont traduites devant M. Bingham, pour avoir été trouvées couchées et endormies dans le jardin de Hyde-Park, à Londres. Le gardien de ce parc dit qu'il lui arrive souvent de trouver des femmes endormies la nuit dans ce parc.

« Les six prévenues déclarent qu'elles sont sans argent, sans amies et sans asile, tout ce qui constitue, en un mot, le vagabondage le mieux caractérisé. Elles disent qu'elles sont obligées de dormir à ciel ouvert, parce qu'elles n'ont pas de quoi payer leur coucher. Il y a quinze nuits qu'elles n'ont eu d'autre oreiller que les gazons de Hyde-Park.

« M. BINGHAM : Il est vraiment déplorable de penser que ces malheureuses femmes sont exposées à dormir en plein air, exposées à toutes les intempéries de la saison. Je suis tout disposé à les acquitter si elles prennent l'engagement de quitter cette contrée.

« Les six femmes prennent de grand cœur cet engagement, et leur mise en liberté est immédiatement prononcée. »

Le *Globe* ajoute :

« Il y a quelques années, il s'est fondé une société sous le titre de Société métropolitaine de secours pour les pauvres, précisément en vue des cas de la nature de celui-ci. Quoique des sommes considérables aient été, par voie de souscriptions, recueillies par cette société qui les détient encore, on n'a jamais entendu parler des œuvres par elle accomplies. »

depuis des siècles, leurs applications quotidiennes : une suprême sagesse les fait mettre en pratique. Les docteurs, les chirurgiens, secondés encore de leurs humbles auxiliaires les frères barbiers, reçoivent des édilités des traitements proportionnés à leurs services; si bien que le pauvre et le riche dans les paroisses ou communes rurales ont d'égales chances d'être secourus à temps suivant la priorité de leurs appels. N'est-ce pas là l'organisation vraie et tant désirée du corps médical? En fut-il jamais de plus parfaite, quoi que l'on ait dit de la Toscane, où le gain et le devoir peuvent encore se disputer les déterminations. Que de sécurités, au contraire, naissent pour le médecin dans ses modestes fonctions, du dévouement primant ainsi l'intérêt au gré de la confiance publique. Les sollicitudes de la famille ne s'alarment point de la modicité des revenus. Vieillesse, veuvage des pères et des mères, enfance et jeunesse des fils et des filles, tout est pourvu d'avance des bénéfices de fondations que le passé a légués largement à l'avenir.

De telles institutions n'existent point dans les centres principaux. Pérouse en fut privée. Consolons-nous pour elle : son Université savante les remplace comme à Rome, à Viterbe, à Bologne, à Ferrare. Mais à quelques milles, la patrie de celui qui me fut donné pour patron, Assise, les renferme toutes. J'ai retrouvé toutes mêmes fortunes des pauvres près de la crypte de saint François. En ce lieu où naquit, vécut et mourut le stigmatisé, heureux affligé des plaies de la passion, j'ai rencontré mêmes largesses des eaux. J'ai vu leurs bouillons rafraîchir le péristyle de l'hôpital qu'il aima tant. Je les ai vus couler des tuyaux qui les mènent au cloître de ses enfants et jusque sous la triple voûte de son église : elles arrosent les places, les circuits, les plans inclinés des rues, et elles roulent leurs flots jusqu'aux pieds de sainte Marie-des-Anges. A leur abondance on dirait un écoulement de la fontaine de Pérouse. Un tremblement de terre en a changé le cours; mais, dans sa dévastation, il respecta le réduit miraculeux du saint au fond du vallon : les ruines qui couvrirent le toit vénéré, palladium de la contrée, furent relevées par Grégoire XVI. Les nefs agrandies l'enceignirent de nouveau. Elles n'étonnent que par leur vastité. Un enfant me guettait à leurs portes un verre frais et limpide à la main; il me poursuivit de ses prières, de ses invocations les plus pieuses, de ses gestes pleins d'harmonie, de ses mains jointes avec grâce, de ses grands et beaux regards. Eut-il l'inspiration que les souvenirs qui me revenaient de mon baptême me conduisaient aux pieds de ce sacraire? Je le croirais à l'expression ardente de sa voix, à sa parole toute parfumée des légendes du lis de la vallée. Hélas! ses lèvres suppliantes, son accent vif et touchant n'ont point obtenu l'obole demandée. Le ravissement arrêtait ma main. Je reconnaissais l'enfant héritier des modèles qu'il égalait. C'était lui : ange détaché des fresques du Pérugin, je l'avais déjà vu au Cambio de Pérouse!

Pérouse et le Pérugin! quelle admirable destinée de ces deux noms qui se pénètrent comme leurs gloires; et comme cette fusion a été heureusement consacrée par le tour des deux plus belles langues de notre civilisation; à ce point que l'histoire, acceptant une légère erreur de lieu[1], a cru devoir trahir la vérité pour sanctionner une immortelle adoption. Hé bien, c'est là, près de la Fonte Maggiore, près de ce triomphe éclatant des deux Pisans et d'Arnolfo di Lapo, que vont briller plus tard deux autres splendeurs de l'esprit humain, tant il est vrai que le génie appelle et suscite le génie. Près de là donc, le murmure de nos grandes eaux a dû récréer les rêves, les sublimes inspirations de Raphaël et de son maître. Tous deux incessamment émus de l'impression de tant de beautés, ont déposé à profusion les traits de leurs pinceaux aux voûtes et aux murailles de la Bourse, chambre ou tribunal des marchands, ou bien encore salle des prud'hommes, au change, *al Cambio* enfin, ce temple de la Fortune, devenu pour le plus grand honneur de la cité, le temple même du beau; à toutes les parois de l'enceinte profane la peinture chrétienne a écrit : immortalité.

En face encore de nos nappes limpides, à la *casa Connestabile*, le peintre d'Urbin, au temps de ses plus pures et naïves pensées, a laissé un inestimable trésor. La seigneuriale demeure, en gardant son dépôt, lui a imprimé son nom; il est l'inaliénable bien de ses nobles possesseurs. Sous la fraîcheur de nos jets, la plus suave des vierges du plus suave pinceau de la Renaissance n'a point cessé de se montrer dans son merveilleux isolement. Ce cadre de si petite étendue et de si grand prix est trop négligemment offert peut-être à l'admiration des appréciateurs souvent indiscrets ou importuns qui se rendent des quatre vents de la terre devant cette divine relique de l'art. C'est qu'aussi la courtoisie ne fit jamais défaut sous ce vieux toit contemporain peut-être de l'œuvre que nous avons décrite. Admirable concert de tous les talents qui venaient ainsi se grouper près les uns des autres, comme s'ils avaient voulu se communiquer réciproquement les rayons de leurs gloires. Les auréoles de la renommée sont comme les étoiles : leur lumière s'unit sans se confondre.

On le voit, de tous côtés les objets de haute valeur se pressent et se succèdent autour de la grande fontaine de Pérouse; nous ne les pouvons nommer tous, et elle est leur centre d'attraction bien plus encore que sa cathédrale elle-même. Palais, églises, hôtel de ville, couvents, tout jusqu'à de modestes et simples habitations de son voisinage, appartient à cette période féconde où nous nous complaisons et nous renfermons à dessein. Comment donc se fait-il qu'on ait si longtemps méconnu tant de prodiges d'une époque qui ne brilla pas moins en Italie que par toute l'Europe? Comment tant de modèles originaux n'ont-ils point frappé l'attention des voyageurs par la diversité de leurs caractères, em-

[1]. Le Pérugin est né à Citta de la Pieve, petite ville voisine de Pérouse, et qui en est séparée par le lac de Trasimène.

preintes profondes de besoins et de climats qui en font le charme et l'intérêt? Un artiste éminent entre les nôtres, courant à la recherche des précieuses découvertes, malgré le coup d'œil pénétrant de son esprit, malgré la haute intelligence qui le devait arracher à ses préoccupations nationales, par trop d'exigence de goût n'a pas apprécié toutes les richesses qu'il foulait sous ses pas, quand il a parcouru la terre natale des génies dont il cherchait les traces sous le ciel de leur belle patrie. Devenu maître à son tour, il n'écrirait plus aujourd'hui ces paroles : « l'architecture gothique n'existe pas en Italie[1] ». Sa plume habile et savante, à travers les pages de ses écrits didactiques, ne refuserait plus de rendre à la vérité l'hommage qui lui est dû. Que d'autres ignorent ces trésors lointains qui ne peuvent être abordés sans fatigues et sans pertes : c'est un malheur sans doute ; leur ignorance ne peut leur être imputée à faute. Puisque le rayon de leurs recherches ne s'est point étendu au delà des limites de leurs pays, que pouvaient-ils, si ce n'est partager un jugement porté devant eux avec trop de séduction.

Cependant si l'on réfléchit que le plus humble hameau de ces provinces, le village et son abbaye, le bourg avec son prieuré et son vieux pèlerinage, les asiles ouverts partout pour l'abritement de toutes les misères, les montagnes protégées de leurs oratoires ou de leurs calvaires, les ponts portant leurs saints patrons au-dessus des torrents, les églises, les chapelles disséminées dans les campagnes, des chaumières mêmes, berceaux d'héroïques vertus, que ces sommets, ces pentes, ces champs, ces déserts d'aujourd'hui si ornés et fréquentés autrefois, ont été visités comme notre fontaine par toutes les poésies de l'imagination ; de ce point où nous sommes qui ne s'étonnera de voir passer d'un trait sous son œil tant de merveilles toujours vivantes : car telle est la part que Dieu a faite à cette Italie, qu'il l'a toute préparée de ses mains pour ses desseins providentiels. Sa forme elle-même semble se prêter à l'accomplissement de ses impénétrables décrets : pied de l'Europe tendu aux aspirations de l'Afrique, comme le pied des pontifes de Rome à la vénération des peuples, elle est devenue, dans les grandes lignes du globe, le trait-d'union entre les enfants de Japhet et les fils infortunés de Cham. Et par tous les dons qui lui furent départis d'en haut, présents de la nature, prodiges de la grace, tributs du génie des hommes, ne nous apparaît-elle pas encore en vérité sous mille autres aspects des complaisances du Tout-Puissant.

C'est une longue jetée de son bras entre deux mers qui la caressent de leurs eaux et de leurs brises comme pour inviter l'Orient et l'Occident, le Nord et le Midi à l'aborder avec espoir. C'est une tente sans voiles dressée à sa voix pour tous les peuples de la terre représentés par les députés pèlerins qui sont

---

[1]. *Annales Archéologiques* publiées par M. Didron.

envoyés de toutes parts sur ses bords. C'est une galerie ouverte à tout air, qui n'a pour voûte que le ciel, de limites que ses golfes, ses baies et ses rivages, de murs que les flancs de ses Apennins avec leur arête crénelée d'édifices de tous les temps, avec leurs revers semés de paysages comme les balustrades d'un musée élevées à mi-hauteur pour doubler l'espace ; immense enfilade d'États où les étrangers se rencontrent et se coudoient comme dans les cours, les salles et les corridors de nos palais. Là, chaque regard est une admiration, chaque pas un enchantement, chaque heurt du pied sur le sol une découverte. Là se superposent les civilisations comme les grands gisements du globe au-dessous d'elles : l'une est enfouie dans ses sépultures étrusques ; les autres, présents des Grecs, des Latins et de leurs enfants puînés, se déroulent aux rayons de la plus pure lumière ; et le phare de l'Etna, suspendu comme une lampe au point extrême de l'Europe, annonce de loin tous ces miracles du doigt de Dieu et de la main de l'homme. Là enfin, au milieu de cette voie lactée de chefs-d'œuvre de toutes créations, non loin de celui que nous venons de reproduire avec amour, s'élève Rome, port de salut de l'univers, où toutes les barques perdues du monde moral viendront s'abriter tôt ou tard à l'ombre du trône tutélaire des beaux-arts, des vertus et de la foi.

HOTEL DE VILLE D'ORLÉANS

QUINZIÈME SIÈCLE.

La France, privilégiée entre toutes les contrées pour la variété de ses fruits et la fécondité de son sol, ne le fut pas moins à son tour entre tous les peuples par les merveilles qu'elle a produites dans le champ des Beaux-Arts. S'il plut à Dieu d'arracher de ses mains, au plus fort de ses récentes folies, quelques-uns des vieux débris de son passé, c'était pour que ces épaves échappées à l'orage redevinssent bientôt autant de fleurons rattachés de ses propres mains à sa couronne. S'il ne lui fut pas permis d'anéantir dans ses dévastations quelques-uns de ses titres d'orgueil national, c'était pour que son front pût briller de nouveau de quelques reflets de son antique splendeur. Trois de ses rois lui avaient surtout transmis de bien riches dons à garder dans sa noble parure. Saint Louis laissa sur son passage ses traces empreintes d'ici-bas jusqu'au ciel : partout il voulut édifier autour de lui en traversant ce monde pour gagner l'autre en vainqueur. Le roi-chevalier marqua son règne sinon toujours par des victoires, du moins par les triomphes plus heureux de l'esprit. Louis le Grand, comme le dit encore mieux la gloire qu'il eut de frapper son siècle au coin de son nom, réunit en lui, comme en un centre d'irradiation, tous les genres d'éclat.

Des laps bien inégaux de temps furent donnés à chacun de ces monarques pour évoquer dans leur carrière de nouvelles manifestations de l'art. Cependant ils réussirent à des degrés divers, et leur mission créatrice brilla comme le soleil à tous les regards. Trois villes semblent demeurées debout dans une intégrité plus parfaite que les autres, pour témoigner à l'avenir qu'elles ont été spécialement favorisées des grandes évolutions qui se sont accomplies sous leurs sceptres. Rouen, Orléans, Versailles ou Paris nouveau, *magnum Jovis incrementum*, le moyen âge, la renaissance et la grandeur moderne de la France, tels sont les trois points de l'espace et du temps, à nous laissés en héritage, qui ont le mieux conservé les marques des trois plus glorieux règnes de notre histoire ; et c'est précisément au rayon intermédiaire de cette triple apparition du beau dans notre patrie que nous faisons un emprunt aujourd'hui pour en donner un reflet à ceux qui, comme nous, aiment la douce et civilisatrice influence de l'art de nos pères sur nos destinées.

Orléans donc va nous donner le sujet de notre présente description. Il nous l'offre avec cette beauté précoce qui devance de plus de cinquante ans la brillante époque de François Ier. Objet d'étonnement et d'admiration tout à la fois, et pour l'histoire de l'art et pour la perfection qu'il va revêtir, l'ancien hôtel de ville d'Orléans, abandonné, délaissé, puis repris par la faveur publique pour être transformé en musée sous nos yeux, serait une énigme, une erreur pour nous si ses pierres seules racontaient son origine. Mais nul doute n'est possible en présence des annales recueillies et conservées jusqu'à nos jours; les dates sont certaines, les fondateurs connus, les constructeurs incontestés. Ce que dans notre langue artistique nous appelons renaissance s'épanouit là dans la plénitude de sa vie, dès l'année 1442. Une transformation imprévue, que le hasard annonce dans une seigneurie voisine, Beaugency, se montre ici avec tous les caractères qui décèlent la plus puissante originalité. Maître Viart, cent fois digne d'un renom populaire, en fut l'auteur; et cependant cet admirable novateur n'est guère connu de notre temps que de ceux qui compulsent les poudreuses archives de la province qui l'a vu naître. Serait-il le premier ancêtre du gentilhomme de ce nom qui cache avec modestie un beau talent d'artiste dans sa délicieuse habitation de la vallée d'Étampes? Je voudrais le savoir, afin de me réjouir, si je la constatais, de cette noblesse de l'intelligence transmise sans altération jusqu'à nous.

A cette dénomination d'hôtel de ville, qu'on ne s'attende point à un vaste déploiement de plan et d'ordonnance, à une de ces conceptions qui frappent par le gigantesque de l'ensemble. Dans notre édifice, si tout est simple et modeste de développement, tout est exquis d'exécution. Tel est le trait qui saisit l'attention dès qu'on s'incline vers la planche qui reproduit la principale façade du monument. Chef-lieu d'un duché, apanage toujours dévolu à un prince du sang, position forte près d'un grand fleuve, foyer d'activité intellectuelle et centre de mouvement industriel, rien de ces titres ni de ces avantages ne fait ajouter à son étendue au delà des sages besoins de la cité : deux grandes pièces basses, quelques salles hautes, un beffroi, sont les principaux éléments qui le constituent. Mais, si l'on considère la perfection de toutes ses parties, l'heureuse harmonie qui les relie toutes entre elles, le goût rare de son ornementation, la convenance de ses dispositions extérieures, plus encore que ses appropriations intérieures, on sentira de suite qu'on se trouve en face d'un type important à conserver et bien propre à être proposé en exemple.

Que fallait-il, en effet, à ces temps d'agitations incessantes, de mœurs simples et fortes, d'aspirations ardentes? il fallait des conseils, des délibérations, des assemblées de la communauté investies de la confiance du peuple, pour contenir les vœux tumultueux de la foule ; il fallait une grande voix pour annoncer le commencement et la fin des travaux des édiles, les joies et les espérances, les craintes et les tristesses publiques : dès lors, de grandes enceintes pour les échevins, pour les magistrats municipaux, ornées avec la magnificence conforme à la grave mission de ce sénat de citoyens ; une tour imposante, la plus haute du lieu après celle de la maison de Dieu, parce que cette hiérarchie, consacrée par l'usage, était reconnue et proclamée de droit divin. Telles étaient les conditions proposées aux talents qui avaient à réaliser les vues des populations s'exprimant par leurs chefs élus ; et ce programme, si facile en apparence, mais plein de gênes de tous les côtés, resta le même pendant la période du moyen âge pour tous les centres de nos provinces du nord comme de celles du midi, parce que les besoins de la vie municipale variaient peu même entre les peuples séparés par des intérêts divers ou par des rivalités sans cesse renaissantes.

Une rue centrale qui avait reçu le nom de l'Aiguillerie-Sainte-Catherine, sans doute à cause du voisinage d'une fabrique placée sous l'invocation de cette patronne, avait conservé sur son côté oriental une vieille maison d'architecture gothique ; c'était l'auberge dite des Carnaux ou des Crénaux, propriété dégénérée de sa première destination, puisqu'elle portait des signes de défense féodale contre des agressions extérieures. La tradition si puissante alors n'avait-elle point ramené le corps municipal à son point de départ trop vite abandonné peut-être pour raison de vétusté, d'impuissance, ou plutôt d'inutile protection ? Depuis longtemps les délibérations n'avaient plus de lieu fixe ; elles erraient çà et là, recevant l'hospitalité tantôt des ducs d'Orléans, dans leur palais inoccupé, tantôt des prieurs de Saint-Samson, qui pouvaient chercher ainsi à rendre les votes de la commune favorables à leur action. Quoi qu'il en soit, ce lieu fut choisi pour asseoir le nouvel édifice. Le zèle qui entoura sa naissance avait sa source dans le plus pur patriotisme. La délivrance du pays était présente à tous les souvenirs. Jeanne la Pucelle avait fait jaillir de son âme le feu sacré de son enthousiasme, et les Orléanais, n'ayant plus d'ennemis à repousser sous la sainte bannière de leur libératrice, tournaient tous leurs efforts vers les pacifiques conquêtes de l'admiration des siècles à venir. Après toutes les terreurs de la guerre venaient à leur tour toutes les confiances, toutes les vues fécondes de la paix. La petite communauté de Beaugency avait donné le signal de ce réveil serein des cœurs. Elle fut imitée par sa voisine et maîtresse et, l'émulation aidant, elle fut surpassée sans fol orgueil et sans vaine profusion de la part de sa rivale.

Après cette impulsion partie d'à côté, l'échevinage d'Orléans se met à l'œuvre ; mais on le voit hésiter dans le choix qu'il fera des moyens de réaliser ses desseins. Cependant, sans exclusion, il marque ses préférences ; dans l'incertitude de ses pressentiments, il montre qu'il aime mieux un grand nom qui surgit qu'un vieux nom qui s'éteint. Par la plus singulière anomalie, il scinde lui-même l'unité de son monument, et voilà qu'il confie le principal corps de logis à une main novatrice, en même temps qu'il remet le signe de sa puissance dérivée de la souveraine, la tour, à un bras fidèle aux enseignements d'un passé qui s'efface et se meurt d'épuisement. Le premier des instruments de sa pensée, nous l'avons nommé. Robin Galier fut le second. Chacun d'eux fit simultanément la part qui lui fut départie ; et ce n'est pas une indifférente occasion de surprise de voir la vieillesse avec l'autorité, et la jeunesse avec l'inspiration se disputer côte à côte un triomphe qui fut sans doute paisiblement partagé. Sans marcher du même pas, ces deux rivaux bâtissaient en bonne harmonie. Digne exemple de ces mœurs droites et naïves ; les plus inflammables susceptibilités restaient calmes dans leur travail. Sans fusion de pensées, sans amitié relatée par les chroniques, sans liens de cœur, comme furent les sentiments de nos modernes et illustres maîtres Percier et Fontaine, unique fait de ce genre dans les annales de l'architecture, que toutes nos associations de travaux ne reproduiront plus, ils n'en parviennent pas moins à leur but, l'achèvement de l'entreprise qui leur fut confiée.

A la façade où nous sommes, l'arc aigu a disparu. Partout il est remplacé par la plate-bande ou la courbe la plus gracieuse. Jusque dans les plus délicats ornements la ligne circulaire court de toutes parts, évitant ces intersections qui rappelleraient trop les formes expirantes. Les festons, les contre-festons, les entrelacs, les dais, les consoles, les chapiteaux, rien ou presque rien ne porte la moindre empreinte de ce qui va se pratiquer encore avec persévérance de l'autre côté de ce mur. La verticale hardie, audacieuse, imprévue, pénétrante, est renversée. L'accentuation horizontale se montre victorieuse pour accuser mieux en hauteur les principales divisions qu'elle détermine. Enfin si la base des pilastres du rez-de-chaussée avec ses profils osseux, ses moulures amaigries, ses arêtes amincies et ses scoties allongées, ne nous rappelaient encore le faire ancien, et si les simulacres de colonnettes qui se dressent contre les montants des grandes fenêtres ne nous offraient aussi quelque réminiscence affaiblie de l'art qui va disparaître, devant tant de nouveautés réunies, tant de motifs d'exécution exhumés de l'antiquité et savamment combinés, nous pourrions nous croire en vérité en plein rayonnement du seizième siècle, presque à l'apogée artistique d'une période qui n'aura que bien peu de durée et de développement dans la sphère de son action.

Et en effet, qui n'aurait la même impression que nous à la rencontre de tant de richesses étalées sans confusion en si peu d'étendue ? Pour ne parler que d'une seule division du grand entablement, saisissons d'un coup d'œil ce qui s'y peut voir de plus saillant comme au principal de ses membres. Nous apercevons d'abord une arcature de petites demi-coupoles dont le fond est orné de conques qui s'ouvrent en forme d'éventail. La gracieuse disposition de cette frise surhaussée fixe immédiatement l'attention. Nous voyons de grosses palmettes à l'architrave et de larges roses à la corniche, les premières peut-être qui se prêtent de la sorte à former un puissant encorbellement où tous ces détails se superposent admirablement sans se nuire. Cette décoration née à cette place et au temps que nous lui marquons devint de suite si frappante pour tous, qu'elle ne tardera point à être imitée. Nous la retrouvons exactement reproduite à l'hôtel de ville de Montargis, au château de Blois, deux autres types de la même époque plus avancée et parvenue à la maturité de ses caractères distinctifs. Ah! c'est qu'alors le beau conquis passait sans conteste et sans cupidités jalouses dans le domaine commun; toute création heureuse se propageait avec ardeur.

Si nous joignons maintenant à cette partie de notre description les pilastres du premier étage, cannelés dans la moitié de leur longueur, et renforcés de roseaux dans les cannelures, leurs piédestaux à fins reliefs d'un goût si pur, leurs variés et riants chapiteaux de têtes d'enfants épanouies en feuillages, dont le galbe si bien compris et si bien rendu pénètre l'entablement sans l'entamer à peine en se contre-profilant au-devant de sa première assise; si nous ajoutons encore les arabesques détachées en manière de pendentifs des plafonds des fenêtres, les oves, les chapelets, les denticules, les torsades qui se déroulent de toutes parts, sans omettre les balustres de fleurs de lis, le couronnement et les contre-arcatures des échauguettes ou tourelles suspendues aux angles, et la balustrade à jour rapportée de Beaugency, qui l'a gardée fidèlement, pour la refaire et replacer sur ce chéneau de reliement entre nos deux guérites aériennes, on reconnaîtra qu'en tout ceci rien n'apparaît plus des formes qui ont régné si longtemps et qui se sont épuisées par l'abus que fit d'elles le style même qui les avait enfantées. Il n'est pas jusqu'aux lucarnes d'en haut qui n'ont plus ni leur fleuron terminal ni leurs vases à torchères enflammées, jusqu'aux canaux de plomb enrichis d'anneaux de même métal ciselés délicatement et descendant contre les parois du bahut ou mur de fond, qui ne tranchent dans leur simplicité avec leurs analogues de l'âge qui s'évanouit. Le grand toit est demeuré sans ébranlement sous sa pente rapide; et sa crête dorée dont il n'est pas resté trace sur le faîte et que nous avons refaite d'après les données recueillies en maints autres lieux, nous auraient peut-être donné quelques souvenirs du passé, surtout si ce complément ne s'était point trouvé séparé du fleuron ou chou qui s'épanouit au sommet des rampants; ce seraient là du moins les seuls linéaments de tradition qui se seraient présentés à nous. Cependant nous les avons reproduits avec toutes les chances d'incertitude qu'entraînent à leur suite les dévastations qui n'ont nulle part épargné les frêles ornements de ce genre.

La porte d'honneur surtout, si on le remarque bien, rompt sans détour avec les temps précédents. Son encadrement est une création entièrement neuve et pour sa belle proportion et pour sa disposition, comme aussi pour les ornements d'un dessin pur et délié qui l'entourent. Les courtes colonnes qui l'annoncent ont des bases et des chapiteaux attiques; les cannelures à peine épannelées de leur fût sont droites à leur tiers inférieur et supérieur et déviées de haut en bas, de gauche à droite, à leur partie moyenne; modification qui sera souvent imitée dans les grandes habitations, dans les demeures royales des bords de la Loire. L'amortissement, encadrement carré qui les surmonte, est une nielle de pierre plutôt qu'un travail refouillé par le ciseau, tant la substance est respectée par le vif de l'instrument. Rinceaux, vases, fleurs enroulées du linteau et de ses deux jambages, figures d'enfants des tympans de l'archivolte, magnifique cintre d'ouverture, dont un seul tore s'interrompt encore d'une ombre de chapiteau gothique dans la voussure, tout ici nous reporte aux plus délicieuses inventions du génie italien; c'est comme un premier souvenir des arabesques antiques, charmante émanation qui s'étend aux trumeaux, aux fonds fleurdelisés, aux allèges des baies supérieures, à leurs écussons portés par des anges à genoux.

Et si l'on considère ce qui à droite et à gauche accompagne au même niveau cette entrée, objet déjà de tant de soins, après le mur de soubassement, nous voyons sur tout le parement de la muraille éclore les tiges et les fleurs de lis; les pilastres de division de cette surface sont interrompus à leur moitié, non par des chapiteaux urcéolés, comme on l'a dit[1], mais par des consoles ouvragées qui sans aucun doute pour nous portaient autrefois d'élégantes statuettes, des bustes, de petits vases ou de simples corbeilles. La portion inférieure des fûts ravalés en cadres allongés, ayant des demi-cercles de fleurons en bas et en haut, puis, vers ce dernier point, des anses d'animaux fantastiques qui ont été confondues sans raison avec des feuilles corinthiennes s'inclinant sous leur tailloir, et qu'à plus grand tort encore on a prises pour un écart de goût, tout ce que ce paragraphe énumère à dessein prouve l'intention réfléchie d'attirer le regard dès l'abord, et de donner d'un lieu ainsi traité de son front à son pied, de son sommet à sa base, l'idée qu'on se fait l'Italie de ce genre de monuments en les appelant ses Palais Publics. Orléans renferme beaucoup de maisons de princes, de gentilshommes, de familles riches et puissantes, de personnes vouées aux faveurs royales; aucune d'elles ne répand au dehors autant de luxe que la mairie ou maison commune. Le génie de l'ar-

---

[1]. *Histoire architecturale de la ville d'Orléans*, par M. de la Buzonnière, tome II, page 179.

chitecte était toujours dominé par le sentiment des égards dus aux exigences publiques et au maître qui l'avait invoqué.

Après nous être longtemps arrêté au frontispice d'une œuvre devenue pour nous la source d'enseignements si nouveaux, imprévus, originaux, aujourd'hui même contestés à leurs temps, cherchons maintenant à connaître son plan général et son développement intérieur. Si nous franchissons le seuil, nous nous trouvons au pied d'un emmarchement à double palier pris dans la profondeur même du bâtiment. Cet escalier à rampe droite rachète le défaut de niveau entre la cour et la rue principale d'où nous sortons. Une voûte d'arêtes à nervures anguleuses recouvre ce passage : elle se compose de trois travées entières, plus une moitié au-dessus du seuil, une autre moitié sur la sortie; des retombées d'angelets déroulant des armoiries parent seules cette galerie d'accession. Là Viart se montre fidèle à tous ses souvenirs gothiques. Le berceau qu'il pouvait si bien adopter pour couvrir ce corridor étroit est dédaigné ; il en est de même pour les deux pièces basses voûtées de la même façon, qui occupent tout l'espace en contre-bas du rez-de-chaussée, et ne reçoivent de lumière que de leurs fenêtres grillées du couchant, presque carrées, avec leur amortissement à retombée d'équerre.

Au-dessus règne le premier étage à la même exposition. Il est presque de plain-pied avec le sol vers le levant. Deux grandes salles l'occupent tout entier. Que n'ont-elles conservé leurs planchers de bois et leurs solives peintes comme au jour de toute leur splendeur ! ces hautes et vastes enceintes ne s'en trouveraient à présent que mieux appropriées à leur récente destination d'abriter des objets d'art, dépouilles sauvées d'héritages destructeurs. L'édilité moderne, qui les a rejetées pour son usage, n'a point voulu pousser l'ingratitude jusqu'à l'abandon. Un magistrat des bonnes traditions, M. de Bisemont, a reconnu et consacré leur valeur : le premier il a apporté ses dons sous leur garde, et des imitateurs n'ont point tardé à le seconder dans ce noble sauvetage. Un débris noirci du temps et de la vieille civilisation a été préservé de ruine totale pour abriter des lambeaux, ses contemporains, arrachés eux-mêmes à une destruction qui ne les menace plus ; sagesse administrative qui a porté des fruits au delà de toute espérance.

Pendant que s'élevait ce corps de logis avec une efflorescence inconnue jusqu'à ce jour, en arrière et attenant à ses flancs se dressait, sous une autre main, le beffroi qui devait le dominer. Comment cette adjonction importante ne fut-elle point remise à la même inspiration? était-ce qu'on y attachât moins de prix à cause de sa situation retirée? on le croirait au choix des matériaux qui entrent dans les deux tiers de sa construction; nous n'y trouvons que le simple moellon jusqu'au complément supérieur où la pierre de taille reprend ses droits par-dessus les toitures environnantes. La proximité des travaux n'empêcha point qu'on ne recourût à deux talents, sinon rivaux au moins disparates, puisque l'un innovait partout, tandis que l'autre suivait pas à pas la route battue devant lui. Malgré le danger d'une dissonance fâcheuse, l'entreprise s'accomplit sans choquante désharmonie.

L'ogive des dernières modifications, les pinacles appliqués, les contre-forts, les accolades des fenêtres et les meneaux à réseaux flamboyants ne rompent pas trop l'unité qui doit régner dans une telle ordonnance. Toute cette masse repose sur les fondements d'une tour des plus anciennes fortifications ; elle a dû retenir la forme de son support. Une voûte ogivale sépare les compartiments inférieurs de celui qui renferme la cloche municipale, timbre d'airain qui porte l'inscription gothique où figurent les noms de ses patrons et le millésime de sa fusion, grande voix des émotions publiques et des heures du jour, qui n'a jamais perdu ses priviléges de naissance à travers nos révolutions. Un toit rapide couvrait l'instrument sonore : ses quatre angles se terminaient en pente à une lanterne où, la nuit, brillait une lampe comme un phare au bord de la mer, et qui contenait les reliques de saints protecteurs. L'archange Michel, en plomb doré, se dressait sur le haut et protégeait avec les ossements sacrés les habitants contre les dangers de la foudre. La figure du messager du ciel terrassant le démon était peut-être un hommage de plus rendu à la mémoire toujours vivante de Jeanne d'Arc. On sait que la bergère inspirée de Domremy, outre les voix de ses saintes, recevait d'intimes communications du chef de la hiérarchie céleste. Le pieux souvenir planait ainsi tout à la fois sur les eaux du fleuve et sur les plateaux de la Beauce délivrés avec la France entière de leurs ennemis.

Voilà ce qui fut : voyons rapidement ce qui est, ou plutôt ce qui n'est plus. L'ange a disparu avec les saintes reliques sous les coups dévastateurs des protestants : le feu aida les nouveaux barbares à détruire la toiture et le palladium de la contrée qu'elle portait vers le ciel. La vieille horloge a été exilée de son armoire à panneaux de verre armoriés : l'œuvre de maître Louis Carrel, aidé de Jehan Monyn de Nevers, a fait place à un mécanisme nouveau qui n'a plus pour tinter tous les quarts les carillons à quatre timbres d'autrefois. Le bourdon seul a résisté : trois *saintiers*, ainsi qu'on disait, Robin Boivin, de Moulins, Étienne et Guillaume Bouchard, de Tours, le fondirent au poids d'environ dix mille livres. La devise qu'il porte, *hoc vernant lilia corde*, avec les cœurs de lis et leurs tiges qui distinguent les armes d'Orléans, ne l'ont exposé à aucune rage de destruction. Quatre cents ans n'ont point altéré ses sons ; il les rend aussi beaux que le jour où son ascension remplit de joie la population qui l'attendait. La dévastation est descendue jusqu'en bas : une générosité coupable osa naguère appliquer à l'entrée du donjon une sorte de portique toscan, placage du plus disgracieux effet. Le beffroi de Robin Galier, achevé dès l'année 1453, longtemps avant que son rival, qui le côtoyait, eût terminé sa propre tâche, semble avoir été élevé pour sonner la dernière heure de la poésie dont il était un dernier chant, une dernière émanation. C'était encore un hommage rendu à l'esprit du passé; mais l'avenir germait à côté, il donnait sa première floraison. Qu'avons-nous perdu de cette initiale et magnifique expansion? Examinons :

Le temps et l'air ont rongé par la rouille la dentelle d'or qui courait tout le long de la couverture; fleurons des petits pignons des croisées hautes, écussons de leurs tympans, vases qui reposaient sur leurs pieds-droits se sont délités sous l'action dissolvante des hivers; les vents et les pluies ont renversé la balustrade que des ménagements persévérants ont mieux conservée à Beaugency; les statues des rois qui occupaient les cinq niches recouvertes de leurs amples et magnifiques dais ont été renversées et brisées par le marteau révolutionnaire. Louis XI et Louis XII occupaient les niches d'honneur au-dessus de l'entrée. Les trois Charles leurs prédécesseurs étaient, selon toute apparence, au même rang que ceux de leur race, qui virent s'élever en paix cette splendide façade. Les génies ailés qui tenaient à genoux les armoiries de la France, celles d'Orléans et de ses ducs apanagés, ont été, avec leurs emblèmes, outragés, déchirés, arrachés de leurs belles pages des allèges. Le semis de fleurs et de cœurs de lis a été enlevé de tout le parement du mur au rez-de-chaussée, sans égard à l'impression de beauté qu'il produisait sur l'œil du spectateur.

Un bras grossier aura du même coup renversé de leurs consoles, prises indûment, comme nous l'avons dit, pour des chapiteaux, les sculptures qu'elles portaient; et tant de brutalité pouvait-elle respecter la royale fleur de lis qui se multipliait sur la portion du pilastre qui leur correspondait en arrière. Les anneaux de fer scellés près du stilobate ont été enlevés; un seul a été oublié, dernière ressource pour le cavalier qui, d'aventure, viendrait mettre pied bas en cet endroit, et donner un libre cours à son admiration d'archéologue pour tout ce qui lui resterait à contempler. Donc, irruptions dévastatrices des huguenots, fils ingrats de notre civilisation chrétienne, ravages de la foudre, ruines du temps; après les tempêtes du ciel et de l'enfer, tempêtes de la terre, rage des révolutionnaires, logiques et dignes imitateurs des protestants leurs aînés, ignorance, oubli, indifférence, parcimonie, tous les moyens de destruction se sont réunis pour conjurer la perte d'un monument qui, malgré eux, subsistera. Ses éléments épars ont été rassemblés; et des efforts faits à l'aide de l'histoire, de l'archéologie, de la philosophie de l'art, il nous a été donné de le restituer dans l'état d'intégrité où nous l'offrons au public pour qu'il ne puisse plus périr.

Mais hâtons-nous de dire que, pour arriver à une résurrection aussi parfaite, il ne nous a fallu rien moins que le secours d'une patience à toute épreuve au milieu de ces débris abandonnés. Nous avons passé bien des jours d'étude en face de ces murailles noircies, mutilées, délabrées; nous les avons forcées de se rendre à notre appel dans toute leur magnificence native. Le fil des analogies, les rapprochements raisonnés, les emprunts réfléchis nous ont toujours servi à remplir les lacunes, les vides qui se rencontraient devant nous; et pour ce second enfantement d'une pensée effacée ou perdue, nulle ressource n'a été négligée. Un burin bien exercé, bien apprécié, essayait là d'avance, auprès de nous, sa manière de rendre ces délicatesses infinies par son habileté, toujours prêt du reste à seconder nos efforts. C'est à ce concours d'observations échangées, de méditations prolongées, de réflexions mutuellement provoquées, que nous devons la belle gravure d'ensemble de l'hôtel de ville d'Orléans.

Les feuilles de détails qui se présentent ensuite n'offrent pas une moindre perfection. L'incomparable richesse de la corniche, la grâce de l'un des chapiteaux qui l'affleurent et ne la portent pas, les tourelles hardiment posées aux angles de l'architrave, pour favoriser le guet par l'huis de leurs meurtrières, le cachant pour ainsi dire sous un vêtement de feuilles et de fleurs de roses; la délicieuse frise de la porte, les pilastres du bas si heureusement coupés par leur renflement moyen, l'élégance simple des bagues ou anneaux des tuyaux de descente, le somptueux couronnement des croisées à doubles croisillons, donnent l'idée du soin apporté à un travail où, nous le disons hardiment, la conscience et la science ont lutté de concert contre les obstacles. La persévérance a triomphé de toutes les difficultés. Nous lui devons l'irréprochable restauration d'un de nos meilleurs types de l'architecture française.

Si parmi ceux qui parcourront ces lignes et s'attacheront un instant à ces traits reproduits, un seul d'entre eux, mû par le désir de mieux les connaître et les goûter, se présentait, pressé par nos sollicitations, devant les murailles, telles qu'elles se tiennent encore debout, noircies de poussière, démantelées, déchirées d'incurables plaies, notre plus souhaitée récompense serait d'entendre ses soupirs, ses plaintes et ses regrets. Hélas! de cette fleur, la première en France épanouie sur le beau rameau de la renaissance, toutes les corolles ont été flétries par de mortels contacts; mais ce qui survit de son nimbe dit assez quel fut le parfum et la vertu de ce calice éclos sous notre soleil. La plante du lis, symbole si souvent répété sur les pages sculptées, ciselées, niellées, brodées de l'édifice, peut en tout point nous servir d'objet de rapprochement. La première coupe qui s'entr'ouvre sur la tige est toujours celle qui répand autour d'elle plus d'exhalation et d'éclat. Ainsi fut-il de notre monument. Les manoirs nobiliaires, les résidences royales et princières de la vallée de la Loire furent autant de boutons qui fleurirent après lui : il les féconda de ses puissantes émanations ; sa virtualité fut créatrice, grâce au génie caché, modeste, ignoré, qui l'avait enfantée.

L'hôtel de ville d'Orléans a manifestement eu deux bras différents, deux esprits distincts pour auteurs. Ses annales prouvent en même temps la simultanéité des travaux. Viart et Galier furent les confrères et concitoyens qui furent appelés à réaliser le prodige de multiplicité de vues pour produire l'unité de but ; fait unique peut-être même à cette époque naïve où la susceptibilité de l'artiste semble encore moins le préoccuper que le mérite vrai de ses conceptions. Deux architectes, contre le dire d'Horace et de toute l'antiquité païenne, ont opéré ce miracle de rivaliser en paix, face à face, et de s'épuiser d'efforts pour élever, pour engrener l'une dans l'autre leurs constructions, membres d'un même corps. Mais après avoir vu l'inspiration hardie de l'un se produisant avec calme près de l'imitation, de la routine persistante de l'autre ; après nous être représenté le sourire, l'espoir fier du premier, et la ténacité, l'assurance grave du second, passons rapidement en revue les bâtiments accessoires qui se rattachaient à l'établissement municipal.

De ceux-ci il en reste encore beaucoup qui cachent leurs arcs ogivaux sous des enduits renouvelés, ou derrière des murs que les prétentions de l'ignorance ont votés pour dissimuler misérablement, par leur nudité, les formes simples mais caractéristiques qui avaient été jadis adoptées. Des registres de l'échevinage, des comptes approuvés par le maire ou par ses assesseurs les échevins, font foi qu'un four à pain a existé dans l'enceinte même que le municipe avait réservée à son administration. Peut-être faisait-il partie des dépendances qui s'étendent vers la rue des Petits-Souliers, sur son bord occidental : il eût eu de la sorte un dégagement facile, sans gêner l'accès des pièces plus importantes qui pouvaient être, en outre, abordées par une autre plus grande voie. Qu'était, se demandera-t-on, une boulangerie, une manutention rattachée de si près à la mairie, parée de tant de richesses artistiques et fière d'être ainsi le centre communal d'une grande population ? Dans ces temps de simplicité prévoyante, l'utile ne se séparait point de ce qui pouvait faire avec lui un contraste plus frappant. Près des magnificences architecturales que des jours prospères avaient accumulées en un même lieu, une grosse et forte maçonnerie avait trouvé sa place pour subvenir à moins de frais à la faim des pauvres dans les pressantes nécessités ; sage précaution que le conseil des magistrats de la cité avait prise peut-être contre les grèves trop faciles qui pouvaient menacer la sécurité de tous.

La dernière trace de cette populaire institution a disparu. Il nous vient subitement à la pensée qu'un corps de garde adjacent, *statio militum*, du côté de la grande artère de circulation lui aurait été substitué sous Louis XV, au moment où les masses commençaient à s'inspirer des plus détestables sentiments. Une inscription latine qu'une griffe révolutionnaire a effacée, et qu'une main guidée par une heureuse investigation a voulu depuis peu rétablir à la seule pointe du couteau, nous a suggéré l'idée que la transformation qui s'est opérée se fit sur l'emplacement indiqué. Le point de départ des agitations de la foule, serait devenu le foyer même de leur répression. Ainsi les sources mêmes de soulagements seraient devenues des moyens de châtiments pour les multitudes ameutées contre le pouvoir de leurs élus.

Sans nous éloigner, jetons un coup d'œil sur l'entourage de notre monument. Plus bas, sur le même chemin, s'ouvre vers la rampe opposée un portail ogival qui semble avoir été témoin de la gloire et de la décadence du beau type que nous venons d'essayer d'arracher à sa désolation. Cet arc d'entrée n'a subi aucun changement dans sa forme si dédaignée depuis longtemps : il a conservé ses battants de bois sculptés à grands plis ; particularité remarquable qui nous offre des panneaux continus jusqu'au sommet de l'ouverture en tierspoint. L'aspect de ces vantaux remplissant toute l'ogive, est un exemple que nous voulons citer d'effet assez heureux d'élégance et de bonne proportion. Près de lui et le touchant presque, se voit une case véritable, charmante cage de chêne et de briques inspirée elle-même du style dont nous venons de présenter un modèle dans nos gravures. Bientôt nous offrirons ce spécimen aux villes qui naissent par enchantement au milieu des forêts de l'Amérique. Là seulement il aura sa raison d'être : les éléments qui le constituent manquant de plus en plus à nos besoins, les inépuisables futaies du Nouveau-Monde le peuvent indéfiniment reproduire.

Enfin, non loin de la rivière, dans une ruelle voisine, la Renaissance nous fournira encore une de ses créations, devenue plus simple déjà tout en découlant à distance du principe d'originalité que Viart avait adopté plus haut. On s'en souvient, nous l'espérons, nous avons traité un premier sujet, tiré sinon du même fond, du moins du même esprit de rénovation : La maison d'Agnès Sorel a eu sa place marquée dans nos préférences ; c'était une première lueur de la révolution qui s'est accomplie dans l'architecture vers ce temps. La destinée du musée qui occupe aujourd'hui tout ce que nous avons retracé à la hâte, sera-t-elle plus paisible, plus respectée que ne le fut la première phase de durée du sujet de notre présente description ? Des ruines sauvées d'un entier anéantissement pourront-elles, sans autres mortelles atteintes, protéger les vieux débris qui viennent, par une sorte d'attractive sympathie, se réfugier sous leur ombre. La Providence, dans les profondeurs de sa justice, a toujours en réserve des Barbares pour punir les civilisations de l'oubli de leurs devoirs. L'expérience sociale répondrait à nos inquiètes questions sans nous laisser d'espoir, si nous n'entrevoyions dans l'avenir de plus grandes miséricordes du ciel sur nous. Oui, certes, les conditions du bien et du beau sont aujourd'hui mieux senties et mieux comprises. Ne serait-ce point en même temps, que celles du vrai, de leur côté, tendent à être plus généralement acceptées. Ces trois solidarités sont indissolubles, nécessaires. Telle est la volonté de Dieu, que la vérité soit la source première de toute manifestation de la pensée conforme aux besoins de l'intelligence et du cœur de l'homme.

Et cet esprit de conservation qui s'exprime parmi nous de tous côtés avec un zèle qu'il n'atteignit jamais en aucun temps ni en aucun lieu, n'est-il pas un avertissement, une impulsion donnée d'en haut? Ce mouvement réparateur, ne nous fait-il pas pressentir que c'en serait fait de l'avenir des beaux-arts si nous ne le rattachions au présent et au passé par tous les liens de filiation qui n'ont point encore été brisés? Cent années de plus de haines dissolvantes, de préventions destructives, auraient anéanti sans retour les plus beaux titres de notre civilisation. Le génie de l'architecture ogivale aurait disparu pour jamais. La Renaissance, qui le mêla trop peut-être à ses prédilections pour l'antique, n'aurait pas trouvé grâce devant cet abîme ouvert à larges brèches de toutes parts. Toutes ses conceptions, comme celles du moyen âge, se seraient englouties dans la fosse commune creusée sous leurs pas; tombe immense des victimes de l'esprit de destruction et de renversement qui ne se rouvrira plus, nous en avons l'espérance. Mais au milieu d'un cataclisme de plus de deux siècles de durée, un rayon d'espoir a lui; tombé sur les ruines de nos églises, il s'est réfléchi; d'autres ruines ont ressenti la vie qu'il voulait leur rendre. Celles dont nous venons de relever la précieuse image sont une preuve de plus de sa douce influence et de sa vertu de régénération. Puisse ce don céleste ne plus se retirer de nous; puisse-t-il garder les débris encore subsistants des œuvres de nos pères; c'est le cri d'un cœur et d'une âme qui se dévouent sans réserve à la conservation de leurs restes.

PALAIS ARCHIÉPISCOPAL D'ALCALA DE HÉNARÈS

SEIZIÈME SIÈCLE.

C'est encore à la terre étrangère, à de chaudes et poétiques régions que nous nous adressons aujourd'hui, non plus pour leur demander un sujet spécial de nos études, mais pour obtenir d'elles une notice plus variée peut-être et plus étendue. Nous voulons, à l'aide de nos souvenirs, retracer l'itinéraire que nous avons suivi, quand nous les avons parcourues, nous arrêtant à chaque grande étape pour recueillir nos impressions et les transformer en réflexions comparées. Voyageurs dévoués à notre mission, nés j'oserais presque ainsi dire pour elle, comme l'hirondelle qui vole au printemps vers les climats qui l'attirent, nous ne pouvons résister à notre entraînement pour les zones favorisées de l'art, échauffées et fertilisées de ses rayons. Mus par notre seul amour pour les œuvres d'une époque qui, grâce à la nôtre, ne sera plus dédaignée, souvent il nous a plu de chevaucher par monts et par vaux avec l'espérance certaine de rassembler les éléments nécessaires à l'accomplissement de notre tâche.

Nous avons couru dans ce but à l'aventure, tantôt près de nos foyers, à travers cette Ile-de-France, source d'infinies beautés qui, elles aussi, auront leur Renaissance; tantôt plus loin que la patrie, errants çà et là avec confiance sous le soleil de l'Europe et presque de l'Afrique. L'Espagne nous était apparue dans nos désirs avec tous les charmes de sa chevalerie; et, comme toutes les poésies s'inspirent et s'exaltent mutuellement, à nous pèlerins de l'art et de l'archéologie, il nous vint à la pensée que tous les arts de l'esprit avaient dû fleurir à côté de tous les nobles sentiments du cœur. Notre attente fut-elle trompée? Non. Et pourtant, les longues guerres des Maures et des chrétiens, les désastres qui les suivirent, les sanglantes résistances des peuples et des princes aux nouveautés si fatales en religion, n'auraient-elles pas pu comprimer le culte du beau au milieu des terribles combats que se livraient toutes les facultés de l'âme sur cette terre des preux et des saints?

Il n'en fut point ainsi; l'histoire le témoigne. Des notes, des remarques recueillies partout avec soin, des impressions burinées au crayon, puis confiées à la gravure, diront assez, entre autres victoires de l'intelligence, jusqu'à quelle perfection l'architecture fut deux fois subitement portée par les descendants de Pélage ; premièrement après l'expulsion des Musulmans jusque sur leur sol maudit, puis à l'apogée de la gloire de celui qui, seul entre toutes les puissances temporelles, aura pu dire : le soleil ne se couche pas dans mes États. Mais qu'avons-nous à offrir pour établir et prouver notre sentiment? Qu'apportons-nous pour faire ressortir à tous les yeux les deux éclatants triomphes que nous annonçons? Deux choses seulement : l'une, que l'intuition du goût jugera suffisante dès qu'elle apercevra les quelques détails que nous donnons d'un monument ignoré, délaissé dans sa perfection, et l'autre que l'indulgence littéraire n'absoudra qu'en faveur de la véracité historique de notre récit. C'est trop peu, sans doute, quand on veut décerner la palme que nous voulons demander pour la nation espagnole. Qui ne sait, néanmoins, que Dieu traite les empires comme leurs chefs et leurs sujets? A tous il donne une heure, un instant, une lueur, pour leur salut comme pour leur gloire. Malheur à celui qui n'entend pas le signal, ne saisit pas l'éclair qui le prédestine. L'Espagne n'a point été sourde à l'appel de la Providence. On le reconnaîtra, on le proclamera avec nous.

La France a trois frontières bourbonniennes de ce côté : l'une de Henri IV, l'autre de son fils sous Richelieu, et la troisième de Louis XVIII, maintenue contre tous les traités après l'Empire. A peine avions-nous franchi la première surtout, qu'à l'instant usages et monuments se montrèrent à nous sous des caractères qui contrastaient de fond en comble avec ceux de la vieille Aquitaine et de son duché de Narbonne. Dès Perpignan, qui fut jadis l'un des séjours aimés des rois d'Aragon, ce qui survit des constructions carlovingiennes, puis du roman à son déclin et de l'ogive à sa naissance, offre un aspect imprévu et frappant de nouveauté. Tout à coup les claveaux des cintres, comme des arcs aigus, prennent une profondeur de tranches ou de flèches inusitée jusque-là. Les grandes bases du palais de justice de la Province et sa principale porte d'entrée spécialement, présentent cette innovation à un degré très-marqué déjà. Le Roussillon paraît être le point de départ de cette disposition hardie et sévère. Mais plus loin, à Gironne, les portails des habitations qui revêtent cette magnificence de la pierre ou du marbre, semblent être, par cette forme plus accentuée encore, autant d'arcs de triomphe qui auraient été élevés à la gloire de leurs maîtres.

N'était-ce pas là comme un mémorial de famille, un austère souvenir de la victoire remportée par les aïeux sur le farouche Sarrasin? On le croirait presque, tant il entre dans les dimensions de ces ouvertures et leur ample appareil de physionomie martiale, de puissance imposante et de mâle grandeur. Le moyen âge avait trouvé là, dans cette façon d'arcature toute locale, un mode d'expansion propre, originale, que nous avons cessé de rencontrer plus loin. Cette forme singulière pouvait bien être un dernier souvenir de délivrance. Les exploits de Charles Martel dans les plaines de Tours, n'auraient-ils point longtemps, comme une prophétie d'espérance, retenti des bords de la Loire par delà les Pyrénées; n'avaient-ils point préparé de bien loin, dans ce coin de la chrétienté, ces marques de fierté nationale qui rappellent encore je ne sais quels caractères des constructions arabes. Les grands désastres qu'ont à la fin subis les envahisseurs vaincus, auraient ainsi laissé après eux des traces qui seraient devenues un signe, un fonds commun d'honneur pour les vainqueurs. Nul autre pays que l'Espagne, après ses malheurs, n'aurait mieux donné l'exemple de faire trophées de ses défaites noblement réparées.

Avant de passer au delà, qu'il nous soit permis de nous arrêter un moment de plus dès notre première station. Nous avons à contempler un monument qui, pour ne pas entrer dans nos sujets habituels, n'en peut être rapproché, nous le savons, qu'avec plus de réserve de notre part. C'est au pied du maître-autel de la cathédrale de Gironne que nous voulons faire une halte d'un moment Peut-être est-il aujourd'hui le seul du monde chrétien qui ait retenu sans altération dans sa forme, les caractères sacramentels de son origine. A ce titre surtout, il mérite examen et vénération. Recouvert d'un ciborium du travail le plus précieux, entouré de courtines selon l'usage suivi chez les Grecs jusqu'à nous, isolé de tout appui, même de son retable, *noli me tangere*, tant sa destination est sainte et sacrée, il laisse découvrir, sous sa grave et sublime simplicité, une grandeur, une majesté de disposition qui saisit profondément l'esprit. Dans cet arrangement, tout est convenance et respect; tout est ordonné par rapport à l'immolation de la divine victime : car rien de terrestre ou de grossier, rien d'étranger en quelque sorte à son objet ne doit toucher le support du plus auguste mystère de notre religion. La divinité, si l'on peut ainsi dire, le rend intangible, inaccessible à tout contact extérieur ou profane : comme le trône de Dieu, il ne peut être environné que de loin.

Mais tout à l'entour de lui que de luxe et de richesse, que de prix de la matière, que de travail dans les ornements qui le décorent à l'envi et ne le font que plus briller à distance de toute leur splendeur. La foi règne en souveraine dans l'accomplissement des antiques règles qui ont présidé à son érection, et le pieux scrupule qui inspira la conception de l'artiste, rend bien la pureté de croyance, la rigueur d'observance dont il suivait l'impulsion sous la main de ses maîtres dans la doctrine. Quelle ample moisson à recueillir dans ce temple chrétien ! Archéologie et liturgie y trouvent également à glaner des souvenirs perdus, des coutumes évanouies. La semence des vieilles traditions s'y est conservée comme ces grains de blé qui se retrouvent vivants et féconds au fond des sépulcres de l'Egypte. Un dais dressé avec magnificence y demeure immuablement le signe de la présence de la divinité sous son ombre : au-dessus de ce premier abri, une coupole annonce au loin le repos ou la visite de l'hôte divin en ce lieu, semblable à la voûte du ciel qui le publie dans l'immensité de l'espace, *cœli enarrant gloriam Dei*. Une éminence, au dehors comme au dedans, fixe les regards et la pensée au point où s'accomplit le fait suprême de la consécration.

Ainsi l'ont voulu nos pères ; et pas un de leurs monuments religieux, depuis que de dessous terre leur culte passa au grand jour, n'a violé cette loi ensevelie depuis trop longtemps dans l'oubli. Partout ils l'ont écrite en pierre, en marbre, en bronze ou en or. Il n'a fallu rien moins que la négation de Dieu parmi nous pour briser cette sainte règle de l'hommage, de l'adoration des arts ; et, chose bien digne de remarque, en même temps que cette violation rompait avec la croyance à la présence réelle, avec la foi à l'eucharistie, par représaille ou châtiment, elle blessa profondément à la fois dans les grandes lignes de la perspective[1] le goût, la grâce et l'harmonie. Une seule de nos cathédrales, rendue à son état primitif par le dessin, bien étudiée et bien comprise, suffit pour prouver notre assertion. La métropole de Reims, relevée à vol d'oiseau par M. Viollet Le Duc, et les aperçus intuitifs de l'illustre auteur sur le sujet qui nous captive, seule aurait pu préparer notre généralisation, si la formule ne nous en avait été donnée d'avance par les plus anciennes basiliques comme par les plus simples clochers de nos villages.

Sous un velum de métal ouvragé, comme à Gironne, sous l'arc croisé et fermé que portent et tendent quatre bâtons, symboles de l'éternelle immutabilité, s'opère en effet la plus profonde consommation de l'être qui se puisse jamais concevoir. Là, par la toute-puissance d'une parole, acte le plus simple et le plus auguste, le plus commun et le plus élevé de la vie de l'homme, se réalise le dogme si philosophiquement appelé de la transsubstantiation. Cela veut dire sans détour et sans obscurité de langage pour nous que l'essence ou l'être par excellence, passe à travers ou plutôt au delà de la substance pour arriver jusqu'à la matière en s'unissant à l'une et à l'autre et les changeant intimement : car trois mondes sont ; purs comme l'exprime le sens réel du mot, intacts dans leur être ou dans leur origine, ils constituent l'univers, ensemble d'opposés et de contraires qui tendent incessamment vers l'unité sans l'atteindre. Le premier de ces mondes, c'est l'être suprême, nécessaire, le créateur, Dieu seul ou l'infini.

---

1. Toutes nos principales églises, depuis qu'elles ont perdu plusieurs de leurs plus belles flèches, et celles de leur centre surtout ne semblent-elles pas se précipiter en avant, et comme menacer dans leurs élévations de tomber sur leur façade, par défaut d'équilibre entre les diverses parties de l'ensemble. Cette sensation va jusqu'à affecter péniblement l'œil dans les vues latérales des monuments que le temps, la foudre et les hommes ont découronnés.

Au second, par ordre de subordination hiérarchique, appartient la substance, vaste océan de l'indéfini, des forces, des agents, des puissances de la nature, des principes de vie, des âmes et des esprits. Le troisième, enfin, comprend au dernier rang la matière, et par mixtion déterminée dès le commencement suivant leurs genres ou générations, les corps, le contingent, les formes, le fini.

La plus haute doctrine qui fut et sera jamais, a rendu merveilleusement cette triple existence des choses; trois paroles pour cela lui ont suffi : *factorem cœli et terræ*. Puis la sublime synthèse s'est achevée en ajoutant : *visibilium omnium, et invisibilium*. Quelle divine clarté dans ces simples expressions, dans la division qu'elles posent, dans leur choix, leur contexte, leur arrangement, leur solennelle brièveté, et jusque dans leur majestueuse consonnance ! Ne dirait-on pas qu'elles auraient été inspirées en vue de nos sciences d'analyse, pour les confirmer ou les déconcerter au besoin, suivant leur degré d'adhésion, de confiance, d'éloignement ou d'abandon, de refus ou de mépris. Frappante et saisissante remarque ! Précisément sous nos dômes, se trouve consommée au plus haut chef et de toute part, l'union des trois termes de l'être : l'essence, la substance et la matière. C'est à eux qu'il revient, en s'élevant jusqu'aux nues, de voiler et de couvrir la plénitude de l'existence dans un prodige, dans un mystère tel qu'il n'en fut jamais proposé de plus vénérable à nos croyances. Il nous est enseigné que Dieu fit l'homme d'un seul mot de sa bouche, *mente cordis sui*. D'un mot de sa bouche aussi, l'homme le lui rend, pour ainsi dire, il fait Dieu à son tour et à sa manière ? Dieu aurait-il donc inspiré, produit le verbe humain, pour que le verbe humain, en revanche, le reproduisît au temps marqué par sa providence. Singulier privilége de la pensée, de la voix, de quelques sons articulés par des lèvres sacrées !

Voilà pourtant ce qui s'opère à l'ombre du couronnement élevé sur nos autels; voilà la réalité pleine et entière qui s'effectue sous ces proéminences, inconnues du paganisme parce qu'il ignorait la sublimité du sacerdoce. Est-ce donc trop de l'image des cieux sous la forme d'une tente, du signe de la toute-puissance sous l'apparence d'une cime ou calotte, pour annoncer à tous les regards une action que notre théologie et nos dogmes ont seuls consacrée dans leur langue. On peut le dire, dans l'hostie catholique les extrêmes se touchent, et leur moyen de rapprochement est notre propre nature spirituelle. Une si profonde, une si sublime pensée ne pouvait avoir d'expression que dans un sanctuaire exprimé lui-même au dehors par une tour, un dôme, une flèche, comme toutes nos églises en ont porté vers leur centre[1]. Depuis Saint-Pierre de Rome, Sainte-Marie-des-

---

[1]. L'usage de placer la tour, quand elle est unique, presque en tête, près du haut, ou vers le milieu du vaisseau, ou bien de faire la plus élevée en ce même point, dès qu'il y en a plusieurs, ou encore de flanquer la croisée vers le chevet d'une et le plus fréquemment de deux éminences qui dépassaient toutes les autres par leur importance ou leur hauteur, tenait à une tradition scrupuleusement obser-

Fleurs, la métropole de Reims, celle de Rouen, qui dépassa les pyramides par la hauteur de la sienne, jusqu'au modeste clocher, à l'humble bâtière des hameaux, partout le donjon central de la majesté divine a proclamé sa présence réelle, son siége même dans l'Eucharistie ; c'était le diadème obligé du pain consacré et du prêtre consacrant. Tel fut le ciborium au dedans des enceintes comme la coupole au dehors : il révélait le trône de la souveraineté par excellence, de la Divinité. Quelque nom qu'il prenne, ombrelle, dais, pavillon, baldaquin, exposition ou tabernacle, sa fonction ne change point, sa signification reste toujours la même, comme celle de tiare, couronne ou chapeau qui les remplacent encore en se montrant sur la tête de l'homme, pape, empereur ou roi.

Il appartenait à l'Espagne surtout de glorifier cette orthodoxie de la pierre en la conservant comme elle l'avait reçue des entrailles de sa mère. Combattue, poursuivie par l'infidèle, n'importe sous quel aspect et quel nom il la frappe de ses coups, l'Espagne a toujours gardé avec intégrité, dans ses plus importantes bâtisses, le dépôt de sa foi. Gironne nous en offre une preuve digne d'admiration ; nous sommes heureux de la rencontrer dès les premiers pas de notre voyage ; on ne la jugera point, je l'espère, une digression étrangère à notre sujet. Toucher en passant l'architecture élevée à sa plus haute puissance ; rappeler le précepte qu'elle suivit dans ses plus chères conceptions, quoiqu'il ne fût écrit nulle part peut-être, mais parce que sa transmission fut connue, obéie, appréciée par tous les maîtres chrétiens ; exhumer une forme sacramentelle, une coutume suivie sans altération ; ranimer une pratique constante des siècles de notre ère, qui n'avait pour but que l'exaltation du culte, ne sont-ce pas là des devoirs qui se rattachent à notre mission de faire aimer le beau, sans nous éloigner cependant de la voie spéciale où nous avons résolu de marcher.

Qu'il nous soit permis de le croire, et qu'on nous pardonne après tout en

vée par les maîtres constructeurs. L'art imitait l'église : il avait ses règles non écrites ; elles n'étaient pas moins obligatoires pour lui que ses enseignements les plus explicites. — Sur mille édifices religieux d'une époque reculée pris dans les campagnes, le nombre de ceux qui ont suivi cette loi constitutive est tel que les exceptions, s'il y en a, deviennent une confirmation de plus. Nous rappellerons au hasard les modèles qui se rencontrent aux bourgs de Saint-Gervais et de Langrune, en Normandie. Nous citerons la triple nef de Dampierre près Versailles, humble basilique des champs où l'on voit trois absides avec leur clocher que j'appellerai liturgique, parce qu'il se dresse entre le chœur et la tribune, et que la voirie va sans remords transporter bientôt d'orient en occident, l'ignorance poussant fatalement à la destruction. Pour les métropoles, les cathédrales, les abbatiales et collégiales, entre autres exemples nous nommerons Rouen, Dijon, Saint-Germain-des-Prés de Paris et Poissy. Si l'on interroge non ce qui est, mais ce qui fut de leur état, et de celui de leurs analogues, le doute n'est pas possible. Partout, dans le monde catholique, l'on constate la même observance jusqu'au XVIe siècle, et le plus souvent encore après cette date, bien que l'idée protestante eût alors plus ou moins envahi les esprits. La coupole de Saint-Paul de Londres est un non-sens à la place qu'elle occupe : elle n'est là, sur le temple, qu'une vaniteuse projection de l'hérésie nationale. Ce n'est certes plus la couronne du roi du ciel, ainsi que M. l'abbé Cochet appelle ce genre d'amortissement, parce que ce doit être sans aucun doute pour lui comme pour nous la couronne de l'autel.

faveur de la grande pensée qui inspira nos ancêtres de génération en génération, presque jusqu'à nous. Dans leurs sentiments, nous voulions le constater, le sacraire, le tabernacle, le ciboire, ce temple réduit à l'infiniment petit pour receler l'infiniment grand, le dôme, tout est la représentation du ciel qui recouvre Dieu réalisé, incarné, comme le ciel est le ciboire ou la coupole immense qui voile Dieu dans les profondeurs de l'espace. Puisse-t-on partager une opinion si proportionnée, si conforme à sa fin ! Puisse-t-on la rendre sensible de nouveau en la portant, à l'exemple d'un bien fier génie, partout dans les airs : rien ne manquerait alors à notre joie. Le retour à la loi, à l'antique discipline du compas et du cordeau dans les constructions chrétiennes, comblerait notre attente. L'affaiblissement et le réveil d'une idée catholique auraient coïncidé avec la naissance et la mort du protestantisme parmi nous; motif de plus de diriger l'attention vers le point culminant qui nous intéresse.

Pouvions-nous mieux faire que de mettre notre pérégrination sous la sauvegarde du vœu le plus artistique qui se pût offrir à notre esprit. Girone nous avait donné la première impression qui l'inspira vaguement à notre foi : son autel, son magnifique ciborium, sa coupole, dispositions que nous retrouvâmes modifiées à l'infini par toute l'Espagne, nous en suggérèrent le germe. Il se compléta bientôt, au retour, à la vue idéale de la cathédrale de Chartres, grande image que font ainsi revivre deux lignes qui, pour être rétrospectives, n'en seront que plus prophétiques de ce qui sera, parce que cela doit être : « Ce « monument complétement achevé, » dit un juge bien autorisé[1] parlant de Notre-Dame-de-Beauce qu'il voit comme il fut conçue, « avec ses neuf flèches *se* « *surpassant en hauteur jusqu'à la flèche centrale*, eût produit un effet prodi- « gieux. » Reims vient ensuite, dessinée par la main qui traça ces paroles, Reims avec ses sept jets de pierre s'élançant à l'envi au pied et à l'entour de leur dominateur. Une vue cavalière de l'église des sacres à l'apogée de sa gloire, acheva notre conviction. La science du passé, décrite et gravée pour ne plus périr, s'y montre avec éclat; mais elle n'atteignit jamais au pressentiment de ce qui fut et dut être partout et toujours. Gironne nous donna donc l'éveil; chaque pas ensuite, chaque réflexion, chaque page de nos lectures confirma notre aperçu; et, depuis, il s'est transformé pour nous en un véritable rite que le maçon et le charpentier de nos époques chrétiennes regardèrent comme un devoir imposé à leur conscience par la vénérable antiquité.

Après ce devoir accompli, poursuivons notre route. A force de mules, de fouets, de sauts, de bonds, de pentes rapides, de gués, de cris de nos guides

---

[1]. M. Viollet Le Duc, *Dictionnaire d'architecture*, article Cathédrale. Loin d'être, comme on l'a dit, le désordre par ordre alphabétique, cet ouvrage aura seul en son genre le privilége d'être lu mot à mot jusqu'à la fin par les archéologues eux-mêmes. Son sort sera conforme à son but, contrairement à la destinée de tous ses semblables.

contre les bêtes de trait et leurs montures, nous arrivons à Barcelone. Ce mode de voyager aurait été tout entier archéologique ; rien n'aurait manqué à ce parcours heurté, accidenté de toutes les gênes d'autrefois, si une voie ferrée ne nous eût pris à Mataro pour nous porter à notre second temps d'arrêt, dans la capitale de la Catalogne. On le voit, nous allons suivre le littoral de la Méditerranée, ligne tracée d'avance par ceux qui, comme nous, courent à la hâte après leurs recherches. Mais, dira-t-on peut-être, que de stations avant Alcala ! Qu'on se rassure ; un mot sur chacune d'elles suffira. Il n'en sera plus comme de notre entrée dans le riche domaine des rois d'Aragon. Dans les parages où nous sommes l'architecture civile n'a laissé d'ailleurs que peu de traces sur notre chemin ; les Arabes y avaient mis bon ordre en absorbant toutes les forces vives d'un peuple qui voulait repousser leur domination. Cette stérilité, pour nous, d'une si vaste contrée, s'explique par la présence même de ces sauvages envahisseurs. Si quelques-uns de leurs chefs ou de leurs princes y ont élevé d'impérissables monuments, il est vrai de dire que ces orientales folies sont sans application possible aux besoins de notre civilisation. Nous passerons rapidement sur les témoignages restés debout de l'inanité de tant de richesses et d'orgueil. Un regard, jeté en passant sur les fantaisies du génie musulman, nous a convaincu que rien pour notre honneur ne nous pouvait venir d'elles.

Aux malheurs de l'invasion succède une période de victoires. Les flots de l'Afrique, comme ceux de l'Europe, ont reflué vers leurs sources. L'Espagne, dès lors, peut donner une plus libre expansion à sa pensée indigène. Moins favorisée que d'autres nations, ses sœurs en Jésus-Christ, elle avait vu s'allumer dans son sein la guerre que celles-ci avaient portée loin d'elles. Cependant l'héroïque épée du Cid, sans cesser d'être vénérée des peuples, avait fait place au sceptre presque universel de Charles-Quint. La Renaissance a trouvé le sol espagnol entièrement délivré des pas de l'ennemi qui le profanaient. A cette époque correspond aussi, pour la péninsule ibérique, la plus belle efflorescence de l'art. Le patriotisme, la liberté, le triomphe de la foi, le bonheur, le calme de la monarchie reconquise par elle-même, lui donnèrent là plus d'attraits peut-être qu'en aucun autre lieu du monde. Le génie de l'architecture, pendant les durs combats avec l'islamisme, avait sommeillé comme une terre en jachère. Il se dédommagea de son trop long repos. Tout à coup il apparaît plein de vigueur et de beauté, de grâce et d'originalité ; il réalise d'un trait tous les caractères de pureté, de noblesse, de grandeur et de simplicité qui constituent les lents progrès des autres pays. L'Alcazar de Tolède, demeure projetée d'un cardinal, dont le vaste degré, le plus magnifique peut-être qui soit, arrachait au souverain des deux extrémités de l'Europe et des Indes, ce cri d'admiration : « En te montant je me sens roi ; » l'hospice des Niños, enfants trouvés, qui s'élève avec fierté aux pieds de ce même palais; l'hôtel de l'ayuntamiento de Séville; la cathédrale de Guadix témoigneraient seuls au besoin pour nous, si nous n'avions nos descriptions et nos gravures pour venir à notre appui.

A Barcelone, une rare et belle fleur de ce temps se présente à nous, dans toute sa précocité : c'est la *meson*[1], ou maison Medina Cœli, qui devance presque d'un siècle nos propres innovations en ce genre. Rien n'est plus gracieux que sa charmante petite cour : quatre grandes arcades, à cintres surbaissés, reposant sur quatre courtes colonnes, en forment le principal côté. Au-dessus de ce soubassement, règne une galerie, la plus légère et la plus solide qui se puisse imaginer. Trois minces fûts, d'ordre corinthien, la supportent; par leurs dimensions ils tendent presque aux proportions de colonnettes gothiques. Leurs chapiteaux reçoivent, sur des corbeilles d'acanthe, des retombées d'ogives du plus excellent galbe. C'est l'unique fois qu'il nous ait été donné de rencontrer une heureuse union de deux styles si opposés en apparence, et pour être vrai jusqu'au bout, il faut dire encore que rien ne manque ici à la grâce et à l'harmonie de ce mélange imprévu. Ajoutons que les plafonds ouvragés en bois, travail imité des vaincus expulsés, ne sont pas moins conservés que le reste; mais rien du dehors, ni la porte d'entrée, ni les fenêtres avec leurs sculptures, n'annonce le bon goût qui distingue le joli cloître ou *patio*[2] de cette habitation. Il semblerait qu'elle et son abord ou sa clôture soient sorties de deux mains différentes; ou bien l'artifice serait-il allé jusqu'à prétendre cacher derrière un rideau négligé les beautés qu'on ne voulait montrer qu'au dedans de l'enceinte pour faire dire avec plus de vérité : *tota pulchra est ab intus*, elle est toute belle au dedans.

Cette appréciation ne nous appartient point exclusivement. Nous nous rappelons avec quelle joie elle fut partagée par deux compagnons de voyage que nous avions rencontrés avant de franchir nos frontières. Deux frères, enfants de Nevers, MM. Arthur et Adolphe de Rosemont, courant comme nous et mieux que nous après d'instructives impressions, avaient consenti à nous suivre dans la rapidité de notre course. Leur esprit cultivé par les soins d'une mère qui avait compris sa noble mission en leur inculquant le sentiment de toutes les bonnes choses, leur goût éclairé les inclinait à nos études et les prévenait en faveur de nos recherches. Béni soit le ciel d'une rencontre qui devint bientôt entre nous une liaison. La fraternité et l'amitié cheminaient de concert et se donnaient à titre réciproque exemple et encouragement. Nous devons à un accord vrai d'humeur, de vues et de désirs, un grand bien pour nous : celui d'avoir au moins pu citer le mémorable modèle du palais Medina Cœli.

Le chef-d'œuvre de deux arts combinés, jugés par nous-mêmes ennemis

---

[1]. Expression espagnole qui est notre vieux mot français.
[2]. Cour carrée avec galerie, cloître, terme dérivé du latin *spatium*.

où incompatibles jusque-là, nous aurait échappé sans doute. Mais des relations de collége, qui n'étaient pas les nôtres, nées sous des enseignements aujourd'hui appréciateurs des objets de notre sollicitude, nous mirent heureusement sur sa voie. MM. de Monistrol et le marquis de Saména, jeunes rejetons de la vieille grandesse, nous le découvrirent avec un sentiment de fierté nationale qui venait de l'âme et du cœur. C'étaient là aussi des enfants restés fidèles à leurs maîtres, les Jésuites de Fribourg, qui, pour ne point cesser d'avoir d'autres fils dans la science et la foi, en restant inébranlables dans leur mission, ont bravé trois exils consécutifs. Puisse ce souvenir d'une entrevue d'un moment parvenir à chacun d'eux; qu'il leur soit un hommage de gratitude pour la bonne grâce d'un accueil gai, franc, sympathique autant qu'intelligent. Pour être pleine de retenue, l'hospitalité espagnole n'en a que plus de droits au témoignage que nous nous plaisons à lui rendre.

Le cercle où nous nous sommes renfermés limite nécessairement pour nous le nombre des objets qui doivent fixer notre attention en déterminant nos préférences. Mais il ne pouvait se faire qu'ayant été mis en présence du seul monument où se confondent avec un bonheur inespéré les deux styles qui se sont jusqu'ici partagé l'architecture, nous ne lui rendissions pas la justice qui lui est due de le signaler au moins comme une exception aussi importante qu'inattendue. Barcelone a réellement trouvé le nœud gordien d'une difficulté dont nous n'avons rencontré nulle part ailleurs une solution satisfaisante. L'honneur d'avoir produit un exemplaire si original d'une union jugée universellement impossible, devait bien être proclamé en passant. Passer sous silence cet accord heureux de deux opposés regardés comme inconciliables, eût été une omission dont nous ne voulions point encourir le reproche.

Que la puissante maison de Medina Cœli garde comme la prunelle de l'œil cette portion précieuse de son héritage ; qu'elle la préserve avec une sollicitude de mère de toute altération, de tout changement, de toute mutilation ; qu'elle la protége contre la moindre atteinte de ces mains officieuses qui trahissent trop souvent ce qu'elles auraient par devoir à défendre. Les plus grands seigneurs de la monarchie espagnole rendront ainsi plus de services à leur pays qu'en protestant, suivant leur usage, à la mort de chacun de leurs rois, contre l'avénement de princes qu'ils entendraient remplacer sur le trône. Les vains droits de la famille ne valent pas les vieux monuments de sa gloire. Il faut avant tout sauver cette seconde et meilleure fortune, acquise au prix de faveurs noblement dispensées; et toutes ces prétentions qui se rattachent, nous le voulons, à des dévouements à la patrie, cesseront d'être aux yeux des peuples de stériles titres d'orgueil, si les grands comprennent enfin ce qui fit leur splendeur réelle dans l'histoire. Le beau est dans leurs mains un patrimoine public dont la destinée demeure confiée à leur tutelle. Que les noblesses de tout degré se pénètrent bien de cette vérité, si elles veulent que leur lustre ne périsse point au sein des nations qui s'intéressent encore à leur éclat. Une grave responsabilité incombe à la vieille et illustre race des Medina Cœli, qui possède des palais par toute l'Espagne. Le plus ignoré, le plus abandonné, le plus dédaigné peut-être est celui qui nous a tant inspiré de sollicitude et d'admiration. Puisse notre vœu être entendu de ses maîtres! puisse ce toit de leurs ancêtres être sauvé par leurs soins!

Un vaste prétoire du xive siècle avec ses galeries ajourées et les riches menuiseries de ses plafonds, un hôtel de ville plus ancien encore dans ses parties non renouvelées, une bourse du xve siècle revêtue à l'extérieur d'un moderne manteau de pierre, l'église mère, son meuble et son orfévrerie du meilleur travail gothique, le chapitre métropolitain et ses dépendances restées debout malgré les assauts de deux révolutions, d'autres ruines encore disséminées çà et là, les unes restées au domaine de l'État, d'autres tombées entre des mains qui n'en connaissent pas le prix, sont autant d'objets dont nous aurions pu nous occuper un moment, si le précédent ne nous avait un peu retenu par son mérite et sa rareté. Qu'il nous soit permis, après quelques regards jetés autour de nous, après quelques observations recueillies pour les rappeler au besoin sous notre plume, de poursuivre notre route, et passons d'un royaume à un autre, suivant l'ancienne division du territoire transpyrénéen.

Nous avons vogué vingt-quatre heures pour aborder aux jardins de Valence. C'est là que le sol commence à se partager en ces *huerta* tant vantées pour l'abondance et la beauté de leur végétation. Après l'expulsion de ses oppresseurs surtout, l'art dont nous cherchons les traces y eut aussi son épanouissement. Au milieu de ses créations, il en est une qui se distingue par son développement et son usage. Valencia Hermosa, Valence la belle, tombeau du Cid, berceau d'Alexandre VI[1], outre ses monuments, montre toujours avec orgueil sa *Lonja de la seda*, sa halle aux soies. Ce ne fut pas l'édifice qui contribua le moins à lui valoir un surnom bien mérité, mais dû sans doute avant tout aux charmes produits par le mélange des sangs, par la fusion des races chrétiennes et des races musulmanes. La soie était le trésor de ses domaines, et il fut bâti pour le plus riche produit de ses terres un vaste entrepôt ou marché qui devint un centre de commerce universel pour cette brillante industrie. Nous reparlerons plus tard de ce remarquable monument, quand nous traiterons des Bourses, sujet qui se rapporte de plus en plus à nos besoins. Il nous sera agréable de revenir sur nos pas, pour reprendre la description

---

[1]. Dans une cour du Vatican, au-dessus d'une porte ouverte dans la galerie qui unit le château Saint-Ange au palais apostolique, on lit, en beau style lapidaire, l'inscription suivante : « Alexander Sextus, Pontifex maximus, Calixti Tertii, Pontificis maximi nepos, natione hispanus, patriâ valentinus, gente Borgia, has ædes et propugnacula, à Vaticano ad Adriani molem constituta, tutiora restituit. »

d'un établissement à qui rien ne fait encore défaut des offices qui en dépendaient. Lille et Anvers n'ont en ce genre qu'une infériorité marquée, pour ce qui est du vaisseau principal comme pour ses annexes.

Quittons les bords du Guadalaviar, la ville aux dix mille puits, ses beaux et gais habitants, et toutes les séductions d'un séjour qui ne connaît point les hivers. Le génie moderne a pénétré dans l'empire des antiques mœurs et de la poésie chevaleresque. Le fer maintenant, sous une autre forme que le soc de la charrue, sillonne les champs de grenadiers et d'aloès, et c'est à travers les orangers que la vapeur va nous emporter plus loin vers d'autres sujets d'étude; mais elle ne tarde pas à nous abandonner aux anciens véhicules par des chemins à peine pratiqués. Une fontaine du xve siècle sollicite notre attention en traversant Jativa, dont la cathédrale nous fait ressouvenir de la métropole qui, si nous nous retournions, nous montrerait presque encore son dôme et ses vitraux de talc. Alcoy vient ensuite, et le soir, à la lueur de quelques lampes, nous entrevoyons dans les églises quelques bonnes peintures de l'école espagnole. Enfin, à travers mille accidents de montagnes et de ravins, de campagnes désertes, de champs incultes, de bois sombres, de sables arides, nous gagnons Alicante.

Alicante, avec une de ses douces nuits et son vin sec, refit nos forces pour le départ du lendemain. Elche nous attira un moment ensuite par ses constructions, ses habitudes et ses mœurs presque africaines. La forêt de palmiers qui l'entoure nous arrêta à sa lisière. Les masses de cette grande végétation étaient un spectacle nouveau pour nous. Des ruisseaux serpentant de tous côtés nous mènent bientôt en vue de la ville, qu'on croirait être, à son aspect, un dernier refuge des Maures. Mais la croix qui domine le dôme d'une immense église nous avertit que nous n'avons point quitté la terre chrétienne. L'Alcazar est à ses pieds, et les ruines du palais des princes de la contrée sont changées en prisons. Des maisons sans toit, des terrasses chargées de plantes grasses, une rivière sans eau, traversée d'un pont à ogives mauresques, nous auraient fait croire que nous avions touché un autre continent que le nôtre.

A Orihuela, un relais nous permet d'admirer les clous de bronze des portes de la cathédrale, les anneaux ou mains de même métal ciselé qui les accompagnent, et les frappoirs du portail de l'évêché, toutes œuvres d'un travail délicat, et, si minimes qu'elles soient, dignes d'un examen qui les grava en notre esprit. Puis nous franchissons les limites d'un autre État. Murcie, sa capitale, nous apparaît bientôt. Qui le croirait? de ce point où nous sommes jusqu'à celui qui va nous arrêter à Alcala, rien pour nous à glaner dans ce vaste champ de la poésie romanesque. Ce n'est pas que les monuments ne soient semés en grand nombre sur la route : deux civilisations contraires y ont laissé partout des traces que l'art ne saurait se proposer d'imiter ou de reproduire. Cette

Murcie rendue si célèbre par les regrets des conquérants qui l'ont perdue, et par les joies des légitimes maîtres qui l'ont reconquise, Murcie, à notre surprise, se montra stérile pour nous. Encore une fois, elle ne manquait point de beautés, mais tout ce qu'elle en possède ne pouvait trouver place dans notre cadre. Sa chapelle de Villa Franca, plus étonnante peut-être que celle de Henri VIII à Westminster et presque du même temps, avait droit à notre admiration. Les chaînes sculptées au dedans et au dehors de l'attique qui la couronne étaient un monument commémoratif dont notre attention devait être frappée ; c'étaient les signes d'une grande victoire portés devant Dieu, éternisés sous l'œil des peuples. Les glorieux trophées rentrent pour bonne part dans nos sujets, et nous ne devions point passer devant ceux-là sans les saluer, les vénérer et nous en souvenir.

A Lorca, population de vingt-deux mille âmes, où le sang mauresque coule encore à côté du sang chrétien, comme les eaux de deux fleuves qui s'unissent sans se mêler, nous ne trouvons à remarquer que coutumes anciennes près d'usages étrangers se conservant sans altération au milieu des récentes révolutions. Il nous fut donné de voir, le dimanche des Rameaux, les longues files d'une de ces processions où, comme au moyen âge, tous les rangs de la société se rassemblent sans se confondre, pour représenter les mystères de la Passion. Chaque jour de la semaine sainte nous aurait rendu témoin de ces pieuses démonstrations, où les hommes seuls sont admis à figurer dans les plus pittoresques costumes, si nous n'eussions employé ce même temps à franchir soixante lieues de campagne à dos d'ânes et de mulets pour atteindre une autre station de notre voyage. Nous aspirions à gagner Grenade.

Mais avant d'entrer dans cette ville, omettrions-nous de dire l'impression produite sur nous par notre passage à travers la digue effondrée, jetée entre deux montagnes par le ministre d'Aranda, qui pour se faire le père nourricier d'une contrée entière, en devint l'involontaire meurtrier. Passerions-nous sous silence le château mauresque de Velez Blancho, demeure des ducs de Villa Franca, ses conquérants peut-être, ses maîtres et conservateurs fidèles ; la posada de Cullar, où bêtes de somme, hôtes et voyageurs vivent et reposent de compagnie, comme il faillit nous arriver ; Baza, qui le jeudi saint recevait son évêque élu au chant des lamentations de Jérémie ; Guadix, où nous vîmes se dérouler par ses rues et ses temples à lambris de bois précieux, le drame de la croix ; Diezma et sa *venta*, où le même douloureux jour de vendredi nous rendit à la fois témoin du deuil chrétien de ses habitants, et de leurs joies bruyantes à la vue de la pluie, rare bienfait du ciel, qui allait féconder leurs champs pour l'année entière.

Nous le répétons à bon droit, si le génie arabe a donné à l'Europe beaucoup à admirer, il lui a laissé peu de types à prendre pour elle, peu de modèles à imiter parmi les fantaisies sans nombre qu'il lui a léguées sur son passage. Au centre même des palais enchantés de l'Alhambra, du Généralife et de l'Albacin, dans les Tours Vermeilles, ainsi nommées pour les splendeurs de leurs parois intérieures, pourrions-nous rien rencontrer qui se puisse harmoniser avec nos climats, nos goûts et nos besoins. Que serait en effet sous notre ciel une architecture d'épais murs de terre, de blocage ou de mortier de boue, sans autre ouverture vers l'extérieur qu'un porche écarté ou quelques rares baies à trilobes, huis que leur élévation rend inaccessibles aux regards du dehors. Que nous serviraient des colonnades de marbre, des fûts grêles et d'élégants chapiteaux dont les arabesques seraient par nos froids et nos neiges délités de toutes parts. Et quelle pourrait être la durée parmi nous d'arcatures multilobées et découpées à jour dans des massifs de plâtre que des lattes et des cordes relient entre eux pour les consolider. Il nous a été loisible d'examiner la structure intime de ces treillis peints de mille couleurs, où se tamise la lumière en laissant dans les mailles de leurs réseaux l'aiguillon de sa chaleur. La clémente, la douce Grenade les a gardés sans dégâts; néanmoins le temps avait fini par entamer quelques-uns de ces beaux débris, et sous nos yeux des soins étrangers réparaient les ruines les plus menacées de destruction. Nous avons surpris le secret des Arabes à des mains anglaises qui avec leurs restaurations le dérobaient à tous les regards.

La cour des Douze Lions, la salle des Deux Sœurs, les cabinets d'azur et d'or cachés dans les profondeurs des cours et des cloîtres, et les bains parfumés des sultanes, malgré les toiles et les palissades qui recouvraient leurs dégradations, nous apprirent ce que le maçon vulgaire pratiquait encore non loin de là sans appeler à son aide la délicatesse et l'habileté de ceux dont il tenait ce mode de bâtir. C'était avec les plus fragiles éléments que ces délicieuses retraites étaient élevées. Le monarque du Nord héritier de tant de merveilles, Charles-Quint, dédaigna d'en faire sa demeure. Était-ce que la légèreté de ces galeries, ces voûtes couvertes d'arabesques, que des moules, au nombre de huit ou de dix, avaient imprimés à leur surface ou façonnés dans leur épaisseur, ces méandres de portiques qui conduisent à des chambres toutes de dentelles au dedans et sans suite entre elles, ces murs qui semblaient des tapis de broderies portés sur des colonnettes d'albâtre et de porphyre, ne répondissent point à son gré à l'idée de la majesté des constructions royales? On le croirait en voyant les puissantes fondations qu'il jeta près de ces merveilles d'élégance. Pour les importants édifices, la manière de bâtir des Arabes est abandonnée; elle reste encore observée dans les bâtisses légères qu'on tient à dresser rapidement et à peu de frais. Elle ne peut être gardée que dans les régions qui avoisinent l'Afrique, d'où elle est sortie, et où elle semble avoir été refoulée pour jamais.

Si les rois maures avaient bâti leurs féeriques demeures avec des éléments dont la ténuité et la fragilité nous surprennent, qu'ont pu faire leurs sujets qui soit resté longtemps debout après leur résistance et leur retraite. On montre pourtant encore un quartier conservé de leurs habitations, dont on reconnaît à peine maintenant la physionomie originelle. On fait voir un de leurs hospices, une cour enceinte de leurs constructions profondément défigurées par les juifs qui leur succédèrent, et par les familles chrétiennes qui les occupent aujourd'hui dans leur extrême pauvreté. Des ponts, des aqueducs plus solides ont mieux résisté jusqu'à ce jour à toute destruction; ils réunissent les versants d'un vallon au fond duquel deux rivières, le Xénil et le Douro, roulent des paillettes d'or et d'argent, et qui, pour recevoir l'agglomération de ruches humaines posées sur ses flancs, s'entr'ouvre comme le fruit du grenadier; d'où vient à la ville, dit-on, le nom qu'elle porte. Mais de tout ce qui s'est élevé sur ces mêmes bords depuis le règne de l'étranger, n'y avait-il donc rien qui se pût rattacher à notre sujet? Le berceau d'un peuple reconquis par sa persévérance et sa valeur, n'avait-il donc inspiré aucune imagination d'artiste de manière à transmettre un de ses reflets à l'histoire de l'art? Si l'esprit de rénovation fut ardent après le retour, il nous a semblé qu'il fut peu créateur. L'utile, le nécessaire, l'emportait sur tout; et ce qu'il a laissé après la délivrance ne nous a pas paru assez frappant pour arrêter un de nos choix.

Cependant l'élan donné eut un moment une immense portée : il produisit au déclin de la Renaissance ce que l'orgueil national appelle le Saint-Pierre de l'Espagne, métropole moins heureuse encore que sa rivale de Rome empreinte, malgré sa froide conception, d'un caractère d'incomparable grandeur. Du haut de son dôme, l'on découvre le plus imposant spectacle de montagnes, et la Véga qui s'étend à leurs pieds, plaine que remplissent de leurs fruits et de leurs moissons les végétations réunies de l'Europe et de l'Afrique. De là on peut distinguer sans effort toutes les zônes de plantes qui ceignent à diverses hauteurs la Sierra-Nevada, et présentent au même coup d'œil presque tous les arbres et tous les arbustes de la création. De là enfin se découvre le mont Palud, que franchirent les Abencérages en se retirant, d'où ils jetèrent un dernier regard sur la patrie qu'ils perdaient sans retour, et d'où ils apercevaient en même temps la mer qui allait les reporter à leur terre natale. C'était la direction que nous devions prendre, portant partout avec nous le souvenir des poétiques récits de Châteaubriand, et gagnant le port où son héros, enfant du Coran, dit un suprême adieu au pays de la dernière fille du Cid.

Malaga, qui vit la première les tribus de Mahomet, n'a presque rien conservé des empreintes de leur civilisation. La forteresse qu'elles se bâtirent sur les hauteurs voisines ne put nous être ouverte. Il ne nous souvient que d'une fenêtre mauresque dont les meneaux en colonnettes et les montants semés d'ornements en terre cuite d'un goût parfait ont été préservés de toute atteinte par une grille de fer qui, à elle seule aussi, vaudrait son pesant d'or. Après ses premiers maîtres, elle a longtemps appartenu à l'hospice de Saint-Thomas, devenu depuis une habitation particulière. Ce cadre charmant a conservé ses résilles de plomb des premiers jours; ses vitraux seuls ont été mutilés. Que ce lambeau reste à sa place, à l'abri de toute destruction; par sa présence, il excitera des regrets qui le feront apprécier à sa valeur. Ne passons point si près de là sans citer encore les chaînes de fer qui limitent le parvis de la cathédrale élevée peut-être par le petit-fils de Louis XIV. Ses anneaux étaient jadis le recours de ceux que poursuivait la justice humaine; le coupable qui les touchait était respecté jusqu'à ce qu'il fût atteint plus loin par le glaive de la loi. Sainte idée de la protection divine, qui s'étendait jusqu'en dehors du sanctuaire pour laisser au crime un premier accès au repentir.

Gibraltar, Algésiras, Cadix nous mirent en vue de l'Afrique. Tanger, qu'à notre réveil nous entrevoyions de la pointe de l'Europe, nous invitait à la visiter. Le temps troublé, la mer agitée, l'hésitation de plusieurs d'entre nous, le doute de rien rencontrer d'intéressant sur cette plage encore aujourd'hui, dit-on, souvent inhospitalière, nous arrêtèrent. La Péninsule, ses arts, et surtout son architecture, étaient notre but. Nous voulions le poursuivre sans trop nous laisser détourner de ce qui pouvait nous le faire atteindre. Les colonnes d'Hercule, ces limites éternelles de deux terres ennemies qui, par les intérêts moraux, se rapprocheront de plus en plus dans l'avenir, quelques points blancs de l'empire du Maroc, ses montagnes découpées comme des nuages, Tarifa, Trafalgar, l'île de Léon, le Trocadero, les flots bleus de la Méditerranée, les ondes vertes de l'Océan, fuient derrière nous, et le Guadalquivir nous prête ses eaux pour nous mener à travers les mille sinuosités de son cours dans les prairies qu'il fertilise. Nous arrivons aux pieds des murs de Séville, après avoir commencé à goûter les délices de l'Andalousie dans les campagnes du comté de Théba, dans les vallées de Ronda, dans ses forêts, sur ses pics et ses émouvants précipices.

Quel espoir trompé, quel étonnant contraste aux loisirs, aux enchantements que nous attendions! A peine levons-nous les yeux, nous ne voyons autour de nous que lambeaux de tous les passés, dévastations de tous les temps, ravages, mutilations de tous les barbares. Ici disparaissent peu à peu les traces de ce qu'ont laissé sur leur passage les successeurs de César. Là s'affaissent de vétusté les œuvres de pierre, premiers témoins des triomphes de la foi. Près d'eux les fruits du génie oriental, à leur tour, ont été délaissés, et néanmoins un autre Alcazar une dernière fois a prêté ses abris chancelants et ses splendeurs à demi effacées à des princes, enfants de la France, repoussés par elle. Au centre de la cité vieillit dans l'abandon le palais que Charles-Quint lui donna pour les assemblées de ses édiles. Plus loin la métropole, sans flèches et sans toiture, nous semble un édifice ravagé par un incendie; et dans quelle déchéance ne vit-elle point aujourd'hui? Veuve de ses nobles et riches dignitaires, vide de ses trésors et d'un grand nombre de ses merveilles artistiques, dépouillée de ses priviléges presque souverains, il ne lui reste plus que ses cinq siècles de durée pour parure, sa grande bibliothèque, ses cloîtres déserts et sa tour, la Giralda, audacieuse pyramide de marbre, de brique et de pierre, qui étend son ombre sur la demeure toute récente et déjà plusieurs fois rajeunie de ses hôtes royaux.

Séville la jolie, la merveilleuse, ainsi que l'appelaient nos pères, fut donc pour nous une ville de désenchantement. Décombres du temps, débris de tous les âges, ruines, malgré leur prix, abandonnées des hommes, brèches faites par nos guerres à tous les trésors des beaux-arts, ravages, dégradations des orages révolutionnaires, vides laissés de toutes parts par de basses convoitises, mépris pour les fruits des antiques mœurs, profanations, ventes, aliénations publiques, voilà le tableau qui s'offrit à nous de tous côtés. Les dévastations qui s'attachent au front des monuments et les désolations sociales ont entre elles une harmonie qui se présentait avec la plus saisissante expression. Nous avions sous les yeux le spectacle de toutes les chutes, pierres tombées, déchéances royales. Près d'édifices ébranlés, nous le vîmes avec émotion, l'amour maternel avait réuni Marie-Amélie de Bourbon à ses enfants exilés, seule couronne de ses cheveux blancs. Aurions-nous pu rester impassibles en face des enseignements de la Providence, qui écrit ainsi ses volontés pour éprouver à son temps les peuples et les princes dont elle a résolu de changer les destinées.

Cordoue, que vingt-quatre heures plus loin nous avons traversée rapidement, ne fit point trêve à ces tristes impressions. Les mêmes marteaux de destruction l'avaient frappée de leurs coups; témoin l'hôtellerie qui nous reçut, et qui était naguère une retraite de pauvres cénobites. La plus grande mosquée qui ait existé en Espagne nous attira de suite à elle. Du milieu de sa forêt de colonnes surgissait et planait sur ses cintres le chœur d'architecture gothique de sa cathédrale. Sous cet immense péristyle de fûts et d'arceaux autrefois sans toiture, il nous semblait voir encore égréner le chapelet musulman par les enfants du prophète. Cependant un office dominical nous rappela bientôt à d'autres pensées : il s'offrait à nous pour la rigoureuse observance de nos règles de discipline. Loin de nous distraire, les rapprochements qui naissaient pour nous à chaque pas étaient autant de sollicitations à l'accomplissement de notre devoir. Un tintement de la cloche de *Sanctus* vint jusqu'à nous à l'instant où nous posions le pied dans l'oratoire des princes musulmans; un autre son nous arriva quand nous touchions le réceptacle même du Coran. C'était la cella où reposait le livre de la loi dans une niche environnée d'un profond mystère. Une épaisse maçonnerie l'avait soustraite à tous les regards depuis que les fiers dominateurs avaient fui devant Gonzalve le libérateur. Le hasard avait rouvert ce réduit caché; nous le vîmes tel qu'il fut, non plus avec des murs de plâtre et de bois mêlés, mais avec ses parois de marbre brillantes d'or et de peintures, chargées de sentences, et semées d'arabesques qu'un ciseau toujours original, toujours créateur, avait tracées partout avec zèle.

Aranjuez ne nous retint que peu d'heures; sa résidence royale embellie, sinon relevée par Philippe V et ses successeurs, malgré ses jardins rafraîchis par un fleuve et ses cascades, après nos châteaux de Trianon, pouvait-elle nous rien offrir qui dût nous arrêter. Le goût du grand siècle ne s'épura point en changeant de pays; à part une entrée des bosquets, en face des prairies où erraient les chevaux de la reine, rien ne nous aurait rappelé la grâce, le travail et le mérite des objets d'art dont Versailles nous a laissé de si beaux modèles. Il n'en fut point de même à quelques lieues au delà. Tolède, aux bords des mêmes eaux du Tage, nous aurait séduit par mille côtés et variétés de ses richesses. Toutes les magnificences, toutes les grandeurs de l'Église et de l'État en ont fait leur refuge. Ce fut la ville déclarée impériale par Alphonse, roi de Castille, qui voulait ainsi faire de sa province et de ses annexes rien moins qu'un empire. Ce fut la capitale et la primatiale de l'Espagne, disputant ces titres tantôt à Valladolid, tantôt à Burgos, et tantôt même à Braga de Portugal pour ses prérogatives religieuses. Ce fut le siége de nombreux conciles, de puissants archevêques, princes du sang, princes de l'Église, princes des arts et des lettres; ce fut le trône du cardinal Ximénès, précurseur de l'empereur et roi Charles-Quint, comme Richelieu le fut de Louis le Grand: car nulle part la pourpre romaine n'a jeté plus d'éclat que dans les chefs spirituels de Tolède. La mitre ou le chapeau de cette illustre Église devait être un rayonnement glorieux sur le front qui les portait.

Les somptuosités de tous les temps de la métropole de Tolède élevée dans le plus beau style de l'architecture ogivale; ses portes de bronze, qui ne roulent sur leurs gonds qu'aux plus grandes fêtes; l'or de ses autels, le premier qui fut apporté des Indes pour fondre son incomparable custode ou ostensoir; les marbres, les pierreries et les métaux précieux de ses chapelles, calices, ciboires, ustensiles sacrés de tous genres; le jaspe et le porphyre de son *sagrario* et les parures d'autant de prix que de peu de goût de la Madone, diadèmes, ceintures, bracelets, bouquets, gants mêmes et chaussures; le manteau de la Vierge, tissu de perles de plus de quinze millions de francs, que le respect et la foi des peuples ont réparé ou renouvelé contre des atteintes dont la trace récente nous semblait rappeler l'exclamation du poëte : *infandum, Regina, jubes renovare dolorem;* les églises d'alentour, antiques mosquées, où l'*azulejos* des fondateurs brille encore sous les pas des possesseurs d'aujourd'hui qui s'en firent les légitimes conquérants; la splendide synagogue changée en temple chrétien; les cloîtres abandonnés; les galeries désertes du chapitre et de ses prébendes; les portiques silencieux du palais des prélats; tant de trésors amoncelés par des nations successives, ne nous feraient que désirer à l'avenir plus de réserve et de retenue de la part des nouveaux dispensateurs, pour en laisser mieux apprécier, pour en doubler la valeur.

Mais le château royal est la seconde couronne que porte l'autre tête de la cité. Fruit d'une époque plus rapprochée de nous, la magnificence de son grand escalier nous a déjà arraché un cri d'admiration. L'Alcazar, c'est le nom que retient toujours cette demeure inhabitée, a subi le triste sort d'être démantelé, défoncé par nos bombes. A l'aspect de cette œuvre gigantesque de la renaissance, il nous fut facile de comprendre que le génie nouveau avait régné là en souverain. L'Espagne n'avait jamais pu s'assimiler ni l'art gothique ni l'art arabe. Il semble que ce fût à la fois trop et trop peu pour elle, comme si l'une et l'autre avaient revêtu des formes en désharmonie avec ses mœurs et son climat. On inclinerait à croire qu'elle eut raison en voyant l'immense avantage qu'elle put tirer de l'esprit de rénovation dont les rayons, répandus sur toute l'Europe, vinrent se concentrer en quelque sorte et se refléter sur toutes les faces de ce beau monument. Il fit, dit-on, l'orgueil du plus orgueilleux monarque de la terre. Il eut un honneur plus grand encore. Il germa peut-être en la tête octogénaire qui s'affaissa non sous le faix, mais sous la perte du pouvoir : le tout puissant ministre, l'homme d'État, terrible à lui-même, terrible à tous par sa foi, le pénitent en bas rouges, titré, crossé et mitré de Tolède, le prêtre, le vieillard inflexible, qui réduisait des seigneurs factieux par une détonation de cent canons, leur disant : *hæc est ultima ratio Regum*, Cisneros conçut peut-être et vit commencer ce palais qui plane sur le Tage et la vieille Castille.

Le cardinal Mendoza avait pressenti dans le sombre franciscain de Saint-Jean-des-Rois un futur collègue. Il l'attira à lui, il lui prépara les voies. Il lui laissa un grand et bel exemple à suivre dans ses desseins, en élevant l'hôpital de Sainte-Croix aux pieds de l'Alcazar. Cet asile de l'enfance abandonnée est une première merveille du xvie siècle à son commencement. Son nom représente l'idée de son plan. Quatre ailes de bâtiment se croisent à branches égales entre elles : elles s'appuient à un dôme élevé à leur jonction. La coupole, abri de l'autel, réunit toutes les salles hautes et basses, qui sont comme autant de nefs convergeant vers leur centre d'affinité. Voilà en peu de traits ce que la foi fit pour la charité. Depuis lors, hélas! le foyer s'est réduit. Ramené presque au quart de son développement, ce n'est plus aujourd'hui qu'une école militaire, l'image diminuée sans doute de notre Saint-Cyr. Dans le peu qui reste, la moitié peut-être du projet primitif, aux doubles galeries du quadrilatère de la cour qui forme ainsi cloître ou *patio*, il règne tant d'élégance et de bonne proportion ; dans les caissons de boiseries des plafonds, il se voit tant de soin et de finesse de travail; dans l'escalier, dont les rampes, les murs d'échiffre, les balustres, leurs tablettes et les vases en amortissement de leurs piédroits, font un véritable chef-d'œuvre à part, il se montre une si pure, une si délicate ornementation, qu'on ne saurait se dispenser d'indiquer au moins cette source féconde de modèles à imiter. Les signaler nous est aussi une excellente préparation pour entrer dans le fond de notre sujet : le palais épiscopal d'Alcala, éloigné de quelques lieues seulement, fut plus que le contemporain, il fut le rival heureux de l'édifice qui vient d'attirer un moment sur lui notre attention.

Nous nous trouvons naturellement amenés de la sorte aux pieds mêmes de l'édifice qui a déterminé notre choix, n'ayant rien à dire de l'Escurial, lugubre cour de roi, magnifique retraite de moines, que nous traversons en voyant le seul bien qui lui reste, ses beaux manuscrits. Madrid nous arrêtera à peine davantage. Dans toute son étendue, il ne nous fut possible de rien remarquer pour l'objet spécial de notre ouvrage, si ce n'est la façade d'un hospice fondé dans la rue de Tolède en 1507. L'entrée se distingue surtout par sa porte ogivale, dont l'arc, affectant la forme mauresque ou en fer à cheval, ne laissa pas de nous surprendre à cette place; car, dans ce centre considérable, tout a été renouvelé depuis la succession de notre duc d'Anjou, et l'unique échantillon d'architecture gothique qui s'y voit encore devait être noté par nous comme une accusation demeurée debout, comme une dernière protestation du passé contre le présent. Le musée plein de Murillo, plein de son génie qui remplit l'Espagne, ne pouvait-il nous retenir? Les maîtres qui lui faisaient satellites, et Raphaël entre tous qui, nous l'osons dire, l'éclipsait de quelques-uns de ses plus beaux tableaux, ne pouvaient-ils un moment suspendre notre course? Nous nous rendîmes avec bonheur à la loi qu'ils nous imposaient de leur payer notre tribut d'admiration. Pour qui sait les goûter, les fruits du talent, comme ceux de la nature, n'ont jamais tant de saveur que dans le champ qui les a vus naître, sous le soleil qui les a fécondés. La peinture espagnole nous en fut une nouvelle preuve.

Cependant le but où nous aspirions, depuis Tolède, était près de nous, plus près que nous ne l'avions espéré d'abord. Des préventions nationales nous avaient fixé Guadalajara comme le terme où nous devions l'attendre. En ces jours mêmes, l'École des beaux-arts de Madrid était tout entière réunie sur ce point, au château des ducs de l'Infantado. C'était le type qui était traditionnellement offert à ses études. Nous l'y vîmes occupée à lever tous les plans, dresser les élévations, dessiner les détails, étudier enfin sous toutes ses faces cette habitation princière qui fut celle de Charles-Quint. Ce fut aussi, souvenir douloureux pour nous, la prison de François Ier. L'or prodigué aux lambris imités de ceux de l'Alhambra, l'ornementation exagérée, les proportions peu mesurées de toutes ses parties architecturales, étaient certes, par opposition, bien peu propres à préparer le monarque français que la fortune avait trahi, à la parfaite sobriété, à l'exquise délicatesse qui allaient régner dans ses royales demeures. Et ses pierres taillées en pointe de diamant sur la façade ne nous rappellèrent-elles pas aussi, non à son avantage, ce mode d'embellissement que nous avons rencontré si heureusement employé dans un palais de Ferrare. Quelle ne fut donc pas notre surprise de voir toute une génération de jeunes artistes s'inspirer d'un monument qui, par une fausse vogue, laissait loin derrière lui celui qu'à deux heures de distance nous avions trouvé si digne d'être à tous égards un objet de curiosité, d'enseignement et d'application.

Le palais archiépiscopal d'Alcala était ignoré de la colonie voyageuse de Guadalajara; tout au plus avait-elle ouï parler des beaux et vastes bâtiments de l'Université qu'elle avait traversée avec indifférence, bien que ce fût pour elle une mère, *alma parens*, à qui elle aurait dû montrer plus d'intérêt, d'attachement et de respect. La centralisation avait dépossédé de ses priviléges l'antique Institut que Ximénès avait tant exalté; la révolution l'avait déshérité de son centre d'études pour le transporter dans la capitale voisine. Le moyen âge l'avait élevé, la renaissance l'avait relevé avec une gloire nouvelle sous le souffle du cardinal que la France, plus juste appréciatrice peut-être que l'Espagne, désigne comme les rois par le seul nom de son baptême. Cisneros était ce bienfaiteur immortel. Fidèle aux lettres qu'il avait cultivées, comme au pouvoir qu'il avait fondé, c'est au sein même de son université, près de son autel, qu'il disposa son tombeau. Déplorable aveuglement! Les glorieuses cendres furent oubliées; les marbres précieux, les reliefs, les statues du mausolée disparurent dans quelque recoin obscur, et jusqu'à ces derniers temps restèrent ignorées.

La tradition populaire n'avait conservé des honneurs rendus aux restes mortels d'une aussi grande existence qu'un seul souvenir, le souvenir du lieu qui recelait le cadavre de la monture de Ximenès: on sait où elle fut enfouie; on montre le seuil de la chapelle qui couvre sa dépouille. Quant aux ossements de celui qui dirigea tout ici et dans l'empire, comme il mena sous sa main la docile bête, ils étaient perdus à l'écart sous des amas de décombres. Le hasard les a remis au jour; le respect mieux inspiré les a déposé dans l'église collégiale ou magistrale, et ces reliques, presque saintes pour les Espagnols, illustres pour l'univers, sont devenues tout à coup un bien disputé aux sacriléges convoitises de quelque Panthéon national. Le patriotisme local a rendu le saint dépôt insaisissable: un décret de la reine vient de donner sa consécration au mouvement de cœur qui a entraîné les habitants d'Alcala. Mais la réparation est loin d'être entière. La tombe sauvée ne se réfugiera point dans le palais de l'Université. On l'entend;

la science, comme la justice et la puissance, avait ses demeures souveraines. Son siége s'appelait du même nom que l'habitation des princes, dernier trait de grandeur qui a disparu devant nos inflexibles concentrations de pouvoir.

L'archidiocèse de Tolède était grand comme un royaume. Son ministère des études exigeait une large et facile expansion. Pour ses vues de développement, Alcala lui convint. Isolée au milieu d'une belle campagne, aux bords d'une rivière qui ne pouvait lui attirer les agitations du commerce, loin du bruit et des passions qui entouraient les hautes dignités de l'État, cette ville était un oasis qui s'offrait aux loisirs, aux plaisirs, aux labeurs de l'esprit. Dans ses jours de splendeur, quinze mille étudiants assiégeaient ses chaires : ce n'était de tous côtés que colléges, amphithéâtres, salles de tous les exercices de l'intelligence, et la plus vaste, la plus ornée, la plus fréquentée, celle des Thèses ou des Actes, recevait souvent des hôtes princiers qui venaient se délasser de leurs ennuis au milieu des pacifiques combats de la pensée. Les arts étaient noblement représentés dans ces assises du savoir : leurs maîtrises y étaient sagement dispensées; et ceux qui bâtissaient l'université en l'an 1543 étaient sans doute de ses enfants qui avaient mérité ses insignes faveurs. Toute cette œuvre de la renaissance a demandé des cœurs épris, des bras exercés, des talents éprouvés; rien ne lui a manqué. Malgré les beautés qui la firent briller d'un nouvel éclat, on ignore le nom des maîtres habiles qui l'élevèrent.

On ne sait pas davantage celui de l'architecte qui fit encore mieux qu'elle et tout près d'elle. Emporté par l'émulation, il construisit le palais archiépiscopal, séjour retiré où les archevêques de Tolède venaient méditer dans le repos, l'étude et la prière. Nous voici enfin parvenus au cœur même de notre travail, au point de convergence de tous nos efforts. A la seule vue des planches qui l'accompagnent, à la première inspection du principal ensemble, on reconnaîtra de suite combien nous avons eu raison de demander au début une palme, moins pour la main qui traça de telles élévations que pour la contrée qui sut les comprendre et les produire au jour. Disons-le sans détour : nous ne connaissons rien de plus élégant, de plus pur, de plus noble, de plus simple que ces portiques superposés pour servir de galeries d'accès et de communication. Au centre de la cour dont ils forment la ceinture, on devrait voir établie l'école que nous avons rencontrée plus loin en mission, composée de jeunes aspirants au titre si difficile à porter d'artistes ou d'architectes. Quelle mine de beautés dans le développement de péristyles d'une si rare perfection ! S'ils nous rappelaient ceux de l'hôpital de Sainte-Croix, ils portaient à un bien plus haut degré d'estime l'inspiration qui les a produits. Dans les luttes artistiques qui s'ouvraient jadis sous le patronage des princes, la pourpre romaine l'avait compris : elle obligeait plus encore que noblesse en d'autres combats. Mendoza, Cisneros, Tavera se succédèrent et se surpassèrent les uns et les autres. Au dernier, le moins connu peut-être parmi nous, appartient d'avoir inspiré le chef-d'œuvre que nous abordons.

Ce que nous avons en premier lieu représenté d'une si importante création n'est point un palais enfanté d'un seul jet. Après le moyen âge, les plus hautes dignités ne pouvaient déjà plus supporter des réédifications de tant de dépenses; mais la munificence s'imposa encore cette construction, si toutefois la nécessité ne la releva pas; elle était un complément indispensable qui devait offrir mille difficultés de raccord ou de rapprochement. La pensée qui présida à l'exécution de ce travail servit à souhait les intentions du fondateur. Le plan était tracé d'avance par la circonscription même de l'espace; il fallait le remplir avec convenance et harmonie. Tout se trouve à gré dans l'accomplissement de ce beau projet. Notre admiration pour les objets qu'il nous convient d'admettre au nombre de nos types ne pourra surprendre personne, puisque nous ne devons être déterminés que par le mérite intrinsèque qui les distingue. Serait-elle aujourd'hui taxée d'exagération, si nous disions que l'Italie, et après elle l'Europe entière, n'a rien dans le même genre qui puisse le disputer à notre présent sujet. On ne peut demander de nous qu'une appréciation fondée sur des conditions dont il n'est pas possible de contester, à notre point de vue, ni la sincérité, ni la légitimité. Nous donnons avec confiance un exemple nouveau du mobile qui nous fait agir.

Que manque-t-il en disposition, en grâce et en proportion à la série d'arcades (dix sur sept en longueur et largeur) qui règne à niveau de sol? Où trouver une plus heureuse combinaison de la ligne courbe et de la ligne droite, de la perpendiculaire et de l'horizontale? Où rencontrer plus de pureté de profils dans les arcs, plus de simplicité de moulures dans l'architrave, plus de souplesse et de solidité dans la jetée des arceaux, ou plus de variété sans bizarrerie dans les chapiteaux qui reçoivent les sommiers en retombées, plus de légèreté sans maigreur dans les fûts isolés à la file ou accouplés aux quatre angles? Et comme les armes des Tavera, cinq boules en croix de Saint-André sur un écu, ont leur place bien marquée dans le tympan des archivoltes, et se répètent tout autour du *cortile* sans aucun effet de monotonie! En séparant cette partie du tout par la pensée, il ne peut rester qu'une impression qui pénètre profondément l'esprit, le regret de voir l'oubli s'attacher à un monument qu'une fausse direction de l'enseignement a laissé dans l'abandon. Quiconque a des yeux pour observer, un sens droit pour comprendre des objets dignes d'examen, résistera difficilement à porter avec nous le jugement qui synthétise tant de traits de perfection en ce peu de mots : c'est beau comme l'antique.

La galerie qui règne au premier étage porte, à notre avis, un caractère plus frappant encore d'originalité. Un péristyle composé de colonnes et d'un entablement qui porte une toiture en tuiles creuses, formé tout son pourtour.

Comment d'une telle donnée tirer un parti nouveau qui fît reconnaître un esprit créateur? Un rien, et c'est tout quand il vient à propos dans les arts, produit ce résultat. Supprimer l'architrave, exhausser l'entrecolonnement à l'aide de cette suppression même, était une difficulté cent fois abordée et rarement vaincue sans recourir aux arcatures. Ici le succès a été complet : un corbeau que nous appellerons bilatéral ou transversal surélève la colonne en lui servant en quelque sorte de double chapiteau : voilà le fond même de l'invention de l'auteur. Avec ce seul ajoutage taillé, découpé, enroulé, orné à sa manière, il a su réussir à charmer le regard.

La feuille de détails qui a si finement rendu l'ingénieuse innovation que nous rencontrions pour la première fois, dit assez tout ce qu'il y a d'imprévu, et d'heureusement agencé dans ce simple supplément d'un membre d'architecture. Sa présence à la place qu'il occupe ferait croire à sa nécessité, tant il se marie bien avec le chapiteau pour former avec lui une corbeille dont les anses s'étendent latéralement en consoles d'appui sous la frise et la corniche. On remarquera les linteaux d'une seule pièce servant d'amortissement à chacune des travées : pas un d'eux ne s'est disjoint; pas un n'a souffert ni la moindre déviation ni la plus légère fatigue. On admirera les têtes qui émergent de médaillons enchâssés dans la ceinture de granit bleuâtre du couronnement : par leur diversité, leur fini, leurs poses et leurs expressions, elles sont avec le reste en rapport parfait d'exécution. Si vous y joignez l'accent adouci des reliefs, le ton chaud de la pierre, la teinte donnée par le temps, l'air et le soleil, vous aurez, s'il se peut, quelque idée des quatre façades dont se compose ce merveilleux ensemble.

Nous ne trouvons rien dans nos souvenirs qui puisse lui être comparé pour tous ses succès, si ce n'est dans un tout autre genre décoratif, la galerie de notre Louvre, dite de Henri IV. Des difficultés analogues de raccordement ont conduit de part et d'autre au même résultat d'une victoire complète. C'était un bonheur inouï d'avoir si bien suppléé à ce qui manquait en cet endroit, à ce qui allait peut-être y tomber de vétusté. On ne dira pas que l'exhaussement obtenu à l'aide des corbeaux avait pour but de donner, comme il l'aurait si bien pu, plus de lumière au dedans des appartements. Ils en avaient déjà trop, puisque récemment, une galerie et des tribunes d'avant-corps de bien moindre valeur, furent fermées de vitraux sur leur autre face vers la ville. L'habitation ordinaire des prélats se trouvait donc prise entre deux déambulatoires, sans qu'on craignît pour elle ni trop d'obscurité, ni le défaut de renouvellement de l'air, double inconvénient qui serait né de cette disposition sous notre climat. L'un de ces corridors au contraire protégeait contre les ardeurs du soleil, tandis que l'autre pouvait offrir un abri aux visiteurs avant leur admission ou après leur retraite et aux serviteurs dans leur emploi. L'atrium, en satisfaisant à tous les désirs, répondait à tous les besoins.

Notre planche de balustrades montre de même tout le soin qui fut apporté jusque dans les accessoires. Le treillis de pierres de l'une d'elles, ses fleurons, ses guirlandes courant sur ses branches croisées en claire voie, les cannelures et les palmettes de sa table d'appui, en font un garde-fou du meilleur effet. Les balustres à double poire des rampes et des paliers de l'escalier, plus ornés encore, s'annoncent comme devant appartenir à une partie du bâtiment beaucoup plus artistiquement traitée à cause de son usage de cérémonie. Rien n'est plus beau que les parements des murs d'échiffre du grand degré; toutes les pièces de ses assises forment autant de compartiments d'égale dimension, où le ciseau du sculpteur s'est joué en mille gracieuses imaginations : des enfants dans tous les mouvements et les diverses attitudes de leur âge, des fleurs, des fruits, des boucs, des brebis, des oiseaux entrent dans chacun de ces cadres charmants, et si l'on voulait en rendre l'infinie variété, il faudrait plusieurs mois d'un crayon occupé sans relâche.

Pour recueillir toutes ces pages avec leur parfaite intégrité, pour y ajouter surtout les caissons du plafond de bois de chêne qui couvre la cage entière en dôme ou en voussure, on ne peut réellement compter que sur l'instrument moderne où la célérité s'unit à la fidélité en rendant les objets les plus difficiles à atteindre comme les plus complexes. On pourrait presque dire que la calotte de marqueterie qui coiffe la belle œuvre de l'escalier n'est pas susceptible d'être rendue par le dessin, tant ce travail est délié et se confond presque avec un tissu brodé d'or et de pierreries. La photographie seule peut venir en aide à celui qui entreprendra de reproduire un semblable ouvrage. Faudrait-il encore qu'on enlevât préalablement l'épaisse couche de chaux dont on a couvert ce ciel autrefois semé d'étoiles d'or et d'azur. L'industrie, nos besoins sociaux, la hâte de vivre absorbent trop nos facultés pour que nous puissions désormais recourir à d'autres moyens de conservation. Et puis, en faisant de la lumière un instrument obéissant à notre volonté pour arriver à la rigueur mathématique dans les choses qui semblent y être le plus étrangères, on pourra bien avec raison s'écrier comme le poète : « Qui pourrait, ô soleil, t'accuser d'imposture ! » L'art le plus consciencieux n'est point à l'abri d'erreur involontaire, ne fût-ce que par excès de conscience même. Quoi qu'on fasse, l'attention fléchit, la main vacille et le trait s'égare.

Ce que nous avons en premier lieu représenté par le burin n'est point un palais produit d'un seul jet ; il suffit d'un coup d'œil porté sur la colonnade que nous avons donnée pour apercevoir qu'elle en a remplacé sans doute une autre d'un style différent. Quelques baies variées de forme, des ogives géminées qui s'ouvrent sur le mur de fond, des chambranles et des linteaux de portes que parcourent des ornements caractéristiques, prouvent jusqu'à l'évidence que les corps de logis furent construits vers la fin du XIVe siècle ou dans les premières

13

années du suivant. L'entrée de la chapelle domestique des archevêques, au premier étage, et sa décoration intérieure, viennent encore corroborer cette opinion. Mais à l'autre extrémité des bâtiments, dans une aile en retour sur la cour d'entrée, une fenêtre de la salle des conciles prenant jour sur la voie publique, déciderait la question s'il pouvait y avoir doute. Cette belle croisée s'est conservée, au milieu des plâtres qui la défigurent, comme une date authentique. Que l'on considère la base de ses colonnettes et leurs chapiteaux, et l'on verra que nous ne nous sommes point trompé dans notre détermination de l'époque où nous l'avons reportée. La chronologie fixée par les formes a son degré de certitude qui peut mieux valoir que d'autres appréciations tirées de millésimes suspects ou d'annales mal interprétées.

Quelle devait être la perfection du vaisseau qu'éclairait une baie que nous avons recueillie pour sa rareté et pour sa beauté. Une résille de meneaux en belle pierre, d'une composition aussi délicate qu'élégante, vient s'appuyer inférieurement au tailloir de deux colonnettes en marbre noir accouplées contre le tableau des montants. Elle s'encadre par le haut d'une arcature à retombée d'angelets en tunique, qui semblent s'épanouir de la pierre pour porter ce couronnement. L'écusson de Castille s'attache à sa clef. Il ne se rencontrera peut-être plus rien de pareil à conserver : cette réflexion justifiera le soin que nous avons pris. Quelle image ne se fait-on pas de l'intérieur auquel appartenait ce cadre et son délicieux treillis? le talent qui l'a formé n'a pas dû montrer moins de grâce dans la nef qu'il a élevée. L'on en peut juger encore par la voûte en bardeaux peints et dorés dont il la couvrit. Ce n'étaient plus de simples douelles que le charpentier avait rapprochées et clouées ; c'étaient plutôt des mosaïques de bois que la couleur relevait en certaines parties. Qui le croirait, l'enceinte qui vit sous ses riches lambris les assises du clergé espagnol ; ce vaisseau témoin de tant de combats de l'esprit pour mettre la terre d'accord avec le ciel, est devenu, sous l'administration française, un grenier à foin. L'invasion n'avait point commencé à le dégrader : il fut mutilé en tous sens avant elle jusqu'à la hauteur de ses murs. Un vague sentiment de conservation avait néanmoins sauvé sa belle charpente de toute atteinte.

De grands et magnifiques appartements attenaient à la salle des conciles ; ils en étaient comme le prolongement d'apparat. Là aussi les rois et les princes recevaient l'hospitalité des archevêques de Tolède ; c'est pourquoi sans doute les salons, les chambres et les cabinets y sont encore décorés avec plus de somptuosité. Les plafonds surtout et les corniches sur lesquelles ils reposent sont d'un goût exquis, d'une richesse de main-d'œuvre que rien ne dépasse. On s'étonne de tant de dépenses de talent et d'argent ; mais on s'étonne encore plus du délaissement où sont tombés tant d'objets de prix : de grossières peintures, de vulgaires badigeonnages en ont altéré un grand nombre ; cependant le mal est resté réparable. L'Espagne a dans les ruines du palais d'Alcala les plus belles œuvres de la Renaissance ; elle a même dans le principal corps de logis dont nous passons les pièces en revue des galeries qui remontent plus haut et qui ont un grand intérêt : elles possèdent peut-être les meilleurs modèles de balustrades des meilleurs temps gothiques. Sur les jardins, vers la campagne, règne une colonnade où tout attire l'attention, spécialement les beaux caissons de bois des soffites de ses entre-colonnements. Enfin, nous disons hautement que tout y est sujet d'étude, et ferait à soi seul la matière d'un riche musée. A peu de frais ce résultat serait atteint, et le droit de l'archevêché de Tolède aussi serait pleinement respecté. Après tant de spoliations et de destructions, qu'il serait à propos d'entrer dans une autre voie ! Les habitants d'Alcala donnent l'exemple. Pour posséder leur prélat au milieu d'eux chaque année, ils portent à son approche leurs meubles dans le palais dévasté; tous s'empressent à l'envi de combler le vide fait par les révolutions, et le *Patio*, celui que nous avons spécialement décrit, retrouve un moment la vie par la présence de ses maîtres. Si l'État secondait ces efforts avec justice et intelligence, les arts ne tarderaient pas à retrouver un foyer d'action là où ils n'y a que mort et abandon.

Que deviendront ces murailles laissées dans l'oubli, ces péristyles relégués dans un recoin inconnu ? Quelques soldats errent à leurs pieds sans souci de leur gloire passée. Un pauvre prêtre commence à soupçonner leur mérite et n'ose encore élever la voix pour le proclamer en public. Qui donc entendrait sa voix ? les maisons d'Alcala sont désertes, et son Université est vide. Et pourtant un Alcalan, débris du cloître, a déjà fait un premier pas dans la voie des réparations : sa main a tracé le nom de Michel Cervantes sur la porte de l'humble toit qui le vit naître. Un tel nom suffirait bien à illustrer une nation. D'autres symptômes de résurrection s'annoncent, et le gouvernement lui-même ne reste point indifférent à cet élan. S'il prend conseil de bonnes inspirations, il fera d'Alcala ce qu'elle vaut en réalité : elle a le droit d'être, au moins pour la culture du beau, l'Athènes de l'Espagne. Le temps est venu pour ce pays de la foi de vaincre son troisième ennemi. Il a repoussé l'islamisme; il a étouffé dans son sein le protestantisme. Sa mission ne sera accomplie qu'après avoir triomphé de la philosophie, la plus mortelle ennemie de ses lois, de ses arts et de ses mœurs. Le déisme a toujours menacé ce rempart de la loi de Dieu; le déisme n'y pénétrera jamais en maître.

Il nous est difficile de quitter le séjour qui a compensé pour nous tant d'espérances trompées. Si rien jusqu'à lui ne nous avait arrêté, nous pouvions craindre que rien ne nous retînt après lui. Valladolid, Palencia, Burgos, Vittoria ont conservé d'importantes œuvres du moyen âge, et surtout de grands édifices de la Renaissance ; mais aucun d'eux ne revêt autant de noblesse et de simplicité que le palais d'Alcala. La fécondité du xviᵉ siècle de ce côté des Pyrénées nous donna un trait de lumière ; elle nous expliqua le haut degré de perfection où l'architecture fut alors portée. Nous avons vu dans notre circuit de la Péninsule plus de quinze cathédrales de cette époque. Or, c'est une constante expérience des siècles que l'art de bâtir s'élève, se perfectionne, en édifiant pour Dieu ; c'en est une autre que ses progrès soient en raison directe des fruits qu'il produit pour l'auteur de toutes choses. La règle nous fut pleinement confirmée par l'Espagne depuis notre entrée dans ses provinces jusqu'à l'heure où nous avons mis le pied sur la limite de notre France. Hélas ! la contre-épreuve qui nous est donnée par notre temps et par tous les pays où nous sommes trop imités, est la terrible démonstration que nous devions avoir le plus à redouter.

Les destinées de l'hémisphère connu des anciens ne sont-elles pas visiblement providentielles ? L'Asie fut appelée la première, puis l'Europe fut choisie. L'Afrique, dans ce grand partage, resta toujours maudite et rejetée. Sur le vaste théâtre dressé de ses mains, Dieu a donc marqué ses points préférés. S'il fit de la Judée l'escabeau de ses pieds, il a voulu faire de l'Italie le tabernacle de ses prédilections. Mais la France et l'Espagne reçurent aussi une part spéciale de ses faveurs. A l'une et à l'autre il a donné sa force pour en faire ses sentinelles avancées, au midi contre le sensualisme brutal, au nord contre l'orgueil en révolte. Les priviléges ainsi départis par le ciel ont sauvé parmi nous le triple culte du vrai, du bien et du beau : ils le sauveront pour les siècles futurs et pour le monde. Toute lumière vient de l'Orient. Avec le phare qui ne s'éteindra plus dans Rome, la France et l'Espagne seront pour l'autre moitié du globe ce que le Levant fut pour notre Occident. C'est la loi : l'esprit humain poursuivra sa marche en sens inverse du mouvement de la terre, et de nos rivages partira le rayon qui allumera dans le nouvel hémisphère le flambeau d'une civilisation connue du Créateur seul, parce que seul il connaît les proportions et les ressources infinies des créatures qu'il a mises au service de l'homme.

HOPITAUX

A ANGERS, A OURSCAMP, A BRIE-COMTE-ROBERT

MALADRERIE DU TORTOIR PRÈS DE LAON

XIIe, XIIIe ET XIVe SIÈCLES.

HOPITAL D'ANGERS.

Quatre édifices consacrés aux misères humaines vont nous occuper dans une seule et même notice. Ce n'est pas pour éviter les répétitions que nous abrégeons ainsi : les redites ne sont point à craindre quand il s'agit de ces fondations qui sont de tous les temps par leur utilité et leur destination spéciale. La simplicité de plan, quelle que soit leur étendue, rend notre tâche moins longue pour chacun d'eux; ils se rapprochent par ce côté surtout, différents en cela de l'établissement de même usage que nous avons donné dès le commencement de notre publication. L'hôpital de Beaune, cependant, d'une époque bien moins éloignée de nous, à sa primitive origine avait encore retenu ce caractère de vaste unité que d'autres besoins d'un autre âge allaient bientôt changer, en lui donnant un développement successif dont il ne se rencontre aucune trace dans les types que nous allons exposer. Une salle proportionnée aux nécessités locales pour toutes les maladies, et quelques pièces de service, voilà ce qui suffisait, comme on va le voir, aux désirs de l'indigence comme aux dévouements de la charité. Les mœurs simples ont peu d'exigences; et le premier spécimen auquel nous nous arrêtons est une preuve en effet que, même une grande ville dans des temps reculés, se contentait pour ses pauvres souffrants d'un déploiement de constructions jugé par nous aujourd'hui beaucoup trop restreint.

1153 est la date acquise par les chartes de fondation aux commencements de l'Hôtel-Dieu d'Angers. Deux bienfaiteurs se disputent dans les annales de la province l'honneur d'avoir entrepris de le construire, Antoine Mathas, sénéchal d'Anjou, et Henri II, roi d'Angleterre, maître de la contrée. Les deux prétentions se concilient à l'aise en accordant à celui-ci le corps de logis d'habitation, et en attribuant au premier la chapellenie de quatre prêtres qui fut instituée pour le service religieux. L'administration spirituelle ainsi établie ne remonte en effet qu'à 1184, et ce fut cette année-là même que Raoul de Beaumont, évêque de cet ancien siége, fit la dédicace de la chapelle qui n'entrait peut-être pas dans le dessin primitif. L'office divin aura été sans doute célébré pendant un quart de siècle dans le grand vaisseau de l'hôpital, ainsi qu'il se pratiquait souvent alors. Une église des pauvres était l'asile naturel de leurs douleurs. L'établissement garde comme mémorial un ancien portrait du monarque anglais; moins de prix se serait attaché à sa conservation, si la justice n'avait consacré cet hommage de commune reconnaissance.

La pièce principale qui reçoit les malades est un parallélogramme que quatorze colonnes monocylindriques divisent sur deux rangs en trois nefs d'égale hauteur. Huit travées se développent en longueur sur trois de profondeur. Des fûts d'une légèreté rare à cette époque encore romane supportent des voûtes d'arêtes qui affectent un peu la forme de coupole, comme l'on en voit dans presque tous les édifices du même temps en Anjou. Les murs fort épais sont flanqués de larges et massifs contre-forts; ils sont percés de fenêtres en plein cintre sans division. Sur les petits côtés s'ouvrent des portes cintrées aussi, dont l'une a conservé intégralement sa serrurerie et ses pentures. Celle du midi conduisait à un cloître qui a été refait en entier de nos jours. La porte du nord communique à un autre cloître contemporain de la grande salle. Deux côtés seulement de ces galeries d'accès sont restés debout. Des colonnes, accouplées deux à deux de front, reçoivent les arcades qui sont recouvertes d'une toiture apparente. De pareilles ruines ne peuvent que faire regretter les parties qui ont été détruites.

La chapelle est appuyée contre un de ces corridors de communication lui servant comme de vestibule ou d'entrée; c'est elle qui va nous offrir quelques marques d'un nouveau progrès. Des colonnes fort élégantes séparent deux collatéraux d'une nef sans abside. Le style de leurs chapiteaux et les profils de leurs bases se font remarquer par une plus grande délicatesse. Les voûtes aussi ne se présentent plus en calottes arrondies, toutes conditions qui rendent nos dates du commencement de plus en plus confirmées. Mais l'extérieur du monument offre un aspect pesant et massif; les contre-forts larges ont peu de saillie; les murs sont un mélange de pierre blanche et de schiste noir comme on les faisait alors de ce côté. Toutes les baies sont encore en plein cintre, et ne diminuent en rien la lourdeur de la masse. C'était donc seulement au dedans qu'on avait voulu apporter plus de perfection, et mettre à profit les ressources qui se faisaient peu à peu jour sous la main des maîtres : convenance artistique et morale qui doit se retrouver au fond de toute œuvre destinée en même temps aux pauvres et à Dieu.

Au nord des parties importantes que nous venons de décrire, et à peu de distance d'elles, s'élève un bâtiment dont les deux étages semblent avoir toujours servi de cave et de grenier. Son caractère, tout en s'harmonisant avec l'ensemble, est encore plus sévère, comme il convenait à une construction de ce genre. Le plan est un trapèze divisé en trois nefs par deux rangées de colonnes à fûts d'un seul morceau. Il est regrettable qu'un de ces rangs de supports ait été remplacé par de grossiers pilastres. Sur les chapiteaux, à droite et à gauche, retombaient des arcades de la plus grande hardiesse. Au-dessous de cette longue halle s'étend une cave où nous retrouvons les mêmes divisions; ses voûtes à arêtes sans nervures reposent sur des piles épaisses qui n'ont reçu aucunes moulures. Le spacieux cellier n'a point changé de destination. Il n'en a pas été de même de la pièce supérieure : le grenier d'abondance de l'hôpital est devenu un grenier public. Comment n'a-t-on pas respecté cette providence séculaire des pauvres, et quel effet désorganisateur de pareils changements ne doivent-ils pas produire dans l'esprit des peuples ?

A voir l'intéressante façade de côté que reproduit une de nos planches, il est facile de deviner l'utilité, le but de cette bâtisse. En regard de fenêtres géminées à plein cintre, de longues barbacanes ont été pratiquées dans l'un des murs latéraux pour aérer convenablement l'aire et la charpente qui la couvre. L'un des deux pignons, appuyé de contre-forts du côté de la chapelle, a lui-même de belles baies qu'une colonnette surmontée d'un oculus divise en deux compartiments sous une seule arcature. L'air et la lumière avaient été de la sorte dispensés dans la meilleure proportion. Deux portes se font remarquer sur la grande face : elles ouvrent sur deux perrons en saillie par où l'on montait les grains et les farines; l'on évitait ainsi l'humidité du sol, qui ne pouvait nuire à la conservation des vins placés plus bas en réserve. Dans le soubassement de ce magasin il n'entrait, pour en assurer mieux la solidité, que du schiste taillé en petit appareil. Un calcaire blanc du pays avait été réservé pour les parties les plus élevées, hormis celles qui paraissent avoir été refaites à diverses reprises : par économie sans doute, la pierre d'ardoise a été préférée pour les réparations. Malgré toutes les modifications qu'il a subies, l'Hôtel-Dieu d'Angers n'en est pas moins un des plus importants édifices qui nous restent du XIIe siècle ; à ce titre, il nous revenait.

HOPITAL D'OURSCAMP.

Nous rapprochons à dessein de l'hôpital d'Angers un bâtiment remarquable que la tradition, par le nom qu'elle lui a gardé de *salle des morts*, tendrait à présenter comme ayant pu recevoir attribution de même usage. Cet édifice important appartenait à l'un de nos plus antiques monastères, à l'abbaye d'Ourscamp, fondée par saint Éloi, dit-on, puis plus tard élevée avec magnificence dans une sinuosité de la vallée de l'Oise, près de Noyon. Le style seul de ce monument détermine d'une matière approximative l'époque de sa construction, la première moitié du XIII° siècle. On y voit le plein cintre régner avec l'ogive; il arrivait souvent aux moines de conserver leurs vieilles pratiques en les mêlant aux nouveaux usages. Le cartulaire de cette grande fondation sera bientôt publié par les soins de M. Peigné-Delacourt, l'archéologue distingué, à qui l'on doit déjà tant d'éloges pour la conservation de ces belles ruines, ne nous en apprendra sans doute pas davantage sur leur origine. Nous ne pouvions mieux nous adresser qu'au savant auteur des recherches sur le Noyonnais pour avoir une date précise ; notre désir n'a point été rempli, tant il est difficile, même en recourant aux meilleures sources, d'arriver sous ce rapport à un résultat pleinement satisfaisant.

Quoi qu'il en soit de l'année exacte de la construction, nous n'en avons pas moins à présenter dans nos planches un modèle d'appareil en pierre de ces temps si habiles à mettre à profit les matériaux dont ils pouvaient disposer à leur gré. Les carrières de ce pays se prêtaient merveilleusement au mouvement architectural de cette époque. Sous l'impulsion donnée par l'épiscopat de Baudoin II, qui entreprit la réédification de sa cathédrale voisine, ce grand abri aurait bien pu s'ouvrir dans son diocèse pour suppléer aux secours insuffisants dans les calamités publiques. Ainsi s'expliquerait la dénomination qu'il a reçue au milieu de tant de terribles fléaux du ciel : car en y réfléchissant attentivement, elle ne peut guère être due à l'emploi restreint qu'elle semble indiquer maintenant. La prévoyante destination dont nous voulons parler nous rendrait compte au contraire des ravages qu'exerçaient les épidémies pestilentielles qui semaient la mort de toutes parts : des populations entières disparaissaient sous leurs coups.

Il est digne de remarque que ce vaste bâtiment était entièrement isolé, quoiqu'il fût compris dans l'enceinte de l'établissement monastique. Ce ne pouvait être sans intention qu'on se fût arrêté à une séparation aussi complète : le motif n'en pouvait être qu'une impérieuse nécessité. Il y avait trop d'unité dans les maisons si bien ordonnées des moines, pour qu'on n'eût pas rattaché un tel local à une dépendance importante, ne fût-ce qu'en vue de rendre les exercices plus aisés, ou les services plus commodes. L'abside de l'église s'élevait perpendiculairement à l'un des pignons, à quelques pas de distance seulement. Le voisinage du chœur avait-il été ménagé ainsi pour que les chants pussent, suivant l'exigence, être entendus de la salle, dont une petite porte ouverte à la hauteur des fenêtres semblerait conduire à une petite tribune d'accès plus facile de ce côté? Toujours est-il qu'il ne reste trace d'aucune communication

HOPITAL D'OURSCAMP.

par aucun point ni des façades, ni des extrémités, et ce fait a une signification spéciale que nous retrouverons encore tout à l'heure dans un autre lieu dont la désignation de tortoir a un sens bien aisé à découvrir pour nous, qui savons mieux les maux affreux dont les populations du moyen âge étaient affligées sans mesure et sans fin.

L'étendue de la salle d'Ourscamp, le soin apporté à sa construction, sa belle disposition au dedans, qui se prêtent si bien à recevoir les quatre rangs de lits des malades suivant la coutume; la largeur de ses travées, la longueur de ses trois nefs, qui ne sont plus comme à Angers égales entre elles; sa hauteur sous voûte, ses deux étages de fenêtres pour donner plus d'air et de lumière à toutes ses parties, de petites niches à portée de main dans les murs au droit de chaque colonne, ce qui nous a empêché de pouvoir les rendre dans notre feuille de détails; les vestiges intérieurs et extérieurs d'une cheminée qui s'élève au-dessus de l'un des pignons, une pièce voûtée qui atteint et semble disposée pour servir de cuisine, d'officine ou de pharmacie, tout donne à cet imposant vaisseau l'aspect d'un lieu destiné, non à recevoir en passant les dépouilles mortelles de quelques moines attendant leur sépulture dans le cloître, mais bienplutôt à réunir en grand nombre les victimes atteintes par les pestes, les maladies *noires*, sans doute le choléra fréquent et meurtrier d'autrefois. La charité avait ouvert cet asile de la douleur avec une sobriété de décoration qui cependant ne le rendait ni triste ni sévère : quelques ornements semés çà et là, des joints rouges s'accusant sur un badigeon jaune, les claveaux de toutes les arcades accusés comme par un tore circulaire, les tympans des ogives basses portant des croix, des fleurs qui se détachent par leur blancheur sur le fond, c'est tout ce qui reposait doucement le regard sur ces parois témoins de tant de prodiges de la vie et de la mort.

Nous ne devons point omettre de dire ce qui est advenu récemment d'un vieux reste d'une abbaye presque entièrement ruinée sous nos yeux. La foi l'a repris pour son usage; il est devenu entre les mains de celui qui l'a su garder une retraite de prières, un centre d'instruction religieuse. A ce moment où il nous occupe, il reçoit une consécration nouvelle. D'autres misères ont envahi les peuples; il s'est rouvert pour elles. Transformé en chapelle, ayant son ministre propre, il va de rechef répandre autour de lui ses consolations et ses secours. Aux âmes atteintes en si grand nombre des maladies *noires* de notre société, dans nos grandes usines surtout, il va porter d'autres remèdes. Ici l'agitation fébrile a succédé au calme du cœur, le mouvement au repos, le bruit au silence, la convoitise au dévouement, l'ardeur du gain à l'esprit de pauvreté, la prospérité de l'industrie à la charité du sacrifice : tout a donc changé de fond en comble, et la salle des morts est devenue, grâce à ses maîtres intelligents, une salle des vivants, un sanctuaire de résurrection.

HÔPITAL DE BRIE-COMTE-ROBERT.

L'hôpital de Brie-comte-Robert suit d'assez près le précédent; nous n'y trouvons plus néanmoins aucune transmission romane. Le tiers-point remplace l'arc cintré sans mélange. L'influence monacale est complétement absente ; l'ordre civil réclame seul ce petit ensemble d'une unité et d'une harmonie si parfaites. Le plan par terre est de la plus grande simplicité : il présente une salle voûtée qu'un rang de quatre colonnes divise en deux nefs. La longueur de cette pièce est presque double de sa largeur. Deux portes lui servent d'entrée, l'une antérieure sur la voie publique, l'autre ouverte en face conduit dans une cour. Deux fenêtres les accompagnent sur chaque façade, et deux autres sont percées sur l'un des petits côtés du parallélogramme.

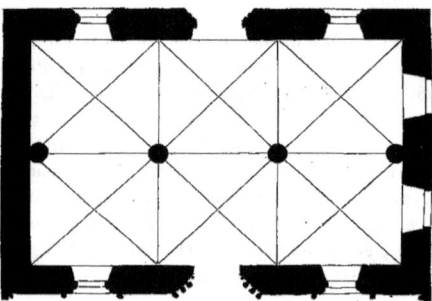

Huit baies portaient donc l'air et la lumière sous les trois travées de voûtes à nervures qui abritaient sans doute deux files de lits disposées perpendiculairement à l'axe longitudinal. Un étage peu élevé au-dessus du rez-de-chaussée complétait ce principal corps de logis. Nous l'avons rétabli d'après un dessin fait avec exactitude avant la démolition de cette partie. Le reste est lui-même fort ébranlé, et si l'on ne vient rapidement à son secours, il ne tardera pas à disparaître entièrement. La planche consacrée à ce bâtiment prouvera, nous l'espérons, que nous n'en avons point exagéré l'importance ; elle montrera combien il serait d'ailleurs facile de l'approprier à quelque service communal

A la seule vue de notre planche d'ensemble, l'on ne pourra guère douter du goût du moyen âge pour la symétrie. Des deux côtés de la voussure qui forme portail au centre, se dessine une arcature à trois ogives retombant sur d'élégantes colonnettes. L'arc fermement tracé, à droite et à gauche, encadre une fenêtre sans meneaux de la meilleure proportion. C'est aux deux côtés de ces ouvertures qu'ont été sculptées, sur les chapiteaux de séparation, quatre figures qui semblent reposer sur des nuages assez grossièrement accusés sur les tailloirs. Deux de ces statuettes occupent les places d'honneur, et portent des couronnes; les deux plus éloignées de l'entrée n'ont point ces insignes. Ne seraient-ce pas là des personnages qui auraient contribué à cette charitable fondation ; et le comte Robert, fils de France, qui a laissé son nom à la ville, ne pourrait-il être dans leur nombre? L'absence de tout attribut de sainteté nous donnerait à croire que ces représentations ne sont que des témoignages de la reconnaissance publique. Nous avons couronné l'édifice comme les traits qui nous ont été transmis indiquaient qu'il avait été primitivement terminé. L'on pourra voir encore dans ce complément une preuve de plus du soin pris chez nos pères de ne point heurter le regard par des irrégularités qui n'étaient d'ailleurs commandées par aucun des besoins ni du dedans ni du dehors.

MALADRERIE DU TORTOIR, PRÈS DE LAON.

Nous voici maintenant en face d'une bien intéressante construction du XIVe siècle. Ses seuls caractères architectoniques sont encore l'unique source où nous puissions chercher les moyens de fixer son origine. Tous les documents manquent à son sujet : la révolution les aura sans doute anéantis, ou l'incurie les tient relégués dans quelque recoin des archives départementales. Ce beau type nous a été indiqué par M. Paul Durand, de Chartres, qui n'a pas hésité à nous le désigner comme une maladrerie sans avoir toutefois aucune preuve positive d'une telle destination. Mais l'impression intuitive d'un si bon guide en pareille matière nous a rangé facilement à son avis : et les raisons qui ont achevé de déterminer notre entier acquiescement ont assez été entrevues par le savant modeste que nous savons toujours empressé à recueillir jusqu'aux moindres éclaircissements de ses doutes. Des relations d'intime parenté contractées avec ce pays l'ont peut-être mis sur la voie de données populaires et traditionnelles, qui auraient paru des renseignements suffisants à plusieurs égards pour asseoir son jugement. En outre, mieux qu'un autre, il peut apprécier les conditions de semblables établissements; ses connaissances dans l'ordre des sciences médicales et l'œil clairvoyant de sa charité auront été pour lui autant de voies par où il aura été conduit à l'opinion probable qu'il nous a transmise.

Le tortoir! à ce nom dont le radical rappelle immédiatement l'idée de souffrance et surtout l'image d'un lieu de douleur, l'attention est bien vite excitée. Remarquons de suite les analogies qui le rapprochent de la salle d'Ourscamp. C'est un vaste bâtiment isolé comme elle de toutes parts; il est situé dans la campagne et dépend d'une maison religieuse qui n'est plus une abbaye, mais sans doute un riche prieuré. C'est une pièce de moindre étendue, à deux rangs aussi de fenêtres largement ouvertes en haut et en bas; des cheminées apparaissent intérieurement et extérieurement aux extrémités. Tels sont, avec la proximité de la chapelle et de son chevet, les traits de ressemblance les plus frappants. Une singularité se présente; c'est l'absence presque complète de toute croisée sur la cour. On ne voit sur ce flanc qu'un grand portail en appentis ou avant-corps comme celui d'une grange : était-ce pour faciliter l'arrivée des chars portant les malades du dehors? Près de là une petite porte de communication ordinaire, puis plus haut deux fenêtres carrées, étaient les seules baies pratiquées de ce côté. Le zèle n'obligeait point à exposer l'habitation entière aux influences fâcheuses qui pouvaient émaner de leur foyer de concentration; inconvénient qui se serait accru de l'action du soleil couchant; tandis que sur l'autre façade, vers le levant, l'aération et l'insolation ne pouvaient qu'offrir avantage et sécurité.

Mais, nous dira-t-on, est-il bien certain qu'il n'y eut qu'un rez-de-chaussée dans toute la hauteur? Les tourelles d'angle n'indiquent-elles pas au contraire une division en deux étages. Aucun arrachement, aucune marque de voûtes ni de plafonds ne confirment cette séparation. Cependant les dégradations successives auraient pu en faire disparaître les signes les plus apparents, et nous ne devons pas, pour être exact dans notre description, omettre une possibilité qui s'accordait assez sous d'autres rapports avec les besoins de l'établissement. Il reste encore à expliquer l'emploi de deux longues rainures qui ont été pratiquées au-dessus du portail : des corbeaux qui terminent en bas ces déchirures nous feraient incliner à croire qu'elles recevaient les poutrelles et les traverses de l'appentis dressé à cette place suivant une habitude assez suivie. Enfin on se demande pourquoi l'on a recours à de si puissants contre-forts, puisque l'on n'avait à contrebuter aucune poussée, si ce n'est celle de la haute charpente qui n'exigeait pas tant de résistance. C'était là une erreur qu'un mur plus épais eût évitée, comme elle le fut au mur parallèle où l'on ne voit aucun éperon. Mais la solidité a toujours été le but principal des constructeurs qui nous ont laissé tant de belles œuvres : ils voulaient plus encore durer que briller dans leurs créations; système bien opposé à celui que nous suivons aujourd'hui, et qui devrait bien au moins revivre dans les fondations religieuses où doivent se conserver spécialement les sincères et fortes doctrines et les pratiques séculaires.

L'enceinte générale formait un carré presque parfait. Toutes les parties qui en ont été détruites ou qui ont été relevées récemment sont faiblement teintées dans notre plan d'ensemble. Sur le côté méridional se trouve une charmante chapelle C dont nous donnons (suivant les lignes A B et C D) une élévation latérale et la façade occidentale. Au delà se voit l'habitation E du prieur ou du chapelain éclairée par deux fenêtres au premier étage. Le soubassement servait probablement de cellier. Ce ne pouvait être là une commanderie ainsi qu'on a pu le dire, pas un indice ne confirme cette opinion. Il y avait bien au-dessus de l'entrée principale comme un petit chemin de ronde et peut-être aussi quelques machicoulis; une si faible défense ne constituait point une fortification. S'il y a eu des fossés, ils ont complétement disparu. Les restes que nous voyons d'un autre âge, échappés aux ravages du nôtre, sont bien rares aujourd'hui sur notre sol; moins heureux que leurs devanciers ils ont eu peu de contemporains ; la séve de production n'était plus aussi puissante au xive siècle. C'est pourquoi nous nous sommes décidés à recueillir un de ses rejetons encore debout : nous avons voulu le présenter sous l'aspect qu'il avait revêtu à sa naissance pour venir mutilé jusqu'à nous.

Si l'on s'arrête un instant à considérer nos deux gravures ensemble, ce qui surprendra peut-être d'abord c'est la singulière variété des fenêtres, ogivales ou surbaissées, grandes ou petites, qui percent çà et là les murailles. Les tourelles sont de même en assez grand nombre et toutes posées en encorbellement sur des contre-forts interrompus et remplacés par elles à mi-hauteur. Tout ce travail est d'un beau faire ; il a peu souffert extérieurement des injures du temps. Nous avons tenu à donner les deux faces de la principale division de cet édifice plus civil peut-être que religieux : la plus ajourée nous offre un exemple de fenestrage que nous n'avons point rencontré plus haut; il pourrait trouver une heureuse application dans un hôpital cellulaire. A ce perfectionnement doivent tendre dorénavant tous les efforts, et nulle architecture ne s'y prête mieux que celle de nos prédécesseurs du moyen âge. Dès qu'on voudra réformer pour le mieux nos grandes maisons de secours, on s'apercevra bien vite qu'il faudra s'adresser aux maîtres de l'art ogival pour obtenir des effets agréables qui s'allient sans difficulté à des dispositions prises en vue de l'isolement commandé par les plus sévères règles de l'hygiène.

Des quatre monuments que nous venons de passer en revue, trois appartiennent à l'Ile-de-France, et tous les trois ont quelques côtés, quelque partie qui s'offrent à l'imitation. Le dernier particulièrement nous paraît présenter cet avantage au degré le plus marqué. Rappelons, si l'on veut l'étudier en lui-même, qu'il est situé non loin de nous, près de la route qui mène de Laon à Lafère. Il fut élevé dans une petite vallée qui a appartenu presque toute entière à l'abbaye de Saint-Nicolas dont il doit avoir été une dépendance ; aurait-il été défendu autrefois par des murs détruits ou des fossés comblés aujourd'hui, ou bien aurait-il été laissé sans défense dans la campagne, la charité lui servant naturellement de rempart? Les guerroiements universels et perpétuels des jours qui le virent naître l'auraient-ils laissé en paix dans son éloignement au milieu des bois? Nous ne savons si nous devons croire à ce respect sacré pour la demeure des affligés. Mais il est certain que léproseries, maladreries, infirmeries, hôpitaux et hospices ont dans tous les temps inspiré une vénération profonde à tous ceux qui prenaient part aux éternelles agitations de la guerre. Ces pieuses fondations étaient souvent des forteresses opposées avec succès à l'ennemi; et la dévastation que la foi ne prévenait pas toujours pour les églises elles-mêmes, la sympathie pour l'homme souffrant, la charité l'empêchait : l'infinie puissance de la religion a toujours une barrière à opposer au mal.

MAISONS DU XVE SIÈCLE

A DIJON, A TOURS ET A VERNEUIL

MAISON DE DIJON.

Si nous réunissons dans un seul article plusieurs maisons de différentes années, de différentes périodes d'un même siècle, si nous joignons ensemble des objets qui pour être divisés de lieux n'en sont pas moins rapprochés par leur style ou expression, nous avons en vue d'éviter par là surtout de fastidieuses répétitions. Mais en rassemblant ainsi sous un même coup d'œil des œuvres produites presqu'en même temps sur des points très-distants les uns des autres, nous voulons aussi montrer que l'art dans sa marche suivait partout les mêmes modifications et les mêmes développements, tout en gardant soigneusement les traditions locales dont il était le dépositaire. Le moyen auquel nous recourons pour la première fois, nous fera voir encore mieux que nos anciennes divisions de matière combien les constructeurs savaient partout se plier aux exigences qui leur étaient imposées par la nature des matériaux dont ils pouvaient disposer. Trois villes nous ont fourni leur tribut pour nous faire suivre à l'aise une filiation non interrompue de style à travers le temps et l'espace, et toutes trois en subissant les influences qui se faisaient sentir par toute la France, n'en conservaient pas moins les caractères propres qu'elles devaient à leurs nationalités de Province.

Dijon, Verneuil et Tours sont les sources où nous sommes allés puiser les éléments de notre présente notice, tous de dates très-voisines l'une de l'autre, tous reproduisant la même manière, la même physionomie artistique, et tous cependant révélant une charmante variété de bâtisse selon leur diversité d'apparence. L'unité se retrouve au fond de l'ornementation dans la moindre ligne, le plus léger profil et la plus simple moulure. Si bien qu'à défaut de millésime, l'érection précise est presque donnée par un seul trait figuré dans la pierre ou sur le bois. On verra que les ressources faciles ou restreintes, se traduisent par des faits, des modes aussi nombreux en maçonnerie, qu'il y a de divisions et subdivisions géologiques à la surface de notre continent. En un mot on retrouvera l'esprit, le sens dominant toujours et partout la matière, et celle-ci revendiquant de son côté des droits qui ne seront méconnus nulle part. Ce n'est point un spectacle sans intérêt de voir l'architecte lutter corps à corps contre les obstacles qu'il rencontre, et faire jouer presque à son gré les ressorts de la création et ceux de son industrie pour arriver à ses fins.

La maison que nous avons empruntée à la capitale de la Bourgogne pour lui donner place parmi nos choix, présente un type assez complet de ce qu'était la demeure d'un riche personnage au xve siècle. Elle se compose de deux corps de bâtiments séparés par une cour. En avant est une construction A assez moderne; elle en remplace sans doute une autre plus ancienne. Ce qui était peut-être la partie la plus soignée et la plus recherchée du logis n'est plus aujourd'hui au rez-de-chaussée sur la rue qu'une boutique de pauvre marchand. Un passage étroit B conduit à la cour C où l'on a devant soi une belle habitation en pierre de taille dans toute sa hauteur avec une remarquable toiture en tuiles vernissées. Sur le comble règne une riche lucarne, la croisée la plus ornée de la façade, donnée en élévation sur la ligne transversale VX du plan de notre première planche de cet édifice. A l'angle gauche en entrant, un escalier en limaçon D s'élève pour les grandes entrées de l'hôtel. La cage en est éclairée par de larges ouvertures sans châssis. Le sommet de son pivot sert de base à une statue de grandeur naturelle; c'est un homme qui tient sur ses épaules inclinées une corbeille d'où s'échappent comme autant de rameaux les nombreuses nervures qui forment les divers compartiments de la voûte. Des feuilles, des fleurs, des fruits pendent de ces branches tendues en parasol. La perfection du travail n'a point fait reculer la barbarie anglaise: aussi loin, aussi haut, qu'elle a pu porter sa main dévastatrice, elle n'a épargné aucune de ces délicates sculptures. Si le petit escalier ou encorbellement qui part de là avait permis aux ravageurs de monter plus haut, la balustrade à jour qui termine en terrasse ou belvéder la tour d'ascension aurait elle-même disparu sous les coups de leurs maillets.

Toutes les pièces où conduit le grand degré ont conservé leurs dispositions primitives. En bas est une spacieuse cuisine F G K. Une dépendance L, un office en retour y attient; il a sa sortie sur une arrière-cour N où l'on parvenait par un petit corridor voûté faisant suite à la galerie de bois qui règne sur le flanc droit de l'entrée à ce niveau et au premier étage. Au seuil même de cet appendice écarté a été creusé un puits que ses mutilations ne nous ont point empêché de reproduire dans une seconde planche. Un corps de lion presque détruit ainsi que le dais qui le recouvrait, s'avançait faisant saillie du mur sur l'ouverture béante du puits. Une poulie était suspendue à la gueule de l'animal; sur elle roulait la corde qui amenait les sceaux à une margelle hexagonale vigoureusement assise. Toute cette sculpture est d'un ferme caractère : elle nous rappelle un autre puits que nous avons encore vu près de la cuisine à quatre cheminées du château des ducs de Bourgogne. Le XIVe siècle avait laissé plus d'un exemple à suivre dans les profondeurs de cet immense palais. Tout cela est détruit aujourd'hui. Un édifice culinaire comme il n'en existe plus, a dû disparaître devant de mesquins arrangements de municipalité. Ce qui nous venait en ce genre de plus loin encore, de notre saint Louis en sa cité de Paris, nous l'espérons, ne subira point le même sort.

Notre deuxième gravure de ce sujet représente la galerie de bois à deux étages qui relie les deux corps de bâtiments : elle faisait face et pendant à celle dont nous venons de parler. L'une et l'autre étaient d'élégantes constructions que le temps a fort dégradées : elles servaient de communication, entre les deux ailes de la maison parfaitement séparées. Nous avons rétabli la moins dégradée. C'était comme des ponts couverts jetés entre les appartements qui se développaient sur la voie publique, et ceux plus paisibles qui étaient élevés en retraite entre les deux cours. A leur aide il n'est pas un réduit qu'on n'atteignît plus facilement du bas jusqu'au plus haut de l'habitation; et peut-être un auvent d'un côté favorisait-il encore l'accès de l'une à l'autre de plain-pied, pour mieux éviter tous les accidents de l'atmosphère. Mais quel est le nom de cette demeure où l'on reconnaît les soins apportés par la richesse et la distinction des goûts. A cet égard on en est réduit à des conjectures. Les titres de propriété ne s'expliquent pas plus que les annales de la province. L'abri d'une famille considérable est successivement tombé aux mains de simples marchands, de modestes ouvriers. Le bel escalier de la tour ne voit plus ses marches franchies par l'élite de la société qui jadis ne faillit point à porter sur ses rampes et sa couronne son tribut d'admiration.

Cependant elle porte plusieurs noms connus de la population entière. On ne demandera jamais à voir la maison Chambellan, l'hôtel d'Angleterre, l'hôtel des Ambassadeurs, sans qu'à l'instant on vous conduise à l'édifice que nous venons de décrire. La première dénomination nous paraît historiquement la plus vraisemblable. Deux frères Henri et Guillaume Chambellan avaient de hautes positions dans l'État vers la fin du XVe siècle. L'un fut receveur général des finances de Bourgogne, puis vicomte majeur de Dijon; l'autre conseiller du parlement, chancelier de la province, fut ensuite nommé membre du conseil d'État du royaume de France. Les armes de ce dernier sont sculptées à la balustrade de la grande lucarne de la cour, témoignage non douteux que nous pouvons invoquer sans crainte. Les autres appellations auraient pu dériver de dignités attribuées à des héritiers de ces magistrats pour aller remplir de hautes missions de leur souverain, soit auprès du gouvernement britannique, soit dans d'autres cours étrangères. Quoi qu'il en soit, les divers titres donnés à ces restes trop longtemps abandonnés témoignent assez de la noblesse de leur origine.

Il ne leur reste plus qu'un espoir : reconquérir assez d'intérêt auprès de ceux qui les doivent apprécier, pour être relevés de leurs ruines. Tel est le souhait que nous pouvons former pour eux.

MAISON DITE DE TRISTAN, A TOURS.

Nous allons retrouver la disposition générale de l'hôtel Chambellan dans une habitation de Tours, bien connue des voyageurs sous le nom de maison de Tristan l'Hermite. Deux corps de bâtiments y sont de même séparés par une cour d'assez peu d'étendue. Une seule galerie de deux travées, non plus en bois, mais en brique et pierre, comme tout le reste de la construction, les réunit à leurs divers étages : elle est portée sur deux arcs légèrement surbaissés au rez-de-chaussée et forme un passage voûté qui relie toutes les parties dans un ensemble complet. Sous la première arcade fut creusé le puits à l'abri, pour le rendre plus accessible aux services domestiques. Près de lui, dans l'angle, on a élevé la tourelle de l'escalier, mise ainsi en communication directe avec le corridor d'entrée qui ouvre sur la rue des Trois-Pucelles. Là est la porte d'honneur, avec ses remarquables panneaux à plis et son imposte de fer. Au-dessus de l'anse de panier qui la termine, une riche accolade porte une niche pour une statue de la Vierge avec son dais : tout ce beau couronnement appliqué s'entoure de clochetons, de pinacles, de choux sculptés dans la pierre blanche, et montre assez, comme les ouvertures à meneaux croisés pratiquées de ce côté, le soin apporté à ce qui devait le mieux se découvrir du dehors.

Au bout du couloir d'accès, où deux personnes de front peuvent passer à l'aise, se rencontre le degré. La tour qui le renferme s'élance par-dessus les toits. Son entrée est remarquable en ce que ses claveaux de brique se réunissent presque en linteau, au moyen d'angles arrondis sur ses montants. Son sommet porte une plate-forme dont nous avons conservé l'appentis en charpente, sorte de belvéder qui simule presque une de ces loges italiennes pour respirer l'air frais dans les jours d'été et reposer la vue sur les paysages d'alentour : c'est le point de mire, le point de centre de cette demeure qui n'est point sans luxe d'architecture. Il ne lui manque que la jolie coupole à nervures qui se voit suspendue sur une colonnette d'appui en haut d'une semblable cage, dernière ruine de l'ancien château de Plessis-lez-Tours. Nous n'avions rencontré nulle part de plus bel amortissement d'escalier en spirale, si ce n'est celui que Dijon a fourni à notre précédente description. Nous les devions citer tous deux comme des modèles de légèreté, d'élégance et de grâce à reproduire dans nos manoirs modernes, qui aiment tant aujourd'hui à flanquer leurs angles de ces pittoresques appendices d'ascension.

La façade principale du côté de la rue a été impitoyablement mutilée. Elle comprend en élévation trois étages, plus un pignon à ressauts de pierre largement tracés sur ses rampants. Tous les murs sont en briques rouges, mais les entourages des ouvertures et les cadres en amortissement des fenêtres sont en pierre. Des profils variés aux montants et aux croisillons des fenêtres, aux bandeaux de division des étages, aux corniches sous le toit et aux soubassements sont taillés dans de belles assises, qui n'ont encore subi aucun délitement, malgré la délicatesse de leur grain. A la base, sous l'appui des croisées, et dans l'archivolte du portail, sont sculptées des cordelières qu'on a cru bien à tort être l'emblème de la terrible fonction du prévôt de Louis XI, erreur qui a servi à faire dénommer faussement l'édifice que nous décrivons. Tristan, l'exécuteur des hautes-œuvres, n'était jamais si loin de son maître; le terrible roi le devait tenir incessamment sous sa main; et d'ailleurs il n'était déjà plus, selon toute apparence, à l'époque où fut construite la maison qui porte indûment son nom. Ce n'est pas davantage la veuve d'un Pierre de Beauveau, seigneur de la Bessière, chambellan de Charles VII, qui l'aurait élevée, malgré l'opinion émise par M. Champoiseau dans ses *Tableaux chronologiques de la Touraine*. Une figure d'archer, détachée de la voûte de l'escalier au-dessus du seuil porte l'exact costume de la cour de Louis XII. En outre, une cordelière se retrouve dans tous les monuments bâtis par Anne de Bretagne ou par les officiers de sa cour qu'elle avait décorés de son ordre, caractérisé par ce signe et cette dénomination même. Ne peut-on pas supposer qu'un de ses courtisans en faveur, un de ses archers ait voulu produire cette représentation à la place la plus apparente de sa demeure. Cette circonstance nous donnerait presque avec exactitude une date qui nous manque, et nous renfermerait encore dans les limites du xve siècle.

L'état de dégradation de la façade, vue de la voie publique, nous a déterminé à donner dans notre planche l'élévation de la galerie de jonction et du degré qui la dessert avec les autres appartements. Nous voyons sur des tablettes, au-dessus des fenêtres croisillées du premier étage, l'inscription répétée : *Priez Dieu por*, et plus haut la devise ou maxime unique : *Assez aurons, et peu vivrons*. Des angelets, de petits lions et autres animaux fantastiques se suspendent en consoles à de jolies moulures qui enceignent ces paroles. Une particularité doit attirer notre attention en finissant. Nous voulons parler d'un conduit ménagé dans l'épaisseur des parois de l'escalier. Ce canal règne dans toute la hauteur, sans interruption, et l'on ne saurait guère lui attribuer d'autre usage que d'être un porte-voix pour transmettre avec facilité les ordres aux serviteurs. Le voisinage de la cour de nos rois rendait chacun plus ingénieux à se procurer les aises de la vie domestique : les longs tubes pour faciliter à distance les entretiens secrets n'étaient pas rares alors : nous n'en connaissons aucun qui se soit aussi bien conservé. Qu'il nous soit permis de noter encore le cul-de-four en terres cuites, façonnées exprès pour former cette vigoureuse terminaison en forme de demi-concavité sphérique, de calotte ou coupole suspendue sur les marches. La simplicité de l'appareil ne fait que lui donner un plus mâle aspect; et si l'œil n'est pas attiré ou flatté, comme aux couronnements analogues que nous avons indiqués plus haut, l'impression qui naît à la première vue de cet ouvrage produit un sentiment de pleine satisfaction pour ce qui est des conditions de commodité, de solidité et de durée. Mais enfin, sont-ce là autant de spécimens originaux qu'il faille proposer à suivre ou reproduire? A la fantaisie, au caprice, à la recherche ingénieuse, nous dirons oui; au goût simple, ferme et sévère, à l'ordonnance mâle, sobre et bien conçue, non.

MAISON DE VERNEUIL.

Verneuil a eu de l'importance par sa position et la forte défense de son château. Placée aux confins du Perche et de la Normandie, elle nous fut longtemps disputée par les Anglais, qui durent enfin la rendre à la bravoure de Dunois. La paix dont elle jouit alors permit à ses habitants d'user de leurs biens à leur loisir. Une maison sise à la jonction de ses deux principales rues, celles de la Madeleine et du Canon, remonte à peu près au moment de son annexion au domaine royal ou à l'apanage du duché d'Alençon. Nous l'avons choisie, non pour la beauté de ses détails ou leur rareté, mais à cause de l'originalité de son appareil qui frappe avant tout, et de l'élégance de sa tourelle d'angle en encorbellement. Nous y avons vu aussi quelques réminiscences de manoir des champs, empreintes qui annoncent un maître riche, peut-être un vassal voisin voulant fuir son isolement et goûter plus à son gré les plaisirs de l'urbanité. L'ampleur du bâtiment, sa position choisie, la disposition de son plan qui le fait régner à la fois sur la voie publique par un large fronton d'un côté et un long corps de logis ou galerie de l'autre, sont des signes de noblesse et de fortune qui n'ont guère pu nous tromper.

Au-dessus d'un soubassement de quelques assises en grès et percé de deux soupiraux de cave bandelés du ressaut de ceinture, s'élèvent deux étages d'habitation et un grand pignon de l'aspect le plus pittoresque. De petits compartiments en damier de pierre blanche, de briques et de silex noir alternant symétriquement, se font remarquer à cette extrémité et presque sur toute la surface. N'y aurait-il pas là comme un souvenir de l'échiquier conservé par un ennemi vaincu dans la demeure qu'il se serait élevée après avoir accepté sa défaite; telle était la dénomination issue de notre Normandie même, le signe emblématique ou armorial de la première des chancelleries britanniques, d'où relèvent toutes les cours de justice; et le fût de canon, devenu protecteur de l'arête angulaire des fondations et parrain d'une grande artère de la ville, ne viendrait-il pas à notre aide pour appuyer une opinion que nous ne pourrions bien établir après tout, sans plus ample informé dans les titres de possession. On ne connaît aujourd'hui ni celui qui fit élever cette construction, ni l'architecte qui l'exécuta. Chacun, de son côté, faisait de son mieux et s'inquiétait peu du retentissement de son nom. La durée, une certaine grâce, la convenance étaient tout ce qu'on demandait. On ne niera pas que ces trois conditions n'aient été bien remplies. La charmante corbeille à jour suspendue à l'encoignure de la maison; la délicatesse de ses accolades et des festons qui la décorent à la naissance de son attique; les pinacles, les choux, le fleuron, les personnages couchés en retombée sur le ventre et sur le flanc à la partie supérieure de l'encadrement de la plus belle croisée; les simples biseaux de tous les meneaux et croisillons; le bandeau de pierre finement sculpté, qui accuse tout alentour la séparation des étages, puis enfin l'emploi, si heureusement combiné, des matières prises ou faites sur place par une sage entente de l'économie, sont autant de motifs qui nous ont déterminé à montrer dans cet exemple tout le parti qu'on peut tirer des plus simples moyens pour produire d'assez heureux effets. Nous avons l'espoir ou plutôt la confiance de n'être point désavoués.

MAISONS DU XVIᴱ SIÈCLE

A ORLÉANS, A LISIEUX, A HALBERSTADT ET A VERNEUIL.

MAISON DE BOIS A ORLÉANS.

Quelle que soit sous nos yeux la dépression toujours croissante de l'art par l'industrie, quel que soit l'affaiblissement du culte du beau, en présence des plus vulgaires intérêts, nous ne pouvons nous arrêter à la triste pensée que l'avenir ne préparera pas une destinée meilleure à ce qui fut l'honneur de nos devanciers. L'espérance que nous exprimons nous a toujours soutenus dans nos recherches, sinon pour en tirer un avantage d'application immédiate, du moins pour disposer ceux qui nous suivront à mettre à profit les éléments recueillis par nos soins. Il était temps pour un grand nombre de nos sujets de les arracher à une destruction irréparable. Il n'est pas de jour qui ne vienne donner raison à nos efforts; il n'est pas d'heure qui ne nous apporte un encouragement à poursuivre notre marche, puisque chaque instant devient, pour ainsi dire, un arrêt de mort pour des objets que nous pouvions longtemps encore croire à l'abri de toute atteinte. Au moment même où nous commençons d'exposer notre série de maisons du XVIᵉ siècle nous apprenons que l'une d'elles a disparu.

Hier elle était encore debout pour le dessinateur; par des difficultés d'espace, elle ne pouvait s'offrir aux impressions de la lumière. Aujourd'hui elle n'est plus; sa démolition est complète. La cognée qui l'a construite est devenue l'instrument de sa chute; car il faut plus d'habileté, de science de détruire, plus de recherches de moyens, pour abattre une construction en bois qu'il n'en faut pour toute autre; et nul soin, j'en suis sûr, n'aura manqué au renversement qui vient de s'accomplir à Orléans. Le pouvoir municipal l'avait prescrit pour imposer ses rigides alignements; le dernier maître de cette humble mais belle demeure n'a pu la défendre plus longtemps contre les envahissements de la voirie. En la cherchant encore dernièrement, nous n'avons plus trouvé que son emplacement libre : sur quelques pieds de terrain un grand vide s'était fait. Ne s'est-il pas rencontré un amateur, un appréciateur intelligent qui ait recueilli avec soin les restes de cette habitation pour la relever dans quelque riche domaine, dont elle serait sans aucun doute le plus bel ornement?

C'était une restauration facile à entreprendre ; ou plutôt c'était une conservation qui aurait singulièrement honoré un homme de goût servi par la fortune. Quelle gracieuse retraite on aurait pu ménager ainsi à des loisirs studieux dans l'isolement d'un parc où la vaine curiosité, l'indiscrétion, la malveillance n'auraient pu trouver accès. Par cette mesure, on gardait une des œuvres les plus heureusement exécutées par les ouvriers de haute cognée, comme on nommait autrefois les charpentiers qui présidaient à ce genre de travaux. Autrefois tout métier tendait à devenir un art. Toute main-d'œuvre aspirait à se distinguer, à s'élever en hiérarchie. La bisaiguë avait inventé ses modes de sculptures : non qu'il y eût dans ce qu'elle produisait le degré de perfection qu'on pouvait attendre du ciseau ; mais elle avait ses caractères propres d'originalité, d'expression, de faire, d'ornementation, et avec ses combinaisons elle arrivait à des effets que l'artiste seul sait aujourd'hui comprendre. Si l'on considère avec quelque attention, notre planche consacrée à la maison d'Orléans, on se convaincra de suite que le maçon était pour bien peu dans cette sorte de bâtisse : l'habileté du charpentier s'y montre seule avec les plus ingénieuses ressources.

Il est inutile de parler du plan. Au rez-de-chaussée, une boutique, un passage et sa porte, le tout en colombage, en pierre et en briques. Au fond du corridor d'entrée, dans une petite cour près du puits, une cage d'escalier en limaçon qui conduit à toutes les pièces supérieures. Trois étages se partagent toute la hauteur, le dernier empiétant un peu sous le toit à l'aide d'une fort belle lucarne légèrement avancée en encorbellement. Un saint évêque et une sainte femme sont sculptés en pied sur les montants de cette fenêtre dont les consoles de couronnement leur forment dais. Les fondateurs avaient voulu se mettre sous l'égide de leurs patrons en leur donnant cette place d'honneur comme point culminant et comme cadre plus orné. Plus bas deux chambres ou salles encore destinées aux maîtres prennent jour sur la rue de l'Aiguillerie-Sainte-Catherine. Deux fenêtres richement ceintes de rubans, d'oves et de perles portent la lumière au dedans avec deux châssis formant claire-voie par en haut près du plafond. Des volets intérieurs fermaient au besoin toutes ces ouvertures. L'élégance s'unit à l'utilité pour donner à cette façade un aspect des plus pittoresques. Vingt-quatre têtes servant de retombées aux poteaux verticaux, des poutrelles engoulées et chargées de torsades variées formant sommiers de décharge ou de soulagement sur les linteaux, donnent un air de vie, de joie et de mouvement de ce côté, qui doit faire vivement regretter qu'il soit perdu sans retour. Puisse la représentation que nous en avons donnée, inspirer à quelque habitant des forêts du Nouveau Monde la pensée de la reproduire :

ce vœu est notre seul espoir ; la matière et la main nous feront de plus en plus défaut pour ces travaux. L'abondance de l'une peut ressusciter l'habileté de l'autre dans un pays qui n'a pas encore anéanti ses bois.

MAISON DE LISIEUX.

Nous souhaitons le même sort à la maison de Lisieux, qui ne tardera peut-être point à tomber aussi devant quelque exigence de redressement ou d'élargissement. Cependant quel beau type à conserver pour lier le passé au présent, et tous deux à l'avenir. Les bâtisses empreintes de ce beau caractère disparaissent chaque jour, et il ne reste pas pour elles comme pour celles de pierre des chances de reproduction. Il n'est pas de charpentier, pas de menuisier qui voulût, ni sût aujourd'hui se charger d'un pareil travail. Trop heureuses sont donc les villes qui possèdent ces raretés : qu'elles les approprient à quelques besoins municipaux ; maisons de secours, écoles, musées provinciaux, établissement de quelque utilité publique, ouvroirs, orphelinats, elles peuvent devenir, sous une administration intelligente, un de ces refuges conservateurs que le respect de tous entourerait en attendant le goût qui les apprécierait tôt ou tard. L'esprit de tradition est le meilleur exemple que puisse donner le pouvoir à tous ses échelons. Les transmissions sont plus assurées dans les familles, quand les populations savent garder les héritages qu'elles ont reçus des arts.

Nos feuilles de la façade et des détails suffisent pour prouver combien nos désirs sont fondés en raison. Il y a plus de prodigalité, plus de richesse et de variété de sculptures qu'à leur correspondante d'Orléans. L'étendue est plus grande en largeur ; des impostes ajourées, une galerie supérieure presque entièrement évidée près de la grande lucarne, la brique posée en arêtes de poisson entre les poteaux taillés en colonnettes et en pyramidions, des accolades ogivales à feuilles de choux sur leurs rampants, des poutres et des traverses engoulées sont autant de traits qui rapprochent pour la date les deux maisons qu'une longue distance sépare l'une de l'autre. Elles furent évidemment élevées dans les mêmes années, avec le même soin, le même faire, le même esprit d'ornementation. Si l'arc surbaissé s'y voit encore avec ses contours amollis, c'est que la charpenterie et la ferronnerie abandonnaient plus difficilement les habitudes prises et les usages suivis par elles. Les colonnettes, les pinacles, les crochets de feuilles de chicorée, l'arc aigu à contours tourmentés se sont maintenus jusqu'au delà de la Renaissance en plus d'un lieu. Mais il n'est pas douteux qu'ils ont régné à nos deux façades en plein XVI° siècle.

Un riche bourgeois aura sans doute élevé la première ; la seconde est due à quelque gentilhomme de la province, comme semble l'indiquer un écusson intérieur et un autre extérieur qu'on voit à gauche près de la porte de l'escalier. Une Salamandre à ailes repliées se détache sur le meneau de la lucarne du toit : l'animal chimérique donna son nom à cette maison qui fut ensuite appelée, quand ses destinées changèrent, l'auberge du Grand-Turc. Elle avait précédemment fait partie du domaine de l'évêque qui avait sur ses derrières son prétoire seigneurial comme haut justicier. Des galeries de bois fort intéressantes, anciennes dépendances de ce palais de justice, existent encore et lui sont contiguës. Les rues aux Fèvres [1] et Orbiquait se croisant à angle droit près des deux bâtiments, ceux-ci pouvaient ainsi rapprochés communiquer facilement entre eux. Un ornement fort usité jadis en Normandie vient ajouter son prix à l'élégance de la lucarne de la toiture. C'est un épi en terre cuite émaillée qui couronne en avant son toit en batière. Un des plus beaux qui soient restés à leur place est celui que nous avons représenté surmonté de sa girouette. Des étoiles, des fleurons déliés la parent de haut en bas. On ne fait plus de ces jolis vases de couronnement qui l'emportent beaucoup sur ceux de plomb destinés au même usage ; aussi leur valeur s'élève-t-elle pour les vrais amateurs à des sommes qui vont toujours croissant. Un opulent banquier, M. de Rothschild, en aurait payé un seul, bien inférieur au nôtre, dit-on, presque deux mille francs. Quel noble emploi de la fortune serait de sauver plus encore, en prévenant d'autres pertes irréparables ! Que d'actions de grâces seraient rendues à qui saurait à temps et à bon escient ouvrir ses trésors, moins au profit de ses collections, qu'à l'avantage de tous, en laissant à chaque lieu ses richesses ! La renommée lui serait assurée par la science et les beaux-arts reconnaissants.

Lisieux renferme mille précieux restes de presque autant d'importance. Nous nous sommes fait effort pour omettre une autre maison du même genre qui se voit plus bas avec son vaste auvent du toit afin d'abriter les étoffes de laines teintes récemment de leurs vives couleurs ; une autre encore au côté opposé de la même rue du Pont-Mortain, celle-ci, malgré l'ordonnance de 1550 défendant pour cause de salubrité sans doute les encorbellements sur la voie publique, n'en fait pas moins forte saillie à mesure qu'elle s'élève, et sans souci de la loi, montre audacieusement son millésime en creux de 1594 au montant d'une de ses fenêtres ; une troisième, sur le marché de la poissonnerie, remarquable par la belle taille de toute sa charpente, ses étages variés et leurs riches colombages : une dernière enfin, presque à côté, nous offrant une expression toute spéciale des mœurs du temps. Au sommet des deux pieds-droits du rez-de-chaussée sont deux personnages qui ont dû habiter et dresser pour eux peut-être cette demeure : l'un et l'autre s'appliquent à leur office dont ils portent le costume.

---

[1]. Ce nom qui nous semble dériver du mot latin *faber* n'indiquerait-il point que les ouvriers exécuteurs de cette belle façade, auraient, par leur succès, contribué à la faire appeler ainsi. Nous laissons aux archéologues de Lisieux le soin d'éclaircir notre doute.

A droite est un vieillard vêtu d'une longue robe à ceinture, la tête couverte d'une toque ; il tient à la main suspendu devant ses yeux un vase rempli d'un liquide : qu'on nous laisse libre d'exprimer entièrement notre pensée : nous voyons là le véritable et ancien jugeur d'eau, suivant la dénomination vulgaire encore en usage dans nos campagnes. A gauche un homme en tunique courte agite sur une table un tamis et semble appeler le client au passage. N'est-ce pas l'hellébore qu'il sasse pour le distribuer à ceux qui attribuaient alors à cette poudre tant de merveilleuses propriétés. Ces signes caractéristiques n'avaient point été reconnus avant notre examen, et pourtant cette échoppe ou officine avait retenu le nom de maison du Médecin. La tradition n'a point fait erreur. C'était l'habitation commune de deux charlatans s'entendant pour accélérer leur fortune ; le public d'ailleurs ne désapprouvait point ces associations dont il attendait secours. Qui oserait dire que ces pratiques n'existent plus ?

MAISON D'HALBERSTADT.

La plaine sablonneuse qui forme tout le nord de l'Allemagne et comprend une grande partie de la Prusse, le Hanovre et le Mecklembourg, n'a généralement pas de carrières. On dut donc y construire de préférence en brique et en bois. L'intéressante ville de Lubeck, qui est tout entière du moyen âge et possède plusieurs églises considérables, est construite intégralement en briques et terres cuites. Dans d'autres parties du littoral de la Baltique, comme à Stralsund, par exemple, le bois vient se mêler à ces matières. Il en est de même à la maison que nous avons dessinée à Halberstadt. Nulle part nous n'avons vu autant d'habitations de ce modèle mélangé. Plusieurs quartiers sont du XVe siècle, et d'autres plus nombreux encore du XVIe siècle. Nous y avons choisi un spécimen de l'an 1542 ; il nous montre dans les constructions en bois la Renaissance plus dégagée de l'ogive et de ses dérivés qu'elle ne l'était chez nous vers le même temps. Notre feuille d'élévation et de détails ne nous présente plus rien de l'arc aigu. Si ce n'était les écoinsonnements des poutres en saillie, qui rappellent encore un peu les moulures gothiques par leurs profils évidés, nous n'y trouverions nul souvenir de l'époque précédente. Les belles plaques rayonnantes des étages supérieurs se rencontrent dans tout Halberstadt. On s'était attaché tellement à leurs formes variées qu'on ne songea même plus à les changer ou à les abandonner en se rapprochant de nous. Jusqu'en 1677 et plus tard il n'est guère possible de distinguer aucune différence de style et de décoration.

Nous ferons remarquer les ornements semi-circulaires qui s'étendent en éventail au-devant et en bas des pieds-droits des croisées, à mi-hauteur seulement. Ce motif eût paru inutile à nos constructeurs français ; ils l'auraient sans doute remplacé par une autre disposition, pour se conformer aux principes qui les dirigeaient sans cesse et les empêchaient de ne jamais rien déguiser à dessein. A part ce léger défaut de sincérité, la maison d'Halberstadt nous a paru avoir un caractère assez frappant d'originalité. En la revoyant, elle nous rappelle la fameuse Raths-Keller, ou Cave du Conseil en notre langue, antérieure de plus de cent ans, puisqu'elle porte la date de 1461, et qui présentait à de puissantes consoles de belles têtes de musiciens et d'autres personnages d'une très-remarquable expression. Elle nous fait souvenir de l'impression que nous ressentîmes en visitant la cathédrale sa voisine, dont le mobilier tout entier, couronnes de lumière, lutrin, chandeliers en bronze de Pierre Fischer, tapisseries de la plus haute antiquité, armoire servant de *sacrarium* pour renfermer le Saint-Sacrement, et bien d'autres objets encore nous viennent des plus habiles mains en ce genre de travaux. L'émulation partait d'en haut et s'étendait comme par une merveilleuse contagion à tous les degrés sociaux. Toute église devenait le point de départ d'un mouvement d'imitation proportionné à ce qu'elle montrait elle-même de splendeur : dans le rayon de son influence, l'art en recevait en tout une impulsion profonde et durable.

MAISON DE VERNEUIL

Nous revenons à Verneuil, non plus pour y recueillir un bâtiment entier comme la première fois, mais pour y prendre spécialement une tourelle d'angle dont l'encorbellement riche et hardi nous a beaucoup frappé. Aussi entre-t-il presque seul dans une planche où nous cherchons à faire remarquer combien ces excroissances, bien ménagées, pouvaient avoir de grâce. Toutes les assises de son cul-de-lampe sont arrondies. Les moulures en sont très-multipliées, et leurs gorges toutes remplies de feuilles profondément refouillées. Au-dessus de ce culot bien assis contre son appui s'élève, de forme octogonale, le premier étage de la tourelle; il est semé depuis sa base jusqu'à sa corniche de médaillons, de rinceaux, d'arcatures en accolade; on dirait presque qu'une broderie de tapis aurait été jetée sur ses parois, tant il y a de finesse dans les reliefs pris aux dépens de la pierre. Ce devait être la retraite préférée de la maîtresse du logis. Un chien avancé en gargouille semble en être le gardien et marquer à tout venant la fidélité qu'il symbolise. L'épi du toit de la petite attique, le chou terminal des rampants de la grande toiture, la cheminée qui saillit près de lui, et surtout le damier de pierre et de briques posées de toutes façons à la façade du pignon, trait caractéristique sur lequel nous avons déjà insisté, voilà ce qui nous paraît mériter un regard en passant. Mais la tourelle, avec son élégant pendentif, est le vrai point de mire de cette habitation.

MAISON DE PIERRE A ORLÉANS

Deux pages de nos gravures représentent une maison de pleine et pure Renaissance appartenant à notre présente série. La voir dans son intégrité, c'est la saisir d'emblée; l'examiner avec attention, c'est la décrire pour soi-même.

Elle fut bâtie à Orléans presque à l'extrémité orientale de la rue Pierre-Percée, du côté de la Loire. Les briques et le bois n'entrent plus pour rien dans le corps de bâtiment. L'ogive et sa dérivée, l'accolade, en sont aussi tout à fait expulsées. Nous n'avons sous les yeux que le style proprement dit classique : moulures, profils, ornements, figures, tout est pris de l'antique. Peut-être faudrait-il excepter de cette origine les deux personnages sculptés presque entiers dans l'épaisseur même de la poutre ou traverse du grand cintre d'entrée au rez-de-chaussée, et les meneaux des hautes croisées : on y croit voir encore comme un linéament de la physionomie effacée du siècle précédent. Pour le reste de la construction, tout est changé, tout est transformé. Le plein cintre, les alettes recevant les archivoltes, des cariatides, des pilastres et des chapiteaux corinthiens, des mascarons, de riches palmettes apparaissent sans aucun mélange adultère. On ne serait point surpris d'apprendre un jour que l'esprit de Jean Goujon aurait animé cette belle création : il s'y voit bien des parties dignes de lui, comme le joli cartouche de la coquille et la charmante imposte qui éclaire au-dessus de la petite porte le corridor de l'escalier : proportion, grâce, harmonie, délicatesse, tout montre la main d'un maître.

On connaissait autrefois cette habitation sous le nom de la Commanderie. Pourquoi? On l'ignore. Mais elle fut plus généralement appelée Maison de la Coquille, désignation qui se retrouve dans des titres existants et qui se comprend aisément, si l'on se reporte au beau morceau de sculpture devenu comme son enseigne au-dessus de son entrée. L'écaille, la valve se découvre encore aux mains des sujets qu'on voit se dessiner au deux bouts de la traverse de bois de la principale arcade. Évidemment, ce fut la demeure d'une famille riche et puissante. Que la vie de tradition s'est affaiblie parmi nous, puisque après un tel legs il ne reste de ceux qui l'ont fait aucun souvenir! Il faut remarquer que l'extinction du goût suivit la même progression, et que l'ignorance, puis l'indifférence, et même enfin la haine destructive, furent le juste châtiment de l'oubli et du mépris où nous avions laissé de si précieux héritages. Revenus aujourd'hui à de meilleures dispositions d'esprit, cherchons dans la mesure de nos forces à réparer les effets de ces funestes dédains; renouons, toutes les fois que nous le pourrons, les fils brisés de notre histoire artistique.

APPENDICE

APPENDICE

En commençant notre ouvrage, nous avions l'espoir de renfermer à notre aise, dans les cinquante livraisons annoncées au début, tous les éléments qui devaient entrer dans le plan général de notre entreprise. Nous nous sommes aperçus en chemin que nous ne pouvions atteindre dans ces limites le résultat désiré; et cependant nous avions à cœur de tenir nos engagements sans induire à de nouvelles dépenses ceux qui ont bien voulu nous soutenir de leurs efforts. Pour tout concilier, un seul moyen nous reste; il nous faut rassembler dans un résumé, un sommaire, un appendice, comme il plaira de l'appeler, ou mieux encore dans une manière de tableau synoptique ce qui manquerait à notre recueil si nous suivions, sans changer un peu sa direction, la marche que nous avons adoptée jusqu'ici. Aussi bien, une vue synthétique de tous les sujets que nous avons présentés et de tous ceux qu'il nous reste encore à offrir fera mieux comprendre le but auquel nous aspirions, que nos monographies disséminées sans ordre de temps, de matières, de genres et de styles, notices sans lien qui ne pouvaient en réalité se dérouler différemment sous les yeux de nos lecteurs. Présenter sous un même coup d'œil en finissant, dans un cadre sagement restreint, l'ensemble de notre dessein était un avantage trop grand au fond pour ne pas nous assurer comme récompense la satisfaction commune en nous arrêtant à cet important parti. C'est pourquoi sans plus de motifs nous entrons dans notre complément, qui nous permettra par son étendue de ne point outre-passer nos premières données. Nous nous écarterons peu des deux grandes divisions que nous avons posées au début. Les monuments publics d'un usage civil et les constructions domestiques formeront, selon notre programme, les deux seuls paragraphes de notre récapitulation.

MONUMENTS PUBLICS

PLANS GÉNÉRAUX DE VILLES ET DE BOURGS

Un écrivain qui fait autorité en archéologie a rassemblé sur ces premiers objets de notre appendice d'excellents documents : M. Félix de Verneuil a depuis longtemps apporté aux Annales Archéologiques [1] de M. Didron des articles pleins d'intérêt sur le sujet que nous abordons. C'est à lui que nous devons surtout de connaître la manière de pourvoir dans le moyen âge à la disposition, au bon et sûr arrangement des habitations concentrées en plus ou moins grand nombre sur un même point. De ses travaux et des renseignements que nous avons recueillis nous-mêmes de divers côtés, il résulte de suite une appréciation capitale que nous devons avant tout faire reconnaître. L'époque ogivale qu'on a tant accusée de singularité, de bizarrerie, d'aventure, d'irrégularité dans ses conceptions en général, est peut-être au contraire celle qui a exécuté les plans les plus symétriques dans les fondations de bourgs, de villes et de cités maîtresses d'elles-mêmes. Parmi ses œuvres de prime-saut en ce genre qui ont le mieux réalisé ces trois agglomérations d'hommes si distinctes dans sa pensée, il en est plusieurs qui n'ont presque encore de nos jours subi aucun changement. Elles semblent être demeurées debout comme une protestation contre le reproche de fantaisie porté par l'ignorance, ou bien accepté par les esprits prévenus comme un titre de plus pour elles à l'admiration.

Il est hors de doute à présent que les architectes ou les jurés voyers du moyen âge, lorsqu'ils voulaient fonder un centre important de population, savaient tout aussi bien que ceux de nos jours aligner les rues, et disposer des espaces suffisants pour y construire l'église, l'hôtel-de-ville, la halle et autres grands abris pour les marchés. Si la plupart des villes du XIIe et du XIIIe siècles sont tout à fait irrégulières, s'il est impossible d'y trouver aucune trace d'ordre préconçu, de plan général, il faut s'en prendre aux ruines romaines sur lesquelles elles furent reconstruites : semblables en cela à la capitale de l'empire qui ne nous offre au moins près du Capitole, qu'un vrai dédale

---

[1]. Vol. IV, VI, X, XI et XII.

à parcourir, elles n'exprimaient aucun dessein arrêté *à priori*, elles n'affectaient aucune disposition harmonique. Il est vrai que l'antiquité présentait d'autres exemples à suivre, comme à Pompeia, à Herculanum et autres relativement plus récentes que la Métropole. Mais il est certain que nos devanciers cédaient à leurs instincts, à leur entraînement, pour une sage ordonnance dans l'ensemble, une symétrie bien entendue dans le rangement des constructions qu'ils avaient mission d'élever en plus ou moins grand nombre sur divers points.

On peut diviser les villes du moyen âge en trois classes distinctes. La première comprend celles qui dans le midi surtout se construisirent aux dépens des matériaux romains et sur l'emplacement même qu'ils occupaient : en même temps qu'elles conservaient l'héritage de pierre qui leur était abandonné, elles gardèrent aussi une organisation municipale dont elles avaient trouvé les traces éparses çà et là; c'est pourquoi elles conquirent bien plus vite que dans le nord un certain degré d'indépendance dans leur administration intérieure. La seconde classe renfermera les villes fondées auprès des abbayes ou autour des châteaux. L'église et la forteresse, le clergé et la noblesse étaient deux des premières puissances de cette société renaissante. La royauté les dépassait de peu : près du prêtre et du noble devaient donc nécessairement se grouper les artisans pour y chercher refuge et protection. Au milieu des violences de cette époque toujours et partout en guerre, le hameau et le village n'avaient point de place, bien moins encore les habitations isolées comme de nos jours. Ce besoin de se rassembler près les uns des autres fit surgir les différentes dispositions dont nous allons parler.

Lorsqu'aux XIIe et XIIIe siècles un puissant seigneur élevait son donjon féodal, il l'entourait ordinairement de deux enceintes concentriques. Dans la première étaient les logements du maître, de sa famille et de ses gardes, et souvent une chapelle. La seconde plus vaste, fortifiée avec moins de soin, était ordinairement placée au-dessous de l'autre, en contre-bas du sol; d'où lui venait le nom de basse-cour, ainsi que s'appellent encore les fermes qui l'ont remplacée dans nos riches manoirs. Au rempart venaient se souder les murs de la ville qui occupait la partie la plus étendue et la plus déclive de l'éminence où se dressait généralement la forteresse. Le château de saint Vérain dans le Nivernais et celui de Coucy nous offrent d'intéressants exemples de ces arrangements. La ville de Cordes en Languedoc qui nous a donné de si beaux modèles de maisons du XIVe siècle, ne se composait au XIIe siècle, lors de la fondation, que d'une enceinte rapprochée de son château. La population s'étant accrue, on en fit successivement jusqu'à cinq autres, et la dernière qui paraît dater de la Renaissance renfermait tous les faubourgs, en suivant le contour de la colline à son origine au-dessus du niveau de la vaste plaine qui l'entoure.

Viennent ensuite les villes qui s'élevèrent à l'ombre des abbayes. La plus célèbre est celle de Cluny ; nous en avons retracé le plan dans notre premier volume, en indiquant les anciennes maisons dont on trouve encore des fragments et qui sont au nombre de plus de soixante. L'on n'y peut trouver aucune trace de régularité. — Moissac nous offre un curieux exemple d'une ville et d'une abbaye renfermées dans la même enceinte, mais séparées cependant par une double muraille dont les tours placées en regard les unes des autres annoncent assez que l'harmonie a plus d'une fois cessé de régner entre les moines et les habitants. Un quartier des serfs séparait les religieux des bourgeois, et servait comme de premier rempart à ses maîtres ; précieux renseignement sur les progrès qu'avait pu faire l'affranchissement du peuple dans ces temps. L'évangile avait détruit l'esclavage : le servage bien plus doux lui fut substitué, et cette amélioration en attendait une autre encore à côté des autels.

La troisième classe ou division de nos villes anciennes est surtout nombreuse dans le midi de la France. Les villes-neuves, les villes-franches datent généralement de la fin du xiiie siècle. Celles-ci sont d'une régularité parfaite dans leur développement. Alphonse comte de Poitiers, frère de saint Louis, étant devenu par son mariage avec l'héritière des comtes de Toulouse, seigneur d'une partie de la Guienne, voulut consolider sa souveraineté qui n'était guère qu'un vain titre. On le voit bâtir dans ce but Villefranche de Rouergue, et Villeneuve d'Agen ; il fonda aussi des Bourgs et Bastides dans le Périgord, où il avait des possessions. La pierre et le bois de ses domaines étaient largement dispensés à ceux qui voulaient en profiter. C'est avec la même générosité qu'il leur concédait des franchises communales. Il est certain qu'il éveilla par là l'émulation des rois de France et d'Angleterre : ceux-ci mirent bientôt la main à l'œuvre, comme nous l'allons voir en passant en revue les plus importantes bastides qui nous soient restées de leurs règnes.

Suivons par ordre de dates ce que firent en ce genre les trois grands princes que nous venons de nommer : ils appartiennent à l'époque la plus organique peut-être de notre histoire, parce qu'elle fut la plus féconde en monuments d'architecture. Alphonse de Poitiers fonda Montflanquin vers 1240, et Villeneuve d'Agen, un peu plus tard. Saint Louis bâtit en 1248 Aigues-Mortes, dont il voulut se faire comme un camp retranché près de la Méditerranée. Édouard Ier d'Angleterre, bâtit les Bastides de Beaumont en 1272, de Montpazier en 1284, de Libourne en 1286. Le nord voyait en même temps s'élever la ville guerrière et industrielle de Provins, et dès 1120, il avait vu fonder Verneuil, aux limites de l'Ile de France et de la Normandie : cette dernière ouvrit ses rues décrochées, de distance en distance, à angle droit par îlot de maisons à renfort de pignons fortifiés, pour les opposer aux attaques d'ennemis qui la convoitaient ardemment à cause de sa bonne position. Qu'il nous suffise de décrire l'une de ces places pour donner une assez juste idée des autres en général. A de très-légères modifications près, toutes se ressemblaient par le fond, qui était toujours la défense contre des agresseurs incessants que l'intérêt, l'ambition ou la haine poussaient à l'envi les uns contre les autres. La guerre était universelle alors; l'homme avait partout à combattre l'homme. Il n'était pas un foyer qui n'eût à craindre l'irruption d'un voisin dangereux. C'est pourquoi toute réunion de familles dans les provinces méridionales se constituait à peu près sur les bases matérielles que nous allons exposer.

La petite ville de Montpazier nous présente ce type complet. C'est un parallélogramme parfait que des tours carrées flanquent de toutes parts. Trois des principales d'entre elles, sur chacune des petites faces, protégent autant de portes qui avaient autrefois sans doute leurs ponts-levis et leurs herses. Sur les plus longs côtés, il n'y avait que deux entrées semblables. Cinq grandes rues partaient de ces portes, et se coupaient à angle droit dans leur parcours. A l'intersection de ces grandes artères, en deux endroits seulement, se trouvent deux places; la plus importante est destinée au marché. Elle est entourée d'arcades ogivales qui forment tout autour des galeries à couvert. Deux chariots peuvent s'y croiser à l'aise. Les maisons proéminaient en encorbellement au-dessus d'elles. L'espace qu'elles enferment est interdit au passage des voitures; on y voit la halle soutenue par vingt-huit piliers de pierre. L'église n'était point éloignée de ce centre; elle était placée un peu à l'écart pour plus de recueillement. L'hôtel de ville avait été porté sur un autre point : une situation différente était commandée par d'autres intérêts. Toutes celles enfin qui ont la même origine étaient bâties sur un même patron aussi simple que bien conçu pour le bon ordre de la police publique.

Cent ans plus tard, un petit bourg que nous avons visité fut bâti sans s'écarter en rien de ces données. Brétenoux dans le département du Lot est l'un de ces petits centres de population les mieux conservés dans leur intégrité native. Les grandes galeries de sa place semblent lui avoir servi de halle. Sous l'une d'elles nous avons encore vu une mesure en pierre de capacité légale pour la vente des blés : elle était là pour tous, comme l'on a mis le mètre nouveau sur nos murs. Aux plus larges percées aboutissent d'autres voies plus étroites, où s'alignent des maisons de moindre importance, ayant toutes par une sage économie de l'espace pignon sur rue. Une séparation appelée *andronne* ou *velenne*, d'une enjambée à peine d'étendue, sépare presque constamment les habitations entre elles. Le croirait-on, la fraternité chrétienne n'avait pu établir de murs mitoyens entre voisins des mêmes îlots. L'isolement de la famille était complet, pour prévenir sans doute des collisions d'intérêt qui ne furent point évitées, si l'on en juge par la rapide disparition de cet usage.

Aigues-Mortes et Bergerac n'avaient point de ces ruelles de séparation; elles furent assez fréquemment imitées. Beaumont moins régulière que Montpazier, sa cadette, possède une des rares églises couronnées de créneaux pour offrir près de Dieu un dernier retranchement, un dernier appui contre les attaques du dehors : ce monument, semblable à cet égard à notre collégiale d'Étampes, est certainement un des plus intéressants édifices religieux du Périgord. A Sainte-Foi, l'église est au milieu même de la grande place; un lavoir banal s'étend au bord de la rivière qui traverse la petite cité. La halle est auprès de l'une des entrées principales. Cette bastide est aussi sans andronnes.

On voit que de si légères différences ne pouvaient presque rien changer aux lignes générales de l'ensemble. Toujours est-il que des faits recueillis à diverses sources, et de l'examen de beaucoup de lieux restés à peu près intacts, il résulte manifestement que, du port méditerranéen de saint Louis jusqu'à Bordeaux en droiture, la régularité avait présidé à toutes les fondations princières ou royales de ce genre. L'art ogival dans ses plus beaux développements avait compris et pratiqué les lois de la symétrie; l'ignorance, les préventions, la légèreté d'esprit seules peuvent lui attribuer une autre tendance. On sait à n'en pas douter qu'une telle condition d'embellissement, en était une aussi d'ordre et de repos pour les citoyens : elle ne pouvait donc être méconnue par des hommes qui savaient aussi bien que nous en apprécier l'importance dans la vie et dans l'administration des communes.

Qu'a-t-il manqué à nos ancêtres sous le rapport de la paix quotidienne, de la tranquillité de tous les intérêts? L'organisation intérieure de leurs communautés différait-elle donc tant des nôtres? La sécurité de tous était assurée par des institutions bien analogues à celles que nous avons vues naître de nos jours pour des motifs d'une autre valeur morale. Ainsi des veilleurs de nuit circulaient partout pour annoncer l'heure et l'état du ciel : des crieurs de guet, des sonneurs de beffroi étaient incessamment l'œil ouvert à leur poste, pour avertir au besoin des fléaux menaçants. L'hygiène, nous l'avouons, moins bien entendue que parmi nous, par des mesures de salubrité dont la naïveté nous surprend, n'excluait pas néanmoins le bien-être général. A Figeac, il nous souvient encore avoir vu des troupeaux de porcs élargis de leurs toits pour rétablir la propreté sur leurs traces. Nos délicatesses ne s'accommoderaient plus et avec raison de ces balayeurs de nos vieilles polices.

Des auvents suspendus tout le long des murs préservaient à la fois les allants et venants de la pluie et des ardeurs du soleil dans le parcours des plus grandes voies. De hardis et pittoresques encorbellements des étages supérieurs sur les inférieurs, comme ils étaient à Rouen, comme on les voit encore à Vitré en Bretagne, rendaient les mêmes services dans les quartiers les plus populeux et les plus favorisés du commerce. Nos besoins d'air, d'espace et de lumière ont modifié, ou plutôt repoussé toutes ces dispositions. N'aurions-nous donc pas pu, pour éviter la froide et roide monotonie qui nous envahit de toutes parts, conserver des legs du passé ce qu'ils ont de plus frappant, de plus propre à s'accommoder en tout avec nos vues meilleures d'assainissement, de commodité et d'agrément, et joindre ainsi deux extrêmes qui se seraient avec bonheur complétés l'un par l'autre. Toutes nos villes, dans leurs constructions, seraient-elles donc appelées à réaliser le type uniforme d'édifices sans saillies, sans variétés, sans autre signe extérieur que le triste passage de la corde de niveau sur leurs toits comme sur leurs faces. S'il en devait être ainsi pour l'art, il n'y aurait plus de vie ni de mouvement, et les efforts que nous avons tentés ne seraient qu'un hommage rendu à ses dernières manifestations.

Les aqueducs, si loin qu'ils fussent établis de leurs centres, n'en étaient pas moins une de leurs dépendances nécessaires. Il est vrai que nos pères sentirent moins que les Romains le besoin de ces immenses prolongements de constructions. Cependant ils nous ont laissé sous ce rapport quelques traces de leur bonne administration. On voit encore près de Coutances des arcades ogivales en ruines traversant un vallon, pour faire suivre une pente légèrement inclinée au canal qu'elles portaient. Elles amenaient autrefois des sources qui descendaient des collines voisines. Nous devons à une communication de M. Darcel cet échantillon de conduite d'eau assez importante pour que nous la relations comme une heureuse et rare rencontre.

Mais l'Italie renferme un très-grand nombre de ces œuvres colossales d'architecture gothique : elle avait conservé à cet égard les anciennes habitudes du peuple-roi. Dans la campagne de Rome, autour de Viterbe, près de la Quercia, le moyen âge a refait les lits de cours d'eau de plusieurs lieues de long, que les Barbares avaient détruits, en relevant les cheneaux de ces rivières tantôt aériennes et tantôt souterraines. Aujourd'hui même presque toutes les fontaines de la ville éternelle reçoivent encore leur tribut au moyen des travaux qui furent accomplis par Innocent III et ses plus prochains successeurs. Les souverains pontifes n'ont au pied de la lettre manqué ni à leur mission ni à leur titre, et c'est là l'un des premiers traits de leur grandeur. Les villes aussi réclamaient presque toutes des ponts comme complément nécessaire de leur existence. Souvent elles étaient assises sur les deux bords d'une rivière, et dès lors il fallait réunir entre eux les quartiers séparés par des rives écartées.

Paris sur la Seine, Londres sur la Tamise, Lyon sur le Rhône et la Saône en même temps, étaient largement pourvus de ces moyens de communication. Toutes les trois avaient leurs ponts fortifiés de bastilles à leurs extrémités, et entre ces défenses, des maisons reposant sur les tabliers et s'avançant en encorbellement sur leurs derrières formaient autant de rues étroites où le commerce aimait à se concentrer. Des ponts avaient des tours à leur entrée et à leur sortie, et quelquefois une à leur milieu, comme à Cahors. D'autres aboutissaient du dehors à la porte principale de la ville, qui révélait tous les caractères d'une petite forteresse, comme à la Ferté-Bernard. Le plus ancien que nous ayons rencontré est celui de Souvigny, qui date du XIIe siècle. Son tablier, soutenu par des corbeaux, est presque entièrement enseveli dans le sable. Nous citerons ensuite dans l'ordre d'ancienneté celui d'Orthez, avec ses péages en tête; un autre à Limoges, avec des éperons ogivaux en amont qui présentaient deux avantages, des gares pour les voitures quand elles venaient à se rencontrer, et un bord ou angle aigu pour briser le courant et les glaces. En aval, les piles n'ayant plus à diviser les eaux étaient presque toujours carrées : quelques-unes étaient circulaires. Nous n'avons pas d'exemple de piliers d'appui qui prissent la forme prismatique des deux côtés, excepté dans les temps plus rapprochés de la Renaissance.

Les ponts avaient au moyen âge une très-grande importance. Un personnage chrétien vint encore en relever la construction du prestige même de ses vertus. Saint Benezet jeta, de 1176 à 1188, sur le Rhône, celui d'Avignon, qui est resté fameux entre tous dans les souvenirs du peuple. Une de ses arches portait une chapelle. C'était une station pour la prière au milieu de son parcours étroit; c'était aussi peut-être une retraite pour éviter les cavaliers; il n'est pas probable que les chars pussent circuler librement d'un bout à l'autre, à cause du rapprochement des garde-fous ou parapets. Le succès de cette jonction des rivages d'un grand fleuve fut tel qu'il donna naissance à l'association des Frères-Pontifes. Cette corporation d'architectes, ou plutôt cet institut religieux d'artistes ingénieurs, rendit les plus grands services dans le midi. On lui doit le pont du Saint-Esprit, qui fut élevé entre 1265 et 1309. Si les confrères avaient pu prévoir les progrès de la navigation, s'ils avaient prévenu par plus d'ampleur de leurs arcs aigus les craintes des siècles qui ont suivi, le monde n'aurait point connu les éloquentes alarmes du cœur d'une mère, dont les cris retentissent dans toutes les âmes. Mme de Sévigné a trouvé bien cruel ce pont de Saint-Esprit, qui n'élargit point ses arcades pour le passage de sa fille. Comme elle aurait loué de son beau style la solution de continuité qui vient de s'y opérer, moins pour calmer nos angoisses que pour répondre à nos besoins de célérité!

HOTELS DE VILLE ET MAISONS COMMUNES

Parmi tous les monuments civils consacrés à un usage public, les plus importants sans contredit sont ceux où, après avoir conquis un premier degré d'indépendance sur le régime féodal, se réunirent les élus de la cité pour la gestion de ses plus chers et de ses plus proches intérêts. Hôtels de ville somptueux, comme dans les Flandres, palais publics en Italie, maisons communes généralement plus simples et plus modestes dans la plupart des agglomérations municipales de la France, tels sont les édifices qui viennent s'offrir ici à notre rapide examen. Nous en avons déjà donné d'intéressants exemples; mais il en existe un bien plus grand nombre et de bien plus considérables, si nous en exceptons le siége du gouvernement de Sienne publié précédemment par nous, qui ont dû échapper à nos descriptions.

Notre cadre restreint ne nous permettait pas même de reproduire les principaux d'entre eux, la plupart ayant été dessinés et gravés avec un succès auquel nous ne pouvions prétendre. En présence des richesses acquises par tant de travaux antérieurs aux nôtres, nous nous bornerons à esquisser les traits les plus caractéristiques de ce genre de constructions, en indiquant pour chacun les sources auxquelles on pourra puiser des renseignements plus complets. Notre tâche a été d'abord de présenter de bons modèles; elle exige de nous en finissant que nous rappelions à la hâte les plus beaux souvenirs recueillis sur notre chemin. Les uns et les autres se prêteront ainsi un mutuel reflet qui fera mieux ressortir notre dessein. Commençons par ce qui nous reste en propre près de nous.

La France, qui a créé de si magnifiques chefs-d'œuvre d'architecture religieuse, ne paraît pas avoir eu au moyen âge des édifices municipaux d'une importance égale à ceux des Pays-Bas, de l'Italie et de l'Allemagne. Si notre pays était à ce moment de notre histoire le centre du goût, s'il fournissait d'habiles artistes à l'Angleterre, à la Suède et à l'Espagne, il paraît certain, d'un autre côté, qu'en fait d'importance commerciale et industrielle, la France, à cette époque, était fort inférieure à la plupart des contrées voisines. Il suffit de comparer Provins, une de nos cités les plus florissantes par le commerce au XIIIe siècle, avec Bruges, Lubeck ou Venise, pour saisir à l'instant notre infériorité commerciale et industrielle et, partant, notre moindre activité de vie municipale jusque dans ses principaux foyers.

Il ne nous reste en France qu'un seul exemple d'hôtel de ville antérieur au XIIIᵉ siècle, et nous avons dû l'emprunter à nos provinces méridionales, qui ne faisaient pas partie de la France d'alors. Nous voulons parler du remarquable monument de Saint-Antonin, publié avec ses principaux détails et décrit par nous dans le premier volume de l'*Architecture civile et domestique*. Le seul hôtel de ville du XIIIᵉ siècle sur lequel nous ayons des renseignements est celui de Paris : on le nommait la Maison de la Marchandise, et il se trouvait à la Vallée de Misère [1]; ensuite on en éleva un autre entre Saint-Leufroi et le grand Châtelet; plus tard enfin un troisième fut établi derrière les Jacobins, dans de vieilles tours qui faisaient partie de l'enceinte de Paris; on l'appelait encore à cette époque le Parloir aux Bourgeois, la Confrérie des Bourgeois, et rarement la Maison de Ville. Cet édifice municipal avait assez peu d'importance. Les besoins croissant, on résolut d'en construire un quatrième sur la place de Grève : l'architecte fut Dominique Bocador, dit de Cortone, qui en fit les dessins et en surveilla l'exécution.

Le XIIIᵉ siècle français, si fécond en constructions religieuses, ne paraît pas avoir élevé d'hôtel de ville de quelque importance : il est probable que les premiers habitants des communes affranchies se réunissaient dans une église ou sur la place publique pour y prêter serment sur les choses saintes de se soutenir les uns les autres. Les magistrats qu'on nommait consuls dans les villes du midi, jurés ou échevins dans celles du nord, assemblaient les bourgeois au son de la cloche communale pour les conduire au combat : souvent c'était de la tour de l'église que partait le signal qui réunissait les citoyens; mais l'opposition du clergé, assez malintentionné pour les communes, forçait quelquefois les habitants à suspendre la cloche au-dessus d'une des principales portes de la ville, et à se réunir pour discuter leurs intérêts dans une salle plus ou moins vaste disposée entre les tours d'entrée.

Le XIVᵉ siècle, époque désastreuse pour la France, n'a pas construit d'édifices municipaux de quelque importance; mais au XVᵉ et au XVIᵉ siècle nous en trouvons un assez grand nombre dans nos provinces du nord. Un des plus intéressants est l'hôtel de ville de Compiègne, construit dans les premières années du XVIᵉ siècle; sa disposition est tout à fait celle des grands hôtels de ville des Pays-Bas. Comme à Bruxelles, à Ypres, à Audenarde, le beffroi fait partie de l'édifice et s'élève majestueusement au centre de la façade qui est accompagnée de deux élégantes tourelles placées en encorbellement aux deux angles [2]. Plus loin vers le nord, Saint-Quentin nous montre un édifice de la même époque,

---

1. Sauval, *Antiquités de Paris*.
2. *Architecture civile et domestique*, vol. I, p. 172.

d'une disposition un peu différente : sur toute la longueur de la façade règne au rez-de-chaussée une galerie d'arcades ogivales à accolades flamboyantes. A l'étage supérieur se trouve une grande salle éclairée par neuf fenêtres à meneau; la façade sur la place est terminée par trois pignons percés de roses, avec des encadrements flamboyants. Nous pouvons encore citer parmi les hôtels de ville de cette époque ceux d'Arras et de Douai, celui de Bourges, occupé maintenant par le collége [1] : sa tourelle octogonale qui renferme l'escalier en saillie ainsi que les belles cheminées des salles nous semblent supérieures, sous le rapport du style, à la maison si connue du célèbre argentier de Charles VII.

Nous allons parler avec quelque détail de deux édifices assez peu connus, et cependant fort intéressants, l'hôtel de ville de Saumur et celui de Dreux : l'hôtel de ville de Saumur [2] a la forme d'un parallélogramme, flanqué à l'un de ses angles d'une tourelle contenant un escalier octogonal. Ce petit édifice

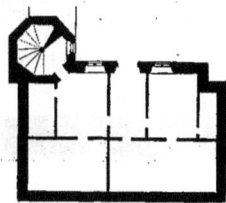

du commencement du XVIe siècle se reliait autrefois aux remparts de la ville, aujourd'hui démolis. Avec ses créneaux et ses machicoulis, ses toits élevés et ses lucarnes, il a toute l'apparence d'un château fort des derniers temps féodaux. L'intérieur de la cour est d'assez mauvais goût; la seule chose intéressante est l'escalier octogonal dans le bas, carré dans le haut, avec des amortissements encorbelés; la pierre et la brique sont mélangés dans cette partie de l'édifice et produisent un effet assez pittoresque.

L'hôtel de ville de Dreux se présente à l'extérieur sous la forme d'une masse carrée plus haute que large et surmontée d'un comble fort pointu; au sommet duquel la grosse cloche du beffroi est suspendue dans un clocheton de couronnement. Chaque étage est occupé par une seule salle dont les voûtes présentent une disposition curieuse. Le rez-de-chaussée forme salle d'entrée. Au premier on a établi la justice de paix; cette partie est accompagnée de deux cabinets

---

[1]. M. Jules Dumoutet, sculpteur à Bourges, a bien voulu dessiner pour nous la tourelle de cet ancien hôtel de ville; qu'il reçoive ici nos remercîments pour toutes ses intéressantes communications sur le Berry.

[2]. Voir dans les *Monuments anciens et modernes* de M. Gailhabaud, vol. III, deux élévations de cet hôtel de ville.

placés dans des tourelles en encorbellement ; le second étage est occupé par la bibliothèque de la ville. Un escalier carré à l'extérieur, octogonal à l'intérieur, conduit aux différents étages et au comble. Toute l'architecture de cet édifice est un mélange des formes de la Renaissance et de l'époque ogivale de la décadence, combinées de la façon la plus originale. Cependant, excepté au rez-de-

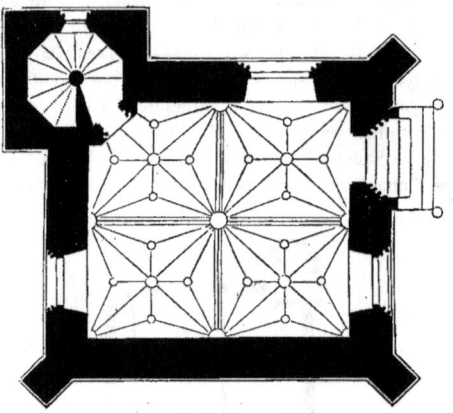

chaussée, l'architecture nouvelle domine. Les oves, les denticules, les dômes à écailles, les colonnettes ont complétement remplacé aux étages supérieurs les moulures prismatiques et les feuilles déchiquetées.

Il existe encore dans plusieurs de nos provinces des hôtels de ville de la Renaissance en assez grand nombre : nous citerons entre tous celui de Luxeuil, dans la Franche-Comté; l'hôtel de ville de Caen, construit en 1538 par le sieur Nicolas de Valois, seigneur d'Écoville; celui d'Orléans, le plus important de tous, déjà connu de nos lecteurs par les dessins que nous avons publiés, et enfin celui de Beaugency [1], attribué à Viart, l'architecte de l'hôtel de ville d'Orléans. Nous sommes allés à Beaugency quelque temps seulement après avoir publié l'hôtel de ville d'Orléans. L'étude de la charmante maison commune de cette petite ville nous a dessillé les yeux. Il y a des salamandres sur la façade de Beaugency, c'est donc un monument du commencement du XVIe siècle. Les deux hôtels de ville sont de Viart ; ils ont été construits presque en même temps ; dès lors il est évident qu'ils datent tous les deux du règne de François Ier.

---

1. Sur la foi de M. de Buzonnière, l'historien d'Orléans, qui se présentait à nous pièces et archives en main, nous avons attribué l'hôtel de ville d'Orléans au XVe siècle, malgré le style de son architecture qui nous paraissait de cinquante ans au moins plus moderne.

La date de 1443, attribuée au nouveau musée d'Orléans, doit se rapporter à l'ancien hôtel de ville, dont il reste encore un beffroi qui a bien tous les caractères du milieu du xv° siècle.

Si comme nous l'avons déjà dit les principales cités du nord de la France n'avaient pas souvent d'hôtel de ville, presque toutes avaient leur beffroi. C'étaient ordinairement des tours carrées en maçonnerie, flanquées de contre-forts et d'un escalier placé dans l'angle pour accéder aux divers étages; des magasins d'armes, une salle de réunion, souvent une prison, occupaient les différentes pièces. La cloche destinée à sonner l'alarme, à annoncer les incendies ou l'approche de l'ennemi, était suspendue dans le dernier étage en pierre, ou bien encore dans un assemblage de charpente recouvert en ardoise ou en plomberie qui couronnait tout l'édifice. Il ne reste plus en France que très-peu de beffrois. Celui de Péronne a été démoli il y a peu d'années seulement. Nous pouvons signaler comme existant encore celui de Bordeaux avec des parties du xiii° siècle; celui de saint Ricquier dans le département de la Somme, dont la base bien conservée date du xiii° siècle, et ceux de Béthune et d'Évreux qui sont du xiv° et du xv° siècle [1].

C'est en traversant notre frontière du nord et en parcourant les provinces si riches et si peuplées des Pays-Bas que nous trouverons les plus beaux édifices municipaux de l'époque ogivale. Des Ardennes à la mer du Nord s'étend une plaine d'une grande fertilité, qui nourrissait au moyen âge la population la plus active et la plus dense de l'Europe. Bruges avait deux cent mille âmes et son commerce avec tous les pays du monde était immense; la seule ville de Gand mettait sur pied des armées capables de tenir tête à toute la chevalerie française; Ypres faisait un commerce de draps tellement considérable qu'il fallut élever pour cette industrie un monument spécial; il excite notre admiration par la grâce de son architecture et ses dimensions colossales. L'accumulation de si grandes richesses, la jouissance de la liberté municipale si complète au xiv° et xv° siècle amenèrent dans ces contrées un développement d'architecture municipale dépassant de bien loin tout ce qui se produisit à cette époque en Europe. Nous allons passer rapidement en revue les hôtels de ville des Pays-Bas; les principaux d'entre eux sont des monuments célèbres reproduits à bien des reprises par le dessin; nous nous bornerons donc à en signaler dans de courtes descriptions les traits les plus caractéristiques [2].

Le plus ancien monument municipal de la Belgique est le beffroi de Tournai construit à la fin du xii° siècle par Philippe-Auguste, alors maître de cette ville

---

[1]. Ces deux beffrois ont été reproduits dans plusieurs publications, on les trouvera dans le *Dictionnaire d'Architecture* de M. Viollet-Leduc, tome II, p. 195.

[2]. Nous empruntons à l'histoire de l'*Architecture en Belgique*, par M. Schayes, de nombreux renseignements sur les monuments civils dont nous nous occupons dans cet article.

et qui lui octroya sa charte municipale. C'est un édifice quadrangulaire isolé, s'élevant à l'angle de la grande place un peu au-dessus de la célèbre basilique; ses arêtes sont flanquées de contre-forts ronds terminés par des guérites recouvertes de toits octogonaux en pierre, décorés de crochets. Un passage avec balustrade de quatre feuilles est établi à la base des guérites. L'étage supérieur flanqué également de contre-forts est cylindrique, fort élancé, et de longues baies ogivales s'ouvrent sur chacune de ses faces; sa flèche en ardoise et les clochetons qui la flanquent aux quatre angles sont postérieurs comme lui à la construction primitive. Nous citerons encore en Belgique le beffroi de Gand, tour carrée à cinq étages bâtie de 1315 à 1337 et restée inachevée, le beffroi de Lierre de 1369 à 1411, ceux de Newport et d'Alost qui datent de 1480 et de 1487.

Les hôtels de ville des Flandres sont en général des édifices considérables à plusieurs étages et couronnés de grands toits garnis d'une multitude de lucarnes. Au rez-de-chaussée une galerie saillante sert de promenoir, et un beffroi placé au centre s'élève à une grande hauteur au-dessus des combles et renferme la cloche municipale. Tel est le type des édifices municipaux des Pays-Bas les plus considérables parmi lesquels nous citerons ceux de Bruxelles de 1401 à 1448 et d'Audenarde de 1527. Plusieurs hôtels de ville de la Belgique n'avaient pas de beffroi central comme ceux dont nous venons de parler; la cloche de la municipalité se trouvait alors dans une tour voisine ou dans le clocher d'une église. Nous citerons parmi les édifices sans beffroi l'hôtel de ville de Louvain de 1448 à 1463 : c'est le plus remarquable des Pays-Bas et peut-être de l'Europe entière; celui de Mons de 1458, celui de Courtrai de 1526, et enfin celui de Gand, construction inachevée d'un style tourmenté mais qui ne manque cependant pas d'un certain caractère.

Nous avons donné dans notre premier volume deux hôtels de ville allemands, celui de Munster et celui de Brunswick; ces deux édifices, fort pittoresques sans doute, sont cependant, à notre point de vue, inférieurs sous le rapport du goût aux grands monuments des Pays-Bas et même aux monuments moins importants que nous avons empruntés à la France, comme Saint-Antonin et Compiègne. Nous ne connaissons qu'un seul hôtel de ville allemand d'un caractère fort ancien, c'est celui d'Aix-la-Chapelle, bâti au commencement du XIIIe siècle : il fut remplacé en 1353 par un édifice plus considérable, dont la grande salle est encore assez bien conservée aujourd'hui. Presque tous les autres édifices municipaux de l'Allemagne sont du XIVe et du XVe siècle; nous citerons parmi eux l'hôtel de ville de Ratisbonne, du XIVe siècle, avec une charmante abside saillante; celui de Hanovre, remarquable par un mélange de briques et de terres cuites qui produit un heureux effet; celui de Breslau du XVe ou du XVIe siècle, d'une architecture tourmentée avec des balcons saillants fort pittoresques; l'hôtel de ville de Cologne, construit à la Renaissance, avec un beffroi du xv siècle lui attenant, et une salle ogivale fort curieuse. En consultant l'intéressant ouvrage de M. Puttrich sur les monuments saxons, on trouvera à Zerbst, à Altenbourg, à Neustadt-an-der-Orla, à Saalfeld, à Pösneck, à Yuterbock, des hôtels de ville du xv° et du xvi° siècle qui offrent de l'intérêt.

Les villes des bords de la Baltique, enrichies dès le xiv° siècle par le commerce et l'industrie, renferment des monuments civils d'un caractère original, construits en briques, en terre cuite et en bois. Nous citerons d'abord l'hôtel de ville de Lubeck, construit au xiii° siècle, mais inachevé; celui de Rostock, édifice fort original, dont la façade est ornée de sept tours; ceux de Stettin, 1245; de Stralsund, 1311; de Dantzig, 1311, avec un beffroi très-élancé, dont le couronnement est de 1581. Les beffrois sont plus rares en Allemagne qu'en Flandre ou en Italie, ou du moins ils faisaient plus rarement partie des hôtels de ville; on les plaçait à côté ou dans le voisinage des édifices municipaux.

Les palais publics des villes italiennes sont en général des édifices considérables à plusieurs étages, presque toujours accompagnés d'un beffroi placé sur le côté. Leur rez-de-chaussée, ouvert et formé d'arcades ogivales ou cintrées, servait aux assemblées du peuple : sur un balcon saillant appelé Pergamo ou Ringhiera, et placé au milieu de la façade, on venait lire aux citoyens assemblés les décrets des magistrats. Souvent des créneaux couronnaient la façade et lui donnaient l'aspect d'une construction militaire. Lorsqu'il n'y avait pas de beffroi, la cloche était placée comme à Orvieto, par exemple, dans un petit clocher élevé sur le mur d'un des pignons. Nous citerons en Italie le palais public de Florence, qui emprunte un caractère très-sévère aux matériaux énormes employés dans les constructions de cette cité. Un beffroi peu élancé et crénelé couronne ce monument.

A Côme, nous avons visité un charmant hôtel de ville, remarquable surtout par les matériaux de diverses couleurs qui forment des bandes tranchant heureusement les unes sur les autres. Le rez-de-chaussée est ouvert comme celui de presque tous les hôtels de ville italiens, et un balcon servant de tribune saillit au-dessous de la fenêtre centrale de la façade. Plaisance possède aussi un palais public très-considérable de la fin du xiii° siècle; au rez-de-chaussée des arcades ogivales en marbre présentent une vaste galerie couverte; l'étage supérieur est formé d'arcades cintrées en briques et terres cuites du dessin le plus riche et le plus varié. Dans l'espace entre les deux étages, au milieu de la façade, se trouve une petite ouverture, avec un balcon porté sur des consoles; des créneaux en briques couronnent l'édifice et cachent le toit plat qui le recouvre.

Il existe, certes, beaucoup d'autres édifices de cette appropriation : nous n'avons pu les citer, pour ne pas trop nous étendre. Mais en indiquant les principaux types de ce genre de constructions qui peuvent se rencontrer en Europe et publiant nos dessins de ceux de ces monuments que nous avons cru devoir choisir pour nos gravures, nous aurons donné la preuve de notre constante attention à ne rien négliger des moyens propres à nous conduire à notre but. On ne perdra point de vue qu'avec les éléments anciens légués par tant de beaux génies à l'avenir, nous voulons simplement donner une heureuse impulsion à ceux qui auraient la pensée de répondre aux besoins nouveaux de la vie municipale dans l'empire. S'inspirer du passé en ce qu'il a d'incontestablement acceptable pour s'accommoder aux exigences de notre civilisation, voilà ce que nous désirons et demandons; et parmi les intérêts publics qui se sont le plus développés de notre temps, il ne s'en présente pas avec plus de chances de se traduire en monuments que ceux de nos plus modestes comme de nos plus grandes communes. Le zèle et l'émulation se propagent de proche en proche, du centre à la circonférence, et dans la France, où tout est activité et mouvement, l'on ne tardera pas à voir l'édifice civil par excellence, hôtel de ville ou mairie, s'élever partout comme une expression de cette vie publique et locale tout à la fois, qui fut l'une des plus grandes gloires de nos pères.

HOPITAUX, MALADRERIES, HOSPICES

L'hôpital est une institution tout entière d'origine chrétienne. Chose et nom n'existaient pas dans l'antiquité païenne. Le *Nosocomium* du premier ou du second siècle de notre ère fut ajouté sous les successeurs d'Auguste aux grandes exploitations des champs, moins par un sentiment de compatissance que par un espoir de lucre. Il fallait pour opérer cette création l'universelle invasion du spiritualisme de l'Église et la croyance au caractère divin de la pauvreté. Du jour où il fut incontesté que l'homme portait en lui un esprit immortel, et que le pauvre était un membre même de la Divinité de Jésus-Christ, de ce jour-là la vie humaine fut respectée par tous et sacrée pour tous : son principe fut reconnu inviolable et traité par la société comme l'était le voyageur sous la tente des patriarches. L'âme était une vénérable étrangère ici-bas, et la foi voulait qu'on lui préparât partout des étapes pour qu'elle pût accomplir en paix son viatique vers le ciel. Son union au corps n'était qu'un temps de passage et d'épreuves pour lui valoir plus de mérites ; des stations lui devaient être ménagées dans les défaillances de son pèlerinage pour la conduire à son auteur.

L'hospice est né de cette pieuse et sublime pensée. Destiné d'abord, comme le dit son profond radical, au voyageur fatigué, souffrant ou visité par la maladie, il fut ouvert bientôt après à tous les passagers de la vie qui ne pouvaient par leur propre force en accomplir la pénible traversée. Vinrent ensuite l'hôtellerie, l'auberge ou l'hôtel, et jusqu'à la *venta*, la vente espagnole ; car l'intérêt voulut imiter le dévouement pour prélever ses gains sur les moins malheureux des errants d'ici-bas. Mais la charité ne tarda point à s'appuyer de l'expérience pour donner un but plus sûr à ses sacrifices. Chaleur et lumière tout à la fois, elle reconnut la nécessité de diviser ses services. C'est alors qu'elle rassembla infirmes, abandonnés, délaissés de ce monde, dans les mêmes asiles qui retinrent exclusivement leur dénomination originelle. Pour ceux que l'aiguillon d'un mal plus ardent poursuivait en si grand nombre dans les populations pressées les unes contre les autres, leur réunion sous un seul toit ou dans la même enceinte reçut le nom générique d'hôpital : celui d'Hôtel-Dieu est resté le plus populaire, parce qu'il est fondamentalement le plus juste et le plus vrai. Magnifique expression pour rendre la pensée qui fonda les innombrables refuges de toutes les douleurs! Unique privilége de la demeure de Dieu d'avoir la durée pour elle. Elle seule est restée debout au milieu de tous les renversements des hôtels des grands : elle ne changera pas de maîtres comme les palais des princes.

Mais avant d'en arriver là, il y eut une plaie que la religion dut surtout s'appliquer au moyen âge à limiter dans ses foyers les plus actifs. La lèpre exerçait des ravages dès avant l'invasion des Barbares; les souffrances des peuples en avaient favorisé l'apparition. Les croisades n'avaient pu seules amener ce mal rongeur dans nos contrées : les reflux désordonnés de l'Occident vers l'Orient en avaient bien multiplié sur leur passage les causes de développement. Les privations, le dénûment, la misère, les désordres inévitables de ces grands ébranlements d'accord avec les germes acquis ou préexistants de la maladie lui donnèrent tous les plus redoutables caractères de communication. La science ne connaissait point de moyen de guérison. La séparation entière du lépreux était le seul préservatif du danger qu'il portait avec lui. Alors on vit de toutes parts s'élever les prieurés autour desquels venaient se grouper les familles atteintes et repoussées de la société : car il est remarquable de voir cette horrible corruption se propager sans détruire en l'homme le principe générateur de la vie. Aussi des races de ladres se sont-elles maintenues jusqu'à nos jours; et peut-être s'en trouve-t-il encore dans certaines vallées de la Suisse où l'on a pu constater leur présence au commencement de notre siècle. Des communes entières de ce pays ont gardé leur dégénération héréditaire : le crétinisme qui semblerait en être une dernière phase a résisté à toutes les tentatives de cure, à tous les soins pieux dont le dévouement s'est plu à l'entourer.

Les maladreries ou léproseries n'étaient point comme on le pourrait croire une réunion sous un même toit des malades atteints de la lèpre. Dans un vaste enclos qui ne pouvait être franchi par ses tristes hôtes, des maisons séparées à dessein étaient destinées aux malades isolés ou rassemblés entre eux par des liens de parenté d'où pour eux étaient nés les plus funestes rapprochements. Plusieurs paroisses se concertaient pour établir à leurs extrêmes limites ces saintes fondations. L'Europe, dit-on, en a compté jusqu'à vingt-deux mille, et la France seule en a renfermé dans la proportion au moins du dixième de ce nombre. La ladrerie inspirait bien plus de crainte et d'effroi que la peste elle-même, à cause de sa permanente durée et de sa séculaire propagation. Tout ce qui inspirait une horreur profonde comme elle participait dans l'opinion des peuples d'une origine sacrée ou mystérieuse. C'est pourquoi ce fut l'homme de l'Évangile ressuscité par le Christ, Lazare ou plutôt saint Ladre, ainsi qu'on a dit longtemps, qui donna son nom à ses semblables en douleurs humaines. S'il y avait des degrés dans la mort,

Ladre l'avait moins subie qu'un autre par sa sainteté anticipée, et pour marquer la différence, l'affection dont il mourut et sans laquelle peut-être il revint à la vie, imprima un cachet de malheur aux réunions de ses victimes en les faisant appeler communément maladreries. Grâce à notre saint, il y aurait eu une bonne ladrerie.

Partout sur notre sol des maladreries s'élevèrent donc pour recevoir les infortunés dont le corps était envahi extérieurement par toutes les plus destructives pullulations de la peau. Dans les villes, elles pouvaient, mais rarement, constituer des quartiers entiers sans communication directe des infectés avec le dehors. On refoulait ces derniers plus encore que les juifs entre les murs où on leur accordait le droit de vivre rassemblés. Le plus souvent c'était au loin dans les champs qu'on fondait ces établissements, d'autres fois ils étaient à peu de distance des remparts des villes dont ils pouvaient recevoir au besoin protection. Beauvais nous en laisse un exemple que beaucoup de contemporains ont encore pu voir presque dans son intégrité, à peu de distance de ses portes, sur la route de Beaumont; il se réduit maintenant à de vastes bâtiments de ferme et à la chapelle, devenue une importante dépendance d'exploitation agricole. Tous ces refuges ont successivement disparu par la disparition même du poison qui avait atteint tant de générations. Louis XIV a pour ainsi dire rayé leur existence de son royaume, en annexant tous leurs biens aux autres domaines des pauvres. Les legs des ancêtres, en s'écoulant vers d'autres maux, ne changeaient point de canal pour aller se perdre dans des fortunes particulières bientôt épuisées : le pouvoir aurait craint les malédictions du ciel, s'il avait songé à détourner les trésors de la charité de leur but. La dernière volonté des morts était jusque-là plus puissante que la cupidité des vivants.

Ce furent surtout les hôpitaux qui reçurent les biens des léproseries. Les prieurés, qui furent comme les paroisses spéciales de ces rejetés du monde, passèrent en grand nombre dans le patrimoine des indigents. Ce n'était pas qu'il y eût lacune dans leur riche dotation : la charité de saint Landry, fondateur de l'Hôtel-Dieu de Paris, au VIIIe siècle, avait laissé de grands exemples; ils furent suivis de toutes parts. Si les recherches archéologiques ne nous trompent point, le Mans aurait imité Angers, au XIIe siècle, pour venir au secours de ses misères publiques. Près de son enceinte, et presque au bord de la Juine, du côté du levant, s'éleva une vaste salle à trois nefs voûtées portant une seule toiture : elle pouvait contenir de longs rangs de lits, et sans doute aussi l'espace nécessaire au service divin. Le XVIIe siècle remplaça tous les bâtiments adjacents et ne laissa subsister des anciennes constructions que l'immense vaisseau, dont l'intérieur est devenu un magasin d'équipements militaires; son usage, il est vrai, était changé depuis longtemps : des prêtres de la Mission l'avaient approprié à leur saint ministère. Le séminaire diocésain s'y était établi de nos jours, et maintenant il est fermé et défiguré à jamais. Malgré tous les traitements, il demeure inébranlable, et si l'on voulait, son avenir égalerait son passé.

Puisse le seul hommage qu'il nous soit permis de rendre à la capitale de notre province attirer en passant un regard sur des murs témoins de tant de peines et de tant de joies à la fois. A côté d'irrémédiables maux, que de retours à la vie sous leur ombre; mais toujours que de consolations y prenaient leur source! Les hôtes de cette tente, s'ils n'étaient rendus à la terre, avaient pris le chemin du ciel. Caen, qui a possédé un hôpital entièrement semblable pour la forme, le style et la disposition générale, n'a point eu le même bonheur. Beaulieu, en Normandie, a été plus maltraité encore que Pontlieu dans le Maine. En rapprochant ces deux importantes fondations, nous en rappellerons une troisième que nous avons spécialement fait connaître, l'hôpital d'Angers. Henri II, roi d'Angleterre, maître de ces contrées, a peut-être voulu laisser dans ses principales provinces des empreintes de sa royale et chrétienne munificence.

Dans ce temps, tous les dénûments avaient des bienfaiteurs sur terre et des saints patrons au ciel. Les pauvres veuves se rassemblaient sous l'invocation de Marie l'Égyptienne. Les filles et les femmes sans asile avaient sainte Catherine pour protectrice dans les retraites qui étaient ouvertes pour elles la nuit. Tous les délaissements, depuis l'enfance jusqu'à la vieillesse, étaient ainsi traités. Mais entre les plus grands dispensateurs des largesses de la charité, saint Louis, roi de France, occupe une glorieuse place. Nous le voyons à Paris élever l'hôpital des Quinze-Vingts pour trois cents chevaliers auxquels les Sarrasins avaient crevé les yeux. Depuis longtemps, les aveugles ont doublé de nombre; la populaire dénomination n'a point changé.

Le saint roi fonda aussi l'hôpital de Compiègne, près du palais de Beauregard, bâti par Charles le Chauve. Une charte de son règne nous apprend qu'il ajouta aux dons de ses aïeux une chapelle et des dortoirs; ce dernier local est, sans aucun doute, ce qui nous reste encore. Nous en avons placé l'image au centre des cinq types de notre planche, à cause de la simple et mâle beauté qu'il nous offre. L'œil est attiré de suite vers cette façade par ses proportions, la sobriété de ses ornements, l'exacte symétrie des ouvertures. Au rez-de-chaussée, deux grandes portes donnaient accès directement du dehors dans les deux nefs de la grande salle : chacune d'elles s'accompagne de deux ogives élancées. Au-dessus des entrées, deux fenêtres géminées à rosace s'encadrent de rampants qui marquent la disposition intérieure de la charpente. Au milieu, un contre-fort orné d'une niche trilobée, vient recevoir la poussée des arcs ogivaux qui divisaient l'espace en deux longues galeries. Un grenier recevait le jour par deux huis carrés aux côtés de l'éperon central.

Tout est motivé, tout est parfaitement indiqué dans ce pignon sur rue, autre signe de sa noblesse d'origine. L'extérieur traduit, si on l'osait dire, textuellement le dedans, où rien n'a été respecté des arrangements anciens. Les colonnes intérieures ont été remplacées par un épais refend : à la voûte ogivale en bardeaux, on a substitué un plafond plat à poutres apparentes. Ce plancher, qui vient si disgracieusement couper dans leur hauteur les fenêtres ogivales qu'on a conservées, date de la reconstruction de la chapelle sous Louis XIV, à la place peut-être occupée par l'ancienne. A la vue de tant de soins de bon établissement, on sent vivement l'intérêt qui s'attachait à ce genre de fondations. On ne s'étonne plus des faits relatés de la vie des plus puissants princes. Robert le Pieux baisait les lépreux dans ses voyages à travers ses états. L'auteur, le chef de notre maison royale, portait lui-même les malades à la demeure qu'il leur avait préparée; il soutenait leur faiblesse, il pansait leurs plaies, et Boniface VIII, dans la bulle de canonisation de Louis IX, rapporte spécialement ses soins pieux pour un malheureux tourmenté du mal de saint Éloi : attendrissant récit qu'on lit dans une leçon de l'office du saint roi.

La seule grande aile que nous venons de décrire a plus de soixante mètres de longueur sur dix-sept environ de largeur. D'autres constructions venaient se souder perpendiculairement avec elle sur ses flancs. Elles devaient former un plan en croix latine dont l'église aurait été le chevet. Primitivement, le transept aurait peut-être été la partie consacrée au culte, afin d'y faire participer plus directement ceux que la maladie retenait sur leur couche. Des caves largement voûtées à quatre travées de la fin du XIIIᵉ ou du commencement du XIVᵉ siècle, témoignent par leur présence d'annexions considérables à ce qui a évité une entière destruction : elles s'étendent aujourd'hui sous des bâtisses sans valeur pour nous, et qui ont dû combler le vide laissé par d'autres bien plus importantes. Tant de diminutions, de renversements successifs ne nous ont pas permis de faire un plan de l'ensemble. Nous avons dû nous contenter même de donner la seule face qui subsiste, non sans altération, mais néanmoins encore pourvue des éléments qui en ont constitué le développement à son origine.

En revanche de l'omission précédente, nous allons donner maintenant le

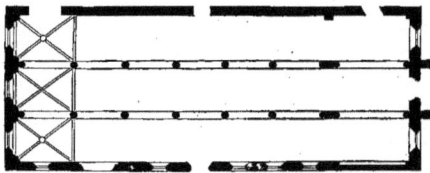

plan seulement de deux hôpitaux français du XIIIᵉ siècle. Celui de Chartres est un quadrilatère de petite dimension : il se divise en trois nefs égales par deux files de colonnes supportant des arcs ogivaux. Au-dessus d'un plafond plat un grenier régnait dans toute l'étendue. La dernière travée de chacune des trois nefs était voûtée en pierre, pour marquer par plus de soin et avec plus d'honneur la place de l'autel. L'entrée est dans l'axe longitudinal et donne dans une petite cour qu'entourent des dépendances modernes. Intérieurement et extérieurement, tout y a été fort mutilé. A Tonnerre, Marguerite de Bourgogne, belle-sœur de saint Louis, marcha sur les traces de ce modèle des rois. Là, vers 1298, peu de temps avant sa mort, elle éleva un spacieux asile des pauvres. C'est une longue et large nef : un vestibule bien distinct la précède au

couchant. A l'orient, une travée voûtée en trois compartiments dépose ses nervures et ses arcs-doubleaux sur deux colonnettes de retombée. Au delà une abside polygonale de moitié moins de largeur, également à voûtes d'arêtes, devait recevoir l'autel sous la grande arcade ou mieux encore en avant près d'un tombeau placé dans l'axe. Une charpente apparente avec son lambris ogival en bois achevait de donner à cette salle l'aspect d'une église. Le rapprochement des douleurs humaines et du sacrifice divin portait avec lui un enseignement de profonde moralité. Nous le retrouverons encore tout à l'heure.

A Gand, l'Ile de France avait visiblement porté son influence : l'époque la plus organique, la plus féconde du moyen âge y a laissé un de ses meilleurs produits. La Biloque fut le joyau qu'elle destina aux indigents de cette capitale. L'hôpital de ce singulier nom nous présente comme deux églises parallèles entre elles avec leurs pignons occidentaux en façade. Une pensée nous vient en ce moment : les temples, les hospices et les granges se présentent presque partout de la même façon, en observant aussi l'orientation consacrée par l'usage. Les édifices de la foi, de la charité et de l'espérance auraient-ils eu entre eux une connexité d'intention bien arrêtée par leurs auteurs? Il régnait alors une telle unité de doctrine et de croyance, que les arts, et le plus pratique de tous, en durent recevoir un retentissement marqué. Il y avait de la théologie comme de la poésie dans la pierre, et tout génie allait chercher ses inspirations à leur véritable source.

La vie de l'âme et la vie du corps se seraient identifiées pour ainsi dire dans une seule et même forme, et aujourd'hui les trois espèces de vaisseaux élevés pour les besoins spirituels et corporels se pourraient suppléer les uns les autres sans effort. L'instinct populaire est une lumière en cette occasion pour nous; partout il voit une église où il rencontre l'aspect grave et orné des objets dont nous signalons seulement les traits les plus importants. Si l'on examine la mâle ordonnance de l'entrée de la Biloque, on est frappé du plus grand nombre de jours qui s'y trouvent superposés en quatre rangs pour un seul étage. A la chapelle attenante, deux seules baies existent au-dessus l'une de l'autre, parce qu'elles ont un bien moindre espace à éclairer. L'irrégularité qui résulte des percements n'a rien de choquant pour l'œil; on comprend qu'il en doit être ainsi par la différence des services. Nous avons encore reproduit l'extrémité d'un autre bâtiment dépendant de la Biloque; il est postérieur à celle-ci de plus de cinquante ans, comme on le peut voir surtout aux ornements du pignon. Une annexe de cette importance pouvait être un réfectoire dans un établissement d'une si grande étendue.

Quelle symétrie parfaite nous allons rencontrer au contraire dans un autre modèle emprunté à l'Allemagne. Il est vrai que nous changeons à la fois de pays et de siècle, et de plus nous nous éloignons du vrai point de départ de l'architecture gothique, à savoir le nord de notre belle France. Lubeck renferme l'exemple que nous venons d'indiquer. Nous donnons le plan de son hôpital et son élévation antérieure. Nous devons à M. King la communication de l'un et de l'autre. Grâce à un échange de bons procédés, nous avons été mis en possession du plus complet et du plus remarquable spécimen de ce genre d'établissement. La façade d'entrée de cette grande maison des pauvres est parfaitement régulière ou symétrique. La partie droite et la gauche se ressemblent comme les deux moitiés du corps humain, et au milieu même de ce vestibule qui prend tous les caractères d'un sanctuaire, s'élève le clocher qui domine tourelles et clochetons placés aux angles des collatéraux de ce porche sacré.

En effet, ce que nous venons d'indiquer n'est rien moins que l'église des habitants de l'immense asile. Le lieu saint, avec ses trois autels placés sur la même ligne sous le lambris de la plus grande nef, sert de passage pour aller à la salle qui réunit trois longues rangées de lits. Avant de pénétrer jusqu'aux pauvres, il faut se prosterner aux pieds de leur maître qui les aima tant. Pour atteindre à la charité, il faut passer par la foi : idée touchante de cet arrangement unique jusqu'ici pour nous; comme si l'on avait voulu exprimer par là que la seconde des vertus théologales ne peut exister sans la première. Voilà le dogme chrétien dans toute sa rigueur; le voilà tel qu'il est exprimé en briques et en pierres artistement rassemblées. Admirons encore la position relative de l'autel, pivot moral de ce magnifique ensemble. Si l'officiant regarde l'orient, il a sous ses yeux les longues séries de malades sur leurs couches, comme le pape domine les fidèles dans la basilique de Saint-Pierre; s'il est dirigé vers l'occident, il préside dans ses augustes fonctions les assistants venus du dehors. Le sacrificateur et le juge se confondent toujours dans la place qu'il occupe. De l'assemblée dont il est entouré, il en est constamment une part qu'il peut voir et gouverner de son regard souverain. L'architecte a-t-il voulu remplir de la sorte une prescription liturgique ; on le dirait, en voyant tout ce qu'il se rencontre en ce point de conformité aux règles anciennement observées.

Au XVe siècle Bourges va s'emparer de cette même pensée. Lit de douleur des hommes et lit des souffrances divines dans le sacrifice eucharistique, vont se trouver adossés l'un à l'autre. Par un autre sentiment de respect, on n'entrera plus dans le sanctuaire pour porter ses pas plus loin. Le plan qui fait le pendant de celui de Lubeck dans notre gravure montre un dessin faiblement modifié ; mais la chapelle qui est la grande salle prolongée s'en distingue par ses belles voûtes d'arête en pierre. Au-dessous de lui nous voyons le pignon oriental accompagné d'une tourelle d'angle : des arrachements maintenus dans toute la hauteur de celle-ci annoncent l'intention de prolonger le bâtiment par-dessus la porte en style de la Renaissance, qui s'ouvre au delà. On aperçoit aisément que toutes les constructions sont du même temps ; mais pour celles qui étaient destinées à Dieu, on avait voulu conserver l'ancien mode de bâtir. Il faut du passé et de l'avenir dans l'expression la plus propre à rendre l'idée de l'éternité.

Nous terminerons notre revue générale des hôpitaux par deux plans de ces établissements conçus d'après des vues bien différentes de celles que nous venons d'exposer. L'hôpital de Cues, dans la Prusse rhénane, se présente avec un tout autre développement à notre examen. C'est un cloître autour duquel s'ouvrent de vastes salles de malades. A l'extrémité de l'une des galeries est la chapelle, qui se fait remarquer par une abside polygonale de moindre diamètre que le corps de la nef, où l'on voit une colonne centrale recevoir toutes les nervures de sa voûte. Galeries, corridors, cours, salles, chambre, édifice distinct pour le culte, tout annonce que nous nous approchons des exigences de nos besoins modernes. C'est en 1450 que cette fondation, ainsi divisée et parcellée, fut conçue et arrêtée par le cardinal Nicolas, évêque de Brixen. Six prêtres, six nobles et vingt et un pauvres du peuple devaient être les seuls hôtes de cet hospice. Les conditions d'admission se rattachaient à la plus sévère moralité pour participer à la généreuse munificence du bienfaiteur. Nous ne savons si elles peuvent encore être observées : nos révolutions les auront peut-être atteintes.

Enfin Orléans sera notre dernière station dans ce long parcours de monuments à travers les limites de temps et d'espace où nous nous sommes renfermés. L'Hôtel-Dieu de cette ville fut fondé vers le XIIe siècle, au nord de sa cathédrale. Il fut presque en entier reconstruit en 1513. Sa belle salle de Saint-Lazare, dont le vocable nous rappellerait presque une autre destination que celle d'un Hôtel-Dieu proprement dit, était citée pour ses magnifiques proportions. Une cave voûtée en formait le soubassement dans toute sa longueur, qui atteignait cent cinquante pieds. Gabriel refit l'église de cet important asile en 1728 : nous devons regretter cette œuvre d'un maître qui étudiait encore et mûrissait ses projets. Toutes les pièces de service se déroulaient alentour d'un préau planté d'arbres. Le vandalisme municipal a renversé ce curieux édifice ; il n'en reste plus que six ou huit fûts de colonnes déposés au musée communal, autre débris arraché au même génie de destruction. Une promenade sans agrément et sans utilité occupe l'emplacement où tant de générations ont obtenu sinon guérison, au moins soulagement à leurs souffrances. On a profané sans remords une terre consacrée par les douleurs humaines et les soins pieux apportés à leur allégement : triste signe de déchéance morale pour nous. S'il nous était permis d'espérer qu'en le maudissant nous ferions rentrer en lui-même cet esprit de vertige et de renversement, avec quelle justice empressée nous le couvririons de notre réprobation. Mais laissons à l'avenir notre vengeance : elle ne tardera pas.

PALAIS DE JUSTICE

Il ne paraît pas que les rois et les grands seigneurs féodaux aient fait construire, dans les premiers siècles du moyen âge, des édifices spéciaux consacrés aux débats judiciaires : les choses se passaient avec une grande simplicité à cette époque, les seigneurs ou leurs délégués jugeaient les vassaux soit en plein air, soit dans les grandes halles, accompagnement nécessaire de tous les châteaux du moyen âge : nous connaissons un seul exemple fort ancien d'une salle construite pour servir de tribunal, et encore ne pourrions-nous rien affirmer d'une manière positive de la destination première de l'édifice. Nous voulons parler d'une construction de la fin du xie siècle placée dans l'enceinte du château de Caen, et que plusieurs archéologues normands pensent avoir été la salle de justice des ducs de Normandie. En plan c'est un quadrilatère flanqué de contre-forts plats et percé latéralement de fenêtres cintrées à colonnettes d'encadrement ; dans le pignon s'ouvre une porte en plein-cintre et au-dessus une fenêtre de même forme : l'intérieur de cette ancienne construction sert actuellement de dépôt pour les projectiles d'artillerie, et il est presque impossible d'y pénétrer. M. Bouet, qui a pu le visiter, pense que c'était là l'échiquier des anciens ducs, et non pas une chapelle comme on l'avait cru pendant longtemps.

Dès les commencements de l'histoire de Paris, il est question d'une vieille tour ou forteresse, située dans l'île de la Seine, probablement sur l'emplacement du Palais de Justice actuel. Cette forteresse, habitée par sainte Clotilde, fut aussi la résidence des comtes de Paris, et le fondateur de la troisième race y mourut en 996. Robert, son fils, ne put se contenter de la modeste demeure de ses pères ; il conçut l'idée de la remplacer par un palais qui fut inauguré le jour de Pâques dans un festin somptueux. Les successeurs de Robert demeurèrent presque toujours au palais jusqu'au xive siècle ; Louis le Gros, Philippe-Auguste y résidèrent pendant leurs séjours à Paris. A l'intérieur, l'aspect du palais à cette époque était simple et sévère : peu de meubles, peu de décoration, sur les dalles qui formaient le sol des diverses pièces on étendait une couche de paille, quelquefois des fleurs, les jours de grandes fêtes, usage qui se conserva jusqu'au xvie siècle. « Pour le salut de notre âme « et celles de nos pères, et dans des vues de piété, nous accordons pour l'usage

« des pauvres demeurant à la maison de Dieu de Paris, située devant l'église
« de Notre-Dame, toute la paille de notre chambre et de notre maison de
« Paris toutes les fois que nous quitterons cette ville pour aller coucher
« ailleurs. »

Après Philippe-Auguste nous rencontrons saint Louis au Palais de Justice.
« Je le vis aulcunes fois en esté, raconte Joinville, que pour délivrer la gent,
« il venoit au jardin de Paris, une cotte de camelot vestu, un surcot de
« tiretaine sans manches, un manteau de cendal noir (taffetas) autour son col,
« moult bien peigné et sans coiffe, et un chapel de paon blanc sur sa teste,
« et faisoit estendre tapis pour nous seoir entour ly, et tout le peuple qui
« avoit affaire par devant ly estoit autour ly et lors il les faisoit délivrer en
« la manière que je vous ay dy devant du bois de Vincennes. » Le saint roi
rendait la justice dans le jardin de la Cité, sur l'emplacement qu'occupent
aujourd'hui la cour de Lamoignon et la cour Neuve. Un bras du fleuve le séparait de deux petites îles, sur lesquelles on a construit depuis la place Dauphine et le terre-plein du Pont-Neuf. Ce jardin était entouré de haies couvertes, de treilles enlacées en losange et formant des pavillons et des tourelles
de distance en distance; au centre étaient des vignes, des jardins, des pâturages, où on récoltait le vin, les légumes de la table du roi et le foin des
écuries; avec saint Louis, le palais devint en même temps que la demeure
du roi, le centre de l'administration de la justice.

Philippe le Bel régla les assises du parlement, lui donna des attributions
déterminées et le rendit sédentaire; il décida qu'il y aurait deux sessions par
année, et dès 1316 les assises devinrent permanentes. « Iceluy roi Philippe,
lisons-nous dans les grandes chroniques de France, fit faire en son vivant le
palais à Paris et le Montfaucon, et en eust la charge messire Enguerrand de
Marigny. » Ce fut aussi au palais que se réunirent en 1308 les seconds États généraux du royaume. Serait-ce là le commencement de la désaffection de ses
maîtres? Charles V est le premier roi qui s'éloigna du palais et fixa sa résidence
hors des murs de la ville à l'hôtel Saint-Paul et au Louvre; il ne pouvait
oublier sa captivité au palais, pendant l'émeute de Paris, et la sanglante audace
du prévôt Marcel venant égorger sous ses yeux ses conseillers Regnauld
d'Acy et Jean de Conflans, maréchal de France.

Charles VII, Louis XI et Charles VIII résidèrent fort peu à Paris; lorsqu'ils y venaient, ils allaient presque toujours loger au palais des Tournelles,
agrandi par les soins du duc de Bedford, régent de France sous la domination
anglaise. Louis XII, au contraire, grand ami de la justice, vint habiter au milieu
de ceux qui la rendaient en son nom; il se plaisait au parlement et s'y confondait avec les juges pour entendre les plaidoiries des avocats en renom; la
grande chambre, qui était restée simple et nue jusque-là, fut décorée par lui

avec la plus grande splendeur; on ne l'appela plus que la chambre dorée. Louis XII ne se borna pas à des restaurations, il fit construire comme annexe un riche palais pour la cour des comptes, sur les dessins du célèbre dominicain Fra Giocondo. Ce palais où l'ogive apparaissait encore à côté du plein cintre fut détruit par l'incendie de 1737. François Ier abandonna la cité pour les charmantes résidences de Fontainebleau, de Chambord et de Madrid au bois de Boulogne; on laissa au palais l'honneur des pompes solennelles, des festins royaux, on y reçut les ambassadeurs, on y tint les lits de justice, mais les rois et leur cour cessèrent d'y résider.

Le palais était entouré de rues étroites qui ne laissaient pénétrer un peu d'air et de jour que du côté du jardin de saint Louis; les bâtiments qui formaient son enceinte étaient flanqués de tourelles à toits coniques, dont quelques-unes existent encore sur le quai de l'Horloge. Il y avait la tour de Beauvais, la tour des Joyaux, la tour de la Question, la tour Carrée, et plusieurs autres. Dans la tour Carrée Charles V plaça en 1370 une horloge, la plus considérable qu'on ait vue jusque-là à Paris; le tocsin était placé dans la lanterne de cette tour. Dès le XIVe siècle la prison du palais s'appelait la Conciergerie; tout auprès on voyait les cuisines de saint Louis, et au-dessus se trouvait la grande salle construite à la même époque, et qui à la suite d'un incendie fut rebâtie dans sa forme actuelle par Jacques de Brosses, sous le règne de Louis XIII. C'est toujours, comme au XIIIe siècle, une vaste pièce divisée en deux nefs par une rangée de piliers, mais on n'y retrouve plus la table de marbre qui en occupait l'extrémité occidentale, et sur laquelle les rois seuls pouvaient dîner : elle a été détruite par l'incendie; les voûtes, ainsi que les massifs piliers du XVIIe siècle, sont loin de donner l'idée de ce qu'était la salle de saint Louis avec ses lambris ouvragés, ses colonnes peintes d'azur et d'or et ses statues de rois suspendues à des piles élégantes.

Après le palais de Paris, aujourd'hui si différent de ce qu'il était au moyen âge, un des plus remarquables édifices bâtis pour y rendre la justice est sans contredit le palais de Rouen. Nous laisserons de côté les parties modernes qui viennent d'être construites il y a quelques années, pour nous occuper seulement de l'édifice du XVIe siècle. Sur deux des faces d'une cour quadrilatérale s'élèvent ces constructions à toits rapides décorés de lucarnes d'un travail remarquable; à droite, présentant son pignon sur rue, se trouve une pièce immense qu'on appelle la Salle des Procureurs; quatre escaliers octogonaux flanquent ses angles; elle est éclairée par des fenêtres carrées à meneaux crucifères et par de riches lucarnes qui font pénétration dans la voûte ogivale en bois qui la recouvre. Cette voûte est d'une grande hardiesse, sans poinçons ni entraits. Cette vaste salle[1], construite six années avant le palais de justice, lui

---

[1]. Voir les *Antiquités de la Normandie*, par Pugin.

fut plus tard annexée. L'opinion commune en fait une bourse de commerce, transformée ensuite en salle des pas perdus.

Les bâtiments exposés au midi et formant retour d'équerre, sont d'une grande richesse; nulle part à cette époque, si prodigue cependant de décoration sculptée, on ne trouve des lucarnes plus riches et de meilleur goût, des ornements plus fins et plus délicats. Une tourelle d'une forme charmante occupe le milieu de l'ancienne façade : elle attient à une vaste pièce où se réunissait autrefois le parlement; cette salle, devenue la cour d'assises, avec son magnifique plafond à compartiments de chêne sculptés et dorés, est un des plus beaux exemples de décoration intérieure que nous possédions. Le palais de Rouen est sans contredit le monument le plus important qu'on ait construit en France pour l'usage exclusif de la justice ; mais dans presque toutes les demeures des ducs ou des comtes, à Dijon, à Lille, à Poitiers, il y avait de grandes salles servant probablement à divers usages, et dans lesquelles on rendait aussi la justice. Nous pourrions encore citer en France le tribunal d'Espallion; celui qu'on voyait à Moulins non loin du château des ducs, et le palais de justice de Perpignan [1], fort belle construction de style aragonais du XVe siècle. Peut-être ce dernier édifice n'a-t-il été approprié qu'après coup à l'usage de la justice ; il nous semble avoir été construit dans l'origine pour servir d'habitation à quelque riche marchand de Perpignan.

Les palais de justice, par leur titre même, rappellent immédiatement à l'esprit une émanation même de la souveraineté. Le palais, dans l'ordre des édifices civils, est, selon le sens le plus généralement accepté, le siége du pouvoir suprême. Qu'est-il dès lors de plus simple que de voir les tribunaux les plus élevés dans la hiérarchie s'abriter sous cette dénomination dont le souvenir exprime tout à la fois la crainte et la vénération. Les hautes magistratures ont toujours eu besoin, pour soutenir leur éclat, de s'entourer de quelques reflets de la majesté d'où elles découlent comme de leur source. C'est pour cela que notre langue, la plus exacte dans ses termes les plus usuels, n'a pas désigné d'un autre nom que celui de l'habitation des rois les lieux où elles rendent leurs solennelles sentences. En France, la royauté, l'autorité religieuse dans ses chefs les plus élevés, et la justice dans ses premiers juges, ont eu seules le privilége de siéger dans des palais. Nul autre pays n'a mieux tranché les délimitations sociales par le choix des noms qu'il leur a imposés; nul n'a mieux caractérisé les asiles d'où rayonnent les trois plus grandes manifestations de la Divinité sur la terre. Et tous les peuples de l'Europe ont abandonné la basilique, ancien temple de la justice, au culte du Dieu des chrétiens, parce que le Dieu des chrétiens devait être le maître de toutes les justices de ce monde.

[1]. Voir M. Taylor, *Voyage pittoresque dans le Languedoc.*

PRISONS, PILORIS ET GIBETS

Les prisons sont une dépendance nécessaire des tribunaux ou prétoires, quelque soit leur degré hiérarchique, depuis la simple police de la commune jusqu'au siége de la plus haute magistrature. Les forces coercitives de la justice étaient aussi disséminées au moyen âge que les juridictions distributives de ses arrêts. Chaque grand justicier avait ses prévôts, ses archers, ses geôliers et ses bourreaux. Le suzerain réservait les souterrains de son château pour servir de lieu de détention à ses justiciables. On montre encore dans maintes forteresses féodales des caves creusées à plusieurs étages, que le peuple, à cause de leur profondeur sous le sol, continue d'appeler des oubliettes. Les chapitres, les abbayes avaient de leur côté leurs réduits de répression, soit près de leurs cloîtres, soit comme à Cluny, dans l'une des tours de l'église du monastère. A Sens on voit encore une geôle de l'officialité surmontée d'une chambre d'où la surveillance pouvait s'exercer sur les reclus à leur insu. Les évêques, à plus forte raison, partageaient les mêmes priviléges. Il n'est donc pas surprenant qu'une telle diffusion du pouvoir judiciaire nous ait peu laissé des bâtiments réservés à la répression des coupables. Jusqu'à ce que la royauté ait concentré dans ses mains l'autorité que tant d'orgueilleux vassaux usurpaient de toutes parts, jusqu'à ce qu'elle ait détruit les prérogatives judiciaires que tous les pouvoirs s'attribuaient sans jamais en déterminer les limites pour en maintenir mieux l'extension, jusque-là il n'y avait point, comme de nos jours, d'établissements publics où les criminels fussent rassemblés pour payer à la société la dette de leur expiation.

Les piloris et les gibets étaient deux autres nécessités qui découlaient de l'organisation sociale de ces temps. Lieux d'exposition et de supplice des condamnés, ils viennent se placer naturellement au rang que nous leur donnons à la suite des édifices où les juges prononçaient et faisaient exécuter leurs sentences. Le premier n'était autre que le poteau d'infamie de notre langage figuré : le vulgaire en avait fait le carcan, qui a disparu récemment devant nos notions affaiblies du bien et du mal. L'historien des *Antiquités de Paris*, Sauval, paraît confondre dans ses descriptions les deux moyens de châtiment. Il nous dit que le pilori consistait en une potence au milieu d'une cour, accompagnée d'une écurie et d'un hangar où l'on gardait la nuit le corps des suppliciés avant de les porter à Montfaucon ; ce qui semblerait indiquer qu'exposer les malfaiteurs pour l'exemple et les supplicier se pratiquait dans la même enceinte. Deux objets si distincts pouvaient bien se trouver réunis suivant les circonstances. Mais il est certain que ces deux grands actes de la justice humaine s'accomplissaient ordinairement en des lieux séparés. L'étymologie [1] qu'il entreprend de nous donner à la même occasion ne nous paraît pas plus heureuse que l'explication où il est entré à ce sujet.

Dans presque toutes les villes il existait des instruments de ce genre de punition publique. Un des plus anciens nous a été conservé dans une gravure de la Topographie de France : on le voyait jadis sur la grande place de Beauvais, vis-à-vis de l'hôtel de ville, d'où il relevait sans doute pour l'exercice de ses droits juridiques. Il se composait d'une construction de forme octogonale à trois étages en retraite les uns sur les autres, couronnés d'une flèche assez élancée et couverte en ardoises; ces ressauts, qu'étaient-ils? nous n'en saisissons pas bien l'utilité. Après le saisissant spectacle donné à la foule pour son enseignement, n'allait-on pas plus loin, hors les murs, dans un endroit appelé précisément encore la justice, achever le sacrifice des vies réprouvées par la société? C'est du moins de cette manière que les faits s'accomplissaient à Compiègne, à Soissons, à Fribourg, en Saxe, partout enfin où s'exerçait souverainement le droit de vie et de mort. Partout l'effusion du sang se dérobait aux regards des cités, et n'avait pour témoin que des campagnes plus ou moins éloignées. Toutefois, par un singulier renversement d'idées, le pilori était exclusivement attribué à la justice royale; c'est que l'honneur était le suprême bien de ce monde, et l'exposition publique le tuait. L'opinion a plus tard changé les rôles, et si la roue devint la prérogative de nos rois, en revanche toutes justices particulières, seigneuriales, épiscopales, abbatiales, à qui ont été si longtemps réservés les échelles et les gibets, se sont peu à peu affaissées et anéanties devant la majesté du pouvoir central.

Le plus fameux des gibets de Paris, et ils étaient en grand nombre parmi tant d'institutions religieuses presque souveraines, celui de Montfaucon, a le plus longtemps retenti dans l'imagination du peuple. Il était situé sur une éminence entre Montmartre et la forêt de Bondy, et se composait fondamentalement d'une masse de pierre haute de deux à trois toises, longue du double, et un peu moins large. Sur la plate-forme s'élevaient deux files de piliers composés chacun de trente-deux ou trente-trois assises de pierres rustiques. Pour joindre ces piles, on avait enclavé dans leurs chaperons deux gros liens de bois qui traversaient de l'une à l'autre avec des chaînes de fer d'espace en espace. Comme on le voit, cet appareil était disposé de façon à recevoir plusieurs criminels ensemble. Au milieu du massif de maçonnerie, on avait disposé une

[1]. Suivant Sauval le mot de pilori est une corruption de puits de Lori, *puteus dictus Lort*, ainsi que nous le voyons appelé dans un contrat de la fin du XII siècle.

cave où l'on jetait les corps des suppliciés. Il ne reste pas vestige aujourd'hui de ce grand charnier, qu'étrenna peut-être un ministre d'un roi de France, Enguerrand de Marigny. La halle, la maison des marchands, les abbayes de Sainte-Geneviève et de Saint-Germain-des-Prés, les prieurés de Saint-Martin et de Saint-Éloi, le chapitre de Notre-Dame, l'évêché de Paris, ont eu de pareils tréteaux à leur service; étaient-ils donc moins inhumains? le souvenir ne s'en est pas gardé comme celui de Montfaucon.

Mais citons encore deux potences patibulaires bien propres à retracer les mœurs simples et franches de nos pères. La première est le gibet dit des *quatre pucelles*, nom singulier qui l'honore, comme nous allons voir. On dit que quatre pieux dressés sur de rudes stilobates pour quatre suspensions simultanées sont restés sans usage depuis leur création : ils devraient l'appellation populaire que nous venons de rappeler à cette heureuse circonstance. Réduit à d'abrupts rudiments, cet instrument de supplice se voit encore aujourd'hui sur les terres de l'ancienne et illustre famille des ducs de Luynes, entre Dampierre et les Vaux de Cernay. Les seigneurs de Chevreuse auraient relégué à une lieue environ de leur demeure, suivant la coutume, le théâtre de leur clémente justice. Des quatre pucelles dont on n'a plus que les pieds, l'une, plus maltraitée encore que les autres, manque à l'appel de l'antiquaire. Si notre voix pouvait parvenir jusqu'aux descendants des hauts justiciers de ces domaines, nous leur demanderions, sans craindre le retour du régime féodal, la conservation des sœurs jumelles qui sont restées debout. Les témoins de nos vieilles pénalités sont de plus en plus rares parmi nous; sachons garder ceux qui sont venus jusqu'à nous dans leur délabrement, et respectons-les comme les ossements d'une société qui n'est plus.

Un autre trait de mœurs des anciens jours vient en ce moment raviver nos souvenirs d'enfance. Entre Marolles et Courgains, dans le Maine, près de la Normandie, s'élève un monticule au bord du ruisseau de la Malherbe. Un orme peu vivace le couronne de son ombre. Seul au sommet de la côte, l'arbre séculaire appelle les regards. On dit qu'un jour une truie fut pendue, sinon à son tronc, du moins à l'endroit qu'il occupe. L'animal immonde aurait dévoré un enfant d'un hameau contigu, et nul n'aurait osé garder la vorace bête ni manger sa chair impure. Elle fut immolée, après jugement en forme, sur cette cime qui domine toute la contrée, et il n'est pas de mère qui ne raconte le tragique événement en allant à un pèlerinage voisin, faisant de son récit un hommage à la justice de nos ancêtres. Depuis le jour néfaste où périt une innocente créature ainsi vengée, le point culminant de l'ormeau aurait retenu le nom de Gibet à la truie. C'est ainsi qu'on l'appelle toujours, et bien que les jugements de ce genre, fréquents au moyen âge, aient disparu pour jamais, le fait juridique dont nous venons de parler n'en subsistera pas moins dans la dénomination locale comme un témoignage du prix attaché à la vie de l'homme et de l'horreur inspirée par sa destruction. Élever piloris et gibets était travail facile : des poutres verticales en terre, avec quelques traverses, suffisaient. Les hauteurs étaient toujours préférées pour ces tristes œuvres, et celle qui domine le vieux Saonnois, où se sont battus tant de puissants barons, avait bien pu voir exécuter des milliers d'arrêts avant celui dont elle a reçu l'empreinte ineffaçable.

UNIVERSITÉS, COLLÉGES, ÉCOLES

Sous la première et la seconde race de nos rois et même beaucoup plus tard encore, la culture des belles-lettres était confinée dans les monastères. Pour ne citer qu'un de ces grands centres d'études entre tous, à Sainte-Geneviève, à Saint-Germain-des-Prés, à Saint-Germain-l'Auxerrois, de jeunes religieux s'appliquaient exclusivement à défricher ce vaste champ ouvert à leur zèle. Cependant dès cette époque il y avait aussi des maîtres sortis peut-être des cloîtres, des régents libres qui tenaient école en différents endroits de la capitale, et spécialement dans un grand édifice bâti pour cet usage. Ce local tenant lieu de nos amphithéâtres modernes dépendait à la fois de l'Hôtel-Dieu et du palais épiscopal. Nous voyons par le grand pastoral que cette coutume d'enseigner dans les églises cathédrales ou près d'elles existait déjà du temps de Charlemagne. Sous le règne de ce grand prince, un chanoine de Notre-Dame était déjà revêtu de la dignité de chancelier de l'Université, et l'on voit par les chroniques que ce titre précéda de longtemps la création de l'Université de Paris proprement dite. C'est donc à tort qu'on a regardé le fils de Pepin comme le fondateur de cette institution. La pensée créatrice et la gloire de l'avoir réalisée d'abord reviennent au chapitre de Notre-Dame : ses membres furent les premiers à s'occuper de l'enseignement public, et ils en conservèrent presque seuls la direction jusqu'au xii° siècle.

Nous voyons à cette époque sous le règne de Louis VII des professeurs laïques distingués s'occuper de l'enseignement littéraire et attirer autour d'eux un grand nombre de jeunes gens studieux. La foule des écoliers devint bientôt si considérable que ceux qui faisaient leurs humanités ou étudiaient la philosophie durent aller à Saint-Julien-le-Pauvre, et de là à Saint-Victor, sous la conduite de Guillaume de Champeaux et d'Abailard. Plusieurs historiens prétendent qu'il n'y eut pas de collége fondé avant le règne de saint Louis, et cependant nous lisons dans la vie de Philippe-Auguste par Rigord, que dix mille écoliers étaient dispersés à cette époque dans les différents quartiers de Paris. La pensée de donner asile à tant de jeunes étudiants, vint pour la première fois à Robert de Douay, sous le règne de saint Louis; mais ce fut Robert Sorbon son exécuteur testamentaire qui eut la gloire de donner son nom au premier collége fondé à Paris sur la montagne Sainte-Geneviève et qui s'appela la Sorbonne. Peu de temps après, on fonda successivement les colléges de Calvi, de Prémontré, de Clugni, des Trésoriers; et sous les successeurs immédiats de ce prince, nous voyons l'ensemble de ces établissements d'instruction porter le nom d'Université. Ce nom fut donné pour la première fois aux principaux centres d'étude par le pape Innocent III, et depuis on s'en est toujours servi pour désigner la réunion des écoles et colléges des grandes villes de la chrétienté.

Les colléges étaient des fondations pieuses destinées dans l'origine à recevoir les étudiants pauvres de la ville ou de la province du fondateur. Le nombre de ces étudiants variait extrêmement; il y avait des colléges pour six élèves; d'autres en renfermaient jusqu'à soixante-dix comme le collége de Navarre, le plus grand de toute l'université. Fondé en 1304 par Jeanne, reine de France, femme de Philippe le Bel, il pouvait contenir vingt théologiens, trente philosophes, vingt grammairiens. Son entrée monumentale était décorée des deux statues de ses fondateurs. Parmi les colléges les plus célèbres, nous signalerons celui de Cluny, fondé en 1269 par Yves de Vergi, abbé de Cluny, pour les religieux de son ordre qui venaient étudier à Paris: c'est le seul des anciens colléges de Paris dont nous ayons pu nous procurer le plan au cabinet des estampes; il était placé entre la rue de la Harpe, la place de la Sorbonne, le passage des Jacobins et la rue qui longe l'église de la Sorbonne.

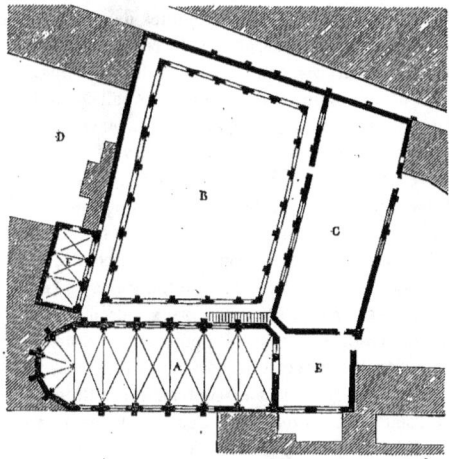

L'entrée se trouvait rue de la Harpe à l'angle du passage des Jacobins; on pénétrait d'abord dans une cour irrégulière bordée de bâtiments en partie modernes ; à l'époque où fut levé le plan déposé au département et que nous reproduisons ici, il n'existait plus des constructions primitives, que le cloître B, la chapelle A et un grand bâtiment C occupé par une vaste salle. Une deuxième cour D à l'orient du préau était entourée de constructions plus modernes, élevées sans doute à la place d'anciennes dépendances telles que le réfectoire, les cuisines, les dortoirs. Un vestibule E précédait la chapelle ; une pièce voûtée F de trois travées d'étendue communiquait avec le cloître : nous n'en connaissons pas la destination précise ; elle servait peut-être de chapitre. La chapelle, une moitié du cloître, le chapitre et la bibliothèque, sont dus à Yves de Chassant, neveu du fondateur. Il y a peu d'années seulement, les habitants de Paris ont vu détruire la chapelle, dernier débris de ce célèbre collége : elle avait été transformée sous l'empire en atelier de peinture, et toute la génération de cette époque a pu y visiter le couronnement de Napoléon Ier, remarquable tableau de David aujourd'hui au musée de Versailles.

Nous rappellerons encore le collége du trésorier de Notre-Dame fondé en 1269, rue de la Harpe, par Guillaume de Saona, trésorier de Notre-Dame de Rouen ; le collége d'Harcourt, fondé en 1280, par Raoul d'Harcourt, dignitaire des quatre diocèses de Paris, Coutances, Bayeux et Rouen, et destiné aux pauvres écoliers de ces quatre diocèses ; le collége Montaigu de 1314, le collége de Narbonne, fondé en 1317, par Bernard de Farges, évêque de Narbonne ; le collége Duplessis et de Marmoutiers, qui recevait les moines de cette abbaye lorsqu'ils venaient à Paris ; le collége de Bourgogne ; le collége des Lombards de 1332, destiné par trois seigneurs italiens à recevoir leurs compatriotes pauvres ; le collége de Tours, un des moins considérables ; le collége de Lisieux de 1336 et le collége d'Autun de 1341 avec principal, proviseur, chapelain et quinze boursiers. Indépendamment des colléges, il y avait aussi à Paris des écoles publiques en grand nombre ; nous avons déjà signalé celle des quatre nations, rue de Fouare, où se faisaient des leçons de logique, de physique et de métaphysique. L'école de droit fut bâtie en 1415 au-dessus du collége de Beauvais, sous le titre d'écoles doctorales, grandes premières et secondes écoles de décrets. L'école de médecine, rue de la Bûcherie, fut fondée en 1472.

De tous ces colléges si riches et si nombreux autrefois, il ne nous reste plus aujourd'hui que des vestiges sans intérêt ; pour donner à nos lecteurs l'idée d'un collége au moyen âge, nous avons dû porter nos recherches en province, dans les villes qui étaient des centres d'enseignement à cette époque de notre histoire : Caen et Toulouse nous ont offert deux exemples fort différents l'un de l'autre, mais intéressants tous les deux à divers titres. Le collége du mont Saint-Michel à Caen est une construction du XIVe siècle fort irrégulière, mais d'un aspect pittoresque ; c'est là que les moines du mont Saint-Michel venaient étudier les lettres et les sciences dans cette seconde capitale de la Normandie. L'espace étant fort restreint, le nombre des élèves qu'ils envoyaient à leur collége de Caen a toujours dû être fort peu considérable. Le rez-de-chaussée est occupé par deux pièces d'une assez grande dimension servant probablement de salles d'études ou de classes : à gauche, deux portes s'ouvrent sur la rue; la plus grande n'existe plus aujourd'hui, elle a été obstruée, mais on distingue facilement la forme de son arc : nous avons supposé que c'était une arcade par laquelle les voitures passaient pour entrer de la rue dans la cour du collége. L'ouverture voisine est d'une bien plus petite proportion; elle pouvait conduire à un petit vestibule qui précédait les classes.

Au-dessus de ces portes se trouvent deux étages. L'inférieur a une ouverture carrée; celui qui est au-dessus, présente deux petites ouvertures ogivales avec des appuis sculptés d'un beau profil; c'était là la chapelle, et il était difficile de mieux indiquer la destination de cette partie de l'édifice; les fenêtres ogivales, la richesse des moulures et de l'ornementation ne peuvent laisser aucun doute. M. Bouet peintre à Caen, a dessiné cette chapelle et il a bien voulu nous en prêter les croquis; nous lui devons également le petit plan que nous donnons sur notre planche. On y remarquera deux escaliers circulaires d'inégale dimension, un cabinet retiré placé à l'angle droit et caché derrière un contre-fort, et la disposition de la chapelle avec sa piscine, ses petits contre-forts intérieurs sur lesquels retombent des arcs surbaissés, et son autel placé au-dessous d'une fenêtre percée dans le pignon.

Nous avons réuni au collége du mont Saint-Michel à Caen, celui de Saint-Raymond à Toulouse, grande construction à deux étages d'un aspect imposant. Le rez-de-chaussée est éclairé par cinq petites fenêtres carrées à encadrement de pierre; à l'étage principal s'ouvrent six fenêtres à meneaux crucifères; deux tourelles en encorbellement flanquent les angles, et des créneaux supportés par des modillons couronnent cette façade en lui donnant l'aspect d'une construction militaire. Le rez-de-chaussée paraît avoir été destiné aux classes, et l'étage supérieur contenait probablement les dortoirs. Des dépendances aujourd'hui détruites existaient autrefois dans une cour attenante à l'édifice, à l'opposé de la place Saint-Cernin.

Ne trouvant pas en France de collége complet, nous avons dû nous contenter de recueillir les fragments que nous avons trouvés çà et là; à ce titre, la salle des Thèses de l'université d'Orléans, intéressera, nous le pensons, nos lecteurs. Le dessin que nous en donnons nous dispensera d'une longue description. C'est une pièce carrée divisée en deux nefs par trois colonnes octogones sans chapiteau, de la plus élégante proportion. Un saint Jean-Baptiste avec son agneau et une banderole, des docteurs tenant des livres ouverts ou fermés, et d'autres personnages d'un beau travail reçoivent le long des murs latéraux les nervures de la voûte. La salle repose sur un étage en soubassement, et on y accède par un escalier extérieur en bois placé sur la face qui regarde la rue. C'était là que les professeurs de l'université d'Orléans se réunissaient pour la discussion des thèses du doctorat. Sans doute à l'époque de sa fondation au xv° siècle cette construction n'était pas isolée comme aujourd'hui, elle devait être entourée d'autres bâtiments destinés aux élèves ou aux professeurs; mais il n'en reste plus aucune trace aujourd'hui, et nous n'avons pu recueillir aucun renseignement à cet égard.

Les colléges dont l'ensemble composait l'Université de Paris ayant été complétement détruits, nous serons forcés de recourir à des contrées étrangères pour avoir l'idée de ce qu'étaient au moyen âge et à la renaissance les agrégations d'établissements destinés à l'instruction publique. Nous ne nous occuperons pas de l'Angleterre et des villes si remarquables d'Oxford et de Cambridge, dont les curieux édifices ont été mainte fois décrits et dessinés par les artistes et les archéologues d'outre-Manche. Nous emprunterons à un pays beaucoup moins bien connu, à l'Espagne, une des universités les plus célèbres du xvi° siècle; nous voulons parler de celle d'Alcala de Hénarès qui fut fondée ou agrandie par le cardinal Ximenès et augmentée depuis par le cardinal Tavera, auquel on doit le palais épiscopal de la même ville.

Les bâtiments de l'université étaient divisés en deux parties distinctes par une grande cour V de plus de soixante mètres de largeur. Les constructions les plus importantes entouraient un vaste cloître, *cortile* ou *patio* A à plusieurs étages de galeries; on y voyait au rez-de-chaussée des pièces destinées à l'enseignement de la médecine Q, de la théologie N. S. U, de la jurisprudence L. D. C. Une grande salle R était réservée aux actes de toutes les facultés réunies; il y avait le vestibule d'entrée B, le passage P pour aller dans la grande cour, et l'escalier principal E pour monter aux étages supérieurs. Sur le flanc de ces constructions, la chapelle I et sa sacristie J étaient séparées du reste par deux déambulatoires M et H, le dernier appelé *patio* de l'église et formé de galeries à légères colonnettes. Au delà de la grande cour de séparation se trouvait une cour carrée à arcades A′ servant de communication à la salle des thèses B′, et aux classes de français C′, d'arabe D′, de grec E′ F′, qui l'entouraient sur ses quatre côtés.

Notre plan, qui est à l'échelle d'un millimètre pour un mètre, peut donner une idée de l'importance de toutes ces constructions; encore n'avons-nous fait qu'indiquer l'arrachement du collége de Saint-Pierre et de Saint-Paul placé dans le plan à droite du principal bâtiment. Le collége de la Conception se trouvait à gauche vers l'extrémité opposée, et il n'était séparé du cloître voisin que par la salle de Thèses B′ et des cours étroites. De nombreux colléges aujourd'hui convertis en casernes existaient dans toutes les parties de la ville; on peut même dire que Hénarès tout entière était occupée par des colléges, si, comme on nous l'a assuré, quatorze ou quinze mille jeunes gens s'étaient réunis à certaines époques pour suivre un enseignement devenu célèbre dans toute l'Europe.

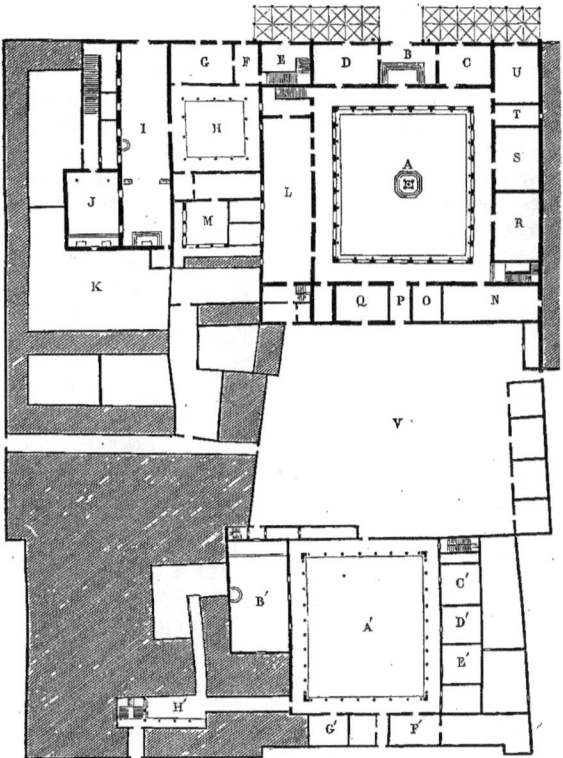

Par sa grande et belle appropriation, par son large développement, nous n'aurions certes pu mieux choisir que l'Université d'Alcala, s'il nous était permis de nous étendre davantage. Mais pour son renom dans le monde entier, pour l'importance qu'elle eut sans conteste pendant plusieurs siècles, pour l'honneur d'avoir vu naître et grandir sous son ombre l'immortel Cervantes, pour le noble patronage de tant de princes de l'Église et de l'État qui voulurent la traiter en institutrice vénérée, en souveraine digne de sa glorieuse destinée, nous ne pourrions jamais nous adresser à un sujet qui pût exciter plus d'intérêt. Un mot donnera la mesure de notre admiration pour son palais, émule du palais voisin, que nous avons préféré. La grande façade, du côté de son parvis et de la grande place qui la précède, est à elle seule un monument du meilleur goût et de la plus gracieuse ordonnance. Quand à tout le luxe de son architecture, à la grandiose harmonie de ses portiques, se joignaient les joies des pacifiques triomphes, les illuminations *a giorno* des solennels combats, les visites pompeuses des rois d'Espagne et de leur cour, qui mettaient pied à terre sur le seuil extérieur, sans doute pour ne pas troubler par un vain tumulte la paix de son enceinte, alors les lettres, les sciences et les arts, les hautes délectations de l'esprit, et les magnificences d'ici-bas se trouvaient confondues dans une admirable union. Toute cette majesté du passé a disparu en un jour. Un vote, un souffle de destruction ne nous a laissé qu'un cadavre; mais à ses débris on peut juger de la grandeur de la victime.

HALLES, MARCHÉS ET GRENIERS D'ABONDANCE

Les édifices désignés au moyen âge sous le nom générique de Halles, avaient quelquefois des destinations fort diverses : dans toutes les villes on trouvait des halles au grain, des halles à la viande, des halles à la laine ; les unes ouvertes de tous côtés et se composant d'une simple toiture reposant sur des piliers en pierre ou sur des poteaux en bois, les autres en maçonnerie et closes de toutes parts par des murailles en pierre. A côté de ces constructions destinées à la vente des marchandises, il existait aussi dans les contrées les plus commerçantes de l'Europe au moyen âge, et surtout dans les Pays-Bas, des édifices considérables destinés à la fabrication des draps et des étoffes de toute nature et qui portaient le nom de halles aux draps : quelquefois, comme à Ypres et à Bruges, la halle aux draps et l'hôtel de ville étaient réunis dans le même édifice, et un beffroi monumental s'élevait au milieu de la façade comme un symbole de la puissance municipale des riches communes de ces contrées.

Commençons par étudier les halles françaises, les plus intéressantes pour nous. Cordes, une petite ville du département du Tarn, où nous revenons pour la troisième fois, peut-être déjà, offre un exemple de halle du xiv° siècle fort bien

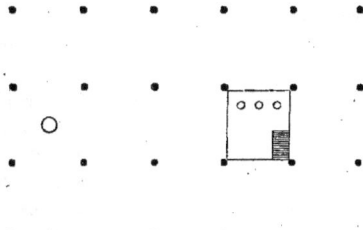

conservée. C'est un parallélogramme à trois nefs, formé par quatre rangées de piliers octogones qui portent la toiture ; ces piliers, composés d'un grand nombre d'assises de pierre peu élevées, ont dix-huit pieds de hauteur sur dix-sept pouces et quelques lignes de diamètre; ils n'en supportent pas moins fort bien la charpente qui les recouvre. Un puits et une estrade élevée de plusieurs marches occupent le compartiment central de cette petite halle, qui est ouverte de tous côtés, et dont l'accès est des plus faciles. De tristes souvenirs se rattachent à ces accessoires, qui ont été respectés jusqu'ici : nous les avons rappelés plus haut. Les piliers et la charpente de la halle de Cordes sont d'une construction simple et élégante ; aujourd'hui même, dans les localités éloignées des grandes voies de communication et où le fer reviendrait à un prix élevé, on pourrait fort bien prendre pour modèle le petit édifice que nous venons de décrire. Non loin de Cordes, Figeac, ville qui n'a point dû nous échapper pour son grand nombre de restes précieux, a conservé une halle du xv° ou du xvi° siècle. Son plan présente quelque

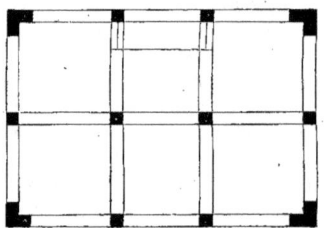

analogie avec celui de la précédente; mais ici, au lieu de piliers isolés, c'est un mur percé d'arcades un peu écrasées qui supporte la charpente du comble; cette charpente fait une saillie assez considérable, afin de donner un abri extérieur aux personnes qui circulent autour du monument.

Nous mentionnerons pour souvenir la halle de Blois, détruite aujourd'hui, mais que nous avons pu étudier dans la ville haute il y a peu d'années. Elle était divisée en deux nefs par une rangée de colonnes supportant des arcades ogivales; l'extérieur de cette construction du xiii° siècle, avait été fort mutilé et n'offrait rien de remarquable. Les autres exemples de halles anciennes qui viennent ensuite seront empruntés au nord de la France. A Clermont, dans le département de l'Oise, la halle est un carré long divisé en deux nefs par une rangée de treize colonnes rondes sans chapiteaux. Le pignon sur la place du marché est percé au rez-de-chaussée de deux grandes arcades en anse de panier, correspondant aux deux nefs intérieures : une tourelle hexagonale placée au milieu de la façade et partant du sol se termine par un petit clocheton d'une grande élégance, percé de six fenêtres ogivales et renfermant la cloche du marché. Quatre fenêtres carrées à meneau éclairent les deux étages dans lesquels on a placé la mairie. Le pignon qui regarde la campagne faisait partie de l'ancienne enceinte de la ville; il a conservé son curieux couronnement de consoles et de machicoulis qui date comme la halle elle-même du xv° siècle.

La halle de Saint-Pierre-sur-Dives[1], comme celle de Clermont, est fermée; elle est à trois nefs de soixante-six mètres de longueur dans œuvre, séparées par vingt-six poteaux en bois posés sur des dés en pierre. Les deux pignons des extrémités sont percés d'ouvertures en ogive subaissée sans caractère bien précis, mais qui semblent accuser le xv° ou le xvi° siècle. Parallèlement à ce vaste bâtiment se trouve un étal de la même époque consistant en un hangar de quarante-sept mètres de longueur sur près de cinq mètres de largeur. Entre les poteaux de bois se trouvent des tables de pierre soutenues par de grossières assises. Ces deux constructions sont placées à l'angle d'un vaste champ de foire entouré d'un mur ancien et flanqué de contre-forts : hors de l'enceinte, d'anciens fossés de défense ont peut-être disparu. Citons encore, avant de quitter la France, deux halles à Cheux et à Noyers, dans la Normandie. Elles sont signalées par M. de Caumont comme offrant un véritable intérêt.

Les édifices que nous venons de décrire, sont pour la plupart construits sans luxe, pour satisfaire les besoins du moment, et offrent en général à l'artiste assez peu d'intérêt; mais si, passant notre frontière du nord, nous entrons dans les Pays-Bas, nous y trouverons des halles monumentales d'une grande importance, servant à la fois de grandes fabriques et d'hôtels de ville, et qui nous donnent une haute idée de la richesse et de l'industrie des Flandres au moyen âge. Vers la fin du xii° siècle [3], la ville d'Ypres reçut de Philippe d'Alsace comte de Flandre, des lois réglementaires du commerce des draps et des serges, qui venait de prendre dans son sein un immense développement; pour concentrer cette importante fabrication, on conçut le plan d'un vaste édifice, et la première pierre en fut posée le 1er mars de l'an 1200, par Baudouin de Constantinople, comte de Flandre, Marie fille de Henri le Libéral, comte de Champagne, et Erlibade, grand bailli d'Ypres. Le beffroi, grande tour carrée flanquée de tourelles [4] en encorbellement, fut élevé dès le commencement de xiii° siècle; l'aile droite désignée sous le nom de vieille halle fut terminée en 1230, et l'aile opposée en 1285; un corps de bâtiment appelé la Conciergerie, date de 1342 : bien que construit à différentes époques, cet édifice est homogène, et on ne s'est pas sensiblement écarté du plan primitif.

La façade principale, celle de la grande place, se compose d'un rez-de-chaussée percé de quarante-huit ouvertures carrées fermées par des linteaux

---

1. *Statistique monumentale du Calvados*, par M. de Caumont.
2. *Bulletin monumental*, vol. XIV, p. 494.
3. Mémoire de M. Lambin sur la halle aux draps d'Ypres. On le trouve dans le *Recueil de la Société des antiquaires de Morinie*.
4. Vue perspective de la halle d'Ypres, dans le *Moyen âge monumental et archéologique*.

en pierre dure; toutes les pièces de ce rez-de-chaussée avaient dans le principe une destination particulière et communiquaient entre elles : dans les unes, travaillaient les peigneurs de laine, les cardeurs, les fileurs, les tondeurs, les lainiers, les teinturiers, enfin tous ceux qui étaient employés à la manufacture des draps ou des sèrges; dans d'autres pièces étaient les châssis pour tendre et faire sécher les draps, et les presses des différentes sortes de draps; celles du côté de l'occident servaient de dépôt aux laines provenant des différents pays. En face de l'église Saint-Martin, se tenaient les séances des chefs d'hommes, des drapiers et des lainiers, qui étaient chargés de la surveillance des manufactures.

Au-dessus de ce rez-de-chaussée, un étage très-bas, espèce d'entre-sol servant de magasin, était éclairé par des fenêtres ogivales géminées. Le grand étage présente également une longue suite de fenêtres ogivales du même dessin que celles de l'entre-sol, mais plus élancées. Le centre de cet étage est occupé par une vaste salle de cinquante mètres de longueur sur trente mètres de largeur, au-dessus de laquelle s'élève le beffroi. L'édifice est couronné par des créneaux reposant sur une arcature trilobée; les angles sont tous garnis de gracieuses tourelles en encorbellement, et une crête en pierre bleue décore l'arête du toit. Nul doute que ce remarquable édifice n'ait eu une double destination et qu'il n'ait servi à la fois d'hôtel de ville et de halle : la présence du beffroi, la grande salle destinée aux réunions, le soin apporté à décorer la façade avec les statues des princes suzerains, tout indique un hôtel de ville en même temps qu'un édifice consacré à la principale industrie de la cité.

Comptons encore parmi les halles aux draps de la Belgique, celle de Bruges construite en 1284 par frère Simon de Genève, avec un très-beau beffroi de 1291; celle de Louvain, bâtie en 1317, et enfin celles de Diest et de Gand, de 1346 et de 1424. — A côté des halles destinées exclusivement à la fabrication des draps, les villes des Pays-Bas avaient aussi des halles au pain, des halles à la viande ou boucheries. Parmi ces dernières, nous citerons la boucherie de Gand du xiv° siècle, celle d'Ypres, et enfin celle d'Anvers, bâtie de 1501 à 1503. C'est une construction à plusieurs étages, l'inférieur éclairé par des baies ogivales, les supérieurs par des fenêtres carrées; le pignon est dentelé et flanqué de deux tourelles octogonales qui s'élèvent à partir du pavé; l'appareil composé de briques et d'assises de pierres alternant, est d'une grande beauté et donne à cette intéressante construction un caractère tout à fait monumental.

En parcourant les cités commerçantes de l'Italie centrale, Pise, Florence, Lucques, nous n'avons rien trouvé qui rappelât les halles monumentales des Pays-Bas; à Lucques seulement, dans un des faubourgs de la ville, il existe une grande construction du xiii° siècle connue sous le nom de Quarquonia et

1. Voir les plans, coupes et élévations de la halle d'Ypres, dans l'*Architecture du Ire au XVIe siècle*, de M. Gailhabaud.

servant aujourd'hui d'hôpital. Les vastes proportions et la régularité de la façade nous ont d'abord fait penser que cet édifice avait dû recevoir à son origine une destination industrielle; nos prévisions ont été confirmées par des renseignements recueillis sur les lieux : c'était là, nous a-t-on dit, la fabrique de soie de la famille Guinigi, une des plus riches et des plus puissantes de la ville de Lucques. Le palais monumental déjà publié par nous aurait été construit avec les produits de la fabrique noblement dépensés. C'est ainsi que les seigneurs italiens du moyen âge savaient employer des fortunes acquises dans l'industrie, et qu'ils attachaient leur nom aux plus beaux monuments de leur patrie.

Les grandes abbayes, les hôpitaux, les villes de quelque importance faisaient construire de vastes greniers divisés en plusieurs étages et destinés à conserver le blé, le vin, le bois et toutes les provisions nécessaires à la vie. Nos lecteurs se rappellent sans doute la grange de Vauclerc publiée dans notre premier volume; c'est le plus bel exemple que nous connaissions en France d'un grenier d'abondance dépendant d'une abbaye. A Saint-Jean de Laon, on voyait autrefois une vaste construction du XIIIe siècle à plusieurs étages, et tout à fait analogue comme disposition à celle de Vauclerc; elle est désignée dans le Monasticon sous le nom d'Horrea, et servait à emmagasiner toutes les provisions du monastère. A l'abbaye de Barbery, à Saint-André, au château de Creuilly, dans le Calvados et dans beaucoup d'autres localités, on a signalé des caves ou celliers voûtés destinés au même usage. Nous avons déjà décrit le grenier de réserve d'Angers en parlant de l'hôpital dont il dépend.

Il nous reste à citer le grenier d'abondance de la ville de Metz, dont la disposition nous a paru assez intéressante. C'est un grand édifice qui date du

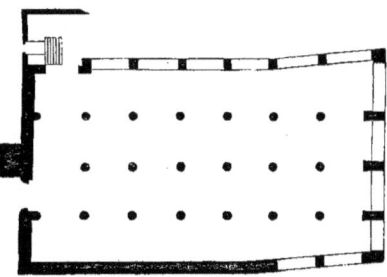

XVIe siècle; il est divisé en quatre nefs par trois rangées de colonnes cylindriques au nombre de dix-huit. Au rez-de-chaussée, les poutres des planchers

reposent sur des arcades; aux étages supérieurs, il n'y a plus que des colonnes superposées les unes aux autres, sur lesquelles s'appuient toutes les charpentes. C'est dans ces vastes magasins qu'on dépose encore aujourd'hui les grains destinés à l'approvisionnement de la ville; on les monte d'étage en étage par des trappes disposées à cet effet dans tous les planchers. Pour faciliter les communications et la surveillance, un escalier est placé en dehors et donne un accès commode à tous les étages de cette importante construction.

Beaucoup d'édifices de la série que nous venons de parcourir prouvent à quel degré de prévoyance nos aïeux s'étaient élevés pour prévenir, par les plus sages mesures, les plus pressants besoins des populations. Quand des calamités publiques ou des années néfastes venaient affliger nos provinces, des réserves avaient été préparées de toutes part. Si, grandes ou petites, les différentes divisions de territoire ou de la comunauté n'étaient pas exactement délimitées dans leur action ou juridiction, c'est que les administrations de ces temps simples que nous appelons barbares, étaient mues avant tout par un véritable esprit d'union et de charité, lien de toutes les âmes dans ces sociétés naïves, lien plus étroit encore quand un grave fléau portait ses ravages dans le sein des familles calmes et laborieuses des grandes cités et des campagnes. Gestions municipales, gestions des cures, des prieurés, des abbayes, des chapitres et des évêques, toutes inspireraient espoir ou résignation, parce qu'alors la conscience croyait à la conscience. Si l'on réfléchit au peu de moyens préventifs ou répressifs des tumultes de la foule au moyen âge, on ne peut réellement se rendre compte de la stabilité de tous les pouvoirs sociaux qu'en rapportant ce grand bienfait à l'entier abandon des peuples, à la miséricorde de Dieu et à l'intégrité de leurs magistrats. Le temps a changé les appuis du monde moral : puissent-ils n'être pas moins solides!

BOURSES ET DOUANES

Dans tous les grands centres d'activité industrielle ou commerciale au moyen âge, dans les Flandres, en Italie, en Espagne, on trouve des édifices consacrés spécialement aux affaires commerciales, dans lesquels on rendait en même temps la justice aux commerçants, et qui souvent aussi servaient de lieu d'exposition et de vente pour des marchandises de différentes natures. En France et dans les Pays-Bas, ces édifices étaient appelés des Bourses, en Espagne on les nommoit Lonja, en Italie Cambio ou Mercanzia. Le nom de bourse est flamand, et voici ce qu'on raconte de son origine : la famille Van den Buerse de Bruges, enrichie sans doute par le commerce, avait pris pour écusson trois bourses sculptées : lorsque l'hôtel qu'elle habitait devint, au xiv° siècle, la propriété de la ville et fut transformé en lieu de réunion pour les commerçants, on respecta l'écusson, et l'édifice prit le nom de Bourse, dénomination qui devint bientôt commune à tous les édifices de même nature. C'étaient de vastes salles à une ou à plusieurs nefs, couvertes en charpente ou voûtées en pierre, ou bien encore des galeries quadrangulaires, tout à fait semblables aux cloîtres des abbayes. Les édifices que nous allons brièvement énumérer peuvent tous se ranger dans l'une ou l'autre de ces deux divisions.

Le moyen âge a sans doute construit peu de bourses en France, ou du moins elles ont été détruites sans qu'il en soit resté aucun vestige; nous n'en pouvons citer que deux, et encore on n'est pas tout à fait certain de leur destination première : nous voulons parler de la grande salle des Pas Perdus au palais de justice de Rouen, et de la Bourse de Perpignan, édifice curieux d'architecture aragonaise qui n'a peut-être pas toujours été affecté à sa présente destination. Pour étudier des bourses monumentales, il faut passer la frontière française, aller dans les Pays-Bas, en Italie, et surtout dans les villes commerçantes du littoral espagnol. La Bourse la plus importante que nous ayons vue dans ce dernier pays, est celle de Valence, connue sous le nom de la Lonja de la Seda, de halle aux soies, élevée au commencement du xvi° siècle. C'était le lieu où le négoce traitait ses plus graves intérêts d'alors par la vente et l'échange des tissus de prix et de leur matière première; il avait revêtu, au milieu de la prospérité publique, les caractères propres à faire ressortir l'importance de sa destination.

Dans ce grand palais s'assemblaient marchands et chalands de la fortune sous les voûtes d'une salle A soutenue de colonnes artistement travaillées. Des tribunaux E, D, C, des administrations de finances G s'y rattachaient, comme parties intégrantes. Une haute et puissante tour B les dominait toutes. Disposition admirable, la tour elle-même était la chapelle. Le sanctuaire s'annonçait au loin par sa suréminence à présent tristement nivelée avec le reste. Le commerce ne pouvant avoir de donjon politique, avait son donjon religieux qui planait sur le berceau de ses espérances et sur tous les offices dont il était entouré. C'était toujours la suprématie divine que nos aïeux chrétiens voulaient ainsi rendre sensible à tous les regards. Quel enseignement moral dans ce rapprochement de l'autel et du foyer des agitations fébriles de la vie ! Les pertes et les gains, les succès et les désastres avaient le même Dieu pour témoin ; il devenait la consolation des uns, la condamnation des autres, la crainte et l'amour de tous ; sa présence tempérait les joies et soutenait les désespoirs, et l'on ne vit jamais la mort volontaire assombrir des lieux si voisins de sa demeure. On sentait qu'à côté de la source et de l'abîme des prospérités, il y avait des retraites pour toutes les douleurs comme pour toutes les joies de l'âme.

Si l'espace le plus grand était abandonné au mouvement des affaires, il n'était après tout dans la pensée des fondateurs qu'une dépendance immédiate ou prolongement de l'habitacle de la Divinité. L'un et l'autre communiquaient directement ensemble, ou plutôt le premier n'était que le péristyle ou portique du

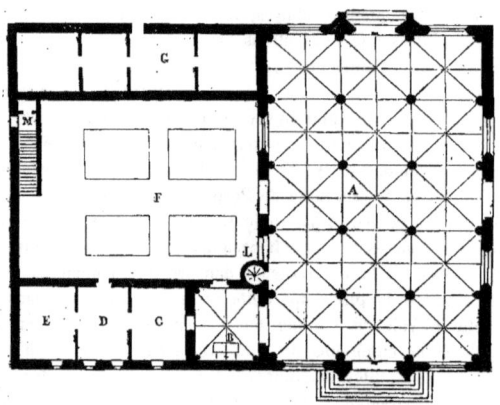

second ; et tous les services, la Comta, cour des comptes, l'escalier de communication M, pour joindre plus facilement les deux ailes des dépendances, le cloître ou *patio* F, promenoir commun donnant l'ombre ou l'abri de la pluie au besoin sous ses beaux ombrages ; le jardin d'orangers, ses fontaines, ses allées de palmiers, le tribunal de la justice spéciale, et jusqu'aux prisons qui l'accompagnent, tout convergeait vers la retraite sacrée par son immense vestibule à trois nefs qui se pourrait encore appeler la grand' salle ou salle des Pas-Perdus.

Décrivons avec brièveté ce spacieux et intéressant vaisseau. Vingt-quatre colonnes portent à une grande hauteur sur la retombée de leurs sommets la triple voûte qui recouvre le vaste parallélogramme de l'enceinte : huit d'entre elles sont disposées sur deux files et limitent la galerie du milieu. Les seize autres sont à demi engagées dans les murailles du pourtour, et forment avec les précédentes trois divisions en largeur d'égale étendue. Cinq travées se partagent la largeur. Les fûts sont parcourus de cannelures torses ou tournantes qui vont se perdre et se fondre dans les nervures, dont elles semblent les racines implantées dans le sol; de petits bouquets de feuilles et de fleurs tombant de quelques pouces, accusaient la naissance des chapiteaux ; il en reste à peine aujourd'hui quelques linéaments. Les clefs de voûte, les écussons, les culs de lampe, les pendentifs sont semés au-dessus de la tête avec une profusion et une hardiesse qui indiquent leur origine avancée vers le xvie siècle.

Les voussures des quatre portes principales, les chambranles des huit fenêtres et ce qui reste de leurs meneaux, les montants de la charmante entrée de l'escalier qui conduit au beffroi, portent aussi manifestement les caractères de cette époque. Enfin, une inscription [1] se déroule en forme de frise tout autour de l'édifice à l'intérieur, et se répète à droite et à gauche pour donner à tous une même leçon de morale. Si sa latinité n'est pas la plus pure, la portée en est toute sainte : elle proscrit le dol, défend le larcin, le faux serment et l'usure, et à ce prix elle promet la vie éternelle. Cet âge avait toujours Dieu présent, si bien que la balance d'épreuve, ce juge matériel de la bonne foi des vendeurs, était appendue sous les yeux mêmes de la Madone qui, elle aussi, présidait de son regard et de sa pureté à toutes les transactions inspirées par l'esprit de lucre. Des cierges toujours allumés témoignaient de la foi commune à la protection de la mère de Dieu : du haut de son autel, elle exerçait, elle exerce encore la première justice en ce lieu.

Le monument que la culture de la soie, portée à un si haut point de perfection, fit élever dans le chef-lieu du royaume de Valence, se présentait à nous sous un aspect qui nous empêche de le passer sous silence. L'heureuse harmonie de toutes ses parties, la symétrie parfaite qui règne dans toutes les dispositions de la halle proprement dite, les ouvertures pratiquées avec soin en pendant les

---

1. Inclita Domus sum annis ædificata quindecim. Gustate et videte concives quoniam bona est negociatio quæ non agit dolum, ni lingua (*sic*) sua quæ jurat proximo et non decipit, quæ pecuniam non dedit ad usuram, eas mercatores sic degens, divicies (*sic*) redemdabit et tandem vita fruitur eterna.

unes des autres, le style de leurs ornements, le goût qui les distingue, l'importance relative de chacune des divisions principales que la construction traduit si bien par les dehors, les accessoires caractéristiques qui restent encore de l'encadrement des vitraux, les larges créneaux de couronnement, marqués à leur racine par de fortes dents, les arcs de décharge accentués au haut des murs par des têtes de clous sculptées dans la pierre et servant presque de moyens de suspension, des gargouilles à fortes saillies, des panneaux de porte qui ont conservé jusqu'à leur peinture rouge, leurs vigoureuses moulures et leurs encadrements, des pentures, des ferrures richement travaillées, sont autant d'éléments restés épars sur toute la surface, qui nous ont paru devoir être recueillis pour chercher à reproduire à l'imagination un ensemble inabordable à la gravure. Nos choix étant déterminés par le but pratique, il ne se pouvait guère que nous nous arrêtassions à un type trop chargé de détails. En parler avec une juste admiration était la seule tâche que nous eussions à nous imposer : faire plus, nous ne le pouvions, si ce n'est présenter le plan de la halle aux soies proprement dite, et celui de ses annexes les plus importantes.

Une des plus magnifiques conquêtes des chrétiens espagnols au XIIIe siècle, l'île de Majorque nous offre à Palma, sa capitale, un exemple de bourse des plus intéressants[1]. C'est un carré long flanqué aux quatre angles de tourelles octogonales, et couronné par une galerie crénelée de l'aspect le plus original ; la porte principale, en ogive flamboyante, est divisée en deux compartiments par un meneau surmonté d'un ange aux ailes déployées. Nous n'avons pu trouver aucun renseignement sur l'intérieur de la *lonja* de Palma, nous pensons cependant qu'elle était divisée en trois nefs comme celle de Valence, avec qui elle a la plus grande analogie de style et de disposition.

Si de l'Espagne nous passons en Italie, nous y trouvons sous le nom de mercanzia à Bologne, de Palazzo della ragione à Padoue, de cambio à Pérouse, de véritables bourses où se traitaient les affaires et où on jugeait les litiges commerciaux. La mercanzia de Bologne, bâtie en 1294, agrandie et restaurée en 1337, 1380 et 1439, est une construction en briques et en terres cuites, ornée de bas-reliefs en marbre, médaillons dans lesquels se trouvent les armes de la ville, celles des Bentivoglio et l'image des saints protecteurs de la cité. Au rez-de-chaussée, deux arcades ogivales à riches archivoltes retombent sur des piles carrées ; à l'étage supérieur s'ouvrent deux fenêtres, et au milieu saillit un balcon recouvert d'un dais, nommé pergamo ou ringhiera par les anciens écrivains, et sur lequel on venait proclamer les décisions des juges ou déclarer aux habitants les banqueroutes des commerçants de la ville [2].

---

[1]. M. Girault de Prangey en a donné une vue perspective dans le *Moyen âge monumental et archéologique*.

[2]. Knight, *Monuments italiens*, et la *Notizia intorno al foro di mercanti di Bologna*. Bologno, 1837.

L'activité commerciale et industrielle des Pays-Bas était au moins égale à celle des villes espagnoles ou italiennes; nous devons donc trouver dans les principales villes des Flandres des édifices considérables consacrés aux réunions des commerçants. La plus ancienne bourse de cette contrée fut construite à Anvers en 1515; elle avait la forme d'un cloître dont deux côtés subsistent encore aujourd'hui. Peu de temps après, en 1531, l'accroissement du commerce rendit nécessaire la construction d'un édifice plus considérable qui coûta à la ville trois cent mille couronnes d'or. Cette nouvelle bourse consiste en une cour quadrangulaire entourée d'un portique à voûtes surbaissées, formé par trente-huit colonnes en pierre bleue. Le péristyle est surmonté d'un étage où se trouvaient des boutiques éclairées par le haut. Une disposition analogue se rencontre à Tournay; nous y retrouvons également un cloître surmonté d'un étage éclairé par des croisées à meneau. La bourse de Tournay, remarquable par le mélange de l'ogive et des ordres antiques, nous offre un curieux spécimen de l'architecture des Pays-Bas sous la domination espagnole, vers la fin du XVIe siècle : elle nous fait ressouvenir du palais Medina Cœli de Barcelone.

Après les bourses de commerce viennent tout naturellement se placer les douanes, vastes édifices dans lesquels on amenait les marchandises pour les visiter ou les soumettre à des droits de diverse nature qui étaient si multipliés au moyen âge. Le Rhin était à cette époque la grande artère commerciale de l'Europe; les marchandises de l'Orient et de l'Italie, après avoir traversé les Alpes, étaient embarquées sur le fleuve et s'écoulaient en Suisse, en France, en Allemagne et dans les Pays-Bas; les villes rhénanes étaient donc de véritables entrepôts, et nous devons y trouver de vastes bâtiments, des magasins, des douanes où les marchandises étaient soumises à des droits, à des péages sans nombre. Mayence, la plus centrale de toutes ces villes, a conservé jusqu'en 1812 une douane construite au commencement du XIVe siècle, en 1313. Cet édifice ayant

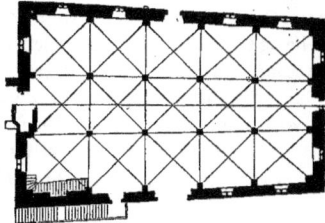

été reproduit par Moller dans son ouvrage sur les monuments allemands, nous pouvons en donner ici le plan et la description. Sa forme était celle d'un carré long dont les deux petites faces étaient d'inégale grandeur, disposition nécessitée sans doute par des rues déjà existantes entre lesquelles on avait voulu bâtir.

Au rez-de-chaussée une grande salle voûtée à trois nefs servait de dépôt aux marchandises; elle communiquait par un escalier extérieur avec la salle du premier étage, qui avait aussi la même destination. Au-dessus de la porte d'entrée une petite pièce, en saillie sur la façade, servait de trésor pour la conservation des papiers, de l'argent ou des valeurs. La façade principale était d'un beau caractère; elle se terminait par une ligne de créneaux arrêtée aux deux extrémités par de petites tourelles octogonales en encorbellement. Au centre on voyait saint Martin à cheval donnant son manteau à un pauvre; à droite et à gauche étaient, sur les huit créneaux, les protecteurs de la ligue rhénane, empereurs et électeurs, le glaive au poing, le casque ou la couronne en tête. L'image des princes témoignait de la protection dont ils couvraient le commerce allemand; saint Martin, patron de la ville, signifiait la bienfaisance qui doit être unie à la richesse; la Vierge et l'Enfant représentaient la protection divine sans laquelle rien ne peut réussir ici-bas; touchant symbolisme de ces temps de ferveur et de foi, preuve évidente que les artistes chrétiens ne négligeaient aucune occasion d'inculquer des idées morales aux populations pour lesquelles ils bâtissaient de grands édifices civils ou religieux.

Cologne, la plus importante de toutes les villes rhénanes, a conservé jusqu'à nous une douane des plus intéressantes. C'est une belle construction du XIVe siècle, qu'on appelle le Gürzenich. Le rez-de-chaussée servait de dépôt aux marchandises; l'étage supérieur, richement orné à l'intérieur, était destiné aux fêtes que la ville donnait aux empereurs ou aux grands personnages qui venaient la visiter. Deux très-curieuses cheminées en pierre, richement sculptées, ornaient cette salle. A l'extérieur l'édifice était percé de fenêtres carrées à meneaux crucifères fort simples. Un couronnement crénelé venait buter contre les tourelles octogonales de l'angle et présentait la plus grande analogie avec celui de l'ancienne douane de Mayence. Nous noterons encore parmi les douanes allemandes celle de Constance, belle construction de la fin du XIVe siècle, où le concile tenait ses séances, et celle de Fribourg en Brisgau, bâtiment d'assez mauvais goût, mais d'un effet pittoresque, qui date du XVIe siècle.

En Italie nous avons trouvé une seule douane, celle de Pise; encore ne pourrions-nous pas affirmer que le palais qui la contient n'ait pas reçu longtemps après sa construction la destination à laquelle il est consacré aujourd'hui.

FONTAINES, LAVOIRS ET ABREUVOIRS

Les fontaines du Moyen âge et de la Renaissance peuvent être rangées en deux classes bien distinctes. Les unes sont isolées au milieu ou à l'angle d'une place publique, dans la cour d'un château ou dans le préau d'un monastère : les autres sont attenantes à des constructions, adossées à des maisons, à des édifices publics, au chevet d'une église, aux murs d'un cloître. Commençons d'abord par les fontaines isolées que nous avons rencontrées en France. La plus ancienne fontaine de cette espèce que nous connaissions date du XIIe siècle ; nous l'avons trouvée dans la vieille ville de Provins, vis-à-vis d'un Hôtel-Dieu fort ancien dont la fondation se rapporte également au XIIe siècle. Elle se compose d'un fût de colonne très-court surmonté d'un chapiteau formé de feuillages grossiers ; trois têtes de crocodiles en bronze, d'un très-beau travail, incrustées dans ce chapiteau, lancent l'eau dans un bassin où l'on venait la puiser pour les usages domestiques. Nous ne connaissons pas en France de fontaine complète du XIIIe siècle ; il a dû en exister d'assez importantes à cette époque, à en juger par la vasque conservée dans la cour de l'école des Beaux-Arts à Paris et provenant de l'abbaye de Saint-Denis. Au XVe siècle nous trouvons à Rouen une belle fontaine formée d'une pyramide octogonale, terminée par une croix, et que pour cette raison on appelle encore la Fontaine de la Croix de pierre[1], malgré les édits révolutionnaires.

Le XVIe siècle s'occupa avec un soin tout particulier de la distribution des eaux dans les villes, et nous connaissons plusieurs beaux exemples de fontaines de cette époque. Une des plus importantes est celle de la place du Grand-Marché, à Tours, construite en 1510 par Jacques de Beaune, seigneur de Semblançay, pour décorer le jardin de son hôtel. Le modèle de ce chef-d'œuvre était dû au ciseau de Michel Colomb, de Tours, tailleur d'*ymaiges* du roi ; Bastien et Martin François furent chargés de l'exécution. En 1778, lors du percement de la rue Royale, ce charmant édifice dut être démoli pour livrer passage à la voie nouvelle ; il resta longtemps déposé à l'hôtel du gouvernement, lorsque M. Viot Olivier, maire de Tours, eut l'heureuse idée de le faire réédifier en 1820 sur la place du Grand-Marché. Cette fontaine, de forme pyrami-

1. *Antiquités de Normandie*, par Pugin.

dale, est en marbre blanc, avec une vasque en pierre de Volvic; elle est couverte d'arabesques de très-bon goût, au milieu desquels se trouvent les armoiries de Jacques de Beaune, l'écusson de Louis XII, les armes d'Anne de Bretagne et celles de la ville de Tours.

Une fontaine du XVI° siècle encore plus considérable que celle de Tours existe à Clermont en Auvergne ; son soubassement est formé par un bassin circulaire recevant les eaux des parties supérieures et servant en même temps d'abreuvoir. Au milieu de ce bassin s'élève une vasque octogonale flanquée à chaque angle de petits piliers sculptés; un édicule triangulaire soutenu par des arcs-boutants et surmonté d'une statue couronne gracieusement l'édifice. Presque tous les châteaux importants avaient des fontaines servant à la fois à l'usage des habitants et à la décoration des cours ou des jardins. Celle du château de Meillant subsiste encore aujourd'hui, et nous savons qu'il en existait une fort importante dans les jardins de Gaillon, cette belle demeure aujourd'hui complétement détruite, que nous devions au goût éclairé d'un de nos plus célèbres ministres, le cardinal Georges d'Amboise.

Après avoir parlé des fontaines isolées, qui sont les plus importantes, nous citerons seulement quelques exemples de ces édifices appuyés à des monuments publics ou à des constructions particulières. Nous trouverons à Rouen la fontaine de la crosse, du XV° siècle; à Blois, sur une des places de la ville, une autre fontaine isolée maintenant, mais qui a dû être primitivement adossée. La Bretagne nous offrira celles de Morlaix et du Folgoët, adossées toutes les deux à des chevets d'église, et possédant la vertu, dit-on, d'opérer des cures miraculeuses. Enfin, à la suite des fontaines, nous n'omettrons pas ici de dire quelques mots de la source ferrugineuse des Vaux de Cernay, dont la disposition[1] nous a paru assez originale. En plan, c'est une nef surbaissée de très-petite dimension, accompagnée de niches latérales formant comme une suite de petits caveaux destinés sans doute à faire rafraîchir les objets qu'on y déposait. A l'extrémité opposée à l'entrée, et du côté de la colline dans laquelle s'enfonce cette petite cave, on voit jaillir la source dans un bassin carré. Les propriétés de l'eau minérale des Vaux de Cernay sont-elles bien efficaces de nos jours? nous l'ignorons; toujours est-il que la petite construction qui la renferme date du XIII° siècle, et que les souverains et les seigneurs de ce temps vinrent plus d'une fois y chercher le rétablissement d'une santé altérée. Nous avons dessiné il y a bien des années cet intéressant débris d'un autre âge; depuis cette époque notre confrère, M. Hérard, l'a compris dans l'intéressant travail qu'il a fait sur cette abbaye, et que chacun a pu voir à l'une des dernières expositions du palais du Louvre.

[1]. Voir, dans l'*Architecture monastique*, par M. Albert Lenoir, un plan et une coupe de cette petite fontaine.

L'Allemagne nous a semblé plus riche que la France en fontaines monumentales; nous signalerons d'abord la plus connue et la plus remarquable de toutes, celle de Nuremberg, véritable chef-d'œuvre de l'art allemand au XIV° siècle. Elle fut élevée de 1355 à 1361 par les frères Georges et Fritz Rupprecht, tailleurs de pierre, et Sébald Schonhofer, sculpteur. Elle se compose d'une pyramide octogonale à jour, à plusieurs étages richement ornés et décorés de statues. Sur des piédestaux plongeant dans l'eau du bassin inférieur et entourant la pyramide, se trouvent les sept électeurs assis sur leurs siéges, et formant la base du monument, comme ils formaient à cette époque la base de la constitution de l'empire d'Allemagne. Un peu au-dessus, seize statues d'empereurs ou de héros sont adossées deux à deux aux huit angles de la pyramide. Enfin, à l'étage supérieur, sont placés des personnages bibliques, au-dessous d'un clocheton flanqué de petits contre-forts, qui se termine par une girouette aux armes impériales. La fontaine de Bâle, beaucoup plus simple de formes que celle de Nuremberg, date également du XIV° siècle; elle se compose d'un soubassement monocylindrique qui passe à l'hexagone et supporte trois figures séparées par des colonnes et abritées par des dais triangulaires; un clocheton surmonté d'un ange tenant une girouette forme le couronnement de ce petit édifice qui n'a point été assez respecté.

A côté des fontaines entièrement construites en pierre, comme celles de Nuremberg et de Bâle, il en existe d'autres en Allemagne, dans lesquelles les métaux, le fer et le plomb, ont été employés pour les parties supérieures, et la pierre seulement pour les soubassements et les vasques inférieures. Le plus intéressant exemple de fontaine en métal se trouve à Brunswick, sur la grande place, vis à vis de l'hôtel de ville; le soubassement circulaire et la vasque polygonale sont une récente restauration; mais les trois vasques supérieures en plomb ont été conservées avec les nombreuses figures qui les décorent : on y voit des rois et des prophètes, les sept électeurs de l'empire et sainte Catherine avec ses attributs, sans doute parce que le monument fut fondé en 1408, la veille de la fête de cette sainte, ainsi que nous l'apprend l'inscription suivante : *Anno dni* MCCCCVIII *vigilia Caterine fusa est*. Au-dessus de la troisième vasque s'élève un clocheton très-léger et très-élégant, comme il convient à une construction en métal, et terminé par une gracieuse girouette en tôle représentant le lion de Brunswick.

Nous indiquerons encore parmi les fontaines allemandes celle du cloître de l'abbaye de Heisterbach[1], du XII° siècle; celle de Berne, de la Renaissance, et enfin une charmante petite figure en bronze qu'on appelle à Nuremberg das Gänsemänchen; c'est un paysan tenant sous ses bras deux oies qui jettent de

---

[1]. Voir les *Monuments du Rhin inférieur*, par M. Boisserée.

l'eau dans un bassin. Cette petite fontaine, due au talent de Pancraz Labenwolf, est une œuvre d'art des plus remarquables, et digne de la cité qui possède tant de chefs-d'œuvre coulés en bronze par l'illustre Peter Fischer.

L'Italie est la véritable patrie des fontaines; depuis les grands travaux des Romains jusqu'aux récentes constructions des papes, on n'a jamais cessé dans ce pays de détourner les eaux des montagnes et de les conduire dans les cités pour les rafraîchir et les vivifier. Nous avons déjà emprunté à l'Italie plusieurs fontaines isolées; celles de Viterbe, présentant des types variés et intéressants des XIIIe et XVIe siècles; celle de Pérouse, si remarquable par la beauté de ses sculptures. Nous signalerons encore une fontaine du XIIIe siècle à Vérone, sur la place du marché aux herbes. Elle se compose d'une statue en marbre blanc portant sur sa tête un petit modèle en bronze de l'amphithéâtre de la ville, et tenant à la main une banderole avec l'inscription suivante : *Est justi latrix urbs hæc et laudis amatrix*. La statue repose sur une vasque renversée d'où les eaux retombent dans une vasque inférieure plus considérable.

A côté des fontaines pyramidales, nous avons rencontré en Italie des fontaines d'une forme toute particulière ; ce ne sont plus des vasques superposées comme à Pérouse ou à Viterbe, où des clochetons élancés garnis de statues comme à Nuremberg ou à Bâle ; elles se présentent sous la forme de petits édifices composés de deux ou trois travées, voûtés et recouverts d'une toiture, et qui servent à la fois de fontaine, de lavoir et d'abreuvoir ; telle est la Fonte Nuova, située dans la partie basse de la ville de Sienne, dans un quartier presque désert aujourd'hui. En plan, c'est un quadrilatère fermé sur deux de ses côtés, ouvert sur les deux autres par trois arcades ogivales en briques et en terre cuite, l'eau provenant d'un terrain plus élevé que le niveau de la fontaine, tombe par une gargouille dans le bassin qui occupe la première travée. C'est là qu'on vient la

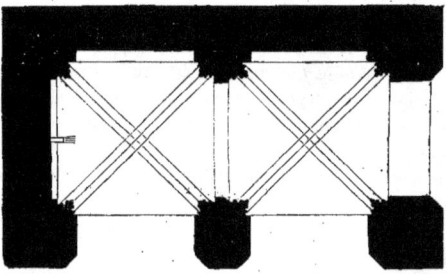

puiser pour les usages domestiques ; de là elle s'écoule dans le bassin de la deuxième travée qui est à un niveau un peu inférieur, et sert de lavoir et d'abreuvoir; ensuite elle se répand dans les ruisseaux de la ville. Le couronnement de ce petit monument est complétement ruiné aujourd'hui, mais il se composait très-probablement d'un crénelage sur lequel venaient s'appuyer les chevrons d'un toit fort plat, disposition usitée dans les édifices civils de Sienne.

Cette fontaine est du XIIIe siècle, ainsi que la Fonte Branda que nous trouvons dans la partie opposée de la ville, et qui est semblablement disposée; seulement elle a trois travées au lieu de deux, et n'est ouverte que d'un seul côté. Avant de quitter la cité de la Vierge qui rivalise avec Viterbe pour le nombre et la beauté de ses fontaines et l'abondance de ses eaux, citons encore la belle œuvre de Jacopo della Quercia sur la place du Palais public : c'est un monument en marbre blanc adossé à la partie la plus élevée de la place, et presque entièrement couvert de bas-reliefs d'un très-beau travail. Les contemporains furent tellement frappés de la perfection de cette belle œuvre, que l'auteur reçut le nom de Jacopo della Fonte, nom conquis par le talent, et qu'illustrèrent encore de plus importants travaux. Ne quittons pas l'Italie sans parler d'une fontaine à moitié détruite aujourd'hui, et que nous avons trouvée à Saint-Gemignano, dans la partie basse de la ville; elle se composait primitivement de quatre travées adossées au rocher sur lequel la ville est bâtie : il y avait, comme à Sienne, deux bassins à des niveaux différents, et séparés l'un de l'autre par une arcade géminée.

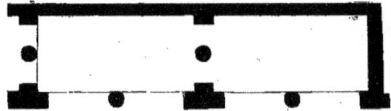

Ce rapide exposé nous montre combien les réservoirs de tous genres étaient nombreux et importants dans la période de temps où nous nous sommes renfermés pour nos recherches. Ceux qui se sont conservés jusqu'à nous portent tous l'empreinte des soins apportés à leur établissement. Les besoins auxquels ils répondaient, ne font que se faire sentir de plus en plus, si nous en jugeons par la multiplicité des filets d'eau distribués de toutes parts sur nos voies et nos places publiques. Mais, comme les canaux, robinets, mufles et mascarons de fonte qui nous les conduisent sont raides, maigres, secs et destructibles! Comme la forme est viciée par la matière dans ces travaux ingrats! Est-ce que les arts, secondés par l'intelligence des pouvoirs sociaux, n'abandonneront pas les tristes inspirations de la vanité et de l'amour de rapides gains, pour retrouver le mobile d'un noble orgueil? Il leur faut d'autres moyens que des procédés faciles e des matériaux sans valeur. Le fer fondu, le zinc, et tous les alliages trompeurs, loin de servir leurs vues, refoulent leurs aspirations.

Il en est de même de tous ces mélanges de pâtes sans consistance, qu'on prétend substituer à nos solides calcaires. Les métaux éprouvés par les siècles, le plomb, le bronze, le fer forgé, les matériaux de nos puissantes carrières, le marbre, notre pierre si variée dans ses grains, sont les matériaux que nous devons employer si nous voulons rendre aux fontaines leur véritable caractère de monuments. N'y a-t-il pas, pour ne citer que des objets rapprochés de nous, mille fois plus de beauté dans un bassin des jardins de Versailles, que dans ces vasques et ces jets à vil prix multipliés sous nos regards dans la capitale. La forme peut-être ne nous ferait point défaut; la fontaine de la place Richelieu le témoigne; si nous étions mieux servis par la matière, le succès serait assuré. L'artiste qui se sait digne de porter ce titre ne transigera jamais sur ce point, et il contribuera dans la mesure de sa force à nous ramener aux beaux modèles qui nous ont été laissés par nos aïeux.

CONSTRUCTIONS DOMESTIQUES

PALAIS, CHATEAUX ET MANOIRS

Il ne nous reste aucun vestige des Palais ou plutôt des maisons de campagne habitées par nos rois des deux premières races. Nous savons seulement que Chilpéric et Clotaire II avaient des résidences à Chelles, à Compiègne, à Nogent, à Villers-Cotterets, à Creil sur l'Oise, à Cormeil près Paris; mais la plus importante de ces demeures royales, celle qui qui a été décrite avec le plus de détail par les anciens historiens, c'est le palais de Verberie. On y voyait, au milieu de nombreuses constructions, une vaste salle où se tenaient les assemblées générales de la nation, où les conciles nationaux se réunissaient fréquemment. Les jardins de cette habitation royale s'étendaient le long de la rivière de l'Oise, et trois ponts jetés de distance en distance mettaient les deux rives en communication.

Parmi de très-nombreuses dépendances, on remarquait le *Prædium* où la tour occupée par le gouverneur du palais qui prenait le titre de comte, et l'hôtel de Fay, chef-lieu des établissements agricoles connus alors sous les noms de La Borde, de Francourt et de La Boëssière. Haia nova, Hez neuve, renfermait dans son enceinte les prisons de la juridiction royale; là logeait le gardien de ces prisons, le geôlier désigné sous le nom de Vinctor : enfin sur la rive droite de l'Oise, on remarquait le petit palais de Bois d'Ajeux dont on a retrouvé quelques ruines en 1740 : c'était la demeure favorite de Charlemagne. Il y avait prodigué sans réserve les marbres, les mosaïques, les ornements précieux de toute sorte. Clotaire et Chilpéric, fondateurs de ce magnifique palais, passaient une partie de leur vie à la chasse comme tous les rois francs; aussi voyons-nous comme annexe de leur manoir, un vaste parc dans lequel ils entretenaient toute espèce de bêtes fauves.

C'est à Verberie que Charles Martel vint se reposer de ses fatigues après la glorieuse bataille de Tours ; c'est là que les légats de Grégoire III lui apportèrent en présent les chaînes de saint Pierre et les clefs du sépulcre du prince des apôtres. Pepin convoqua à Verberie une assemblée générale de la nation en 752, et son fils Charlemagne fit reconstruire en entier le palais qui, ayant déjà traversé plusieurs siècles de durée, n'était plus en rapport avec la grandeur nouvelle de la dynastie carlovingienne. Une autre villa célèbre de la même époque était celle de Quiercy-sur-Oise, à trois lieues de Noyon ; Charles Martel y mourut, et Étienne III vint y implorer le secours de Pepin contre le roi des Lombards. Au commencement du siècle dernier, il existait encore quelques vestiges de ce palais dont le nom est resté célèbre surtout dans les annales de l'Eglise ; on y avait tenu jusqu'à quatre conciles. A Caseneuil, dans le Bazadais, Charlemagne avait fait construire un superbe palais, que les Annales de Metz appellent Casinogilum ; il existait dans sa vaste enceinte des chantiers et un arsenal pour la construction et l'armement des navires. Les historiens du temps rapportent que, malgré les pirates normands, on construisait des navires dans la rivière Caudrot pour les conduire de là dans la Garonne. On voyait dans ce château une grande église voûtée en briques, et une autre plus petite servant d'annexe, dans laquelle se trouvait le mausolée de Lothaire, un des fils de Charlemagne.

Nous savons que les rois de la troisième race, Philippe-Auguste, saint Louis et plusieurs autres princes demeuraient souvent dans leur palais de la cité et s'y rendaient dans toutes les occasions solennelles ; mais ils ne se contentèrent pas de cette unique demeure, et dès 1204, le Louvre avait été fondé par Philippe-Auguste, dans une grande plaine, à quelque distance de l'enceinte de Paris. L'intention du roi était de se construire un logis de campagne et d'avoir en même temps une forteresse pour tenir en bride les Parisiens. Aussi, à l'époque de la construction de la nouvelle enceinte nécessitée par l'agrandissement de sa capitale, il laissa le Louvre en dehors en l'adossant toutefois aux murailles nouvelles, de manière à en faire une espèce de citadelle. Le Louvre avait la forme d'un carré avec un donjon au milieu de la cour centrale. Il était entouré de fossés et flanqué de tours à trois étages, tandis que les courtines qui les reliaient entre elles n'en avaient que deux. Au XIV° siècle, Charles V trouvant ces bâtiments trop écrasés, les rehaussa en quelques endroits de cinq à six toises, et enleva les toits élevés du XIII° siècle pour les remplacer par des terrasses. A l'intérieur, le Louvre était convenablement disposé pour loger toute la famille royale ; le roi, la reine, les enfants de France, avaient chacun leur appartement complet, auquel était joint une petite chapelle accompagnée ordinairement par un petit clocher pyramidal. Indépendamment de toutes ces chapelles particulières, il existait aussi au Louvre une grande chapelle restaurée sous Charles V par Raymond du Temple, architecte, et par Jean de Saint-Romain, sculpteur.

Charles V, désireux de construire un palais approprié aux besoins nouveaux de son époque, choisit un emplacement qui bordait l'enceinte de Paris et y construisit sa nouvelle résidence [1]. Il ne tarda pas à l'agrandir aux dépens de plu-

---

[1]. Ces renseignements sur les maisons royales à Paris, sont empruntés à l'*Histoire des antiquités de Paris*, par Sauval.

sieurs hôtels voisins, l'hôtel de l'archevêque de Sens, celui de l'abbé de Saint-Maur et celui du comte d'Étampes : l'ensemble de toutes ces constructions prit le nom d'hôtel Saint-Pol. Les appartements du roi se composaient d'une ou de deux salles, d'une antichambre, d'une garde-robe, d'une chambre de parade qu'on appelait la chambre à parer, d'une autre pièce appelée la chambre où gît le roi ; en outre d'une ou deux galeries, d'une chapelle à deux étages, de deux cabinets de grandeur inégale qu'on appelait chambre du retrait et chambre du petit retrait : il y avait encore des bains, des étuves, des pièces chaudes qu'on appelait chauffedoux, un jeu de paume, des lices.

Outre les chapelles particulières, jointes à tous ces appartements, il s'en trouvait encore trois autres plus considérables, l'une à l'hôtel de Sens, l'autre à l'hôtel Saint-Maur, la troisième à l'hôtel du Petit-Musc. On entrait dans toutes les pièces par des porches en bois d'Islande, à trois quatre ou cinq faces, s'ouvrant de toutes parts pour la commodité du passage. Les chambres, les salles, les chapelles, les galeries étaient nattées ou lambrissées et quelquefois planchéiées ou pavées de carreaux de pierre blanche et noire, de marbre ou de terre cuite ; les poutres et les solives des chambres du roi et de la reine étaient rehaussées de fleurs de lis d'étain doré, et les entrevous de couleur en détrempe. Les croisées avec leurs vitraux pleins d'images de saints, de devises et d'armoiries, ne laissaient pénétrer que peu de lumière dans les appartements ; elles étaient garnies de treillages en fil d'archal et de barreaux de fer protecteurs.

Les jardins ou préaux étaient environnés de galeries ou de logements, dont quelques-uns étaient fort considérables. Dans ces jardins, et jusque dans l'intérieur du palais, dans presque tous les appartements on voyait des volières remplies d'oiseaux de toute sorte. C'était là une des principales distractions des rois et des seigneurs de cette époque. En ajoutant à cette longue énumération deux chambres pour le conseil, un jeu de paume, des lices et une ménagerie où l'on nourrissait des sangliers et des lions, une grande cour pour les joutes, et une basse-cour considérable, nous aurons donné une idée assez complète de ce qu'était le palais de nos princes régnants et de leur famille au xive siècle. Il suffit de rappeler les Tournelles qui furent la demeure favorite du duc de Bedford, régent de France, à l'époque où les Anglais dominaient à Paris. On y fit de nombreux embellissements en 1432, et entre autres une galerie longue de dix-huit toises, large de deux toises et demie, qu'on appela la galerie des Courges, parce qu'elle était peinte de courges vertes. Charles VII, après l'expulsion des Anglais, se prit d'affection pour la demeure embellie par ses ennemis ; ce fut sous son règne que les Tournelles devinrent une des maisons royales.

Toutes les vieilles demeures dont nous venons de parler furent abandonnées par Louis XI, qui ne semble pas avoir eu une bien grande affection pour sa capitale, et qui passa toute la fin de sa vie en Touraine, dans son château de Plessis-lez-Tours. Louis XII, comme nous l'avons vu, vint demeurer au Palais-de-Justice, et y fit faire des travaux importants; mais son successeur, François Ier, abandonna définitivement le palais Saint-Pol et les Tournelles pour le Louvre agrandi et pour les magnifiques demeures royales de Blois, de Chambord et de Madrid, construites dans le goût moderne, et beaucoup mieux appropriées que les anciens châteaux aux besoins d'une cour nombreuse et brillante.

Nous ne parlerons pas ici des édifices appelés en Italie des palais, et qui sont simplement les habitations plus ou moins considérables de grands seigneurs ou de riches familles. Nous devons nous borner à étudier les résidences ordinaires des princes souverains; les palais des particuliers trouveront leur place parmi les maisons, et nous en ferons plus tard la description en nous occupant de ces dernières. Le palais de Théodoric, à Ravenne, est le plus ancien vestige d'habitation royale qui se soit conservé en Italie. Si nous en croyons les auteurs contemporains, il était d'une grande magnificence; de vastes jardins et de portiques somptueux l'entouraient de toutes parts. Il ne reste plus maintenant de toutes ces constructions qu'une façade en briques fort mutilée. Bélisaire vainqueur des Goths, et plus tard Charlemagne, le dépouillèrent de ses plus précieux ornements, de ses colonnes et de ses sculptures. Le palais d'Ingelheim et l'église d'Aix-la-Chapelle furent en partie construits avec les dépouilles enlevées à Ravenne par l'empereur d'Occident, avec l'approbation du pape Adrien qui ne sut rien refuser à son puissant protecteur.

Les châteaux ou palais royaux les plus importants de l'Italie, ceux sur lesquels les historiens nous fournissent les renseignements les plus complets, furent construits par Frédéric II dans les provinces méridionales de la Péninsule. L'empereur affectionnait vivement cette belle partie de son empire; il y passa la plus grande partie de sa vie, et y fut sans cesse occupé à construire des palais, des forteresses et des châteaux. Séduit par la position de Foggia, charmante ville de la Capitanate, il y fit élever une magnifique résidence qui fut commencée au mois de juin 1223 sous la direction d'un officier impérial nommé Barthélemy. Une inscription, existant maintenant au-dessus de la porte d'une habitation particulière, nous a conservé cette date et ce nom. Il ne reste plus aujourd'hui que la porte principale de ce magnifique édifice; elle se compose d'un arc dont la gorge est ornée de feuilles d'acanthe, et qui vient retomber sur deux aigles d'un fort beau style. Tout ce qui entoure ce vénérable fragment est moderne ou complétement mutilé. L'empereur, qui faisait une guerre continuelle aux papes et s'alliait aux princes sarrasins, préférait les guerriers aux prêtres, les citadelles et les châteaux aux cathédrales; toutes ses ressources étaient donc employées à des constructions civiles ou militaires : nous allons citer en quelques mots celles qu'il ordonna et dont il traça souvent les plans lui-même, si les indications des historiens ne sont pas erronées.

On lui doit la forteresse des Sarrasins à Lucera, le château de Capoue, Recina retraite des vétérans impériaux, Fiorentino aujourd'hui complétement détruit, les palais de Melfi, du Guaragnone, de Monte Sirico, d'Aquila, de Lago Pesole non loin d'Acerenza, le seul de tous ces monuments qui soit resté debout, et enfin le magnifique château de Castel del Monte[1]. Ce monument de forme octogonale, est flanqué à chaque angle d'une tour hexagone. Son unique entrée

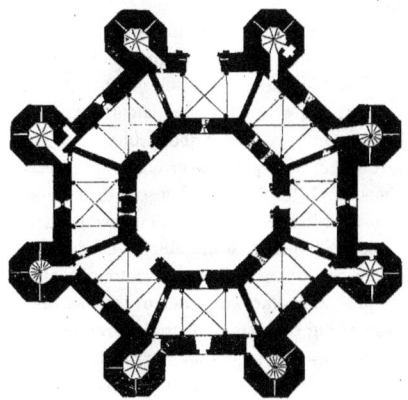

regarde l'orient; elle est formée par une ogive encadrée dans des pilastres surmontés d'un fronton à modillons qui rappelle les plus mauvais monuments de l'époque de la décadence. Au centre d'une cour octogonale, une vaste citerne recevait les eaux de tous les bâtiments et les conservait pour l'usage de la garnison et des habitants. Le rez-de-chaussée est divisé en huit salles couvertes de voûtes d'arêtes et communiquant par trois portes avec la cour intérieure. Au deuxième étage auquel on parvient par des escaliers en limaçon pratiqués dans dans trois tours, on trouve également huit grandes salles à voûtes d'arêtes et trois petites salles dans les tours qui sont recouvertes par des coupoles : les murs de ces salles étaient incrustés de marbre rose et blanc dont il ne reste plus que quelques lambeaux, et les voûtes étaient décorées de mosaïque. Des terrasses dallées à double pente divisaient les eaux pluviales; les unes se rendaient dans la citerne centrale; celles qui s'écoulaient vers l'extérieur se réunissaient

[1]. *Monuments des Normands et de la maison de Souabe en Italie*, publiés sous les auspices de M. le duc de Luynes.

dans quatre réservoirs placés au-dessus des tours octogones, et de là elles étaient distribuées au moyen d'un tuyau dans les différentes pièces du château. Tel était Castel del Monte, le plus complet et le mieux conservé des nombreux châteaux de Frédéric II; c'était à la fois une forteresse ainsi que l'indique l'épaisseur des murs, la rareté des ouvertures, et l'habitation favorite d'un grand prince ainsi qu'on en peut juger d'après les marbres rares et les mosaïques qui ornaient les murs et décoraient les voûtes de l'édifice. Castel del Monte est un des exemples les plus intéressants de l'architecture à la fois civile et militaire du XIIIᵉ siècle italien.

Nos renseignements les plus anciens sur l'architecture civile allemande datent de Charlemagne. Ce grand prince avait pris goût à l'art de bâtir pendant ses voyages en Italie. Dans l'intervalle de ses nombreuses expéditions, il fit construire par Éginhard, son secrétaire, le palais d'Aix-la-Chapelle et ses nombreuses dépendances. On y trouvait d'abord une vaste maison servant de logement à l'empereur, autour de laquelle se groupaient les habitations des principaux personnages de la cour. Elles étaient disposées de telle sorte que rien ne pouvait échapper au regard investigateur de l'empereur. Les palais construits par Charlemagne à Aix-la-Chapelle, à Ingelheim et dans d'autres lieux encore, étaient ornés de marbres, de mosaïques, de colonnes et de chapiteaux enlevés à des édifices antiques. Ravenne en Italie, et tous les monuments romains des bords du Rhin avaient été dépouillés pour décorer les demeures impériales.

Nous manquons de renseignements sur les palais construits par les empereurs allemands du IXᵉ au XIIᵉ siècle. A cette dernière époque, en 1170, Frédéric Barbe-

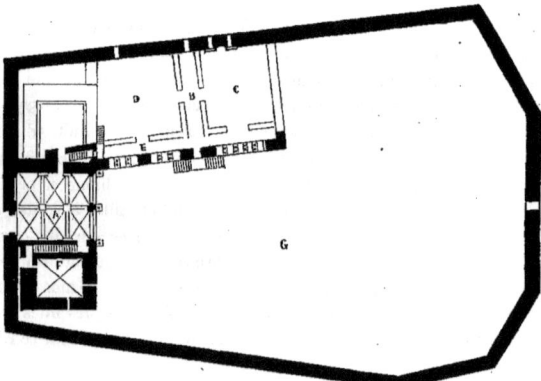

rousse fonda par lettre impériale une ville nouvelle à côté de son château de

Gelnhausen, dont la construction commencée quelques années auparavant, fut achevée en 1186 seulement. Les ruines de ce palais impérial existent encore sur les bords de la Kinzig, qui baigne les murailles de son enceinte. Autour d'une grande cour irrégulière G se trouvaient des dépendances aujourd'hui détruites, mais on voit encore le premier étage de l'habitation de l'empereur avec sa porte trilobée s'ouvrant au milieu de la façade et ses arcades en plein cintre retombant sur des colonnes accouplées deux à deux et formant une galerie à jour E, analogue à celle du château roman de Wartburg. La distribution de cette habitation impériale a complétement disparu, et il ne reste plus aujourd'hui de murs transversaux, mais il est facile de les rétablir au moyen d'indications encore subsistantes.

Il existait un passage B séparant la pièce d'habitation D de la grande salle C dans laquelle on voit encore des restes de la plus magnifique cheminée romane que nous ayons jamais rencontrée dans les châteaux ou dans les donjons du xiiᵉ siècle. Une chapelle communiquant avec les appartements par un petit escalier était placée au-dessus d'un vestibule voûté A qu'il fallait traverser pour pénétrer dans la cour. Une tour carrée F, entièrement isolée de l'enceinte servait de donjon et communiquait aussi avec la chapelle au moyen d'un escalier droit placé dans l'épaisseur du mur. Ce monument, du plus haut intérêt pour l'histoire de l'architecture civile au xiiᵉ siècle, est abandonné depuis de longues années et menace ruine de toutes parts. M. Ernest Gladbach, le continuateur de Moller, en a publié dans son troisième volume des *Monuments allemands* une monographie à laquelle nous renvoyons nos lecteurs.

En étudiant ces belles ruines, ils pourront se faire une idée assez complète de ce qu'était à cette époque du moyen âge une habitation royale construite au milieu des champs, sans être munie d'aucune des fortifications qui caractérisaient les châteaux féodaux de quelque importance. N'est-ce pas là la preuve que la puissance impériale universellement acceptée, n'avait rien à craindre des attaques du dehors? Ou bien faut-il en conclure que l'Allemagne, mieux gouvernée que nos provinces françaises, jouissait alors d'une bien plus grande tranquillité? Nous nous arrêterions de préférence à la première hypothèse. Nous savons en effet que les châteaux féodaux allemands, placés sur des éminences, étaient fortifiés avec le plus grand soin contre les attaques du dehors, et présentaient sous ce rapport la plus grande analogie avec les constructions françaises du même temps.

Après nous être occupés des palais et des maisons royales des différents pays de l'Europe, nous allons dire quelques mots des demeures princières construites dans les principales villes par les grands vassaux de la couronne de France. Les ducs de Bourgogne à Dijon, les ducs de Berry à Bourges, possédaient de vastes palais dont il ne reste plus aujourd'hui que des vestiges. Les comtes palatins, qui régnèrent sur la Champagne pendant plusieurs siècles, habitaient à Troyes un palais démoli au commencement de ce siècle. En recourant à une excellente publication locale [1], nous pouvons donner le plan de cet édifice et l'accompagner d'une description. Sa forme était celle d'un carré long formant un retour d'équerre avec l'église collégiale de Saint-Étienne, qui dès l'origine servait de chapelle au palais.

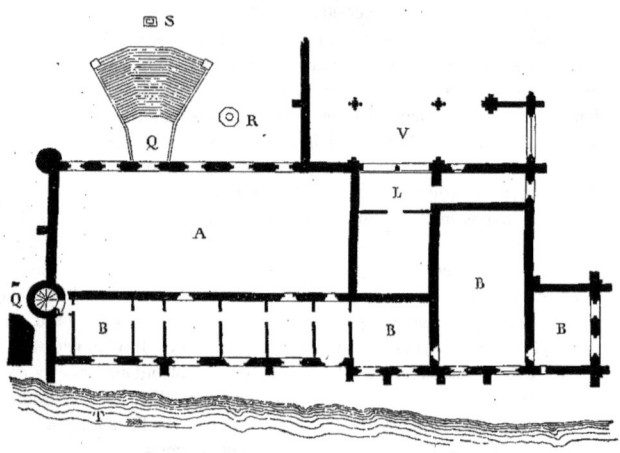

La façade principale, tournée à l'orient, était percée au premier étage de cinq croisées à ogive séparées par des meneaux et d'une porte à laquelle on accédait par un grand perron Q à trois faces. On entrait immédiatement dans la grande salle de parade A pièce principale du palais. Elle occupait une moitié du parallélogramme dont l'autre partie, regardant la rivière, était destinée aux appartements des comtes et de leur famille. Ces pièces B étaient d'une distribution incommode et fort mal éclairées. On communiquait du palais à une tribune voûtée V, placée à l'entrée de la nef de l'église Saint-Étienne où les suzerains venaient entendre la messe les jours de grande solennité; quelquefois ils en descendaient par un petit escalier de bois et allaient au chœur, suivant un ancien usage, endosser la chape et chanter au lutrin. Au-dessous de la grande salle et des pièces d'habitation, un rez-de-chaussée voûté renfermait les offices, les celliers, les écuries. En 1220, Thibault IV étant allé s'établir à Provins, ce palais cessa d'être la résidence des comtes de Champagne.

Nous avons visité l'intéressante ville de Provins, et les constructions du

---

1. Le *Voyage archéologique dans le département de l'Aube*, par M. Arnaud.

château n'ont pas échappé à notre attention; il en reste encore un grand bâtiment formant un carré long que surmonte une cheminée circulaire en pierre de taille; à l'intérieur des distributions nouvelles ont altéré la disposition primitive : cependant la salle voûtée qui sert de cuisine est presque intacte; les grandes salles du rez-de-chaussée ont été conservées avec leurs colonnes de pierre supportant les maîtresses poutres, disposition que nous retrouvons encore à l'hôtel de Vauluisan, dans la ville basse. Nous avons vu que les châteaux avaient tous leur chapelle domestique; dès 1178, Henri le Libéral en fit construire une au château de Provins et la dédia à la Vierge. Il ne reste plus que quelques traces aujourd'hui de la chapelle haute, mais la chapelle souterraine s'est assez bien conservée. On voit encore les ruines couvertes de lierre de bâtiments considérables qui fermaient un des côtés de la cour; quelques ouvertures conservées et des fresques qu'on peut encore distinguer à l'intérieur des tympans témoignent seuls maintenant de la magnificence de cette ancienne demeure des comtes de Champagne.

La grande salle de l'ancien palais des comtes de Poitiers[1] est un vaste vaisseau du XII siècle, recouvert d'une charpente apparente plus moderne. La

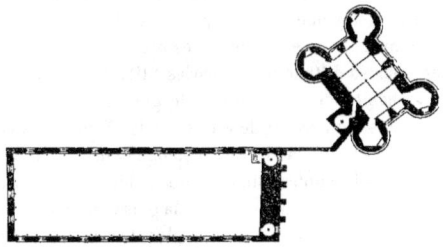

partie la plus intéressante est un pignon, ajouté au XIVᵉ siècle, dans lequel on a pratiqué trois magnifiques cheminées couvertes d'anges, d'écussons et de divers sujets. Les trois tuyaux des cheminées passent dans l'axe de trois belles fenêtres à pignon, accompagnées de statues, et viennent sortir à l'extérieur au-dessus d'un rampant orné de crochets. Un donjon flanqué de quatre tours rondes fut élevé au XIVᵉ siècle dans le voisinage de la grande salle. La partie basse de cette construction existe seule aujourd'hui; les étages supérieurs, les statues des comtes et des comtesses de Poitiers qui les décoraient, les toits

[1]. Nous devons le dessin de cette belle salle à l'obligeance de M. de Merindol, architecte diocésain de Poitiers.

pointus et les mâchicoulis de couronnement, tout a disparu, et il n'existe plus aujourd'hui qu'une masse informe à la place d'une des plus gracieuses constructions élevées au moyen âge. M. de Mérindol a étudié un projet complet de palais de justice dans lequel il a fort habilement agencé ces vieux restes des siècles passés; espérons qu'il lui sera donné de réaliser ce beau travail et de restaurer dans sa forme ancienne pour nos usages le remarquable donjon des comtes de Poitiers.

Les châteaux et les manoirs sont en si grand nombre en France, et leur étude offre tant d'intérêt, qu'un ouvrage spécial devrait être consacré à ces intéressants édifices. Le cercle nécessairement restreint de notre publication nous permettra d'effleurer seulement ce sujet, sur lequel du reste de remarquables travaux ont déjà été publiés [1]. Nous y renvoyons nos lecteurs et nous nous contenterons de citer quelques châteaux et manoirs de la fin du XV° et du XVI° siècle. L'invention des armes à feu fut une véritable révolution démocratique. Le premier paysan venu devenait l'égal du plus vaillant chevalier et pouvait le frapper à distance, sans rien craindre de sa valeur. Les châteaux féodaux, solidement construits pour résister aux engins du moyen âge, voyaient leurs murs s'écrouler sous le boulet et ne pouvaient plus résister à des assaillants pourvus d'une bonne artillerie; en outre la sécurité était devenue beaucoup plus grande; l'autorité royale exerçait une sorte de police, et les guerres intestines avaient presque complétement cessé en France. Les grands seigneurs, qui presque tous avaient fait les guerres d'Italie avec Charles VIII, Louis XII et François Ier, en rapportèrent des habitudes inconnues et le goût d'un art nouveau auquel on devait déjà des chefs-d'œuvre au delà des monts. Toutes ces causes donnèrent naissance à une architecture nouvelle, mélange heureux de détails antiques et de formes nécessitées par notre climat et nos habitudes françaises.

Nos artistes, quoi qu'on en ait dit, eurent la plus grande part aux constructions civiles de cette époque, et les rares exemples d'architectes étrangers venus en France ne peuvent leur ravir la part de gloire qu'ils ont si bien méritée par tant d'immortels chefs-d'œuvre. Comparons un instant l'habitation d'un seigneur italien au commencement du XVI° siècle et celle d'un seigneur français, rien n'est plus dissemblable que ces deux constructions. En Italie ce sont des édifices d'un plan fort simple, à toits plats, avec des portiques ouverts et des terrasses qui rappellent la maison romaine, dispositions parfaitement appropriées au climat du pays. En France, nous ne voyons que plans compliqués, façades flanquées de tours saillantes, toits pointus décorés de riches cheminées. En Italie, tout rappelle encore les habitudes des Romains et l'art antique; le château français, au contraire, est tout féodal dans sa masse et dans sa disposition,

---

[1]. Voir le très-remarquable travail de M. Viollet-Leduc sur les châteaux, dans son *Dictionnaire d'Architecture*; voir aussi l'*Abécédaire* de M. de Caumont.

les détails seuls appartiennent à l'art antique. Malgré l'aspect militaire de la plupart des châteaux du XVIe siècle, on voit de suite que tout dans ces constructions est disposé pour l'habitation : de larges fenêtres carrées à meneaux s'ouvrent à tous les étages des tours et des courtines, les combles sont décorés de riches lucarnes, les mâchicoulis sont une simple décoration, le château n'est plus qu'un simulacre de forteresse ; tels sont les châteaux de Creil, de Chantilly, de Verger en Anjou, publiés par Androuet Ducerceau dans son remarquable ouvrage sur les plus anciens bâtiments de France.

Maintenant énumérons les châteaux français les plus intéressants que nous connaissions ; ils ont été donnés pour la plupart dans des publications auxquelles nous renverrons nos lecteurs ; aussi nous bornerons-nous ici à une très-courte description des principaux d'entre eux. La Normandie est une de nos provinces les plus riches en constructions civiles ; on y voit un nombre considérable de châteaux et de manoirs. Le département de la Seine-Inférieure nous offre le château de Martainville[1] du XVIe siècle, en brique et en pierre, flanqué de tours rondes aux quatre angles, avec une chapelle octogonale à fenêtres flamboyantes faisant saillie sur le mur au-dessus de la porte principale : le château d'Ètelan, de la fin du XVe siècle, remarquable par la disposition de la chapelle qui fait suite au bâtiment d'habitation, et par un escalier renfermé dans une tour carrée en saillie sur la façade : Mesnières, très-considérable construction du XVIe siècle, sur un plan carré avec une chapelle dans une des tours de l'enceinte. Le manoir d'Ango, construit au XVIe siècle par un célèbre armateur de Dieppe, est un curieux spécimen de la maison de campagne d'un riche seigneur de ce temps.

Plus près de nous, dans le bassin de l'Eure, nous remarquons Condé-sur-Iton et Boissey-le-Châtel, belle construction ornée de riches lucarnes ; la pierre et la brique, habilement mélangées, donnent aux châteaux de cette contrée un caractère pittoresque et original. En avançant vers la Manche, nous rencontrons Tourlaville, Gratot du XVe siècle, Carrouges. Non loin des bords de l'Orne, le château d'O, près de Mortrée, offre un très-considérable édifice de la fin du XVe siècle. Courboyer, près de Nocé, est un très-curieux petit château ou plutôt un simple logis ou manoir. Le plan de cette charmante construction est un carré long flanqué aux angles par quatre tourelles en encorbellement ; au milieu des deux faces principales, deux tours l'une ronde, l'autre octogonale renfermant l'escalier, font saillie sur les murs du bâtiment. Une petite chapelle isolée dans le style du XVe siècle dépendait du château.

Dans le département du Calvados, nous trouvons le beau château de Fontaine-Henri[2], du XVe et du XVIe siècle, et celui de Lasson, de la même époque ; le manoir de Quilly avec ses charmants épis de plomb ; le manoir d'Argouges, du XVe siècle,

1. Voir pour ces châteaux et manoirs normands, la *Normandie illustrée*, publiée par M. Charpentier.
2. *Antiquités de la Normandie*, par Pugin.

196   ARCHITECTURE CIVILE ET DOMESTIQUE.

avec chapelle isolée au delà du fossé; le manoir de Belleau, près Notre-Dame de Courson, spécimen très-complet d'un manoir du XVIe siècle, en bois et briques, avec soubassement en pierre; le manoir des Gendarmes, bâti dans un faubourg de Caen par Gérard de Nolent, et remarquable par les figures de guerriers qui décorent une des grosses tours qui flanquent son entrée; le château de Fontaine-Étoupefour, près Caen, du XVIe siècle, avec une très-jolie porte d'entrée accompagnée de deux tourelles; enfin Saint-Germain-de-Livet, dans l'arrondissement de Lisieux, en brique et pierre, avec des toitures en tuiles vernissées de différentes couleurs, charmant type des nombreux manoirs qu'on rencontre si fréquemment dans les campagnes du pays d'Auge.

Si de la Normandie nous passons dans les provinces de l'ouest, nous trouverons, en Anjou, les châteaux de Beaugé, de Plessis-Bourré, de Beaufort, de Saint-Ouen, et celui de Durtal-sur-le-Loir; en Touraine, ceux d'Azay-le-Rideau et d'Ussé, et la curieuse maison de Saint-Laurent-en-Gatine, construction considérable en briques et en pierres, et dont nous donnons ici le plan comme exemple

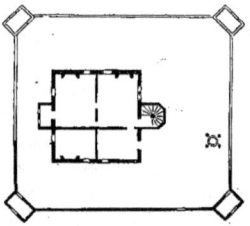

d'un manoir du XVe siècle, avec son enceinte fortifiée. Dans nos provinces méridionales nous rencontrons le château d'Ascier[1], construit avant 1546 par Gaillot, ministre de François Ier, mais dont il ne reste plus aujourd'hui que de fort belles ruines. Enfin à nos côtés, dans les environs de Paris, le département de Seine-et-Oise nous présentera encore le château de Vigny, bâti par le cardinal d'Amboise, au commencement du XVIe siècle. Le plan est un quadrilatère flanqué de huit tours rondes à créneaux et mâchicoulis, et couronnées de toits pointus présentant la plus grande analogie avec ceux du château de Pierrefonds. L'entrée est placée dans une espèce de donjon un peu saillant et flanqué de deux tours. Ce château, d'un aspect tout féodal présente de grandes analogies avec la Bastille et Pierrefonds. Des ouvertures larges et placées fort bas à tous les

---

1. Voir M. Tayor, *Voyage en Languedoc.*

étages indiquent cependant que des pièces commodes et très-bien aérées sont disposées à l'intérieur de cette construction.

Tous les châteaux que nous venons de passer en revue peuvent se diviser en deux classes bien distinctes. Dans les uns, la tradition féodale et militaire s'est conservée presque intacte; ils sont flanqués d'énormes tours à toits pointus; les bâtiments entourent une cour centrale, carrée ou carrée longue. A l'intérieur la distribution des anciens châteaux forts est presque entièrement conservée; seulement les ouvertures sont suffisantes pour donner de l'air et de la lumière, et les pièces pratiquées dans les tours rondes ont généralement la forme carrée plus commode pour l'habitation. Vigny et Chambord peuvent être cités comme des types des châteaux du XVIe siècle dans le style féodal. En même temps que les rois et les seigneurs faisaient élever ces châteaux, ils en construisaient d'autres en évitant avec soin tout ce qui pouvait rappeler l'appareil de défense des anciennes demeures : à Azay-le-Rideau, à Lasson, à Fontaine-Henri, et surtout au château de Madrid, aujourd'hui détruit, nous trouvons la maison de plaisance française, sans mélange de traditions féodales et uniquement inspirée des constructions italiennes. Le goût moderne et le vif désir de bien-être qui pénétrait la société voluptueuse du XVIe siècle étaient bien mieux satisfaits avec des constructions de cette nature; aussi furent-elles bientôt exclusivement adoptées par les rois et les seigneurs de leur cour. Dès la deuxième moitié du XVIe siècle, les châteaux d'apparence féodale deviennent l'exception dans nos provinces, et vers le commencement du siècle suivant, on élevait ces demeures commodes et magnifiques à la fois, qui convenaient si bien à une société riche, heureuse, et complétement pacifiée par les plus grands ministres et les plus grands rois de notre histoire.

PALAIS DES ÉVÊQUES.

Nous avons cru devoir traiter séparément le sujet des palais épiscopaux, édifices fort importants au moyen âge, d'un caractère à la fois religieux civil et militaire, et qui se sont beaucoup mieux conservés que les anciennes demeures de nos souverains. Les évêques en effet, moins dociles que les rois aux caprices de la mode et du goût, et plus attachés aux traditions, n'abandonnèrent pas comme eux leurs palais au XVIe siècle pour se loger dans de nouvelles habitations plus conformes aux exigences du temps, et à des habitudes de vie qui s'étaient bien modifiées depuis le moyen âge. Cependant dès le XVIIe siècle, plusieurs évêchés furent entièrement reconstruits, et dans les premières années du XIXe, quelques-uns furent considérablement modifiés pour être appropriés à de nouveaux usages. A Beauvais et à Laon, on les a tranformés à force de mutilations et de dépenses en palais de justice assez incommodes, et bientôt sans doute on ne pourra refuser à de justes représentations pour la première de ces villes un édifice digne de la première autorité religieuse du diocèse.

C'est toujours dans le voisinage immédiat des cathédrales que nous trouvons les anciennes demeures des évêques; suivant les convenances ou la disposition des lieux elle était placée au nord ou au midi, et d'après d'anciennes règles communiquait ordinairement avec l'église par la porte d'un des transepts. Les archevêchés de Reims et de Sens; les évêchés de Paris, d'Evreux, de Noyon, de Senlis, avaient été construits au midi de la cathédrale; ceux de Meaux, de Bayeux, de Laon, d'Angers, d'Auxerre, se trouvaient du côté du nord. Les chanoines habitaient aussi dans le voisinage immédiat de la cathédrale qu'ils desservaient, mais du côté opposé à l'évêché. Nous trouvons à Laon, le long du bas côté méridional, un cloître du XIII° siècle de la plus élégante architecture, qu'entouraient les habitations des chanoines. A Noyon, cette disposition prend beaucoup plus d'importance : le cloître borde une grande et belle salle capitulaire et une vaste sacristie ; tout à côté se trouve la prison de l'officialité, puis une bibliothèque en bois du XV° siècle, complément fort curieux qui servait exclusivement aux membres du chapitre.

L'ancien évêché de Laon s'étend sur trois faces d'une cour irrégulière, bordée au midi et à l'occident par l'abside et les chapelles du transept de la cathédrale. Après l'incendie de 1112, l'église ayant été réduite en cendres, on dut la reconstruire ainsi que l'évêché détruit sans doute en même temps. Il nous paraît difficile d'admettre que la cathédrale actuelle soit de la première moitié du XII° siècle, ainsi que l'affirment plusieurs historiens en s'appuyant sur les textes; mais nous pensons que l'évêché fut complètement reconstruit à cette époque. La chapelle à double étage avec son abside polygonale, le bâtiment contre lequel elle vient s'appuyer, et un pignon sur la rue qui a conservé de beaux fragments de fenêtres en plein cintre, sont évidemment de la première moitié du XII° siècle. Le grand bâtiment dont nous donnons les deux façades fut construit en 1242, par l'évêque Garnier. Au premier étage se trouvait la grande salle éclairée sur les deux faces latérales par des fenêtres ogivales géminées. Trois tourelles placées en encorbellement sur des contre-forts donnaient au mur extérieur un aspect militaire et pouvaient servir à la défense dans le cas où l'ennemi aurait forcé la première muraille de la ville placée un peu au delà. Le rez-de-chaussée éclairé par deux rangs de petites ouvertures ogivales était occupé par des écuries et par des magasins. L'entrée fortifiée du XIII° siècle détruite en 1826, se composait de deux portes, l'une pour les voitures, l'autre pour les piétons. Dans l'épaisseur du passage d'entrée se trouvait un vaste corps de garde et en face un bâtiment destiné au concierge; une grande salle placée au-dessus de l'entrée communiquait avec la cathédrale par une ouverture visible encore aujourd'hui.

CONSTRUCTIONS DOMESTIQUES. 199

Les autres parties de l'évêché paraissent être du xve siècle ; elles ne présentent aucun intérêt. Au levant du palais se trouvaient les jardins entourés d'un mur d'enceinte contre lequel s'appuyaient, au xiie siècle, des constructions assez considérables, à en juger par les arrachements qui se voient encore de distance en distance le long des murailles.

De tous les palais épiscopaux du moyen âge celui de Beauvais est un des plus complets et des mieux conservés, bien qu'il ait subi dans ces derniers temps de nombreuses modifications. L'ensemble de l'édifice offre la forme d'un trapèze

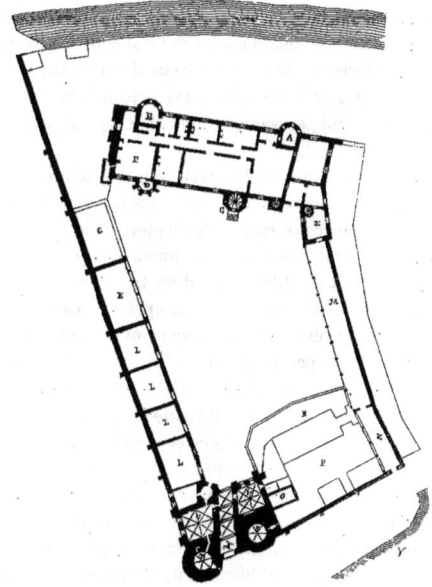

entouré sur ses quatre faces de constructions de différentes époques. La muraille en regard de la rivière du Thérain est la partie la plus ancienne de l'édifice ; sa base est en petit appareil et faisait partie de l'enceinte romaine dont on retrouve de nombreux vestiges en plusieurs points de la ville ; sur cette base on éleva le palais épiscopal au xiie siècle. Les tours romaines servant à la défense furent surmontées de charmantes tourelles romanes à trois étages ; l'une d'elles B déjà publiée dans notre premier volume, vient d'être complétement restaurée par les soins du ministre d'État et avec le concours du département. L'autre tourelle A a été remplacée, il y a quelques années, par une construction de forme carrée dépourvue de tout caractère.

Le bâtiment contre lequel s'appuyaient les deux tourelles romanes a été reconstruit presque entièrement au commencement du XVIe siècle par l'évêque Georges de Villiers, auquel on doit aussi les remarquables transepts de l'église cathédrale. Dans l'ensemble de ces constructions on voit l'oratoire particulier de l'évêque D, le grand escalier circulaire C, la chapelle principale E qui est aujourd'hui détruite. Une galerie de bois M N portée sur des colonnes de pierre conduisait de l'évêché à la basse œuvre Y au moyen d'un pont de charpente jeté sur la rue. L'entrée principale est formée de deux grosses tours S T à toit pyramidal d'un aspect tout militaire, entre lesquelles un passage voûté X conduit dans la cour intérieure. L'étage inférieur de ces tours est recouvert d'une voûte hexagonale, et sert à renfermer les prisonniers. Deux pièces voûtées V et U, se faisant pendant, servaient, l'une de corps de garde, l'autre d'habitation pour le concierge.

Nous lisons dans l'histoire de Beauvais que les bourgeois s'étant révoltés contre leur évêque et souverain temporel, furent vaincus par lui et durent construire à leurs dépens cette espèce de citadelle épiscopale, destinée à opposer à l'avenir une résistance victorieuse à toutes leurs tentatives de révolte. Ces constructions, qui datent de 1306, sont d'un très-beau caractère et rappellent encore, par leur masse et la vigueur de leurs profils, les plus beaux monuments du siècle précédent. A droite de l'entrée se trouve une prison moderne P avec une chapelle en bois O qui paraît être du XVIe siècle. Les bâtiments K G qui viennent à la suite des dépendances du XIVe siècle L L sont des constructions modernes appuyées sur l'ancien mur d'enceinte du palais. Nous avons emprunté aux parties du XIVe siècle de cet édifice les détails qu'on trouvera réunis sur une des planches de notre premier volume [1]. La fenêtre à meneau crucifère est une des ouvertures fort mutilées aujourd'hui qui éclairent les bâtiments L L datant de la même époque; la petite fenêtre carrée et la corniche de feuilles entablées forment le couronnement du bâtiment d'entrée du côté de la cour.

A l'extrémité du transept méridional A de la cathédrale d'Angers, se trouve un bâtiment B à deux étages d'un caractère fort ancien. Le rez-de-chaussée à voûtes d'arêtes est divisé en deux nefs par quatre colonnes d'un travail grossier; au-dessus règne une vaste pièce de vingt-sept mètres de longueur sur plus de dix de largeur; elle sert à la fois de salle synodale et de communication de l'évêché avec l'église. Les appartements de l'évêque L L, sa bibliothèque D, les cuisines K, forment la principale habitation; deux cours O et F donnent de la lumière et

---

[1]. Page 125.

de l'air à cet amas de constructions; enfin, la chapelle particulière du prélat E s'élève contre le transept avec son entrée donnant dans la grande salle. Cette partie de l'édifice et la pièce voûtée du soubassement nous paraissent dater du xie siècle; mais une partie de la haute muraille qui regarde la place neuve est évidemment plus ancienne : elle est construite en petit appareil, et plusieurs

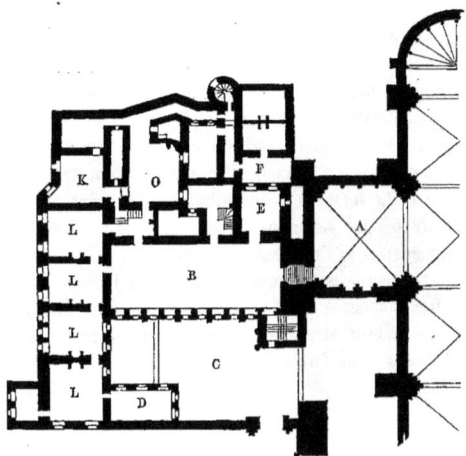

personnes voient dans ce fragment un reste de construction romaine, ou tout au moins un débris de la demeure princière, que l'ancien maire du palais de Neustrie, Rainfroy, aurait fait construire à Angers sur l'emplacement du Capitole.

Nous aimerions à décrire longuement plusieurs palais épiscopaux intéressants, si nous ne craignions de dépasser notre but. Nous nous bornerons pour la France, à citer l'archevêché d'Alby du xiiie siècle, construit en briques comme la cathédrale qui l'avoisine; l'archevêché de Sens, où se trouve une magnifique salle synodale du xiiie siècle, dont la restauration se poursuit en ce moment sous l'habile main de M. Viollet-Leduc; l'archevêché de Rouen; enfin l'archevêché de Reims, dont la chapelle plusieurs fois publiée[1] est bien connue et universellement appréciée. Parmi les évêchés les plus importants, nous rappellerons celui d'Auxerre, avec sa belle galerie romane et son pignon du xiiie siècle; les anciens évêchés de Bayeux et de Caen, dont il ne reste plus que des fragments; enfin

1. *Annales Archéologiques* de M. Didron et *Architecture du Ve au XVIe siècle* de M. Gailhabaud.

l'évêché d'Évreux, construction du XVᵉ siècle d'un style très-fin, adossée aux anciennes murailles de la ville et faisant elle-même partie du système de défense de la place.

Nous aurions pour l'Italie et pour l'Espagne à dérouler une longue nomenclature de beaux édifices de même destination. De Côme à Pestum, par delà les Alpes, nous pourrions nous arrêter presque en toutes les villes épiscopales, à Ravenne, à Padoue, à Vérone, à Sienne, à Lucques, à Fiesole, à Viterbe, à Orvieto, à Naples, à Salerne, pour admirer les anciennes résidences de leurs pontifes. Au delà des Pyrénées, de Girone à Vittoria, en suivant le pourtour de la Péninsule et son diamètre de Cadix à Vittoria, nous avons vu un grand nombre de palais épiscopaux des époques où nous nous sommes renfermés, tous offrant des parties dignes d'intérêt par leur conservation et leur perfection, et quelques-uns, comme ceux de Tolède et d'Alcala de Hénarès spécialement, pouvant à notre sens, servir de type à ceux qui trouveraient bon de s'inspirer des œuvres de la Renaissance. La tempête des révolutions n'a point passé sur ces contrées comme sur la nôtre : les siéges de la souveraineté religieuse y ont été universellement respectés ; et si l'on veut faire un jour par les monuments l'histoire des déférences respectueuses de nos ancêtres pour leurs maîtres spirituels, c'est dans ces retraites cachées à l'ombre des cathédrales, et dissimulées aujourd'hui sous bien des parements étrangers, qu'il faudra chercher les richesses qu'elles tiennent renfermées pour l'avenir.

MAISONS ET LEURS DÉPENDANCES

MAISONS FRANÇAISES DU XIIe SIÈCLE.

Les maisons antérieures au xiie siècle sont fort rares en France ; il n'en existe guère que des fragments épars çà et là dans les anciennes villes que nous avons visitées : mais à partir de la fin du xie siècle, dans le midi surtout, on trouve de précieux restes de l'architecture domestique de cette époque du moyen âge. Pour faciliter l'étude et offrir des points de comparaison à nos lecteurs, nous avons groupé sur une même planche toutes les maisons romanes que nous avons pu recueillir, et que le cadre de notre travail ne nous permettait pas de donner à une grande échelle, comme nous avions fait précédemment pour celles de Cluny. Parmi toutes ces maisons, celle de la rue des Farges à Périgueux qui occupe le milieu de notre présente gravure, nous semble la plus intéressante par la disposition et par l'originalité de ses ornements.

Comme toutes les maisons romanes du midi, elle est recouverte d'un toit plat avec des tuiles creuses, dont l'égout se dirige vers la rue. Le rez-de-chaussée est percé de cinq arcades ogivales ; au premier étage, quatre grandes baies cintrées divisées chacune en quatre compartiments par des colonnettes détruites aujourd'hui, et deux petites fenêtres latérales éclairent la grande pièce qui occupe toute la largeur de la façade. Un des plus zélés et des plus savants archéologues de nos provinces, M. Félix de Verneilh, a eu l'heureuse idée de dessiner les profils, les moulures et les ornements principaux de cette belle construction, avant la mutilation qu'on vient de lui infliger récemment. Grâce à son obligeance, et au dessin que M. Vauthier inspecteur diocésain de M. Abadie, a bien voulu relever pour nous ; il nous a été possible de restaurer dans son état ancien la belle maison de Périgueux.

Une petite cité des environs de Nîmes, dont le nom est devenu célèbre parmi les constructeurs, et que les artistes visitent pour le magnifique portail de son église, Saint-Gilles, a également conservé une maison des plus remarquables[1]. C'était sans doute l'habitation d'un riche particulier, peut-être même la maison

---

[1]. M. Viollet-Leduc a bien voulu nous communiquer un dessin de cette maison fait par M. Alfred Ramé.

de ville d'un seigneur du voisinage. Au lieu de larges ouvertures servant de boutiques, il n'y a au rez-de-chaussée qu'une grande porte plus haute que large, fermée par un linteau de trois mètres et demi de longueur, et accompagnée de deux étroites barbacanes. Chacun des deux étages qui surmontent ce rez-de-chaussée est percé de quatre fenêtres géminées, à colounettes d'un très-bon style. Toute cette construction est d'un frappant caractère, et rappelle par son appareil les édifices romains du voisinage, modèles suivis bien des fois sans aucun doute par les constructeurs du moyen âge dans ces contrées.

Nous avons complété notre planche avec des maisons empruntées à Cluny, que nous avions omis de donner dans notre précédent travail sur les maisons romanes de cette intéressante petite ville. Les deux maisons de la grande rue qui sont contiguës, étaient des maisons de marchands ou d'ouvriers; un plan gravé au-dessus de la façade donnera une idée de leur disposition. La maison des fours banaux, déjà décrite dans notre premier volume, est placée sur notre planche en regard des deux maisons de la grande rue : le plan de son premier étage montre la disposition de ses deux escaliers parallèles et de la cheminée de la grande salle qui saillissait sur le milieu de la façade.

A côté de ces constructions domestiques empruntées à nos provinces méridionales, nous donnons deux maisons qui proviennent du nord de la France. Nous avons trouvé l'une à Beaugency, petite ville des bords de la Loire. L'autre existe à Laon dans une rue voisine de sa cathédrale. Celle de Beaugency est une construction fort mutilée aujourd'hui, qu'on appelle la maison des Templiers. Nous ferons seulement remarquer son pignon sur rue et les arcades du premier étage. Le rez-de-chaussée est entièrement mutilé, et nous avons dû en faire la restauration. La maison de Laon n'offrirait rien d'intéressant, si on n'y trouvait des cheminées géminées qui fixent l'attention par leur saillie sur la façade, et se terminent par deux tuyaux circulaires isolés, dont la base est encore conservée aujourd'hui. Nous nous sommes servis, pour restaurer les couronnements, de la curieuse cheminée romane du château de Castelnau près de Bretenoux.

Tout ce que nous avons publié sur les maisons au xii° siècle, donne, nous le pensons, une idée suffisante de la disposition des plans et des façades, de la manière dont les cheminées étaient disposées, de la forme qu'elles affectaient soit à l'intérieur des pièces, soit dans leur projection au-dessus des couvertures. Il nous reste encore à parler de la forme et de la disposition des ouvertures : nous en avons réuni sur une même planche plusieurs exemples intéressants; l'un est emprunté au château ruiné de Ribeauvillé en Alsace ; nous donnons seulement trois des six ouvertures qui éclairaient la grande salle de ce château. Chaque baie se composait à l'intérieur d'une grande arcade prise dans l'épaisseur du mur avec des bancs en regard dans les ébrasements; deux petits cintres évidés dans des linteaux venaient retomber sur des colonnettes détruites aujour-

CONSTRUCTIONS DOMESTIQUES.   205

d'hui, mais que nous avons restaurées dans notre dessin. Au-dessus des cintres est une rose d'une forme originale et variée à chaque fenêtre. L'arcade que nous empruntons au bâtiment du chapitre du Puy est légèrement ogivale, et les arcatures intérieures sont en plein cintre avec une gorge ornée de fleurons sculptés. La partie la plus intéressante est le tympan formé d'un appareil losangé de pierre blanche et de lave, alternant l'une avec l'autre. Nous reproduisons aussi la fenêtre d'une maison à Angers, et l'une des fenêtres d'un bâtiment du XIIe siècle qu'on voit à Vendôme en face de l'église de la Trinité. Omettrions-nous de relater parmi les maisons françaises du XIIe siècle, celle de Beauvais près de l'entrée de l'ancien évêché, celle de Burlats[1], celle de Nîmes, non loin de la cathédrale de cette ville, et des fragments à Provins, à Vézelay, à Angers et à Tours.

MAISONS FRANÇAISES DU XIIIe SIÈCLE.

En comparant avec nos maisons romanes les six maisons du XIIIe siècle que nous avons groupées sur la même planche, il est difficile de ne pas être frappé de la supériorité de l'architecture civile du XIIe siècle sur celle du précédent. Nous avons recueilli ce que nous avons trouvé de plus intéressant en maisons de cette dernière époque : nous en connaissons plusieurs qui ont paru dans d'autres publications, comme celle de Saint-Yrieix dans le Limousin[2]; mais aucune d'elles ne nous paraît valoir les maisons de Cluny, de Périgueux ou de Saint-Gilles. Les deux maisons de Provins que nous publions sont d'une grande

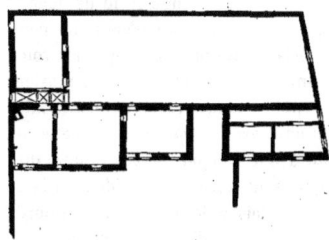

simplicité; nous donnons ici le plan de l'une d'elles, habitation d'un chanoine de Saint-Quiriace, comprise dans notre planche[3]. Elle se compose de deux corps de bâtiments distincts, séparés par un petit passage voûté. A gauche se

1. Voir *Le Languedoc*, par M. Taylor.
2. Voir l'*Architecture du Ve au XVIe siècle* de M. Gailhabaud.
3. Voir la figure III de notre planche.

trouvait la grande pièce de réception placée au premier étage ; on y arrivait de la cour par un escalier extérieur en bois dont il ne reste plus de trace depuis longtemps. Trois fenêtres géminées [1] ouvertes sur la façade qui regarde l'église éclairaient cette grande pièce : elle était chauffée par une grande cheminée en pierre et recouverte par une charpente apparente formant une voûte en berceau. A droite du passage on trouvait la cuisine, et deux pièces placées entre cour et jardin et qui servaient à l'habitation. Une autre maison de Provins [2] est placée dans la rue qui mène de la ville basse à la ville haute. Elle ne présente rien d'extraordinaire dans sa disposition ; nous remarquerons seulement un perron en saillie sur la rue et des corbeaux en pierre de taille semblables à ceux qu'on trouve fréquemment dans les maisons de cette époque, et qui étaient destinés, dans la plupart des cas, à soutenir des auvents.

Une autre maison a été dessinée par nous à Vitteaux, dans la Bourgogne [3]. Elle se compose d'un rez-de-chaussée dans lequel s'ouvre une arcade ogivale et d'un étage percé de trois arcades géminées en plein cintre, dans lesquelles s'encadrent des trilobes. Cette maison, qui présente son pignon sur rue comme les deux autres que nous venons de décrire, est aujourd'hui couverte en pierres plates, couverture assez fréquente en Bourgogne dans les localités où on ne pouvait se procurer facilement autrefois la pierre ou l'ardoise. Viennent ensuite deux maisons de Charlieu [4], jolie petite ville du département de la Loire, qui renferme une abbaye célèbre et des restes très-remarquables d'architecture civile. La maison recueillie par nous à Saint-Antonin [5] est la plus riche de toutes celles que nous avons réunies sur notre planche. Son rez-de-chaussée est percé de deux grandes arcades ogivales, et une série de fenêtres géminées en ogive éclaire ses deux étages. Au-dessus des fenêtres une petite ouverture circulaire ou trilobée, servait à éclairer les pièces lorsque les volets étaient fermés. Nous attribuons cette maison au XIIIe siècle, bien que plusieurs détails de sculpture rappellent une époque plus ancienne ; mais Saint-Antonin est situé dans une province méridionale, et nous avons déjà rencontré cette anomalie dans la maison de Figeac, construite à une époque assez avancée du XIIIe siècle, bien que presque toute sa sculpture ait conservé sensiblement le caractère roman.

Nous avons déjà cité la maison de Saint-Yrieix aujourd'hui démolie ; ses deux étages à arcades ogivales étaient d'un bel effet, mais ses ouvertures devaient être peu commodes pour l'habitation, et leur caractère était bien plus religieux que civil. A Martel, dans le département du Lot, une belle maison du XIIIe siècle,

1. Voir le premier volume de l'*Architecture civile et domestique*, p. 120.
2. Voir la figure I de notre planche.
3. Voir la figure II de notre planche.
4. Voir les figures IV et VI.
5. Voir la figure V.

CONSTRUCTIONS DOMESTIQUES. 207

attribuée, comme toujours, à un roi d'Angleterre, nous a offert un curieux exemple de la disposition des auvents qui abritaient les rez-de-chaussée des maisons du midi ; les trous des poutres et des jambes de force, les crampons de fer qui les retenaient, tout est parfaitement conservé, et nous avons pu, au moyen de ces indications, restaurer avec certitude les auvents de la maison du grand écuyer à Cordes, dont notre premier volume offre la description et la façade.

Il existe à Bourges, au nord de la cathédrale, une maison digne d'examen par sa disposition et ses détails. Son plan est un quadrilatère de dix-huit mètres sur plus de dix et demi dans œuvre, divisé en deux nefs par des colonnes isolées ou engagées dans les murs, et qui reçoivent la retombée des voûtes. Le

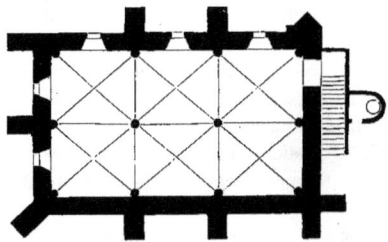

rez-de-chaussée servait sans doute de magasin ; il paraît avoir été sans communication avec l'étage principal, auquel on accédait par un escalier en pierre formant saillie sur la rue. Un puits recouvert d'une espèce de dôme et entouré d'un petit mur d'enceinte, était réservé pour l'usage exclusif des habitants de la maison, bien qu'il fût placé sur la voie publique. Nous ne pouvons passer sous silence une maison à Montferrand, une autre à Caudebec avec un double pignon sur rue, deux maisons fort simples à Rougemont, Côte-d'Or, qui ont dû être habitées par des cultivateurs ; des maisons à Tours, rue Briconnet, rue des Trois-Pucelles, rue Rapin et place du Grand-Marché ; une maison à Beauvais, rue Sainte-Véronique ; enfin des fragments plus ou moins bien conservés à Limoges, à Saint-Antonin, à Laon, à Reims et au Mans.

MAISONS FRANÇAISES DU XIV SIÈCLE.

Les maisons du XIV° siècle sont assez nombreuses en France ; celles qui vont accompagner ce court exposé sont même beaucoup plus importantes que les maisons du siècle précédent déjà données par nous ; en la seule ville de Cordes nous en trouverions un grand nombre. Dans le nord les maisons ont toujours leur pignon sur rue; dans le midi, au contraire, la face la plus large est tournée vers la voie publique avec des toitures fort saillantes de ce côté, comme on en voit partout en Italie. Nous avons réuni sur une même planche deux maisons du nord de la France; l'une se trouve à Provins, l'autre à Laon, non loin de la cathédrale. La seule inspection de cette planche fera comprendre mieux que toute description l'arrangement de la première de ces maisons, et la manière intelligente dont les matériaux, la pierre et les moellons ont été combinés dans sa construction. L'étage principal est éclairé par quatre fenêtres géminées, encadrées dans des ogives surbaissées. Des gargouilles qui servent d'amortissement au rampant du pignon, lançaient dans la rue les eaux du toit, qui s'écoulaient sur des chéneaux en pierre. Cette maison sert aujourd'hui d'auberge, et tel a toujours été son usage, d'après ce qui nous a été affirmé. La disposition du rez-de-chaussée avec sa porte étroite et son unique fenêtre exclut l'idée d'une boutique ou d'un atelier.

La maison de Laon, très-voisine de la cathédrale, a peut-être été habitée par un chanoine. Nous n'aimons pas la disposition irrégulière des ouvertures du bas et surtout les trois frontons à crochets des fenêtres du grand étage, qui sont là uniquement pour la décoration et n'indiquent en aucune façon la disposition intérieure, puisque cette salle est recouverte par une charpente en bois de forme ogivale. Des peintures intéressantes représentant des écussons variés et un semis de fleurs élégantes se voient encore sur plusieurs endroits de la muraille. A Sarlat, petite ville de la Dordogne, nous avons dessiné une maison qui nous a été signalée par M. Félix de Verneilh. Une boutique occupe son rez-de-chaussée ouvert sur la rue par deux arcades ogivales; l'étage principal est éclairé par trois fenêtres géminées à meneau avec rosaces et trilobes semblables à des fenêtres d'églises. Au-dessus, à l'étage supérieur, il n'existe que deux croisées de forme carrée, entourées de moulures retombant sur des têtes sculptées. Nous retrouvons aux deux étages des crochets supportant des boucles en fer analogues à celles que nous avons trouvées en Italie; ils étaient sans doute destinés à fixer les toiles ou les nattes qui abritaient les habitants pendant les grandes chaleurs de l'été. Les détails placés en marge de notre gravure donnent une idée suffisante du style de cette construction.

La maison du grand écuyer à Cordes a déjà paru dans ce recueil avec tous ses détails; mais pour compléter ce que nous avons à dire sur les maisons du XIVe siècle, il nous faudra encore avoir recours à cette ville intéressante. Nulle part en France les maisons de cette époque ne sont aussi importantes et aussi nombreuses : dans un pays dévasté par de terribles guerres et appauvri comme la France au XIVe siècle, Cordes est une véritable exception. La maison du grand veneur est située dans la grande rue, du même côté que celle du grand écuyer : c'est une belle construction plus haute que large, avec un rez-de-chaussée servant de remises ou de magasins et deux étages de fenêtres ogivales. Ce qui caractérise cette façade et lui a fait donner son nom, c'est une série de bas-reliefs incrustés au niveau des ogives du second étage. Ces bas-reliefs représentent une chasse à courre. A gauche un roi à cheval semble arrêter sa monture pour voir un chien poursuivant un loup; devant eux un archer se prépare à percer de sa flèche un animal sauvage; plus loin on voit un cerf qui s'enfuit, un veneur qui rappelle ses chiens, puis enfin deux animaux sauvages qui regagnent une forêt. De nombreuses sculptures, têtes de rois et de reines, personnages bizarres, sont placées çà et là à l'extrémité des bandeaux, à la retombée des archivoltes, aux clefs de voute des arcades. Avant de quitter cette vieille cité si merveilleusement conservée, une maison très-considérable sur la grande place, et une autre lui attenant rappellent encore les bonnes époques par la disposition de leurs ouvertures et quelques-uns de leurs profils. Toutes les maisons de Cordes avaient des auvents au rez-de-chaussée et des toits supportés par des poutres très-saillantes comme les maisons du nord de l'Italie. La coupe de la maison du grand écuyer, qui forme une des plus satisfaisantes gravures de notre ouvrage, donnera une idée de la manière dont étaient disposés les toitures et les auvents de toutes ces constructions.

Nous avons voulu présenter comme spécimen de fenêtres du xive siècle, deux belles croisées que nous avons trouvées à Martel, dans le département du Lot, et qui dépendent d'un grand édifice servant aujourd'hui d'hôtel de ville. L'inspection seule du plan et de la coupe fera comprendre la construction de ces fenêtres disposées comme presque toutes celles de la même époque. Les meneaux, les quatre feuilles qui couronnent les baies, ne sont qu'un simple placage : le mur est beaucoup plus épais, et il se trouve relié par des arcs surbaissés qui soutiennent le mur au-dessus des meneaux et les empêchent d'être brisés par la charge. Dans l'épaisseur des ébrasements, deux bancs de pierre sont disposés vis-à-vis l'un de l'autre. C'est sur ces bancs de côté, recouverts de coussins ou de nattes que les habitants se plaçaient pour regarder dans la rue. Souvent l'arc surbaissé était remplacé par une ogive ou par un arc en plein cintre qui remplissait le même usage; mais quelle que soit la forme de la partie évidée, le principe de construction était le même : c'est toujours à l'extérieur un placage, et à l'intérieur un mur épais avec des arcades et de profonds ébrasements occupés par des siéges de pierre.

Comme exemple de cheminées de cette période, nous donnons les deux belles cheminées du château de Pierrefonds : elles sont entièrement en pierre et richement décorées; mais le plus souvent, dans les maisons de cette époque, on remplaçait les claveaux de pierre par un linteau en bois soutenu par des consoles en pierre ou par des chapiteaux saillants sur le nu du mur. La hotte était quelquefois en pierre, souvent aussi seulement en plâtre, afin de moins charger le linteau qui la supportait. Nous voudrions compter encore parmi les maisons du XIV° siècle, celle de Domart, dans le département de la Somme, deux autres de Caylus d'Aveyron [1] et de Saint-Antonin, et des fragments plus ou moins bien conservés à Flavigny, Côte-d'Or, à Monréal près d'Avallon, à Tournus, à Perpignan, à Girone, et dans toute la Catalogne.

MAISONS FRANÇAISES DES XV° ET XVI° SIÈCLES.

Toutes les maisons que nous avons étudiées jusqu'ici sont construites en matériaux solides, en pierre de taille ou en moëllons, le bois étant employé seulement pour les planchers et pour les combles. Il existe assurément encore dans nos vieilles villes du moyen âge, quelques fragments de pans de bois du bon style ogival; ils sont sans intérêt et nous n'avons pas cru devoir nous en occuper. Mais à partir du XV° siècle, le nombre des maisons construites en entier ou partiellement en bois est très considérable et mérite une sérieuse attention. A cette époque, les objets de ce genre si rares antérieurement se multiplient par l'attrait qu'ils offraient : on pourrait faire un ouvrage des plus intéressants en se bornant seulement aux maisons de ce temps et de la Renaissance. Nous devons nous restreindre ici à une courte énumération, nous arrêtant plus particulièrement à celles qui sont réunies sur notre planche d'ensemble. Nous avons donné avec leurs détails deux maisons du XV° siècle, l'une de Dijon et l'autre de Tours ; les deux plans gravés dans nos figures montrent quel était l'arrangement de presque toutes les habitations importantes de ce temps.

Deux corps de logis séparés par une cour assez étroite étaient réunis l'un à l'autre par une ou deux galeries servant de communication aux différents étages. Sur la rue se trouvaient, au rez-de-chaussée, des magasins et un couloir de passage ; aux étages supérieurs étaient les chambres de la famille auxquelles on communiquait par un escalier renfermé dans une tourelle ronde ou octogonale en saillie sur la cour ; le bâtiment de derrière était occupé au rez-de-chaussée par des magasins ou bien par la cuisine et les dépendances ; au-dessus se trouvaient des chambres et quelquefois une petite chapelle domestique. Souvent une deuxième cour de service était réservée pour donner de la lumière et du jour à ces constructions intérieures, et pour communiquer avec la rue adjacente. Des puits étaient établis dans ces cours pour le service commun ; ils se composaient d'une margelle en pierre, ronde ou hexagonale, placée contre le mur ; trois montants de fer couronnés par des ornements en tôle sup-

---

[1]. Voir *Domestic architecture*, par M. Parker, vol. II, p. 337.

portaient la poulie qui servait à élever et à descendre les seaux; quelquefois cette poulie était accrochée à la muraille ou suspendue à une tête de lion recouverte d'un dais. Le puits de l'hôtel Chambellan, publié sur une de nos planches est le plus bel exemple de puits domestique que nous connaissions.

Nous avons encore en France des maisons du xv° siècle fort considérables : une des plus connues est celle que le célèbre argentier de Charles VII, Jacques Cœur construisit à Bourges, de 1443 à 1453, et qui sert maintenant d'hôtel de ville. La capitale du Berry a aussi conservé assez intact l'hôtel de Cujas, construit en briques et en pierres dans le style de la Renaissance, avec de charmantes tourelles en encorbellement sur le mur de la face d'entrée; de plus, une maison bâtie en 1464 par Bienaimé Georges, architecte, époux de Marie Sallat, et qui a gardé sans altération sa façade sur la cour avec une inscription caractéristique; et enfin l'école des Sœurs bleues, charmante construction de la Renaissance avec une chapelle particulière qui est elle-même un vrai chef-d'œuvre d'ornementation délicate et du meilleur goût.

Les maisons du xvi° siècle, choisies à dessein et réunies sur une même planche, peuvent donner une idée suffisante des constructions telles qu'elles s'élevèrent alors. La plus importante est une maison rue du Geole, à Caen; on l'appelle l'hôtel de Quatrans, du nom d'un de ses propriétaires, qui vivait vers ce temps-là. La façade sur la rue est toute en bois; elle a deux étages de fenêtres carrées avec deux grandes lucarnes pénétrant un comble dont l'égout se dirige sur la rue. En entrant dans la cour intérieure, on trouve à gauche un escalier en pierre; sa terminaison en encorbellement est d'un effet très-original. Pour donner une idée de la disposition pittoresque des escaliers en pierre dans les maisons de Caen, nous en avons fait graver deux exemples au bas de notre planche; ces modèles sont séparés l'un de l'autre par une pittoresque maison que nous avons dessinée à Angers presque en face de l'abside de l'église de la Trinité. Cette maison, qui forme l'angle d'une rue, est divisée en deux parties avec leurs logements séparés et leurs boutiques au rez-de-chaussée. La fermeture de la boutique est entièrement conservée avec sa rangée de petites ouvertures qui donnent du jour à l'intérieur lorsque les volets de la devanture sont posés. On trouvera sur notre planche un détail de cette disposition, et en regard de celui-ci le linteau d'une des fenêtres et les colonnettes à une assez grande échelle pour qu'on puisse apprécier le caractère de cette belle maison du xvi° siècle.

Nous avons emprunté à Lisieux une légère galerie de communication entre deux corps de logis séparés par une cour assez large. Au lieu d'être droites, les poutres qui portent le passage sont inclinées de manière à s'arcbouter l'une l'autre et à rendre la charge moins forte; peut-être ne faut-il voir là qu'une bizarrerie du constructeur, le peu d'écartement des poteaux ne rendant pas nécessaire cet artifice de construction. Verneuil et Provins nous ont offert deux petites maisons en bois du XVIᵉ siècle; l'une, en la première ville, appartenait à un artisan qui avait sa boutique au rez-de-chaussée; l'autre à Provins était la demeure d'un bourgeois : son rez-de-chaussée se composait d'une pièce habitée qu'éclairaient deux fenêtres géminées; elle avait une petite porte en accolade donnant directement sur la rue. Cette dernière est remarquable par l'élégance des consoles sculptées dans les poutres et par la finesse des sculptures. La maison de Verneuil a de belles sculptures des meilleurs temps de la Renaissance, et une lucarne bien conservée de la même époque; mais un travail de reproduction, pour être complet, est au-dessus du bon vouloir d'un étranger; il devrait être entrepris dans chaque province par les artistes qui l'habitent. Des publications locales sérieusement faites sont le seul moyen de conserver les précieux restes de ces pittoresques habitations construites avec tant de soin par nos pères : l'incurie et le vandalisme de notre époque ne tarderont pas à les dénaturer ou à les détruire sans qu'il en reste aucun vestige.

Malgré la manie de l'emploi du plâtre, malgré les façades peintes et les constructions sans caractère, nous avons conservé en France un nombre considérable de maisons en bois et en pierre de la dernière évolution ogivale et de la Renaissance. Si d'une part des villes presque entières comme Beauvais, par exemple, ont été dévastées ou entièrement renversées, de l'autre nous trouvons encore à Rouen, à Caen, à Vitré, à Morlaix, à Angers, à Périgueux, à Luxeuil, de remarquables constructions du XVᵉ et du XVIᵉ siècle. La matière est si abondante qu'il faudrait plusieurs volumes pour publier ce qui en est resté debout. Une telle tâche ne peut être convenablement remplie que par les architectes ou les dessinateurs qui résident sur les lieux, et qui voient chaque jour des actes de destruction s'opérer sous leurs yeux : qu'ils veillent attentivement; qu'ils empêchent les mutilations lorsqu'ils le pourront; qu'ils s'entendent entre eux pour acheter souvent à vil prix de belles façades en bois qu'on reconstruira à peu de frais dans la cour d'un musée, dans le jardin d'une préfecture; mais surtout qu'ils dessinent avec soin toutes les vieilles maisons dont la démolition ou la dégradation paraissent imminentes; c'est le seul moyen de conserver de précieux témoignages de la vie civile de nos ancêtres à l'une des périodes les plus intéressantes de notre histoire.

MAISONS ITALIENNES.

L'aspect original et varié des constructions civiles du moyen âge en Italie est le fait caractéristique qui ressort de l'étude des anciennes villes de cette belle contrée. Chaque petite municipalité a son type préféré d'architecture, parfaitement distinct des types usités dans les cités voisines. En passant d'une de ces villes à l'autre, en étudiant des monuments bâtis avec les mêmes matières, souvent dans le même temps, on a peine à se figurer qu'on soit encore dans le même pays et qu'on n'ait pas franchi en quelques heures une distance de plusieurs centaines de lieues. Assurément la nature des matériaux a été pour beaucoup dans cette grande variété : l'emploi de la pierre à Viterbe et à Florence a fait adopter des formes qu'on ne rencontre plus à Pise, à Lucques et à Sienne, où la brique était presque seule en usage; mais bien souvent là où on pouvait employer les mêmes éléments de construction, à la même époque, les formes sont essentiellement différentes. Il faut donc en conclure que les petites républiques, politiquement divisées et continuellement en guerre, avaient entre elles aussi de profondes rivalités dans les arts.

Chacune d'elles tenant à honneur de ne pas subir l'influence de sa voisine plus riche ou plus puissante quelquefois, se plaisait à reproduire dans toutes les constructions des citoyens, le type heureusement créé par un de ses artistes, pour quelque grand monument public. C'est ainsi que nous voyons à Orviéto toutes les maisons construites en pierre comme le palais des podestats, et lui empruntant l'ornement en damier qui encadre les fenêtres et leur donne un caractère si remarquable ; c'est ainsi qu'à Sienne le palais public a été évidemment le modèle presque servilement copié de toutes les maisons de cette riche et puissante cité. Nous allons parcourir rapidement différentes villes italiennes, en commençant par Viterbe et en remontant vers le nord. Nous n'adoptons pas ici l'ordre chronologique; le style italien diffère tellement du style français, il est si rare de pouvoir se procurer les dates exactes de ces constructions domestiques, que nous ne pourrions essayer une classification précise sans craindre de commettre quelque erreur involontaire.

Parmi les villes de l'Italie centrale qui ont conservé de si beaux vestiges de leur antique splendeur du moyen âge, Viterbe est sans contredit une de celles qui doivent être citées les premières. Célèbre par les nombreuses fontaines dont nous avons déjà publié les plus importantes dans ce recueil, elle renferme également des habitations remarquables de seigneurs et de marchands. Dans ses rues étroites et montueuses on ne rencontre pas, il est vrai, ces grandes constructions en briques et terres cuites qui caractérisent les villes de la Toscane; les maisons sont petites, construites en matériaux volcaniques dont la teinte noire donne à toute la ville un singulier aspect de tristesse. De distance en distance, des arcs hardiment jetés d'un côté de la rue à l'autre, soutiennent des passages voûtés qui mettent en communication des maisons séparées par les rues. Les façades sont en général peu régulières ; elles ont des ouvertures en plein cintre ou en arc surbaissé ; les escaliers sont saillants sur la voie publique et les balcons très-diversement agencés au premier étage.

La maison dont nous donnons le plan dans notre planche consacrée aux habitations de Viterbe[1] se trouve sur une petite place, entourée de trois côtés de constructions du XII° siècle; deux portes en arc surbaissé s'ouvrent dans le soubassement; celle de gauche donne dans un étage souterrain servant de cave, et celle de droite élevée au-dessus d'un perron de six marches, conduit à une assez grande loggia formée par un arc surbaissé à deux rangs de claveaux décorés de fines pointes de diamant. Pour donner encore plus de grandeur à cette loggia, un balcon saillant repose sur des consoles dont notre feuille de détails reproduit le profil. Rien dans cette construction n'indique les précautions de défense si multipliées dans toutes les parties de l'Italie au moyen âge; les ouvertures sont larges; le balcon de la loggia placé à peu de distance du sol pouvait être facilement escaladé par des ennemis résolus.

De semblables dispositions se rencontrant presque à chaque pas dans la ville, nous devons supposer que la population de Viterbe était au XII° siècle beaucoup moins guerroyante que celle des autres villes, et que les citoyens suffisamment protégés par de bonnes murailles contre les ennemis extérieurs, construisaient leurs habitations sans prévoir que des luttes intestines de quartier à quartier devaient diviser la cité et faire de chaque maison une forteresse. Une corniche à têtes de clous et à consoles sépare, dans notre précédent type, l'étage de la loggia des deux étages supérieurs qui sont éclairés chacun par deux fenêtres en arc surbaissé. Le plan joint à nos façades indique la disposition de l'étage de la loggia et fait voir les trois travées de la galerie qui forme un des côtés de la place. C'était là assurément la demeure d'un noble personnage : on voit trois écussons semblables au-dessous de la corniche du premier étage.

La maison dont nous donnons sur la même planche la coupe et l'élévation est sans contredit la plus importante et la plus curieuse de toutes celles de la ville. Le peuple l'appelle le Palazzetto[2], le petit palais; ce qui la caractérise surtout c'est un balcon projeté hardiment au-dessus d'un arc en saillie sur le mur de la façade. Un escalier qui se retourne à angle droit en empiétant sur la rue, conduit au balcon et passe sous une espèce de porte carrée, formée d'un montant et d'un linteau en pierre. Une porte en plein cintre, encadrée d'une archivolte d'un vigoureux profil, donne accès à la grande chambre du premier. On trouvera sur notre feuille de détails, l'amortissement du chambranle de cette porte, et tous les profils des balcons et des corniches de cet édifice particulier. Viterbe possède encore plusieurs maisons du XII° siècle et les restes d'un palais épiscopal d'une date moins reculée. Quelques milles plus loin, à Toscanella, de nombreuses maisons en pierre, avec balcons et escaliers saillants sur la rue, semblent avoir été copiés sur les constructions analogues de la ville voisine et maîtresse de la province.

1. Voir la figure A de cette planche.
2. Voir la figure B de la même planche.

Toutes les constructions civiles d'Orviéto sont calquées sur le palais du podestat. Nous avons déjà publié de celui-ci l'ensemble et les détails dans notre précédent volume. L'évêché ancien dont nous avons aussi donné une fenêtre, un assez grand nombre de maisons et des fragments de maisons du XIIe siècle, sont caractérisés par des fenêtres ogivales ou en arc surbaissé, accompagnées du damier d'encadrement qui se retrouve à toutes les constructions de cette antique cité. Le palais public de Sienne, de même, a été le type sur lequel se sont modelées toutes les constructions de la ville. Nous l'avons reproduit dans tous ses détails, et nous avons aussi donné le palais Buonsignori, qui offre avec lui la plus grande analogie. Via San Pietro, via di Cartagine, et dans un grand nombre de rues, on trouve des constructions civiles qui offrent la matière d'une étude pleine d'attrait.

Nous avons donné, on s'en souviendra peut-être, une vue générale de San-Gemignano, ainsi que l'élévation de plusieurs maisons qui nous ont paru dater du XIIIe ou du XIVe siècle. C'est le seul point de l'Italie où nous ayons rencontré en aussi grand nombre, aussi bien conservées, ces tours qui devaient donner aux villes du moyen âge l'aspect le plus saisissant. Il reste à San-Gemignano une dizaine de tours encore debout; mais il est facile de reconnaître en examinant les maisons, qu'il a dû en exister un bien plus grand nombre, et que presque chacune d'elles pouvait se transformer en une véritable forteresse. Le mélange des matériaux, briques, terre cuite et blocs de pierre habilement combinés, l'emploi fréquent de l'arc en fer à cheval, tous ces caractères divers, donnent à la petite ville de San-Gemignano un aspect spécial, une physionomie presque orientale.

Les deux rives de l'Arno sont bordées par les plus belles maisons, par les plus somptueux palais que le XVIe siècle ait élevés à Pise. Les monuments antérieurs à cette époque ont presque tous disparu. Le palais Gamba-Corti servant aujourd'hui à la douane, un palais d'assez mauvais goût qui lui fait face, et la petite église de Santa Maria della Spina, rappellent seuls l'époque antérieure à la Renaissance. Si nous quittons un instant les magnifiques quais de l'Arno pour entrer dans les rues qui leur sont parallèles, nous retrouvons de suite la vieille cité, nous rentrons en plein moyen âge, et presque toutes les constructions, au moins dans leur base, datent du XIIe ou du XIIIe siècle. En général les maisons se composent de trois piles de pierre, s'élevant à une hauteur égale à trois fois leur base environ, et reliées entre elles par des arcs ogivaux sans monotonie malgré leur répétition.

L'espace compris entre le sol et le sommet de l'arc est divisé en trois étages séparés par des linteaux en pierre de deux à trois mètres de portée. Au niveau de chaque plancher, on voit des corbeaux avec des trous carrés placés au-dessus d'eux, dans lesquels entraient les poutres des balcons. Dans quelques-unes de ces constructions, les piles de l'étage inférieur sont seules en pierre, les autres étages sont en brique, et au lieu de linteaux ce sont des arcs très-surbaissés également en brique qui supportent les planchers des étages. Les grandes baies sont bouchées par des cloisons de briques dans lesquelles sont percés des fenêtres et des oculus. Le plus souvent les pièces de bois supportées par des corbeaux soutiennent des toitures en saillie, qu'on appelle en italien *tettoie*, en sorte que chaque étage était garanti de la chaleur et de la pluie par des toits avancés quelquefois de deux mètres. Nous pensons que la plupart de ces maisons ont perdu aujourd'hui leur ancien caractère ; elles devaient être beaucoup plus élevées et se terminaient sans doute par des tours crénelées. Pise devait présenter de loin l'aspect d'une forêt de tours et ressemblait à Lucques que les chroniqueurs du moyen âge nous dépeignent comme en ayant eu sept cents au temps de sa puissance.

Le palais Guinigi [1] peut donner une idée de la disposition des maisons de cette dernière ville et de la manière dont les matériaux y étaient employés dans la construction. Il existe encore à Lucques un assez grand nombre de maisons anciennes ; l'une d'elles fait suite au palais Guinigi dont elle fait partie, et elle a conservé une tour en briques très-élevée. En face du palais se trouvent également deux maisons qui appellent l'attention ; enfin presque partout dans la ville on rencontre les soubassements des anciennes tours percés d'ouvertures modernes ou déguisés par des enduits. Avant de quitter la Toscane, nommons encore Pistoia, une des plus jolies villes de ce pays, avec de larges rues et un pavé de marbre blanc. Nous y pouvons recommander aux observateurs sérieux plusieurs maisons anciennes, entre autres rue San-Giovanni-fori-Civita, une grande construction fort simple, avec une façade du XIII° siècle, et presque en face une maison du même temps percée d'arcades ogivales et couronnée par une magnifique loggia.

L'ancienne ville des doges a presque été complétement rebâtie à partir du XIV° siècle : cependant on y rencontre encore des fragments d'habitations antérieures à cette époque. Les restes d'un ancien palais près du pont du Rialto, la casa, à San Moïse, le Fondaco de Turchi, belle façade romane sur le grand canal, les palais Lorédan et Farsetti sont des constructions du XI° ou du XII° siècle. Aux époques suivantes, on éleva sur les bords du grand canal et en diverses parties de la ville de vastes et beaux palais, presque tous semblables par leur disposition ; parmi eux nous avons remarqué le palais Foscari, le palais Contarini-Fasan, et la Ca-d'Oro. Nous donnons ici le plan de ce dernier édifice, afin de faire mieux comprendre de suite quel était l'ensemble de ces grandes habitations vénitiennes. La façade principale, tournée vers le grand canal, est accessible au

---

1. *Architecture civile et domestique*, vol. I, p. 128.

moyen d'un escalier C, où viennent aborder les gondoles qu'on attache à des poteaux disposés le long des marches. On pénètre d'abord dans un grand

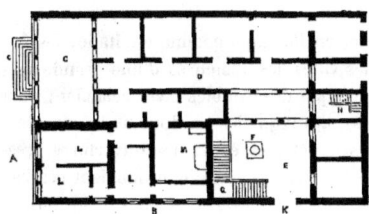

vestibule ouvert du côté de l'eau, et de là on entre dans un corridor D donnant accès à des pièces obscures qui ne pouvaient guère servir à l'habitation. La cuisine M était peu éclairée; des chambres LL avaient vue sur le grand canal; l'entrée K des visiteurs à pied donnait sur une ruelle B et sur une petite cour E, dans laquelle on trouvait un escalier droit montant au premier, et un puits F dont la margelle est d'un très-remarquable travail. La façade de la Ca d'Oro, sur le grand canal, est assez irrégulière et ne nous paraît nullement digne de sa réputation : elle est percée, comme un grand nombre d'autres, de deux rangs d'arcades flamboyantes qui éclairent de grandes salles de réunion.

Sous le rapport du style, c'est un assemblage des formes les plus dégénérées de l'antiquité et du moyen âge, agencées sans aucune apparence de goût ni de talent[1]. A cette construction bâtarde du xv° siècle, nous préférons les palais plus anciens que nous avons déjà cités, et surtout le magnifique palais Vendramini, résidence actuelle de madame la duchesse de Berry. Andréa Lorédan le fit construire, en 1481, par Martin ou Pierre Lombard, célèbres architectes, auxquels on confiait à cette époque presque toutes les constructions de Venise. Romane dans la disposition de ses arcades, antique dans ses détails, d'une exquise délicatesse d'ornements, cette belle construction pourrait à elle seule être l'objet d'une excellente monographie. Avant de quitter l'Italie septentrionale, indiquons encore plusieurs maisons de style vénitien à Vérone et à Vicence ; ne passons pas sous silence les galeries cintrées ou ogivales qui bordent presque toutes les rues de Padoue et de Bologne, et supportent des constructions en briques et en terre cuite d'un goût trop souvent défectueux.

1. Voir dans les *Fabbriche piu Cospicue di Venezia de Cicognara* une élévation de la Cadoro.

MAISONS DES PAYS-BAS.

Dès le XIIe siècle, en Belgique comme en Italie, les familles puissantes construisirent dans les villes des demeures d'une grande solidité, destinées à leur servir de refuge lorsque des troubles civils éclataient dans la cité. C'étaient de véritables forteresses, auxquelles on donnait le nom de Steenen [1], qui signifie pierres : les murs en étaient épais, les ouvertures assez rares, surtout dans les étages inférieurs. Des créneaux couronnaient ces bâtiments recouverts en plate-forme, et une grosse tour ronde ou carrée, ordinairement placée à un des angles, s'élevait au-dessus de la plate-forme. On trouve encore à Gand deux maisons qui retracent exactement ce type de maison féodale : l'une, appelée Ameyde Steen, est située dans la rue aux Vaches; l'autre est connue sous le nom de Duyvelsteen. Nous avons rencontré à Ypres, assez près de la Halle aux Draps, une maison à deux étages à couronnement et pignon crénelés : les fenêtres de l'étage supérieur sont bien conservées, ainsi que les ouvertures carrées du rez-de-chaussée ; mais il ne reste plus que la naissance des créneaux et de la tourelle d'angle. Cette maison est une reproduction de la célèbre Halle aux Draps ; elle doit avoir été construite par le même architecte ou par un de ses imitateurs.

Nous ne connaissons pas en Belgique de maisons du XIVe siècle ; mais la plupart des villes de ce pays en renferment un grand nombre du XVe et du XVIe siècle. Ce sont des constructions qui n'ont rien conservé des dispositions militaires des Steenen : elles se présentent presque toujours avec leur pignon sur rue et sont bâties de briques, ou bien de briques et de pierre, cette dernière étant employée en soubassement et formant l'encadrement de fenêtres. Un très-bel exemple d'une maison en briques et en pierre bleue se voit à Tournay dans une rue voisine de la cathédrale. Nous rappellerons encore une maison à Ypres de 1544 [2], l'hôtel de Lierre à Anvers, l'hôtel de Nassau à Bruxelles, dont il ne reste que des débris, les hôtels de Hoogstraeten et de Nassau et deux belles maisons sur le quai de la Dyle, à Malines. Dans l'ancienne principauté de Liége, les maisons étaient presque toutes en bois avec des remplissages en briques ; les toits élevés, les nombreuses fenêtres carrées des façades avaient un caractère de parenté avec les maisons rhénanes de la même époque. L'ancienne principauté de Liége a dépendu du Saint-Empire jusqu'à

---

1. M. Schayes, *Histoire de l'architecture en Belgique*, vol. II, p. 347.
2. M. Gailhabaud, l'*Architecture du Ve au XVIe siècle*.

la conquête française ; on ne doit donc pas s'étonner que l'art ait exercé son influence là où le pouvoir politique exerçait la sienne depuis plusieurs siècles.

MAISONS ALLEMANDES.

Cologne et Trèves, deux des plus anciennes villes de l'Allemagne septentrionale, ont conservé quelques constructions civiles du xiie siècle à côté des nombreux monuments religieux de la même époque. La maison de la rue du Rhin[1], à Cologne, est un type bien conservé de ces édifices civils rhénans ; sa façade, beaucoup plus haute que large, présente sur la rue un pignon à gradins percé de nombreuses ouvertures de formes bizarres et variées. Au rez-de-chaussée, ce sont des carrés encadrés dans des cintres ; au premier étage, des fenêtres géminées en plein cintre entourées d'un trilobe ; plus haut, des baies ogivales géminées dans des pleins cintres ou dans des encadrements en forme de créneaux. Cette maison était sans doute la demeure d'un patricien de la Hanse enrichi par le commerce. Nous trouvons dans l'histoire de Cologne qu'elle servit souvent de lieu de réunion aux maîtrises et aux corporations qui avaient à s'occuper des affaires de négoce ou de navigation. Il existe encore à Cologne, sur la place principale de la ville, une maison à trois étages du même temps, mais de beaucoup moindre étendue.

A Trèves, les maisons ont le même caractère que celle que nous venons de décrire ; leur pignon dentelé se présente toujours sur la rue, et souvent la cheminée est en encorbellement sur la façade. On en voit une qui est considérable près de la porte Noire ; on en trouve aussi quelques-unes de moindre importance dans une rue voisine de l'ancien hôtel de ville. A côté des maisons de simples particuliers, il en est, dans beaucoup de villes allemandes, de fort élevées, percées de trois ou quatre étages de fenêtres, et accompagnées d'une tour qui se projetait fièrement au-dessus des toits voisins. A Gondorf, sur la Moselle, il en reste une encore assez intacte à l'extérieur ; mais c'est à Ratisbonne, dans la Waller-Strasse, qu'on rencontre les plus intéressants exemples de cette disposition. A défaut du dessin d'une de ces habitations, qu'il nous a été impossible de nous procurer, la maison de Metz et la vue générale de Saint-Gemignano en Toscane, publiées dans notre premier volume, feront suffisamment comprendre la disposition de ces édifices qu'on rencontrait en grand nombre dans toutes les villes du moyen âge.

Nous ne connaissons pas de maisons allemandes importantes du xiiie siècle ; mais on en rencontre fréquemment du siècle suivant à Cologne, à Francfort,

---

1. M. Gailhabaud, *Monuments anciens et modernes*, vol. II.

et surtout à Nuremberg. La maison de Nassau[1] est un remarquable spécimen des constructions civiles de cette dernière ville. C'est une masse carrée beaucoup plus haute que large, percée de trois étages de fenêtres et flanquée à la naissance du toit de quatre tourelles en encorbellement. Un balcon octogonal fait saillie sur le milieu de la façade, disposition heureuse et commode que nous retrouvons encore au presbytère de Saint-Sébald, dans la même ville. Nuremberg renferme aussi de nombreuses maisons du xv° siècle, construites en général par des marchands. Les rez-de-chaussée étaient occupés par des magasins; les étages se divisaient en chambres ou salles, généralement assez petites et garnies de belles boiseries sculptées. Les pignons, faisant toujours face à la rue, étaient découpés en gradins d'escalier, percés de nombreuses fenêtres et souvent décorés de petites absides en encorbellement du plus gracieux effet. Chacune de ces maisons avait une cour intérieure, quelquefois entourée de galeries, et communiquait avec une autre habitation ayant une issue sur une rue parallèle.

Munster, en Westphalie, a conservé des rues entières du xv° et du xvi° siècle. La maison que nous avons publiée peut donner une idée de toutes ces façades, qui se ressemblaient entre elles et paraissent avoir été calquées sur celle de l'hôtel de ville. Ce sont toujours des pignons en pierre, donnant sur la rue, découpés en forme de degrés et décorés de clochetons circulaires couverts d'ornements; ces clochetons sont reliés entre eux par des meneaux flamboyants d'un goût plus ou moins heureux. Toutes les maisons furent disposées de cette façon presque jusqu'à la fin du xvii° siècle; aussi Munster est-elle une des villes les plus attrayantes de tout le nord de l'Allemagne. En se dirigeant de ce point vers le levant, on arrive bientôt dans les plaines sablonneuses du Hanovre, où nous allons nous arrêter un moment.

La capitale de ce petit royaume est fort riche en constructions du moyen âge; ici, comme à Munster, l'hôtel de ville paraît avoir servi de type à toutes les constructions civiles environnantes. La partie la plus remarquable de cet édifice est un pignon construit en briques et en terre cuite, et percé de cinq étages de fenêtres géminées à trilobes. La façade est divisée en compartiments séparés les uns des autres par de petits contre-forts placés sur l'angle et terminés par des ornements en métal d'une forme bizarre. Une maison considérable, dans la Knochenhauerstrasse[2], reproduit d'une manière complète les dispositions de l'hôtel de ville, et peut donner une idée des maisons de riches marchands dans le nord de l'Allemagne. Une large porte ogivale s'ouvrait au rez-de-chaussée pour donner accès aux voitures qui venaient déposer les marchandises dans les vastes

1. Voir *Nürnbergs baudenkmale der Vorzeit*, par M. Heideloff, et le *Moyen âge monumental et archéologique*.
2. Moller, *Denkmæler der Deutschen baukunst*, vol. I, pl. 50.

magasins placés des deux côtés et occupant les deux étages. Le reste de la maison servait à l'habitation des membres de la famille. Avant de quitter Hanovre, une magnifique maison en bois de la Renaissance, percée d'un grand nombre de fenêtres en encorbellement du plus frappant aspect, réclame de nous au moins une simple désignation.

En continuant notre course vers l'est, nous trouvons d'abord Brunswick, ville très-riche en bâtisses de bois de l'époque de la Renaissance, et en descendant un peu au midi, Halberstadt, une des villes les plus archéologiques de l'Allemagne. La place principale de cette dernière est garnie de maisons anciennes de l'aspect le plus accidenté, parmi lesquelles le Rathskeller ou Cave du Conseil, construction de la deuxième moitié du xve siècle, se fait remarquer par la finesse de ses sculptures en bois. Les maisons d'Halberstadt sont presque toutes du xviie siècle; on pourrait croire qu'elles ont été élevées sur le même modèle, et la belle maison de 1542, que nous avons publiée, suffit pour donner une idée complète des constructions de cette intéressante cité. Les villes de la Baltique sont très-riches en architecture civile. Lubeck, une des principales, a conservé un grand nombre de maisons en briques à pignons crénelés; on en trouve encore, par groupes de deux ou de trois, dans tous les principaux centres du littoral, à Rostock, à Stralsund, à Greifswald, à Stargard, à Dantzick, les unes en briques, les autres en bois, d'autres encore où ces deux natures de matériaux sont mélangées. Nous n'avons pu visiter toutes les villes que nous venons de nommer; mais nous pensons, d'après des renseignements précis, qu'elles renferment des édifices civils du plus grand intérêt. Espérons qu'un jour on nous les fera connaître par de bonnes publications : on aurait ainsi de précieux documents sur la manière dont les artistes du moyen âge façonnaient la terre cuite dans ces contrées éloignées; et la comparaison de ces monuments imprégnés du goût septentrional, avec les édifices italiens construits dans un tout autre esprit, mais avec les mêmes matériaux, éclairerait une des faces les moins connues de l'histoire de l'art au moyen âge.

FERMES ET GRANGES.

Chez les Romains, on donnait le nom générique d'héritage à toute propriété rurale, quelle qu'en ait été l'importance. L'ensemble des constructions établies pour le service d'un héritage se nommait *villa* lorsque les constructions appartenaient à une grande exploitation, et *tugurium* si elles dépendaient d'un petit domaine. Les bâtiments de la villa se divisaient en trois parties distinctes : la partie urbaine, la partie rustique et la partie fruitière[1]. La première, destinée au maître, se composait d'un grand nombre d'appartements : chambres à cou-

---

[1]. Columelle, *De re rustica*, lib. I, cap. 6.

cher, salles à manger, bains, portiques placés à diverses expositions, suivant les saisons pendant lesquelles on devait les habiter. La partie rustique renfermait d'abord une cuisine assez vaste pour contenir toute la famille des agriculteurs, des cellules tournées au midi pour chaque manœuvre, une prison, une double habitation, près de la porte, pour le dispensateur et le *villicus;* des logements pour les bouviers et les pasteurs; des bains, des étables, des bouveries, des enclos couverts, composaient les constructions affectées aux colons. Le fruitier se divisait en cellier à vin, cellier à huile, pressoir, caves, granges à foin et à paille, greniers et magasins pour les provisions; il y avait aussi un four, une boulangerie et deux piscines, l'une pour les troupeaux, l'autre pour l'usage des habitants de la villa.

Lorsque les tenures devinrent héréditaires, le bien-être s'introduisit parmi les paysans; mais il ne paraît pas que leurs habitations soient devenues plus saines ou plus commodes que par le passé. Les propriétaires Gallo-Romains étaient de véritables industriels, et logeaient avec le plus grand soin des hommes dont la vie leur était précieuse, puisque sans eux ils n'auraient rien pu tirer de leurs vastes domaines. Depuis, les grands seigneurs germains, observant les mêmes traditions, consacraient leurs soins à la construction des cases, des mauses, qu'ils n'abandonnaient pas entièrement aux colons. Lorsque, plus tard, les terres cultivées par les serfs devinrent leur propre héritage, et que le seigneur n'eût plus à s'occuper de l'entretien des bâtiments, ceux-ci s'amoindrirent sous un possesseur moins riche et qui cherchait seulement à se mettre à l'abri des intempéries des saisons et à exploiter la terre avec le moins de dépense possible. Les demeures des vilains étaient ordinairement bâties en bois, couvertes en bardeaux, en chaume, ou même en larges pierres; bêtes et gens demeuraient pêle-mêle sous le même toit, ainsi que nous le voyons encore aujourd'hui dans les plus arriérées de nos provinces. Les seigneurs ne s'occupaient plus des demeures de leurs vassaux que pour leur interdire de les fortifier. En Normandie, les paysans ne pouvaient entourer leurs maisons de fossés profonds; il leur était interdit d'en défendre l'approche par des palissades ou par tout autre moyen de fortification. Souvent les vilains, enrichis ou enhardis, ne tenaient aucun compte des prohibitions seigneuriales, et il en résultait des luttes continuelles, luttes inégales qui se terminaient presque toujours à l'avantage du seigneur plus aguerri et plus puissant.

On doit distinguer au moyen âge les exploitations rurales qui dépendaient des familles nobles, et celles qui, faisant partie d'une abbaye, étaient cultivées par des frères convers, ou par des paysans que ceux-ci étaient chargés de diriger. Les premières, construites en général sans soin, en matériaux peu résistants, ont complétement disparu; on n'en trouve guère d'exemple qu'à partir du xv° siècle. Les exploitations des monastères, au contraire, solidement construites, se sont en général bien mieux conservées, et il nous en reste un grand nombre. C'est donc dans les enclos voisins des abbayes et des prieurés qu'on doit faire des recherches pour bien comprendre ce qu'était une exploitation rurale au moyen âge. Mais, avant de passer à la description des monuments, qu'il nous soit permis d'emprunter à un vieil ouvrage[1] sur l'agriculture les règles à suivre pour la construction d'une ferme au moyen âge.

« La cour soit par dedans disposée en cette manière : au milieu de la face
« de la voie qui est devant, on fera l'entrée large de douze pieds, et on fera
« l'issue de l'autre part de même largeur pour aller aux champs et aux vignes
« par derrière, car cette largeur suffit pour charettes chargées de foin et de
« paille ou autres telles choses, et là soient faites fortes portes, riches ou com-
« munes, à la volonté du seigneur; mais qu'elles puissent ouvrir de jour et
« fermer de nuit pour la sûreté, et que là-dessus soit faite ou couverture ou
« maison pour garder l'entrée plus nette et plus sèche et que les portes ne pour-
« rissent par pluies ou rosées, la moitié de la partie de la cour qui est de l'une
« partie des portes soit par le seigneur disposée en cette manière, c'est à savoir
« que par la voie qui divise la cour soit mise et faite la maison du seigneur qui
« tiengne longue face decoste la voye et tende ung petit par derrière et ce que
« la maison ne clorra devra être supploye de hayes d'espines bien haultes ou de
« murs. Et soit la maison grant ou petite garnie de murs ou non, mais toutefois
« bien couverte de tuiles ou autre couverture selon le pouvoir et le plaisir du
« seigneur et contre les solives on plantera de belles vignes et autres choses, et
« quant elles seront élevées de huit ou dix pieds de haut elles embelliront le
« lieu et l'ostel ; après par cinq ou six pieds dedans la court, l'on plantera tout
« autour petits arbres portant fruits comme figues et pommes grenates si l'air du
« lieu le peut souffrir, ou noisilles de couldre, neffles, et tels petits arbres, et
« par le milieu d'icelui lieu pomiers, périers et autres grands arbres loing l'un de
« l'autre par xx pieds au moins, et seront chacun un ordonnés par très-diligente
« cure selon ce que le temps le requerra, et le vin et les fruits des arbres seront
« gardés seurement pour le seigneur par bonnes clotures afin que les villains
« gloutons paysans ne les dégastent. Et sera là dedans ung bel verger de bonnes
« herbes aromatiques et un joly jardin pour le seigneur et de bons vaisseaux de
« mousches à miel et en bon nombre bien seurement gardées, et là aura conins,
« lieuvres, tartres, et autres telles choses plaisans. Mais à l'autre moitié de la
« court l'on fera maisons et appentis tout autour de coste la rive qui occuperont
« l'une partie ou deux, selon le nombre de la famille et des laboureurs, et aussi
« des bestes que l'on aura à nourrir. Et demeurra la cour vuide au milieu et
« seront les meilleurs hostels pour les laboureurs et les autres pour les bestes

[1]. *Guy Crescent*, ouvrage en latin et en italien, traduit au xiv**e** siècle pour Charles V, avec miniatures sur l'agriculture.

« de costé. Les maisons des paysans qui n'aura fontaine l'on fera fossés et puits
« selon la meilleure forme et manière que l'on pourra. Toutefois que le puits
« soit fait loing des fossez de la court et des palus, afin que la corrupcion des
« fossés et du dégout ne corrompe le pays par l'exalaison de la terre. En l'autre
« part par devers les maisons des bestes l'on fera un palus pour mettre et mener
« le fumier des bestes et soit fait le plus loing de l'ostel du seigneur que l'on
« pourra, et s'il advient que les seigneurs soient si grands et si nobles qu'ils ne
« daignent demourer en une même cour avecques leurs laboureurs ils pourront
« en cette cour faire estre et demourer le chastellain ou garde du lieu et en une
« autre partie faire leur lieu fort. »

Cette description d'une ferme italienne du XIII° siècle peut s'appliquer à celles qui durent être construites en France à cette époque et aux siècles suivants. Nous croyons seulement que les seigneurs français, tout occupés de guerres et de batailles, s'inquiétaient assez peu de l'exploitation de leurs domaines et ne profitaient pas souvent de l'habitation qu'ils avaient fait construire dans la cour de leur ferme. C'est au XVI° siècle seulement qu'ils s'occupèrent plus activement de leurs terres. Le grand nombre de fermes accompagnées de manoirs qu'on rencontre à cette époque témoigne du changement profond qui s'était opéré dans les habitudes et dans les goûts des possesseurs féodaux. Ceux qui n'étaient pas attachés à la cour, et c'était le plus grand nombre, s'appliquaient à l'amélioration de leurs domaines, seul moyen pour eux d'employer leurs loisirs et d'augmenter des revenus qui devenaient de plus en plus indispensables pour satisfaire un luxe croissant sans mesure.

La plus ancienne ferme que nous connaissions est celle de Meslay, construite de 1211 à 1227 par Hugues de Rochecorbon, abbé de Marmoutier; nous l'avons donnée[1] avec quelque détail, et nous renvoyons pour plus de renseignements à nos planches et à notre notice sur ce sujet. Une autre construction rurale de la même époque, dépendant d'un prieuré, nous a été conservée presque intacte; elle touche à la charmante église de Saint-Martin-au-Bois[2]. C'est un bâtiment d'exploitation agricole solidement construit en belles pierres de taille. Le rez-de-chaussée voûté servait et sert encore de bergerie et de vacherie ; à l'extérieur, un escalier octogonal en saillie, d'une époque postérieure, conduit à un étage où se trouvaient les greniers. L'édifice se termine du côté de l'entrée de la ferme par un pignon crénelé et percé de deux ouvertures ogivales à meneaux, d'un dessin aussi simple qu'élégant.

Près de Mesnil Mauger, dans le délicieux pays d'Auge, nous avons visité une ferme du XVI° siècle qui commande à bon droit l'attention[3]. Sa forme diffère assez

---
1. *Architecture civile et domestique*, vol. I, p. 27.
2. Dans le département de l'Oise, près de Saint-Just.
3. Voir l'*Abécédaire* de M. de Caumont, p. 224.

peu d'un carré régulier bordé de bâtiments construits en bois; sur la face d'entrée on trouve l'habitation du maître; à droite, les pressoirs et les hangars; à gauche, les étables et les bergeries; dans un des angles s'élevait un colombier circulaire en pierre, aujourd'hui démoli, dont nous avons vu les dernières assises. Un large fossé dans lequel coule une petite rivière, entourait la ferme et la défendait contre l'agression des voleurs. A Canapville, près Toucques[1], dans le département du Calvados, une ferme assez considérable du XVIe siècle est entourée d'un mur de défense. On y voit encore un bâtiment de maître assez bien conservé, et un colombier en charpente placé au milieu de l'enceinte dénote encore l'importance du lieu.

Souvent les exploitations rurales étaient régulièrement fortifiées comme un château, par une muraille flanquée de tours rondes ou carrées. La ferme de la Potinière, près de Verneuil[2], en est un curieux exemple. Son mur de circonscription est entouré d'un large fossé plein d'eau, dont les terres, jetées au dehors forment un talus irrégulier, espèce de chemin couvert. Une porte encadrée de deux tourelles fort rapprochées, conduit dans la cour, où se trouvent de nombreux bâtiments d'exploitation. Une espèce de ruelle laissée entre ces bâtiments et l'enceinte facilitait encore la défense, et devait opposer un obstacle de plus à l'assaillant qui l'aurait voulu menacer.

Sur la grande route de Verneuil à Chartres, à cinq lieues environ de la première de ces villes, on voit une grande ferme de la fin du XVIe ou du commencement du XVIIe siècle, qui s'annonce par un grand pavillon carré d'un beau caractère; sur le pont qui traverse le fossé et conduit à la porte principale ouverte dans ce pavillon, on voit encore les restes des tourelles qui flanquaient probablement une porte avancée. Après avoir traversé le pavillon d'entrée, on se trouve dans une vaste cour, quadrilatère entouré de bâtiments d'exploitation : en face, on voit la maison du fermier, remarquable par la variété de son appareil de briques de diverses couleurs diversement combinées; à droite, la grange et le pressoir; à gauche, les vacheries, bergeries et écuries sur deux faces, venant rejoindre la principale entrée. Un large fossé entoure toutes ces constructions et les sépare d'un grand enclos fermé de haies d'épines dans lequel se trouvent encore aujourd'hui le jardin potager, les meules et les hangars.

Non loin de la commune de Monnaie, sur la route de Chartres à Tours, on aperçoit une charmante ferme du XVIe siècle appelée Bourdigal[3]; les bâtiments qui la composent ne sont reliés ni par un mur, ni par un fossé : ils ont été construits dans le voisinage d'un joli verger qui descend en pente douce

---

1. Voir l'*Abécédaire* de M. de Caumont, p. 226.
2. Département de l'Eure.
3. Cette ferme appartient à M. le comte de Flavigny, qui a su la préserver jusqu'ici de toute mutilation.

vers le ruisseau de la vallée. Le logement du fermier est d'un aspect des plus champêtres avec sa tourelle centrale pour l'escalier, son pignon en pierre orné de crochets, et les petits auvents qui abritent portes et croisées. Toute la construction est faite de belles pièces de bois avec remplissages en briques non revêtues d'enduit; la grange qui fait face à ce bâtiment est encore assez bien conservée avec ses poteaux et sa charpente; les écuries, vacheries et celliers doivent avoir été reconstruits à une époque assez récente.

Les fermes que nous venons de décrire ont été construites par des seigneurs ou par de riches bourgeois; elles ne nous présentent pas les dispositions monumentales des bâtiments ruraux des abbayes et surtout des granges, dont nous allons maintenant nous occuper spécialement. Nous commencerons par la belle grange de l'abbaye de Maubuisson, que nous donnons dans tous ses détails sur une de nos planches; sa forme est celle d'un quadrilatère de dix mètres sur vingt-quatre dans œuvre, divisé en trois nefs par deux lignes de neuf colonnes chacune. Des chapiteaux à larges feuilles dans le caractère du XIIIe siècle terminent ces colonnes, sur lesquelles viennent retomber des arcades ogivales. Dans presque toutes les granges que nous avons pu étudier, les portes s'ouvraient ou bien au milieu de la grande nef, ou bien aux extrémités d'un des bas-côtés, disposition convenable qui permettait de ranger facilement les récoltes. Ici, au contraire, nous ne voyons que deux portes charretières ouvertes perpendiculairement aux deux bas-côtés, et qui ne sont même pas en face l'une de l'autre. Le rangement des gerbes devait assurément être fort difficile avec une semblable disposition.

Une des granges les plus importantes que nous connaissions est celle de Vaulerant[1], à peu de distance de la petite ville de Louvres. Elle a la forme d'un

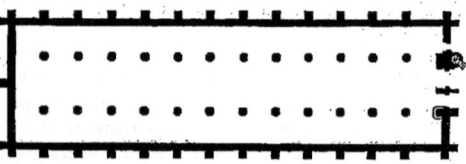

parallélogramme de soixante-six mètres sur dix-huit dans œuvre. Vingt-quatre piliers carrés la divisent en trois nefs et s'élèvent à une grande hauteur pour recevoir des arcades ogivales; la nef centrale est éclairée par quatre fenêtres

---

1. Ce curieux spécimen d'architecture rurale nous a été indiqué par M. le baron de Guilhermy. Il se trouve dans le département de Seine-et-Oise.

placées deux à deux dans le pignon de la façade, les inférieures en plein cintre, les plus élevées en ogive. On pénètre dans la grange par une grande porte charretière en arc surbaissé, à côté de laquelle s'ouvre une autre porte plus petite destinée aux mêmes services. Il n'y a aucune autre porte, ni dans le pignon opposé, ni dans les murs des bas-côtés pour faciliter la sortie des voitures déchargées. Un escalier placé dans une tourelle saillante, à droite de la grande porte, servait sans doute à monter sur les moissons entassées et à exercer une facile surveillance. Cette grange est la plus considérable de toutes celles que nous connaissions. Nous avons été assez heureux pour la visiter à une époque où la nouvelle récolte n'était pas encore ramassée et où elle était presque vide de grains, et nous avons pu admirer à loisir cette nef, belle de grandeur et de simplicité, qui, transformée en église, serait beaucoup plus convenable pour le culte que la plupart des monuments religieux élevés de nos jours dans les campagnes et jusque sous nos yeux.

La grange dont nous allons dire maintenant quelques mots se trouve dans l'enclos de la maladrerie de Saint-Lazare près de Beauvais. C'est comme presque toutes les granges du XIIIe siècle un quadrilatère divisé en trois grandes

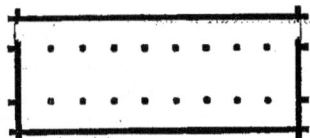

nefs par des piles carrées. Deux portes placées aux deux extrémités du bas-côté méridional, s'ouvrent en face l'une de l'autre dans les murs des pignons. Cette disposition, fort commode pour l'entrée et la sortie des voitures, permet d'engranger les récoltes travée par travée dans la nef et dans le bas-côté septentrional, sans être obligé de conserver de passage pour la circulation des charrettes. Au moyen âge, il n'y avait point de fondation religieuse dans les campagnes sans qu'une exploitation agricole y ait été annexée. Dans les maladreries elles-mêmes, le soin des malades n'absorbait pas tout le temps des religieux et des frères convers ; ils s'occupaient de faire valoir leurs terres, soit par eux-mêmes, soit par des serviteurs à gages ; peut-être même y employaient-ils les lépreux les plus valides qui, privés de toute relation avec les habitants, par des lois d'une extrême sévérité, trouvaient là la seule occupation à laquelle il leur fût permis d'être employés.

L'abbaye d'Ardennes, près de Caen, a conservé une grange du XIIIe siècle

228   ARCHITECTURE CIVILE ET DOMESTIQUE.

du plus haut intérêt; ses ouvertures sont plus nombreuses et mieux ménagées que dans les autres édifices de même nature. Quatre portes charretières ouvertes dans les pignons et dans les murs des bas-côtés, permettent de décharger et de ranger les récoltes avec la plus grande facilité. Un petit clocher en pierre, à cheval sur le pignon opposé à la façade principale, était accessible au moyen d'un escalier taillé dans l'épaisseur du rampant. Faut-il admettre, comme le

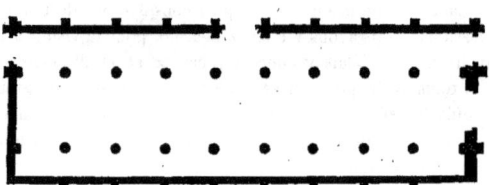

pensent certaines personnes, que la grange a provisoirement servi d'église, ou bien était-ce là seulement une cloche destinée à réunir aux heures des repas les frères convers et les travailleurs à gages de l'abbaye? Nous citerons encore, parmi les granges qui ont été publiées, celle du prieuré de Saint-Vigor, près Bayeux, et les granges du Bec, de Bonneville sur le Bec-Hellouin, de Marbeuf, de Corneville, toutes les quatre dans le département de l'Eure [1].

Les granges du moyen âge sont encore très-nombreuses en France. Ces édifices, solidement construits en pierre, ont résisté jusqu'à présent : comme ils restent toujours parfaitement appropriés aux besoins de l'agriculture, et suffisamment vastes pour la plupart de nos établissements agricoles, il est à croire qu'on les conservera longtemps encore. Excepté les granges de Meslay et de Vaulerant, toutes celles dont nous avons parlé sont de dimension moyenne ; nous ne trouvons rien qui approche de certaines granges d'abbayes qui avaient cinq nefs, partagées par des colonnes en pierre, et plus de trois cents pieds de longueur. Espérons que les explorations infatigables des archéologues de nos diverses provinces finiront par retrouver quelques-unes de ces granges gigantesques, derniers témoins de l'activité des moines et des services qu'ils ont rendus à l'Europe en défrichant, au XII° et au XIII° siècle, des contrées tout entières à la sueur de leur front.

Nous rattacherons aux exploitations agricoles les moulins à vent et à eau, constructions industrielles qui dépendaient le plus souvent d'une ferme ou

[1]. Mémoire de M° Philippe Lemaître sur quelques granges dîmières du département de l'Eure, *Bulletin monumental*, vol. XV, p. 193.

d'une abbaye. Les monastères ayant été fondés presque constamment sur le bord d'une eau courante, ils étaient toujours accompagnés d'un moulin destiné à moudre les grains des moines et de leurs nombreux serviteurs. A Cluny, nous avons étudié un bâtiment considérable du XIIe siècle, que la tradition regarde comme le premier moulin créé par les moines en nos contrées. A l'abbaye du Val[1], près de Pontoise, il en existe un du XVe siècle encore fort bien conservé dans toutes ses parties.

Lorsque les abbayes où les fermes étaient éloignées d'un cours d'eau, on était obligé, pour moudre les grains, d'avoir recours à la force motrice de l'air. Vers l'an 1200, les moulins à vent furent introduits en France, et dès cette époque, on en éleva un grand nombre de tous côtés. L'abbaye de Longchamps, dans le bois de Boulogne, en avait un du XIIIe siècle, qui sert aujourd'hui à l'embellissement de la magnifique promenade dont Paris peut, à juste titre, s'enorgueillir. Sur un tertre circulaire, revêtu d'une chemise en maçonnerie, s'élève le corps du moulin, construit en belles pierres de taille. La toiture en bardeau qui le recouvrait jadis, vient d'être remplacée par une couverture moins solide sans doute, et surtout d'un effet moins artistique pour l'œil de l'observateur. Nous pouvons encore signaler des moulins à vent du XVe siècle près d'Auray, dans le Morbihan, et à Guérande, dans le département de la Loire-Inférieure : ces derniers, au nombre de quatre, forment un groupe plein d'intérêt ; ils sont en pierre et à deux étages, le supérieur saillant sur l'inférieur. On y pénétrait par une petite porte en accolade qui annonce sans erreur possible l'époque où l'agriculture les adopta dans ce pays.

Des vues seules d'économie ont préservé jusqu'à ce jour ces vénérables et précieuses reliques de nos campagnes. Le goût, le sens le plus simple qui avaient déjà sauvé le moulin de Longchamps, ne pouvaient-ils aussi épargner un autre reste plus important du même lieu, du même style et du même temps? Les trois vastes nefs de la grange abbatiale que la sœur de saint Louis éleva peut-être des dons de sa piété, avaient bien droit au même respect de conservation. L'immense vaisseau, avec quelques lambris ajustés et décorés avec grâce, serait devenu une enceinte qui aurait pu rappeler l'antique église du cloître où chaque année fidèles et familles des grands se pressaient comme les épis et les gerbes sous ce toit agreste et deux fois séculaire. Aux jours saints, les sublimes soupirs du prophète de la Passion, les lamentations de Jérémie psalmodiées comme jadis auraient attiré de nouveau la foule des riches et des oisifs aux chants qu'ils n'entendent plus dans les temples de Dieu.

Et qui sait si ce mémorial de douleur n'eût pas inspiré à bien des âmes les

---

[1]. Le moulin du Val fait partie de la monographie de cette abbaye, par M. Hérard architecte. Ces dessins appartiennent au ministère d'État.

sentiments dont elles sont toujours vides ou privées au milieu des jouissances du monde ! Les loisirs fatigués de l'opulence, les émotions épuisées dans la fièvre des affaires, les dégoûts nés de désirs incessamment rassasiés, en trois jours seuls auraient pu faire sourire la fortune à l'audace de la spéculation, ou l'abondance aux pauvres d'alentour, ou mieux encore une longue aisance à une œuvre humblement cachée non loin de là sous les voiles de la charité. Ainsi le bien, le beau, l'utile, le profane uni au sévère se seraient à l'envi concertés entre eux pour soustraire à la destruction cette tente champêtre de pierre, de tuiles et de bois qui demeurait encore debout naguère dans sa majestueuse simplicité. Une telle appropriation avait bien ses motifs et ses convenances : par ses contrastes, par son opposition morale avec tant de créations récentes, elle n'aurait qu'ajouté aux charmes du paysage, aux beautés, aux harmonies de cette retraite nuit et jour visitée. Vraiment, un souvenir gardé du ciel, un legs de sainte solitude n'était pas de trop au milieu des enchantements d'une terre foulée aujourd'hui par toutes les vanités. Dans ces promenades éloignées, l'art avait là, tout trouvé, un trait de poétique grandeur qui lui fait défaut.

Mais ne finissons point par un regret : que l'espérance au contraire nous soutienne dans le silence où nous rentrons. Une voix puissante et bien connue dira mieux que nous les craintes qui nous menacent et les pertes qui nous affligent. Deux fois héritier des croisés et par sa noble origine et par sa filiation du génie même de Châteaubriand, qui nous a rendus le premier à l'amour du plus divin des arts liturgiques, suivant la belle expression de science et de foi de dom Guéranger, M. de Montalembert saura mieux que jamais maintenir et les droits élevés de l'art et les modestes vœux de l'archéologie. Que ne lui devons-nous point déjà ? De grands exemples de conservation et de réparation, de beaux modèles de rénovation nous sont donnés de toutes parts. Parmi les objets qui nous attachaient en dernier lieu, nous en comptons bon nombre qui sont à notre su conservés à nos désirs. Fidèle à ces grandes voix que nous venons de rappeler tout à l'heure, M. le comte de Flavigny garde debout ses fermes historiques, que tant d'autres auraient impitoyablement renversées. Dans ses immenses domaines, le savant duc de Luynes relève ses granges et leurs attenances, en conformité de principes et de données qu'appuient talents et biens mis au service de la science et des beaux-arts. Nous serions ingrats si nous méconnaissions la source d'où viennent les heureuses inspirations qui peuvent entraîner tant d'imitateurs. Les œuvres réparatrices dont nous sommes témoins, pour être éloignées des vastes théâtres de l'admiration publique, n'en ont que plus de droits à notre reconnaissance.

Nous sommes arrivés au terme de notre tâche. Un témoignage au moins nous sera rendu avec justice : c'est que nous nous sommes tenus dans les limites de temps, de dépenses et de développement que nous nous sommes imposées au commencement. Cette rigueur des engagements remplis a nui peut-être au complément de notre entreprise. On trouvera sans doute que les châteaux et les manoirs manquent à nos sujets. Nous regretterions nous-mêmes cette mine féconde si nous n'avions donné tous les éléments nécessaires pour réparer cette lacune ; ils sont épars dans tous nos choix d'édifices domestiques. Répétons-le : il n'est peut-être pas un de nos monuments décrits et gravés qui puisse être intégralement reproduit. Chacun d'eux est seulement un type offert à la méditation de l'artiste qui saura l'assimiler au besoin à ses propres conceptions ; et de tous il pourra tirer l'œuvre originale qu'on doit attendre de son inspiration. Or il n'était point indispensable, pour atteindre ce but, d'employer des moyens qui n'ont trop souvent pour résultat que de faire habilement ressortir les effets de la gravure sans utilité pratique. C'est surtout avec les modèles inconnus, et qui sont menacés de disparaître à chaque moment, avec les restes perdus de tous côtés et rassemblés avec soin, linéaments de nos vieilles constructions qui vont s'effacer, qu'il sera possible de faire revivre le style qui les anima en répandant ses ornements dans nos habitations nouvelles de la ville ou des champs. Ce que nous avons fait suffit dans sa mesure pour arriver là.

Les monuments religieux n'ont point dû trouver place dans nos divisions : et cependant au moyen âge la délimitation si marquée de nos jours entre les différentes édifications n'existait, nous osons presque dire, à aucun degré. Qui ne se souvient de l'enseignement de la médecine inauguré dans une église de Paris, des sciences les plus profanes professées dans les collatéraux de Notre-Dame ; plus loin, des thèses soutenues sur les sujets les plus mondains dans les nefs des cathédrales, comme il advint à Dante, au Tasse et à tant d'autres illustres génies, et enfin de concours littéraires, de prix d'émulations poétiques, de combats patriotiques d'éloquence, de spectacles dramatiques, sous les vastes dômes de l'Italie. C'étaient bien là certes des usages civils. L'église comme le dit son nom même dans sa plus restreinte signification, était un lieu d'assemblée : il suffisait de l'utilité publique pour qu'elle abritât sous ses voûtes ou ses lambris la réunion des membres de la commune, de la cité, ou de la province. Il n'en est et n'en peut plus être ainsi. Est-ce un motif mieux compris des convenances qui a amené cette scission profonde dans nos habitudes ? Quoi qu'il en soit, la division est rigoureusement établie, et il ne nous restait qu'à nous y conformer. Assez d'autres avant nous s'étaient occupés des monuments religieux ; les autres créations de l'architecture n'ont point eu tant de faveur. C'était donc de leur côté que nous devions pencher davantage.

Un seul de nos sujets annoncés n'a point été abordé : il exigeait un travail spécial à cause de son étendue : nous voulons parler des cimetières. Hélas ! cette triste matière ne se rattache-t-elle pas mieux à celle dont nous venons de parler tout à l'heure ! Comment retrancher les tombeaux, dans notre civilisation, du cercle auquel ils appartiennent par les plus incontestables droits! Le grave et solennel séjour des morts est à notre sens une annexe, une dépendance immédiate de l'église chrétienne. Le cimetière est la ligne de circonvallation du sanctuaire, le domaine du culte, dont le temple est comme le donjon seigneurial. La féodalité de la mort est la seule indestructible sur cette terre. Pourquoi lui avons-nous enlevé son caractère sacré, en séparant les vassaux endormis du maître qui ne veut point cesser de veiller sur eux? Il n'appartient qu'à notre temps d'avoir brisé une union nécessaire, celle de la tombe et de l'autel. Une si puissante considération nous justifierait d'avoir omis de comprendre le *campo santo*, comme l'appelle l'Italie, le lieu de l'éternel repos dans les limites naturelles de nos recherches et de nos études. Quel noble dessein pourtant serait celui de chercher à ramener par l'art notre temps égaré au culte intelligent, à la vraie piété des tombeaux. Tout est à créer, tout est à faire à nouveau dans cet immense champ clos de la vie vaincue par le trépas. L'art plus que jamais l'a déserté, depuis que trop souvent, sans besoin, nos cercueils ont été séparés de leur vrai centre d'attraction.

Des erreurs [1], des fautes de diverse nature nous sont échappées malgré nous dans une œuvre à la fois si longue, et si entrecoupée de voyages, de lenteurs à recueillir des dessins, de difficultés à les bien rendre par le burin, et d'obstacles bien plus grands pour répondre par une exposition convenable à ce que l'on avait droit d'exiger de nous. La plus grave que nous ayons eu à nous reprocher, nous en avons déjà accusé notre bonne foi elle-même dans une note de ce résumé. Notre aveu prouvera du moins la sincérité de nos efforts, en montrant avec quel confiant abandon, avec quelle défiance de notre propre jugement nous aimions à nous reposer même sur l'érudition trompée d'autrui. Il suffit qu'une fois ce malheur nous soit arrivé, pour que nous nous adressions franchement à la bienveillance du lecteur, qui nous l'accordera pleinement. Si la faveur du public nous permettait plus tard une complète réparation, nous le disons en toute simplicité, notre bonheur d'auteurs serait à son comble.

---

1. Nous ne publions point d'*errata* : il est une inadvertance que nous ne pouvons néanmoins passer sous silence. Dans un passage (vol. I, page 115), nous avions voulu dire, à propos des divisions des guerres sans cesse renaissantes du moyen âge, que « le mobile des petites ambitions, des rivalités de voisin à voisin, des conquêtes de seuil à seuil devait à peu près partout se ressembler »; à l'expression *mobile* on a substitué celle de *mobilier*; un tel changement défigure entièrement notre pensée. Il rend nécessaire cette rectification; elle sera l'unique, à cause de son importance.

TABLE DU TOME SECOND

	Pages.
Palais public de Sienne, xive siècle. 5 planches	1
Hôtel de la Trémouille à Paris, xve et xvie siècles. 3 planches	19
Fontaine de Pérouse, xiiie siècle. 4 planches, 2 gravures sur bois	29
Hôtel de Ville d'Orléans, xve et xvie siècles. 4 planches	59
Palais archiépiscopal d'Alcala de Hénarès, xvie siècle. 4 planches	73
Hôpitaux à Angers, à Ourscamp, à Brie-Comte-Robert, xiie et xiiie siècles ; Maladrerie du Tortoir près de Laon, xive siècle	101
Maisons du xve siècle à Dijon, à Tours et à Verneuil	111
Maisons du xvie siècle à Orléans, à Lisieux, à Halberstadt et à Verneuil	118

APPENDICE.

MONUMENTS PUBLICS.

Plans généraux de villes et de bourgs	128
Hôtels de ville et Maisons communes	135
Hôpitaux, Maladreries, Hospices	143
Palais de Justice	152
Prisons, Piloris et Gibets	156
Universités, Colléges, Écoles	160
Halles, Marchés et Greniers d'abondance	167
Bourses et Douanes	173
Fontaines, Lavoirs et Abreuvoirs	179

CONSTRUCTIONS DOMESTIQUES.

Palais, Châteaux et Manoirs	185
Palais épiscopaux	197
Maisons et leurs dépendances	203
Fermes et Granges	221

AVIS AU RELIEUR

POUR LA DISPOSITION DES PLANCHES [1]

	Pages.
Palais public de Sienne. Plans	3
Palais public de Sienne. Façade principale	5
Palais public de Sienne. Grille en fer forgé	7
Palais public de Sienne. Travées de la cour intérieure	8
Ferrements à Sienne	10
Hôtel La Trémouille, façade sur la cour n° I.	21
Hôtel La Trémouille, façade sur la cour n° II.	23
Tourelle de l'hôtel La Trémouille	24
Fontaine de Pérouse (Église romaine, groupe de jeunes filles supportant la Vasque, saint Maur)	44
Fontaine de Pérouse (saint Pierre, statue de Pérouse, saint Paul)	46
Fontaine de Pérouse (Pisces, leo, Romulus, un aigle)	51
Fontaine de Pérouse (astronomia, geometria, dialectica, musica)	53
Hôtel de ville d'Orléans, façade principale	63
Hôtel de ville d'Orléans, détails	64
Hôtel de ville d'Orléans. Tourelle	69
Hôtel de ville d'Orléans, détail d'une fenêtre.	70
Palais épiscopal d'Alcala de Hénarès. Élévation et plan d'ensemble de la galerie supérieure.	94
Palais épiscopal d'Alcala de Hénarès. Détail de l'entablement de la galerie supérieure.	96
Palais épiscopal d'Alcala de Hénarès. Balustrade du premier étage de la galerie supérieure.	97
Palais épiscopal d'Alcala de Hénarès. Détail de fenêtre du xv° siècle	98
Hôpital d'Angers. Vue intérieure de la grande salle	101
Hôpital d'Angers. Élévation et coupe du grenier, plan d'ensemble, détails	103
Salle d'hôpital de l'abbaye d'Ourscamp. Élévation, coupes et plan	104
Salle d'hôpital de l'abbaye d'Ourscamp. Détail d'une travée	105
Hôpital à Brie-Comte-Robert	106

	Pages.
Maladrerie du Tortoir près Laon. Élévation, plan général et façades	108
Maladrerie du Tortoir près Laon. Façades du bâtiment A	109
Maison à Dijon. Façade sur VX, plan général et détails	112
Maison à Dijon. Galerie de communication en bois, détails du puits	113
Maison dite de Tristan à Tours	114
Maison du xv° siècle. Rue de la Madeleine à Verneuil	116
Maison de bois à Orléans. Ensemble et détails.	118
Maison de Lisieux. Ensemble	120
Maison de Lisieux. Détails	121
Maison d'Halberstadt	122
Maison du xvi° siècle à Verneuil	123
Maison de pierre rue Pierre percée, à Orléans. Ensemble	124
Maison de pierre rue Pierre percée, à Orléans. Détails	124
Hôpitaux à Lubeck, à Gand, à Compiègne, à Bourges, à Cues et à Orléans	148
Collèges à Caen et à Toulouse	162
Salle des thèses à Orléans	163
Palais des comtes de Poitiers	193
Palais épiscopal à Laon	198
Maisons françaises du xii° siècle	204
Fenêtres du xii° siècle	205
Maisons françaises du xiii° siècle	206
Maisons du xiv° siècle, à Provins et à Laon	208
Maison du xiv° siècle, à Sarlat	208
Maison du grand veneur, à Cordes, xiv° siècle.	208
Fenêtres du xiv° siècle, à Martel	209
Cheminées à Pierrefonds	209
Maisons françaises du xvi° siècle	211
Maisons du xii° siècle, à Viterbe. Ensemble.	213
Maisons du xii° siècle, à Viterbe. Détails	214
Maisons du xii° siècle, à Pise	215
Grange de l'abbaye de Maubuisson	226

1. La planche de l'hôtel de ville de Munster oubliée dans l'avis au relieur du premier volume doit être placée à la page 136.

TABLE GÉNÉRALE DES MATIÈRES

PAR SÉRIES.

MONUMENTS PUBLICS

PLANS GÉNÉRAUX DE VILLES ET DE BOURGS.

	Pages.		Pages.
Verneuil, 1420, vol. II	130	Sainte-Foi, vol. II	132
Cluny, XIIe siècle, vol. I, p. 70 et vol. II	130	Figeac, vol. II	132
Moissac, vol. II	130	Cordes, XIVe siècle, vol. II	129
Saint-Verain (Nièvre), vol. II	129	Vitré, vol. II	132
Coucy, XIIIe siècle, vol. II	129	Aqueduc à Coutances, vol. II	133
Montflanquin, 1240, vol. II	130	Aqueduc à la Quercia, vol. II	133
Villeneuve d'Agen, vol. II	130	Pont à Souvigny, XIIe siècle, vol. II	134
Aigues-Mortes, 1248, vol. II	130	Pont à Cahors, vol. II	133
Villefranche de Rouergue, vol. II	130	Pont à Limoges, vol. II	134
Provins, XIIIe siècle, vol. II	130	Pont à Orthez, vol. II	134
Beaumont, 1272, vol. II	130	Pont à Avignon, vol. II	134
Libourne, 1286, vol. II	130	Pont du Saint-Esprit, vol. II	134
Brétenoux, vol. II	131		

HOTELS DE VILLE ET MAISONS COMMUNES.

FRANCE.

Saint-Antonin, XIIe siècle, vol. I, page 142 et vol. II	136	Douai, vol. II	137
		Compiègne, XVIe siècle, vol. I	172
Paris, XIIIe siècle, vol. II	136	Saumur, XVIe siècle, vol. II	157
Bourges, XVe siècle, vol. II	137	Dreux, XVIe siècle, vol. II	138
Arras, XVe siècle, vol. II	137	Luxeuil, XVIe siècle, vol. II	138
Saint-Quentin, vol. II	137	Caen, XVIe siècle, vol. II	138
Orléans, XVe et XVIe siècles, vol. II	60	Beffrois à Péronne, Bordeaux, Saint-Ricquier,	
Beaugency, XVIe siècle, vol. II	138	Béthune, Évreux	139

TABLE DES MATIÈRES

ITALIE.

	Pages.		Pages.
Orvieto, XII° siècle, vol. I	57	Plaisance, XIII° siècle, vol. II	111
Florence, XIII° siècle, vol. II	111	Sienne, XIV° siècle, vol. II	1
Come, XIII° siècle, vol. II	111		

ALLEMAGNE.

Aix-la-Chapelle, XIII° siècle, vol. II	110	Cologne, XV° et XVI° siècles, vol. II	111
Aix-la-Chapelle, XIV° siècle, vol. II	110	Hôtels de ville saxons à Zerbst, Altenbourg, Neustadt an der Orla, Saalfeld, Pösneck, Yuterbock, XV° et XVI° siècles, vol. II	111
Brunswick, XIV° siècle, vol. I, p. 136, vol. II	110		
Munster, XIV° siècle, vol. I, page 156, vol. II	110		
Ratisbonne, XIV° siècle, vol. II	110	Hôtels de ville des bords de la Baltique, à Lubeck, Rostock, Stettin, Stralsund, Danzig, XIII°, XIV°, XV° et XVI° siècles, vol. II	111
Hanovre, vol. II	110		
Breslau, XV° et XVI° siècles, vol. II	110		

PAYS-BAS.

Beffroi de Tournay, XIII° siècle, vol. II	110	Louvain, XV° siècle, vol. II	110
Beffroi de Gand, XIV° siècle, vol. II	110	Mons, XV° siècle, vol. II	110
Beffroi de Lierre, XIV° siècle, vol. II	110	Courtrai, XVI° siècle, vol. II	110
Beffroi de Newport, vol. II	110	Audenarde, XVI° siècle, vol. II	110
Beffroi d'Alost, vol. II	110	Gand, XVI° siècle, vol. II	110
Hôtel de ville de Bruxelles, XV° siècle, vol. II	110		

HOPITAUX, MALADRERIES, HOSPICES.

Angers, XII° siècle, vol. II	101	Lubeck, XIV° siècle, vol. II	149
Le Mans, XII° siècle, vol. II	115	Cues, Prusse rhénane, XV° siècle, vol. II	150
Ourscamp, XIII° siècle, vol. II	103	Beaune, XV° siècle, vol. I	1
Brie-Comte-Robert, XIII° siècle, vol. II	106	Bourges, XVI° siècle, vol. II	150
Les Quinze-Vingts à Paris, XIII° siècle, vol. II	116	Orléans, XVI° siècle, vol. II	150
Compiègne, XIII° siècle, vol. II	116	Maladrerie près Beauvais, XIII° siècle, vol. II	115
Chartres, XIII° siècle, vol. II	47	Maladrerie du Tortoir près de Laon, XIV° siècle, vol. II	107
Tonnerre, XIII° siècle, vol. II	118		
Gand, XIII° et XIV° siècles, vol. II	118		

PALAIS DE JUSTICE.

Caen, XI° siècle, vol. II	152	Moulins, vol. II	155
Paris, XI°-XVI° siècles, vol. II	152	Perpignan, vol. II	155
Rouen, XVI° siècle, vol. II	154		

PRISONS, PILORIS ET GIBETS.

	Pages.		Pages.
Pilori à Beauvais, vol. II	157	Gibet de Montfaucon, vol. II	157
Gibets, à Compiègne, à Soissons, à Fribourg en Saxe, vol. II	157	Gibet des quatre pucelles, vol. II	158
		Gibet de Marolles, vol. II	158

UNIVERSITÉS, COLLÉGES, ÉCOLES.

Colléges à Paris, vol. II	160	cle, vol. II	163
Collége du Mont Saint-Michel à Caen, xiv° siècle, vol. II	162	Salle des thèses de l'Université d'Orléans, vol. II	163
Collége Saint-Raymond à Toulouse, xiv° siècle		Université d'Alcala de Hénarès, vol. II	164

HALLES, MARCHÉS ET GRENIERS D'ABONDANCE.

Halle à Blois, xiii° siècle, vol. II	167	Halles à la viande, à Gand, à Ypres, à Anvers, vol. II	170
Halle à Cordes, xiv° siècle, vol. II	168	Halle à la soie à Lucques, v. II	171
Halle à Figeac, vol. II	168	Grenier d'abondance de l'abbaye de Vauclerc, xii° siècle, vol. I, page 93, vol. II	171
Halle à Clermont (Oise), xv° siècle, vol. II	168	Grenier d'abondance de l'hôpital d'Angers. vol. II	103
Halle à Saint-Pierre-sur-Dives, xvi° siècle, vol. II	169	Grange aux dîmes à Provins, vol. I	118
Halle à Cheux, vol. II	169	Greniers d'abondance des abbayes de Saint-Jean de Laon, Barbery, Saint-André, du château de Creuilly (Calvados), vol. II	171
Halle à Noyers, vol. II	169		
Halle aux draps à Ypres, xiii° et xiv° siècles. vol. II	169		
Halles aux draps à Bruges, Louvain, Diest et Gand, vol. II	170	Grenier d'abondance à Metz, vol. II	171

BOURSES ET DOUANES.

Bourses à Rouen et à Perpignan, vol. II	173	Bourse à Tournay, xvi° siècle, vol. II	177
Bourse à Valence (Espagne), vol. II	173	Douane à Mayence, xiv° siècle, vol. II	177
Bourse à Palma, vol. II	176	Douane à Cologne, xiv° siècle, vol. II	178
Bourse à Bologne, vol. II	176	Douane à Constance, xiv° siècle, vol. II	178
Bourse à Pérouse, vol. II	176	Douane à Fribourg en Brisgau, xiv° siècle, vol. II	178
Bourses à Anvers, xvi° siècle, vol. II	177		

FONTAINES, LAVOIRS ET ABREUVOIRS.

FRANCE.

Provins, xii° siècle, vol. II	179	Meillant, xvi° siècle, vol. II	480
Abbaye de Saint-Denis, vol. II	479	Gaillon, vol. II	480
Vaux de Cernay, xiii° siècle, vol. II	480	Blois, xvi° siècle, vol. II	480
Rouen, xv° siècle, vol. II	479	Morlaix, xv° siècle, vol. II	480
Tours, xvi° siècle, vol. II	479	Le Folgoët, vol. II	480
Clermont (en Auvergne), vol. II	180	Puits à Beaune, vol. I	4

ITALIE.

	Pages.		Pages.
Fontaines à Viterbe, XIIIe siècle, vol. I......	36	Saint-Gemignano, XIIIe siècle, vol. II.......	183
A Pérouse, XIIIe siècle, vol. II.............	29	Sienne, XVe siècle, vol. II.................	183
Vérone, XIIIe siècle, vol. II...............	182	Viterbe, XVIe siècle, vol. I...............	46
Sienne, XIIIe siècle, vol. II................	182		

ALLEMAGNE.

Heisterbach, XIIe siècle, vol. II...........	184	Brunswick, XVe siècle, vol. II.............	184
Nuremberg, XIVe siècle, vol. II............	184	Berne, XVIe siècle, vol. II................	184
Bâle, XIVe siècle, vol. II..................	184	Nuremberg, XVIe siècle, vol. II............	184

CONSTRUCTIONS DOMESTIQUES

PALAIS, CHATEAUX ET MANOIRS.

Palais des rois des deux premières races à Chelles, à Compiègne, à Nogent, à Villers-Cotterets, à Creil, à Cormeil, à Verberie, vol. II............................	185	Palais des comtes de Poitiers, vol. II.......	193
Palais de Casenueil, vol. II...............	186	Châteaux de Martainville, d'Ételan, de Mesnières, manoir d'Ango, dans la Seine-Inférieure, vol. II........................	195
Palais du Louvre, vol. II..................	186	Châteaux de Condé-sur-Iton, de Boissey-le-Châtel, dans l'Eure, vol. II............	195
Hôtel Saint-Pol, vol. II....................	187	Châteaux de Tourlaville, Gratot, Carrouges, dans la Manche, vol. II................	195
Palais des Tournelles, vol. II..............	187		
Château du Plessis-lez-Tours, vol. II......	188	Châteaux d'O, de Courboyer, dans l'Orne, vol. II.............................	195
Châteaux de Blois, de Chambord, de Madrid, vol. II.............................	188	Châteaux de Fontaine-Henri, de Lasson, manoir de Quilly, manoir d'Argouges, manoir de Belleau, manoir des Gendarmes, château de Fontaine Étoupefour et de Saint-Germain de Livet, dans le Calvados, v. II.	196
Palais de Théodoric à Ravenne, vol. II.....	188		
Palais de Frédéric II à Foggia, à Lucera, à Capoue, à Recina, à Fiorentino, à Melfi, à Guaragnone, à Monte Sirico, à Aquila, à Lago Pesole, à Castel del Monte, vol. II.....	188		
		Châteaux de Baugé, de Plessis-Bourré, de Beaufort, de Saint-Ouen, de Durtal sur le Loir, en Anjou, vol. II................	196
Palais d'Aix-la-Chapelle et d'Ingelheim, v. II.	190		
Palais de Gelnhausen, vol. II..............	191		
Palais des comtes de Champagne à Troyes, vol. II..................................	192	Châteaux d'Azay-le-Rideau, d'Ussé, manoir de Saint-Laurent en Gatine dans la Touraine, vol. II.........................	196
Palais des comtes de Champagne à Provins, vol. II.................................	193	Château de Vigny, vol. II..................	196

PALAIS ÉPISCOPAUX.

Palais épiscopal d'Orvieto, vol. I..........	65	Palais archiépiscopaux d'Alby, de Sens et de Rouen, vol. II........................	201
Palais épiscopal de Laon, vol. II...........	198		
Palais épiscopal de Beauvais, vol. I, p. 121, vol. II.................................	199	Palais épiscopaux d'Auxerre, de Bayeux, de Caen et d'Évreux, vol II...............	201
Palais épiscopal d'Angers, vol. II..........	200		

CONTENUES DANS LES DEUX VOLUMES. 239

MAISONS ET LEURS DÉPENDANCES.

MAISONS FRANÇAISES DU XIIE SIÈCLE.

	Pages.		Pages.
A Cluny, vol. I..........................	69	Fenêtre à Ribeauvillé, vol. II..............	204
A Metz, vol. I..........................	153	Fenêtre au Puy, vol. II....................	205
A Périgueux, vol. II.....................	203	Fenêtre à Angers, vol. II..................	205
A Saint-Gilles, vol. II...................	203	Fenêtre à Vendôme, vol. II................	205
A Cluny, vol. II.........................	204	Maisons à Beauvais, à Burlats et à Nîmes, v. II.	205
A Beaugency, vol. II....................	204	Cheminée au Puy, vol. I...................	84
A Laon, vol. II..........................	204		

MAISONS FRANÇAISES DU XIIIE SIÈCLE.

Maison des Musiciens à Reims, vol. I.......	17	A Martel, vol. II.........................	206
Maison à Figeac, vol. I...................	149	A Bourges, à Montferrand, à Caudebec, à	
Maisons à Provins, vol. II................	205	Rougemont, à Tours, à Beauvais, à Limo-	
A Vitteaux, vol. II......................	206	ges, à Laon et à Reims, vol. II..........	207
A Charlieu, vol. II......................	206	Fenêtres de maisons à Provins, vol. I......	120
A Saint-Antonin, vol. II.................	206	Cheminée à Morlac, vol. I................	84
A Saint-Yrieix, vol. II...................	206		

MAISONS FRANÇAISES DU XIVE SIÈCLE.

Hôtel Vauluisant à Provins, vol. I.........	149	Fenêtres à Martel, vol. II.................	209
Maison du grand écuyer à Cordes, vol. I...	161	Cheminées à Pierrefonds, vol. II...........	209
Maisons à Provins et à Laon, vol. I.......	208	Maisons à Domart, à Caylus d'Aveyron,	
A Sarlat, vol. II.........................	208	vol. II................................	210
Maison du grand veneur à Cordes, vol. II...	208		

MAISONS FRANÇAISES DU XVE SIÈCLE.

A Dijon, vol. II.........................	114	De Jacques Cœur à Bourges, vol. II.......	211
A Tours, vol. II.........................	114	De Marie Sallat à Bourges, vol. II.........	211
A Verneuil, vol. II......................	116	Puits à Dijon, vol. II.....................	113

MAISONS FRANÇAISES DU XVIE SIÈCLE.

Maison dite d'Agnès Sorel à Orléans, vol. I..	165	Maison à Angers, vol. II..................	211
Maison rue Pierre percée à Orléans, vol. II..	123	Galerie de communication à Lisieux, vol. II.	211
Maison à Verneuil, vol. II................	123	Maisons à Provins et à Verneuil, vol. II.....	211
Maison de Cujas à Bourges, vol. II........	211	Escaliers à Caen, vol. II..................	211
Maison en bois à Orléans, vol. II..........	118	Maison à Rouen, à Vitré, à Morlaix, à Péri-	
Maison à Lisieux, vol. II.................	120	gueux, à Luxeuil, vol. II...............	212
Hôtel Quatrans à Caen, vol. II............	211		

MAISONS ITALIENNES.

	Pages.		Pages.
Maisons à Viterbe, xiie siècle, vol. II	243	Maisons à Saint-Gemignano, Toscane, vol. I.	102
A Orvieto, xiie siècle, vol. II	244	A Pise, vol. II	245
Palais Buonsignori à Sienne, xiiie siècle, v. I.	50	Maisons à Pistoia, vol. II	246
Maisons à Sienne, vol. II	245	Maisons à Venise, vol. II	247
Palais Guinigi à Lucques, xiiie siècle, vol. I.	127	A Vérone, à Vicence, à Padoue	247

MAISONS DES PAYS-BAS.

Maisons à Gand appelées Steenen, vol. II	248	Maisons à Anvers, Bruxelles, Malines, Liége,	
Maison à Ypres, vol. II	248	vol. II	248
Maison à Tournay, vol. II	248		

MAISONS ALLEMANDES.

Cologne, vol. II	249	Munster, vol. I, p. 159, vol. II	220
Trèves, vol. II	249	Hanovre, vol. II	220
Gondorf, vol. II	249	Brunswick, Halberstadt, Lubeck, Rostock,	
Ratisbonne, vol. II	249	Stralsund, Greifswald, Stargard, Danzig	
Nuremberg, vol. II	220	vol. II	221

FERMES ET GRANGES.

Ferme de Meslay, vol. I, page 27, vol. II	224	Grange de Saint-Lazare près Beauvais,	
Ferme de Saint-Martin-au-Bois, vol. II	224	vol. II	227
Ferme de Mesnil Mauger, vol. II	224	Grange de l'abbaye d'Ardenne, vol. II	227
Ferme de Canapville, vol. II	225	Granges à Saint-Vigor, au Bec, à Bonneville,	
Ferme de la Potinière, vol. II	225	à Marbeuf, à Corneville, vol. II	228
Ferme près Verneuil (Eure), vol. II	225	Grange de l'abbaye de Longchamps, vol. II.	229
Ferme de Bourdigal (Indre-et-Loire), vol. II.	225	Moulins à eau de Cluny et du Val, vol. II	229
Grange de l'abbaye de Maubuisson, vol. II	226	Moulins à vent de Longchamp, d'Auray, de	
Grange de Vaulerant, vol. II	226	Guérande, vol. II	229

FIN.

ITALIE
XIVᵉ Siècle

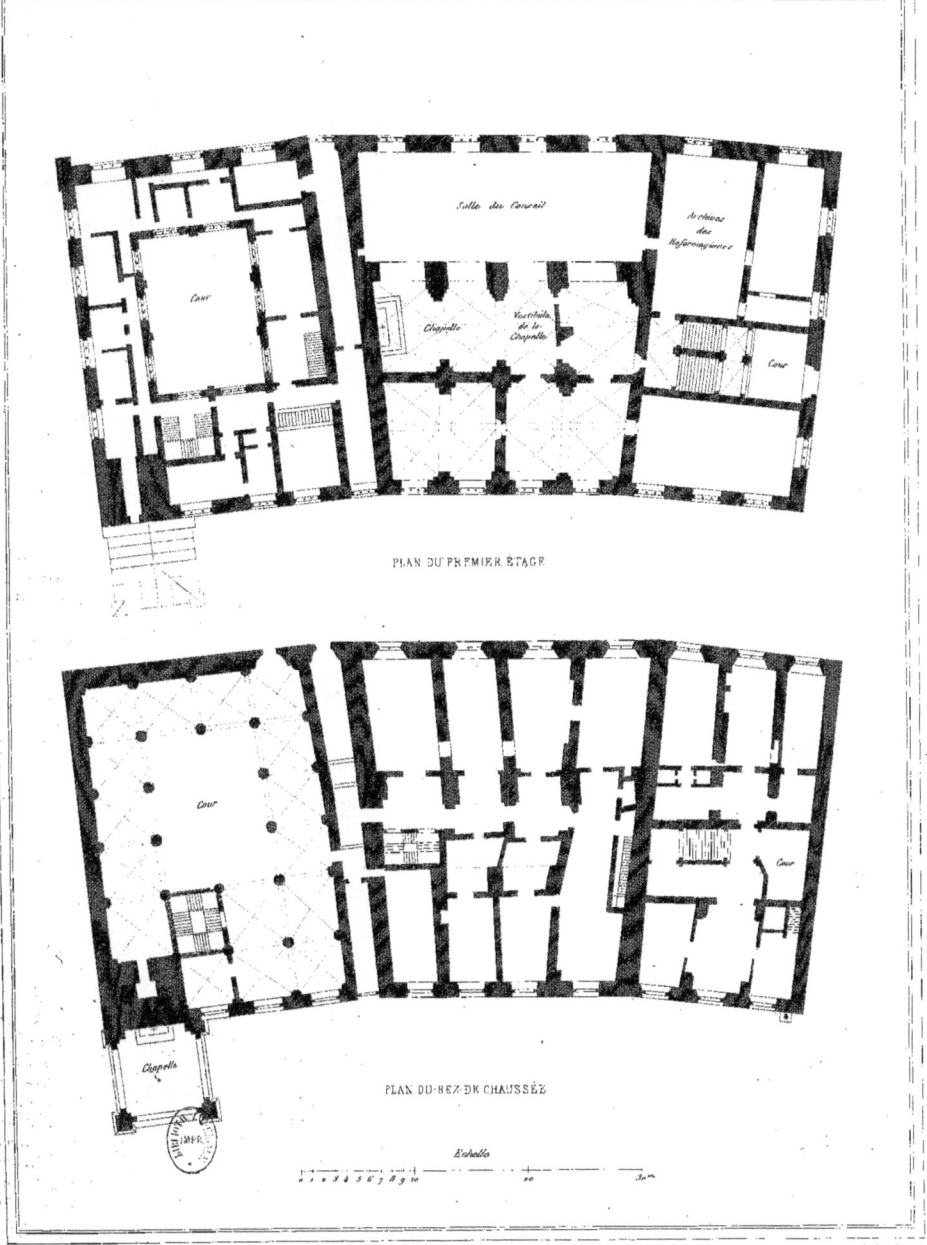

PALAIS PUBLIC DE SIENNE

PALAIS PUBLIC DE SIENNE — XIV.ᵉ Siècle

ITALIE

PALAIS PUBLIC DE SIENNE

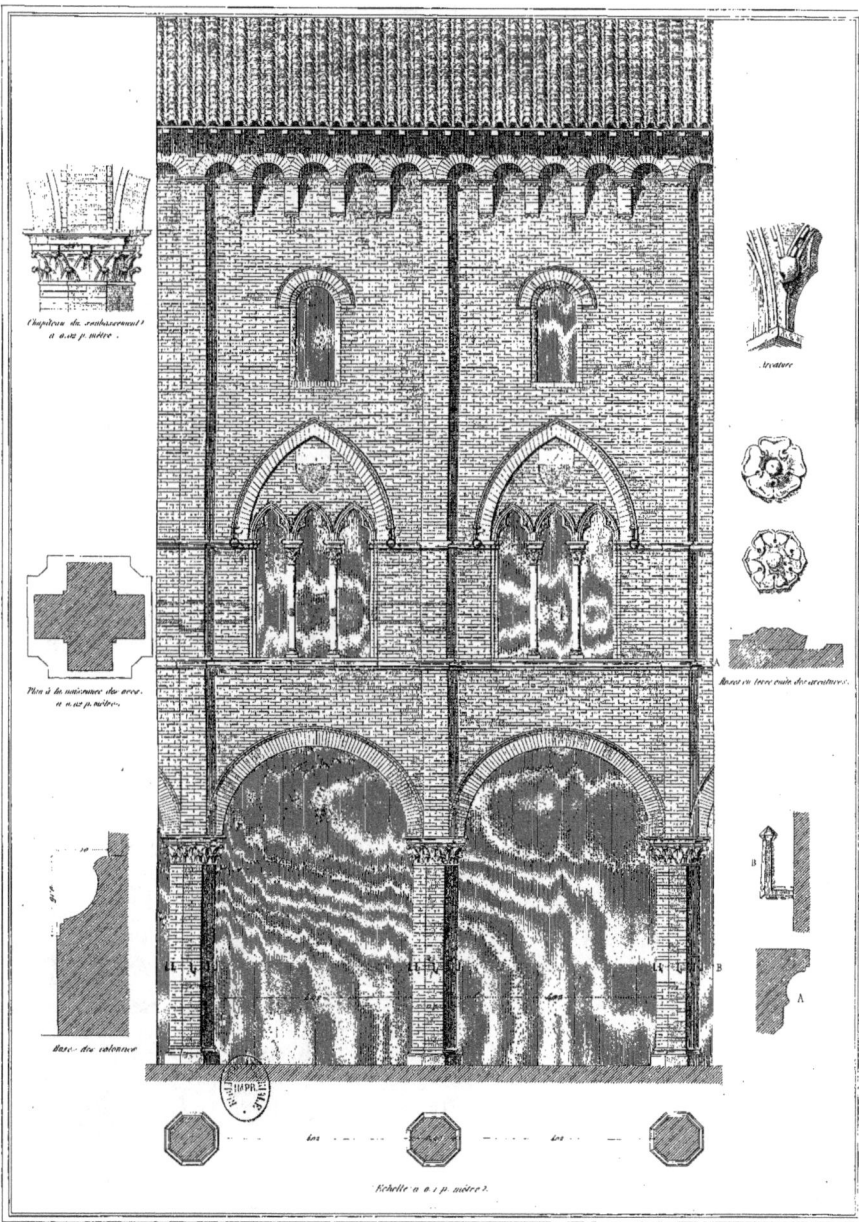

PALAIS PUBLIC À SIENNE

Travées de la Cour intérieure

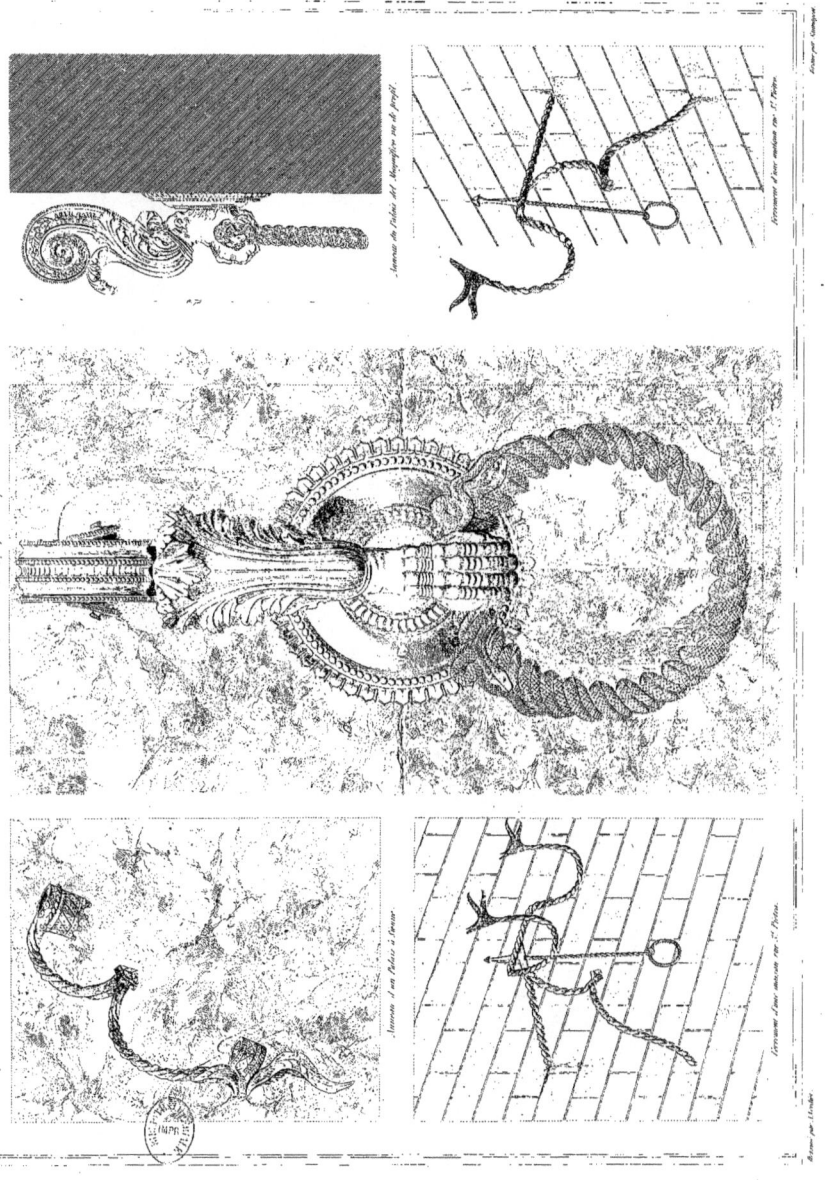

FERREMENTS À L'HÔTEL TOSCANE

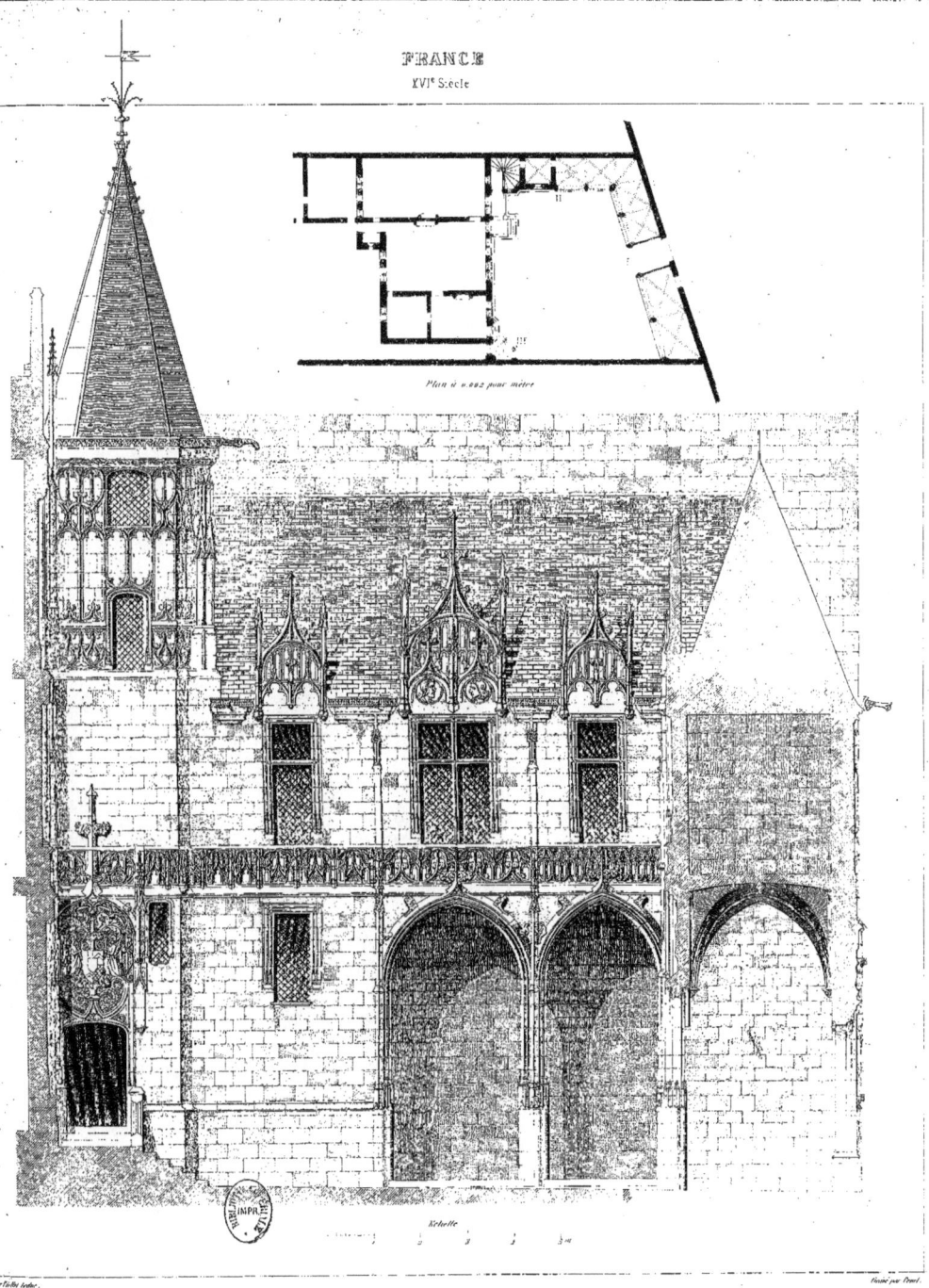

HÔTEL LATRÉMOUILLE
À PARIS
Façade sur la Cour N° II.

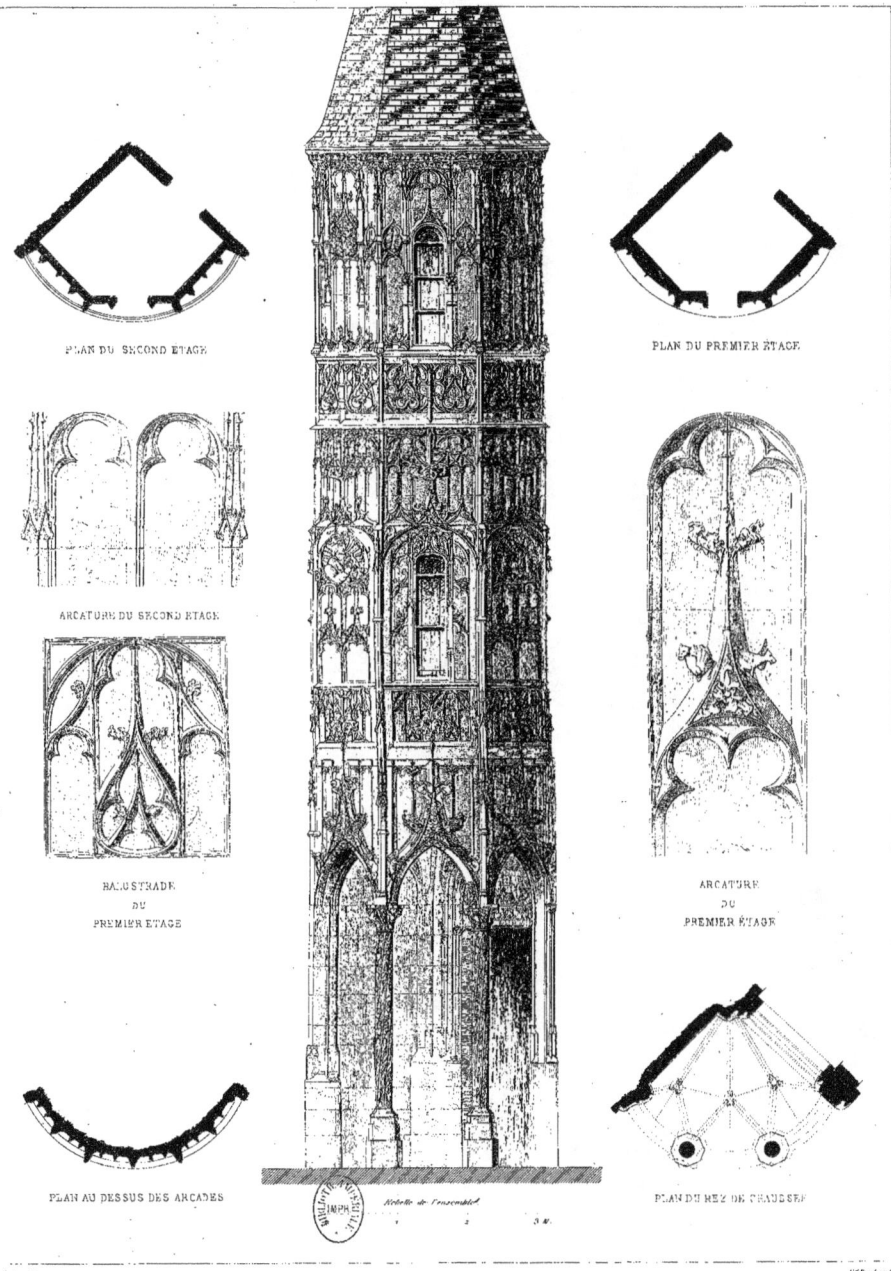

TOURELLE DE L'HÔTEL LATRÉMOUILLE

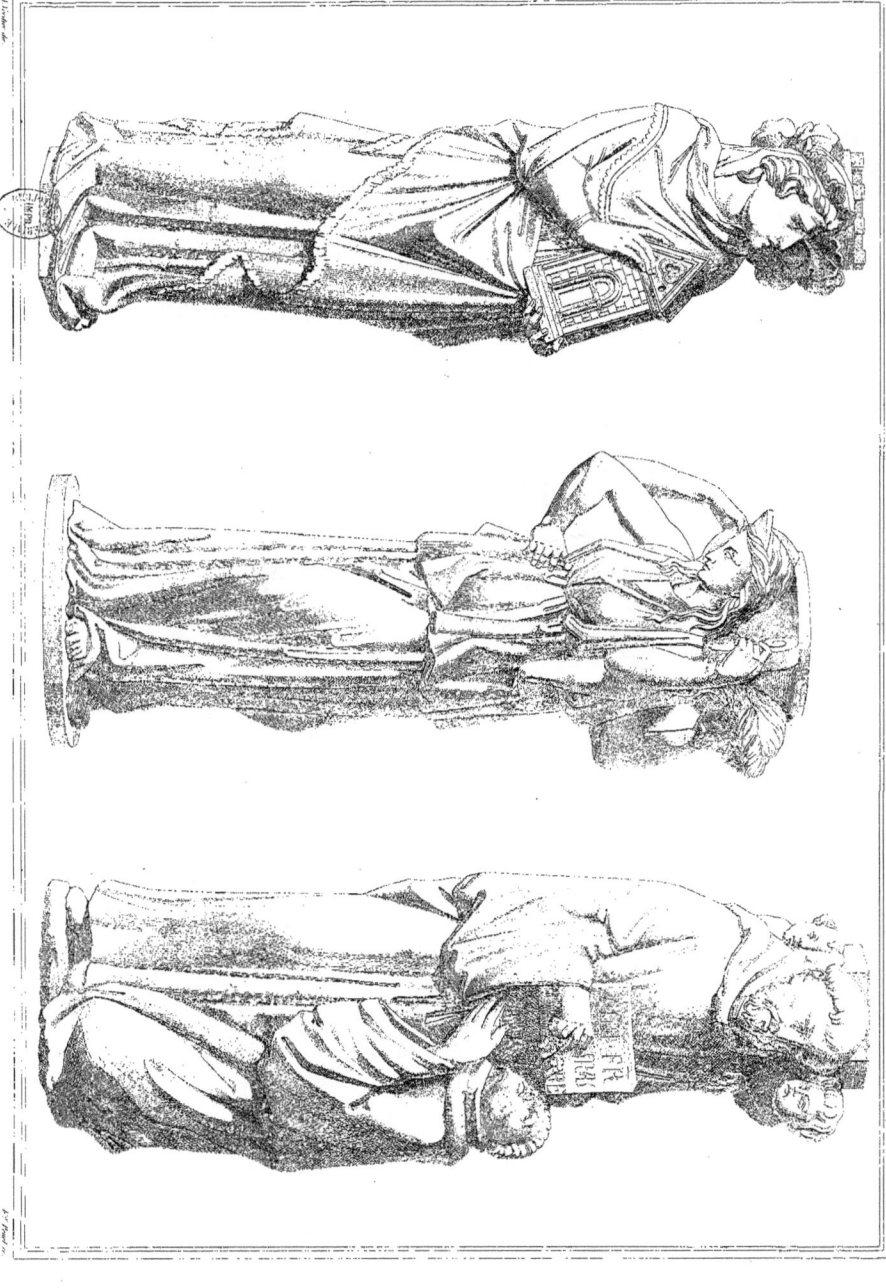

FONTAINE À PÉROUSE

ITALIE
XIII.e Siècle

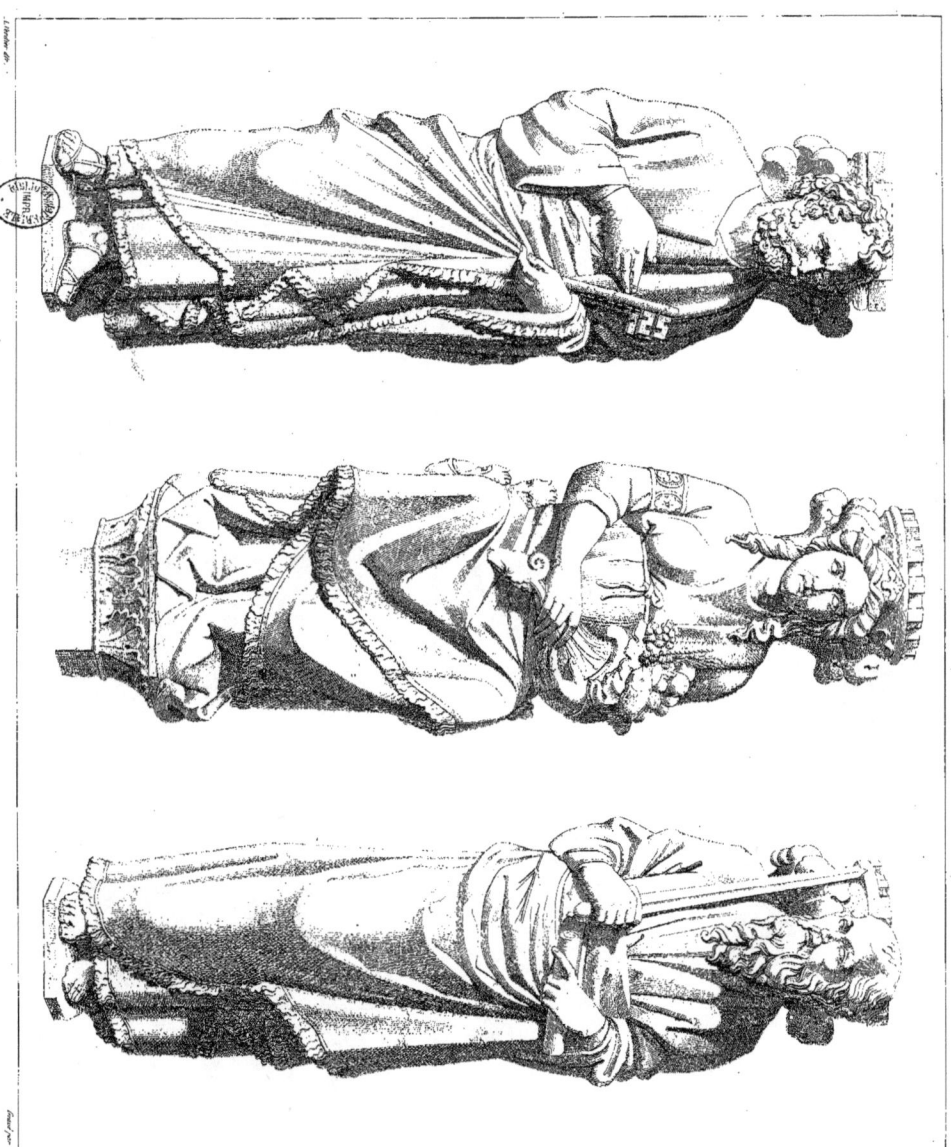

FONTAINE À PÉROUSE

ITALIE
XIIIᵉ Siècle

ITALIE

FONTAINE À PÉROUSE

FONTAINE À PÉROUSE

HÔTEL DE VILLE D'ORLÉANS

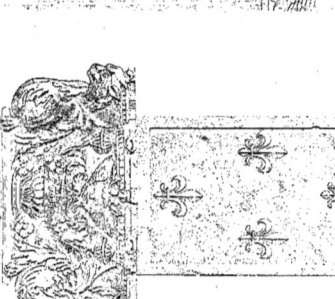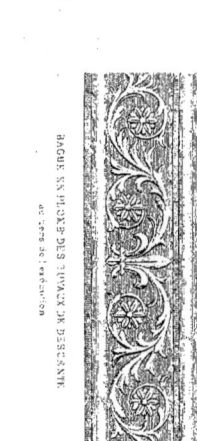

HÔTEL DE VILLE D'ORLÉANS

HÔTEL DE VILLE À ORLÉANS

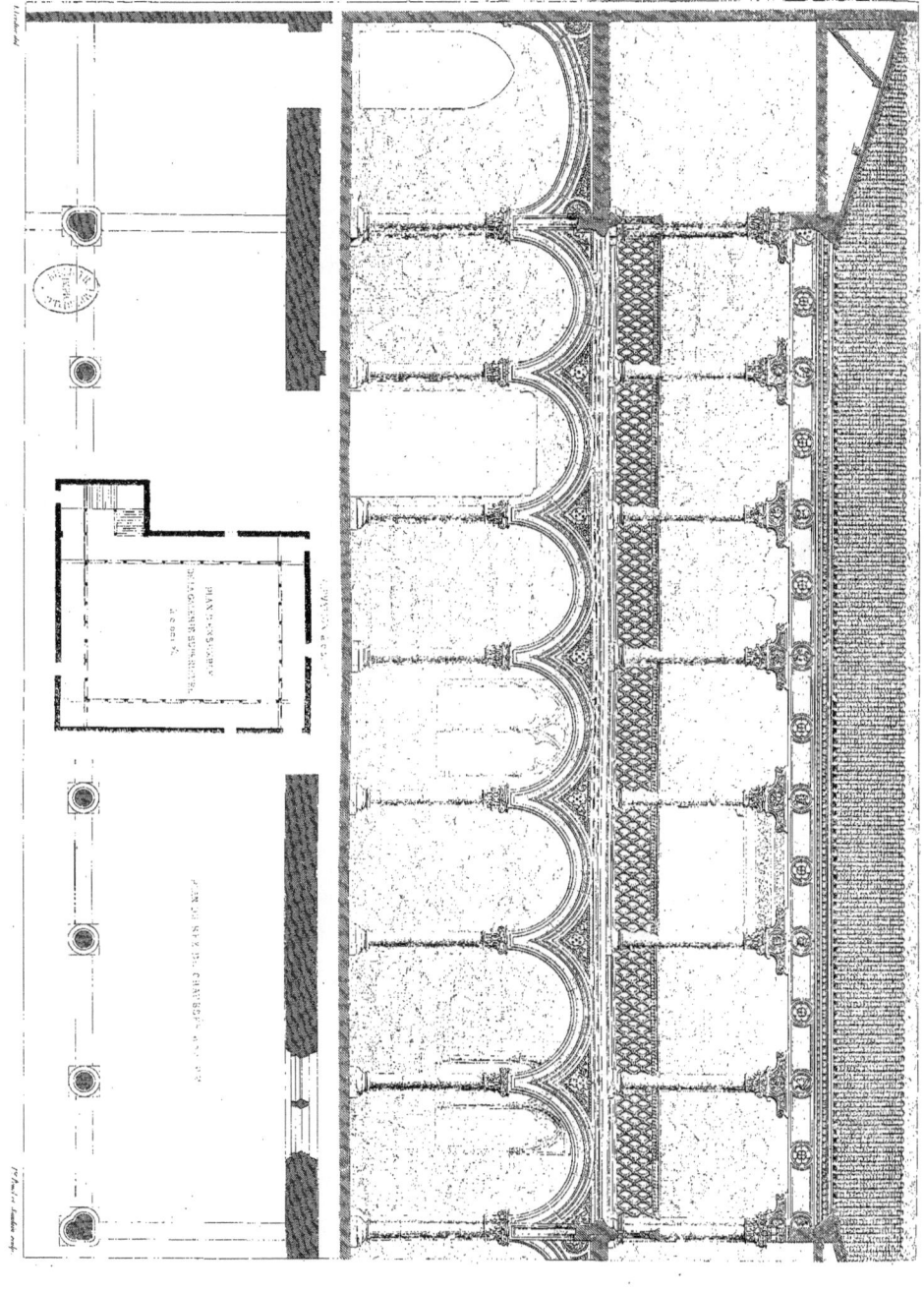

COUR DU PALAIS ÉPISCOPAL

PALAIS ÉPISCOPAL À ALCALA DE HENARES

PALAIS ÉPISCOPAL

GRANDE SALLE DE L'HÔPITAL D'ANGERS

XII.e SIÈCLE

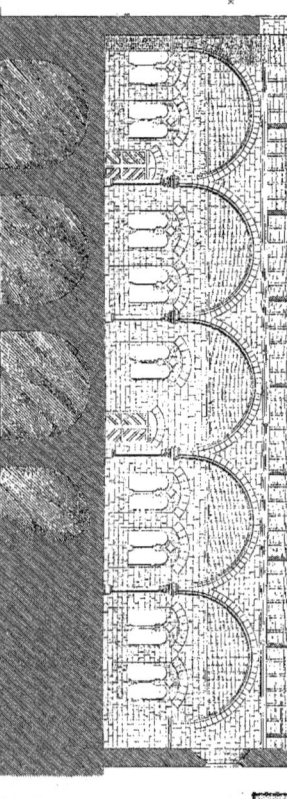

CHEVIERS DE L'HOPITAL D'ANGERS

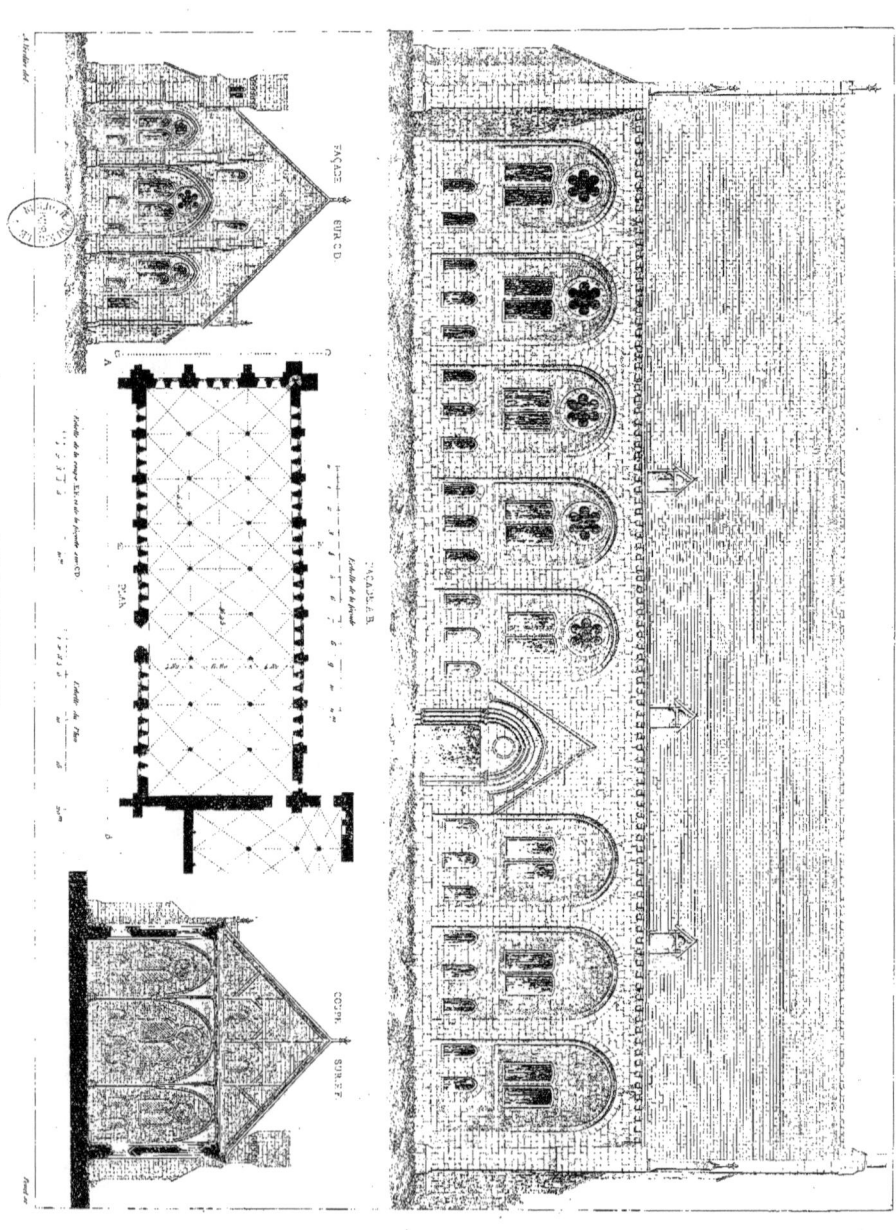

SALLE D'HOPITAL DE L'ABBAYE D'OURSCAMP

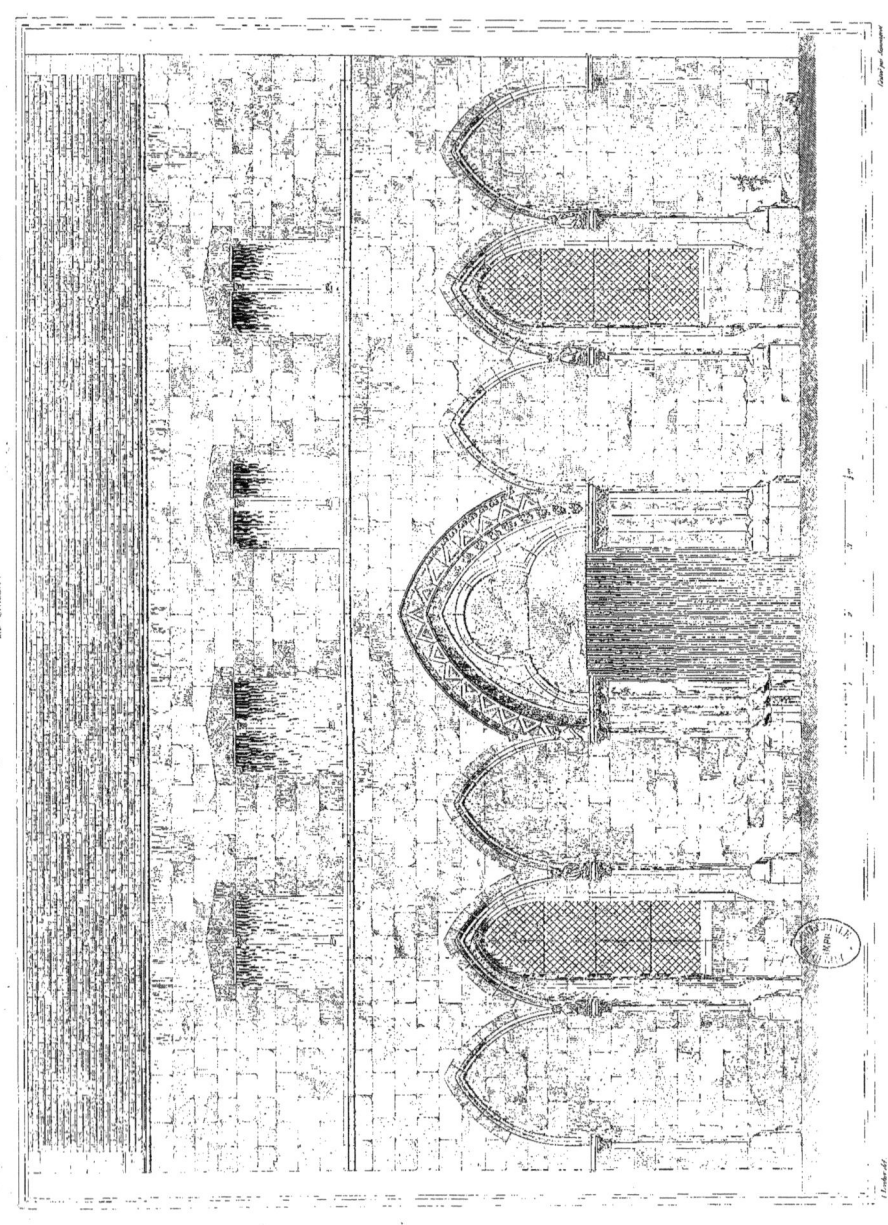

MALADRERIE DU TORTOIR
AISNE

FRANCE
XV.ᵉ SIÈCLE

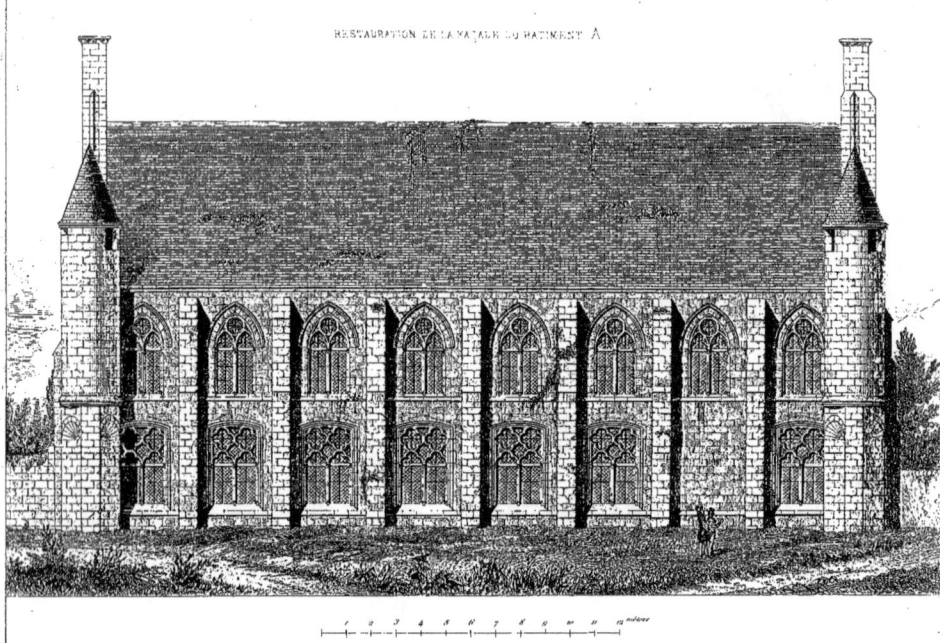

RESTAURATION DE LA FAÇADE DU BATIMENT A

BATIMENT A VU DE LA COUR
ÉTAT ACTUEL

MALADRERIE DU TORTOIR
(AISNE)

FRANCE
XVe SIÈCLE

MAISON À DIJON

MAISON À DIJON

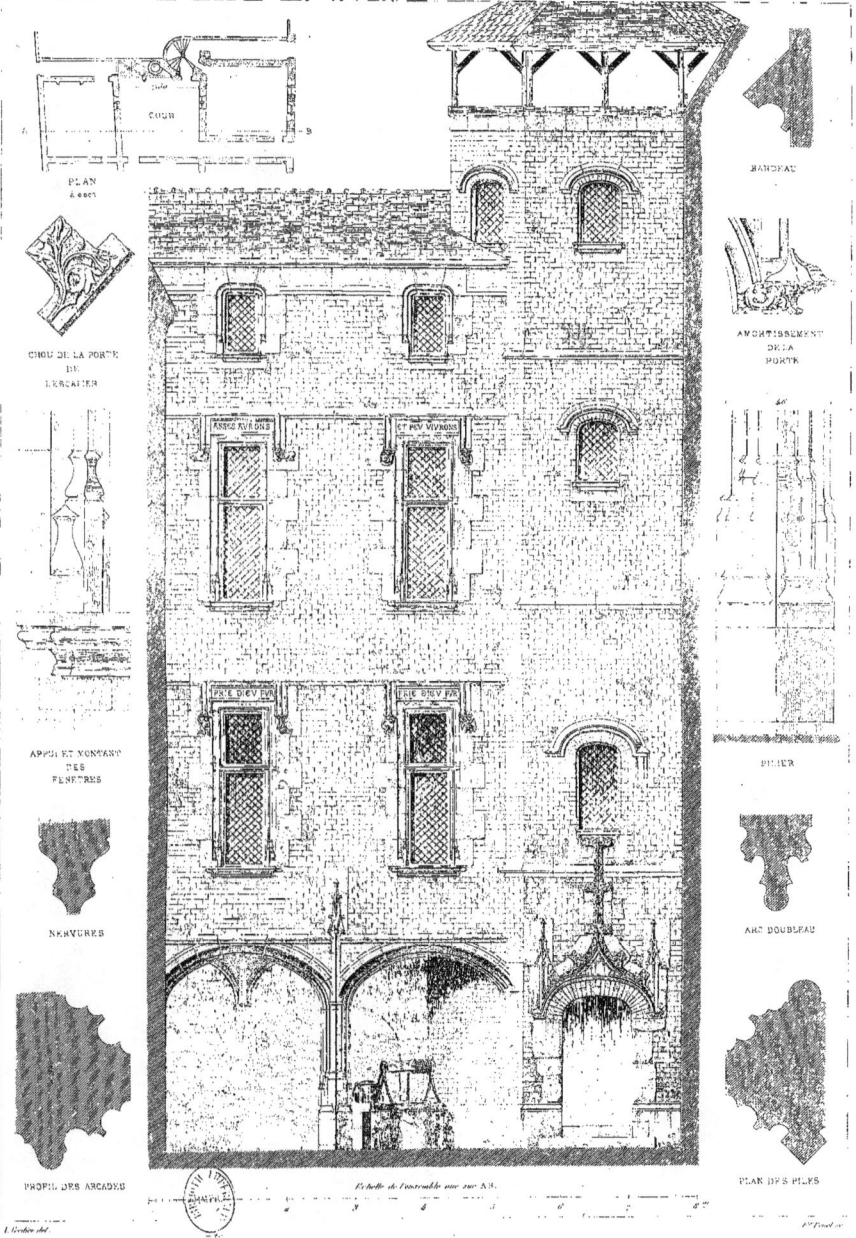

MAISON DITE DE TRISTAN

MAISON À VERNEUIL

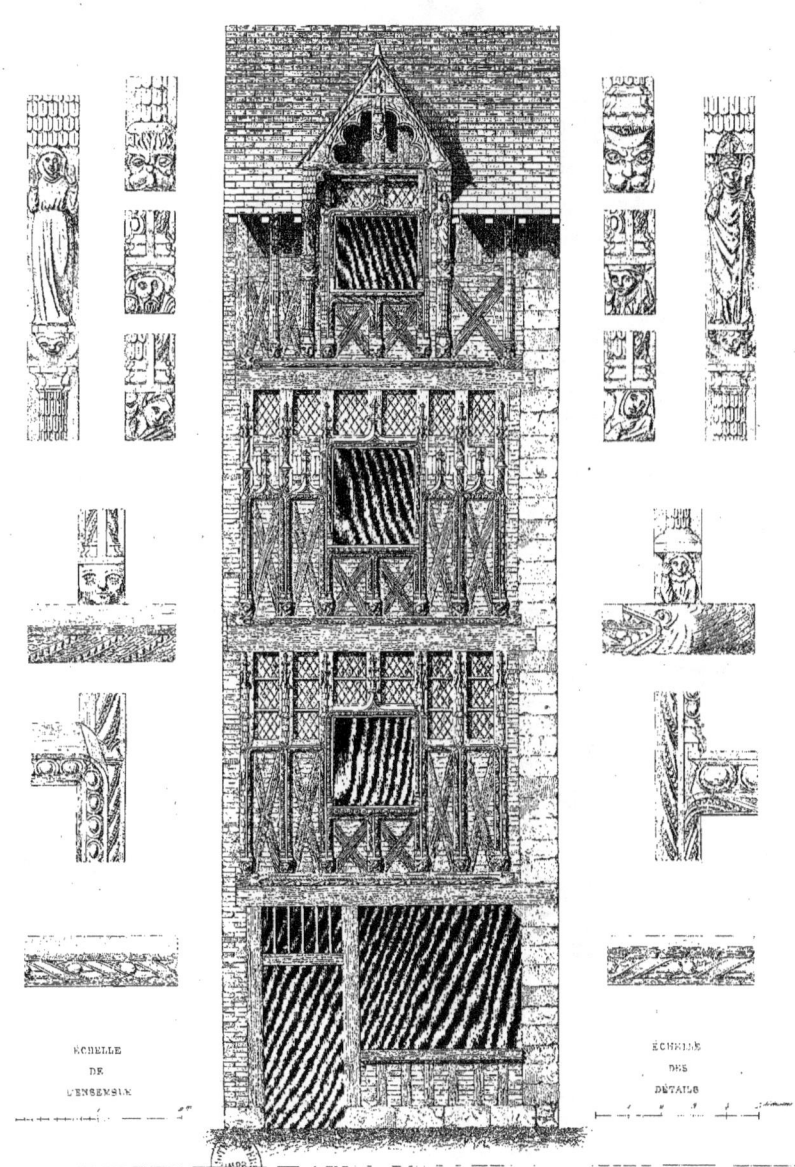

MAISON À ORLÉANS

FRANCE
XVIᵉ SIÈCLE

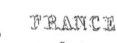

MAISON À LISIEUX

FRANCE
XVIᵉ SIÈCLE

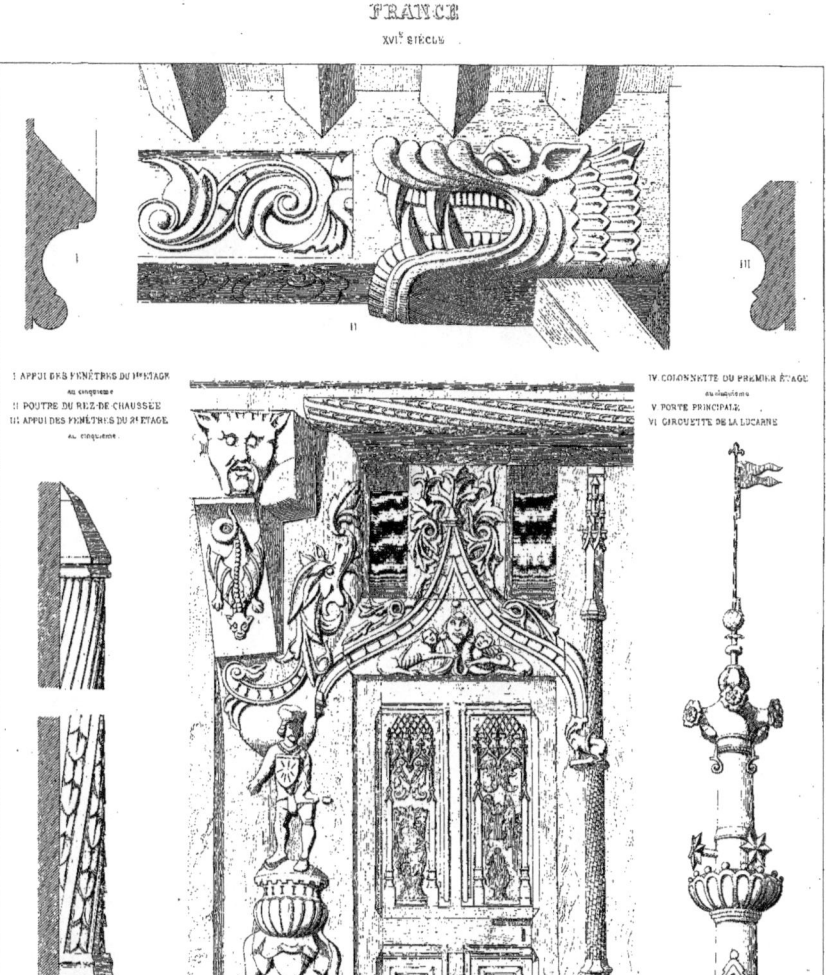

I APPUI DES FENÊTRES DU 1ᵉʳ ÉTAGE
II POUTRE DU REZ-DE-CHAUSSÉE
III APPUI DES FENÊTRES DU 2ᵉ ÉTAGE

IV COLONNETTE DU PREMIER ÉTAGE
V PORTE PRINCIPALE
VI GIROUETTE DE LA LUCARNE

MAISON À LISIEUX
DÉTAILS

ALLEMAGNE
XVIe SIÈCLE

MAISON À HALBERSTADT
PRUSSE

FRANCE
SEIZIÈME SIÈCLE

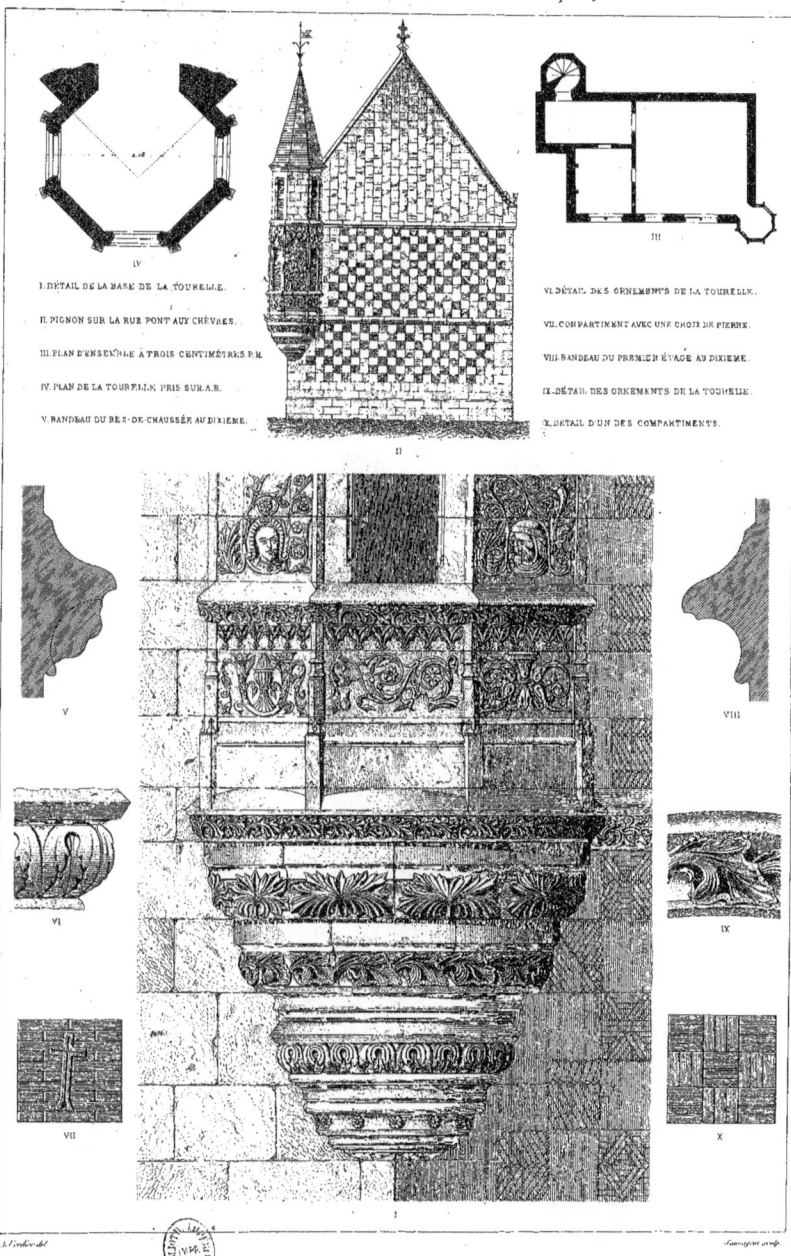

I. DÉTAIL DE LA BASE DE LA TOURELLE.
II. PIGNON SUR LA RUE PONT AUX CHÈVRES.
III. PLAN D'ENSEMBLE À TROIS CENTIMÈTRES P.M.
IV. PLAN DE LA TOURELLE PRIS SUR A.B.
V. BANDEAU DU REZ-DE-CHAUSSÉE AU DIXIÈME.
VI. DÉTAIL DES ORNEMENTS DE LA TOURELLE.
VII. COMPARTIMENT AVEC UNE CROIX DE PIERRE.
VIII. BANDEAU DU PREMIER ÉTAGE AU DIXIÈME.
IX. DÉTAIL DES ORNEMENTS DE LA TOURELLE.
X. DÉTAIL D'UN DES COMPARTIMENTS.

MAISON À VERNEUIL

EURE

MAISON À ORLÉANS
RUE PIERRE PERCÉE

MAISON À ORLÉANS
RUE PIERRE PERCÉE

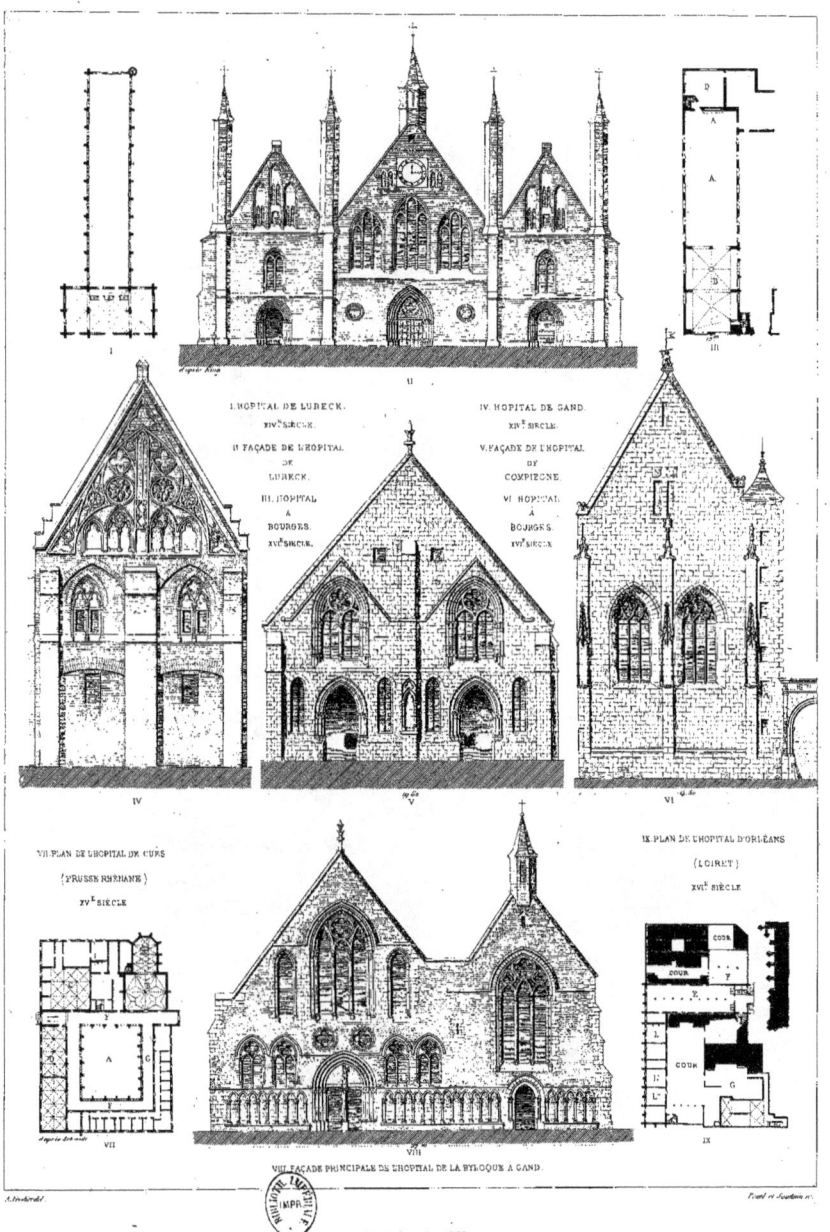

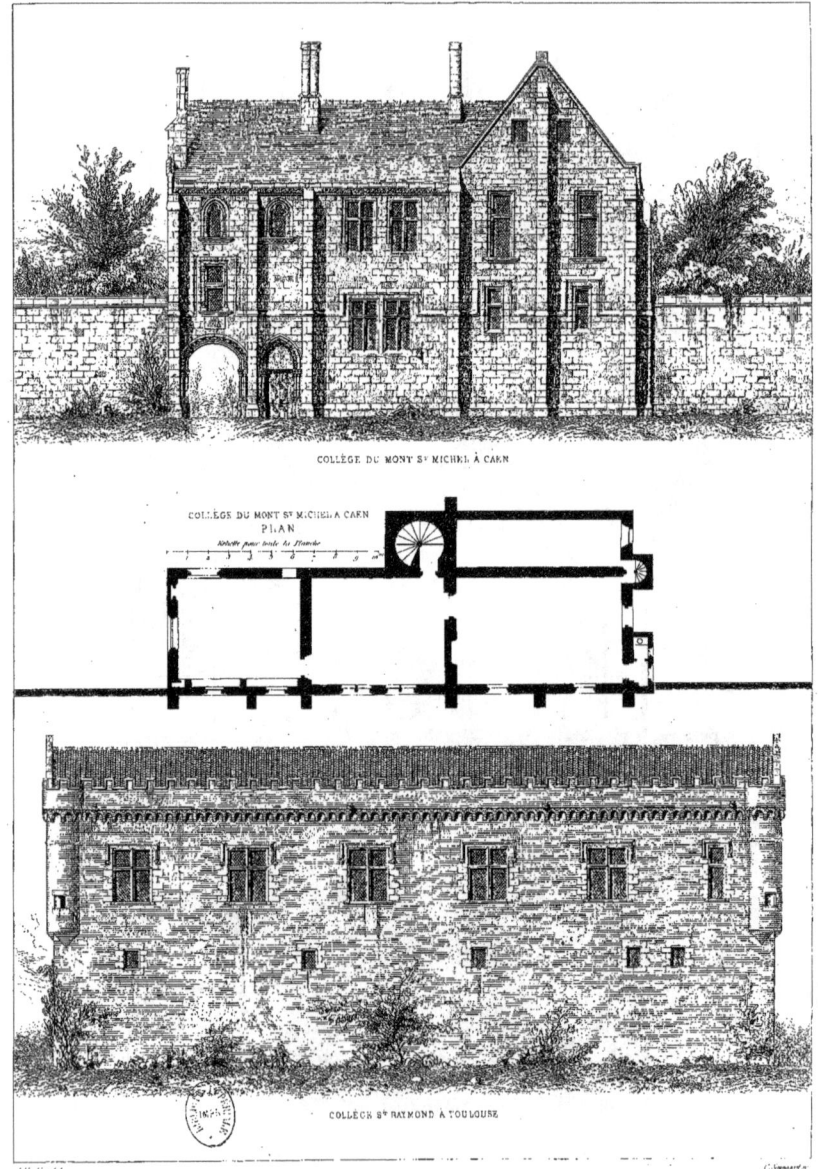

COLLÈGES A TOULOUSE ET A CAEN

SALLE DES THÈSES
À ORLÉANS

PLAN

RETOMBÉE DES NERVURES D'ANGLE

RETOMBÉE DES NERVURES LATÉRALES

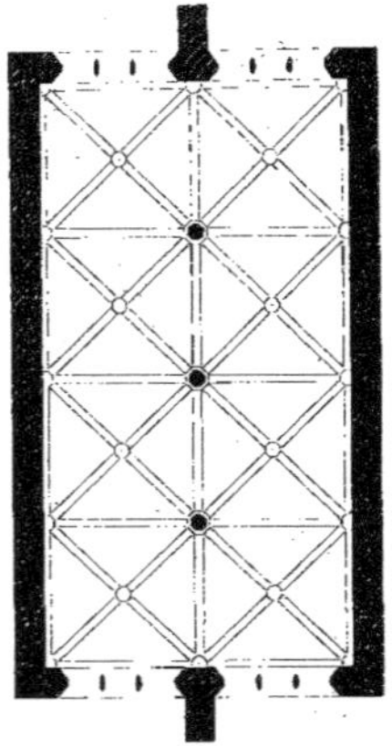

VUE PERSPECTIVE

COUPE TRANSVERSALE

RETOMBÉE DES NERVURES D'ANGLE

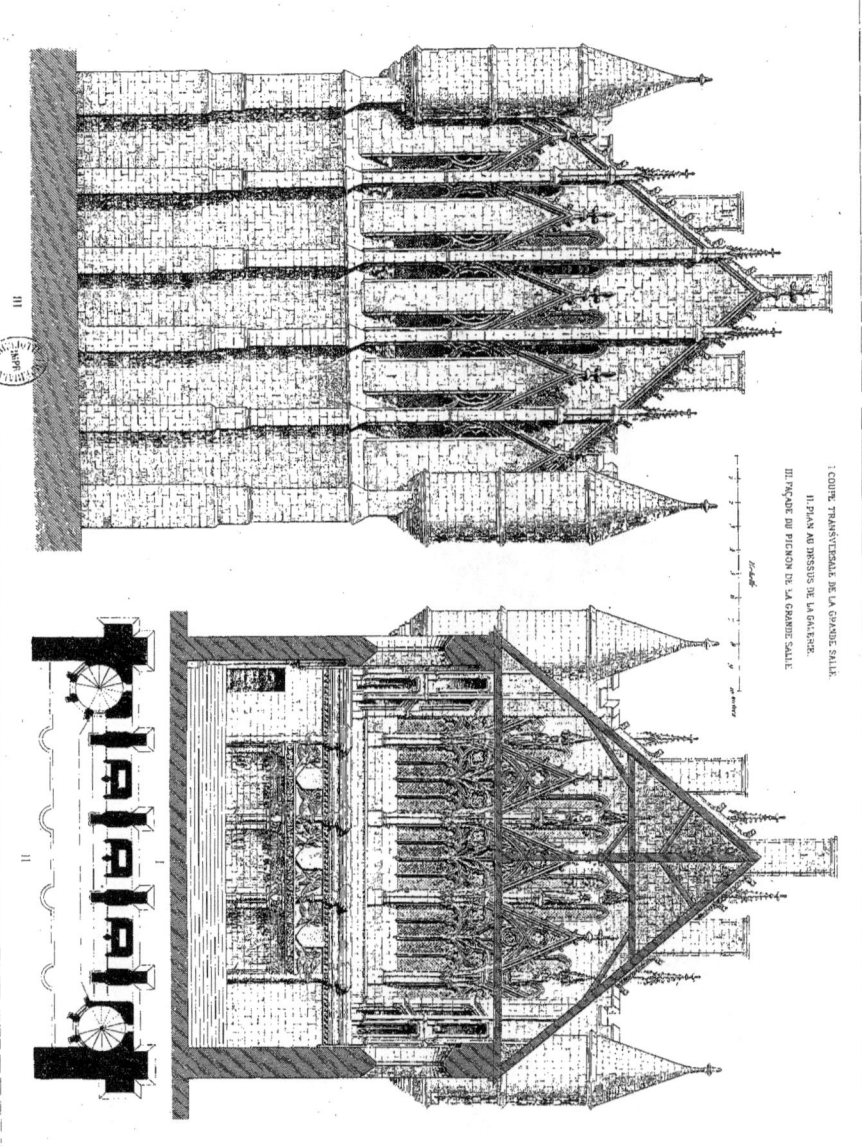

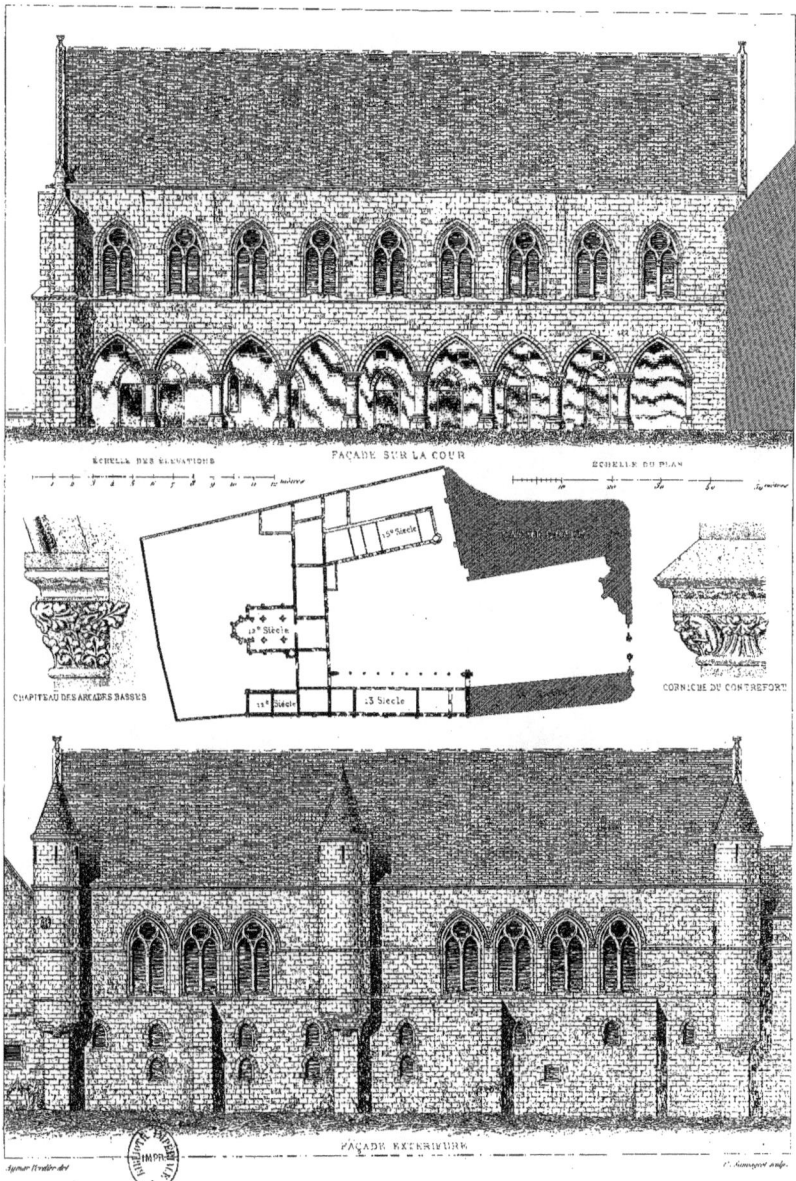

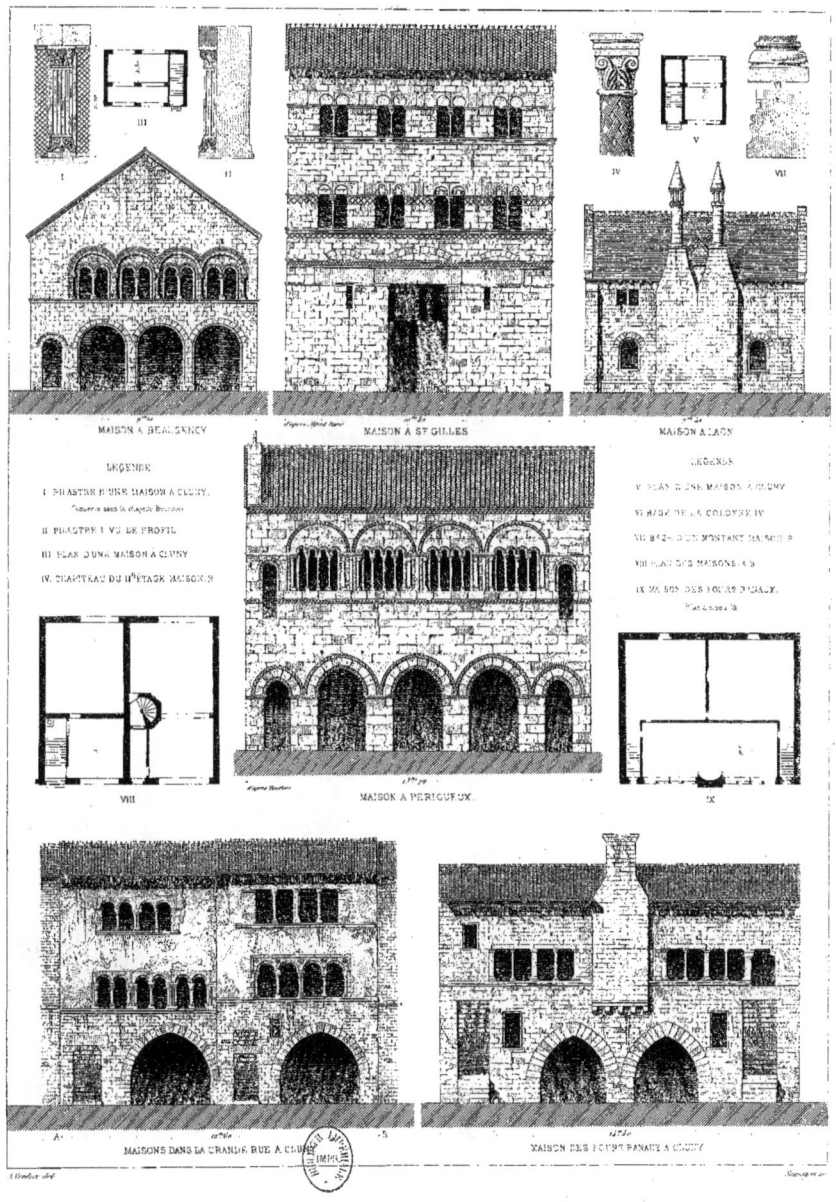

FRANCE
XII.e SIÈCLE

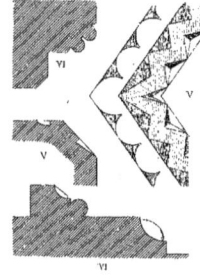

I. CHATEAU DE RIBEAUVILLE. HAUT RHIN.
FENÊTRE DE LA GRANDE SALLE.
II. FENÊTRE DES BATIMENTS DU CHAPITRE.
AU PUY.
III. FENÊTRE D'UNE MAISON R DES PÉNITENTES.
A ANGERS.

IV. FENÊTRE A VENDÔME. LOIR ET CHER.
V.V. DÉTAILS DE LA FENÊTRE A ANGERS.
VI. DÉTAILS DE LA FENÊTRE A VENDÔME.

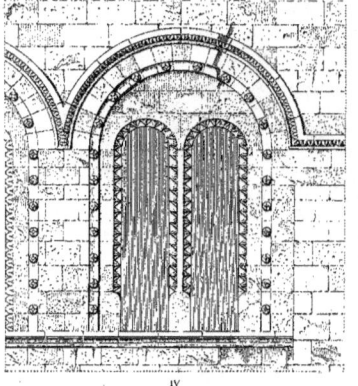

FENÊTRES
DU
XII.e SIÈCLE

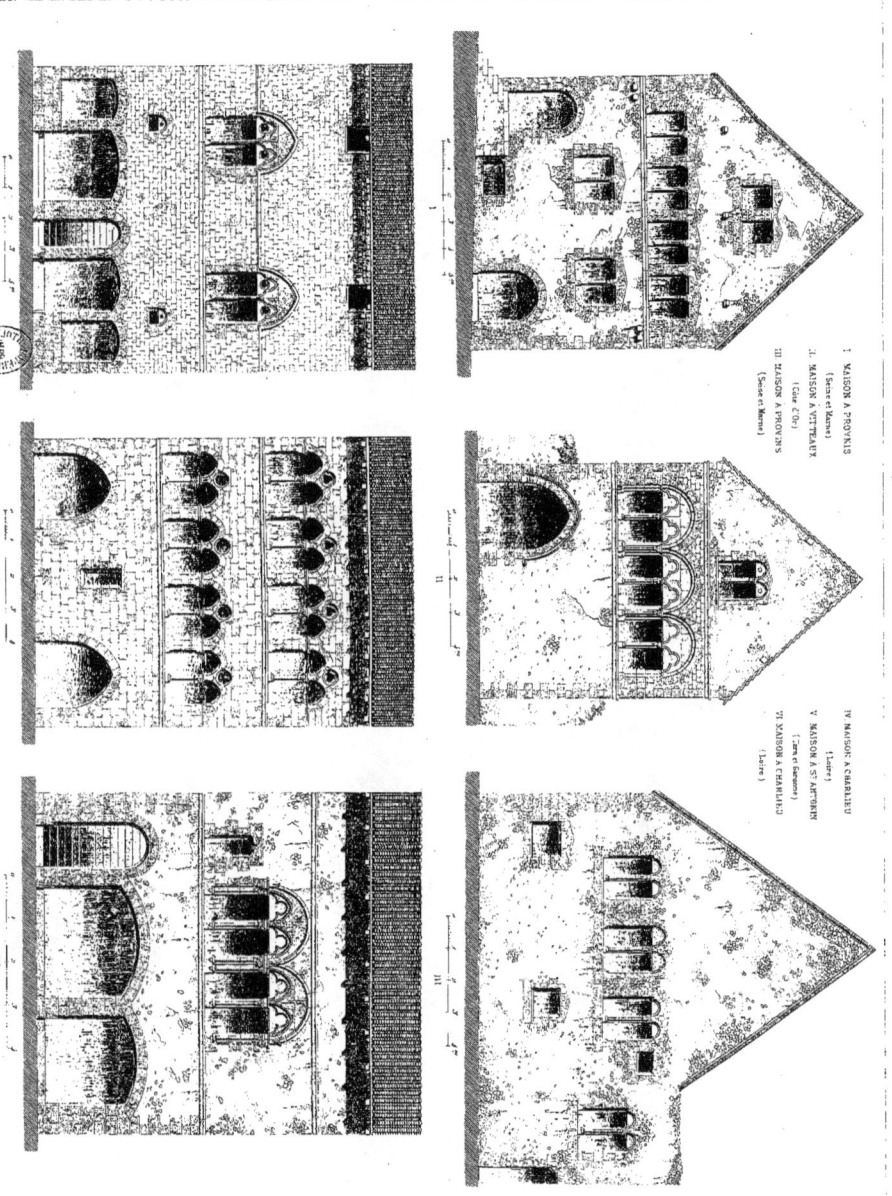

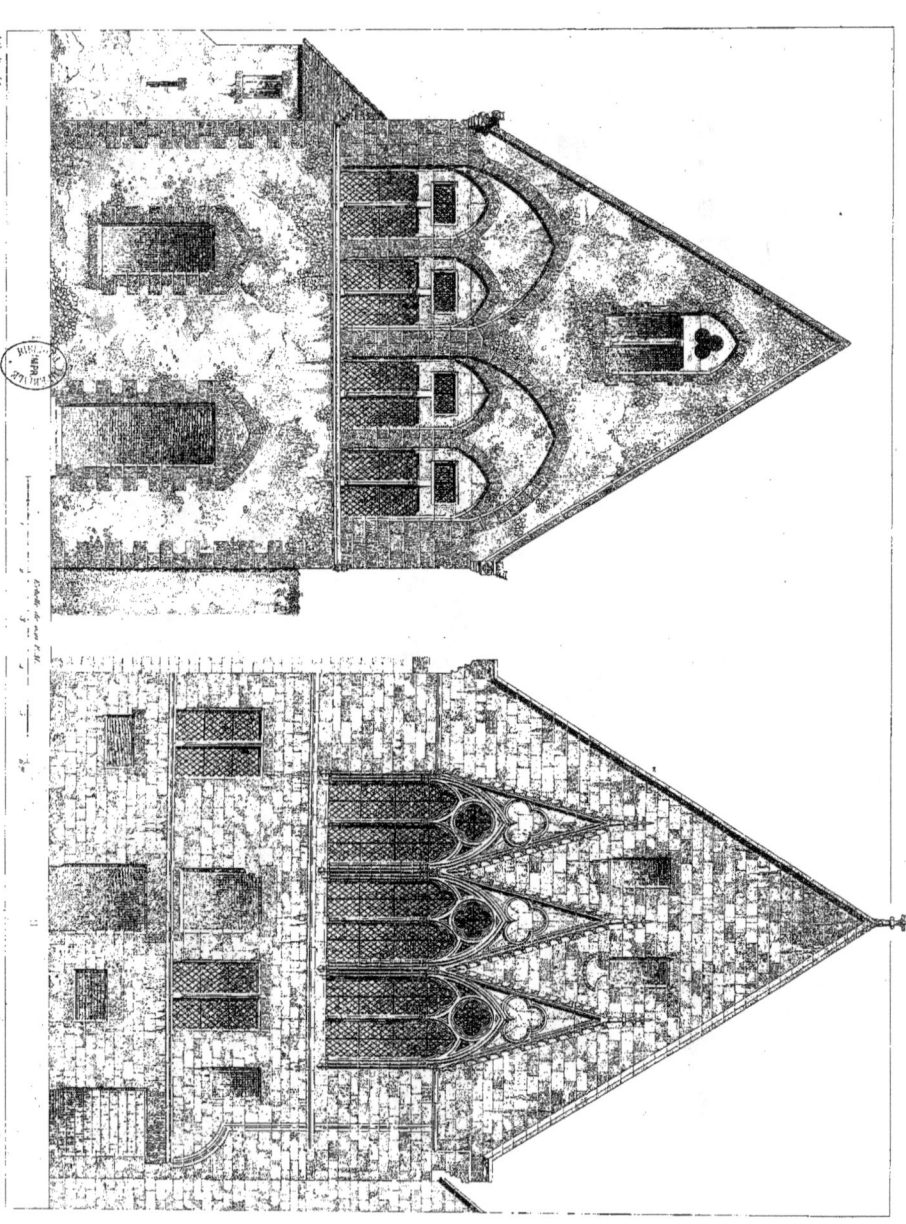

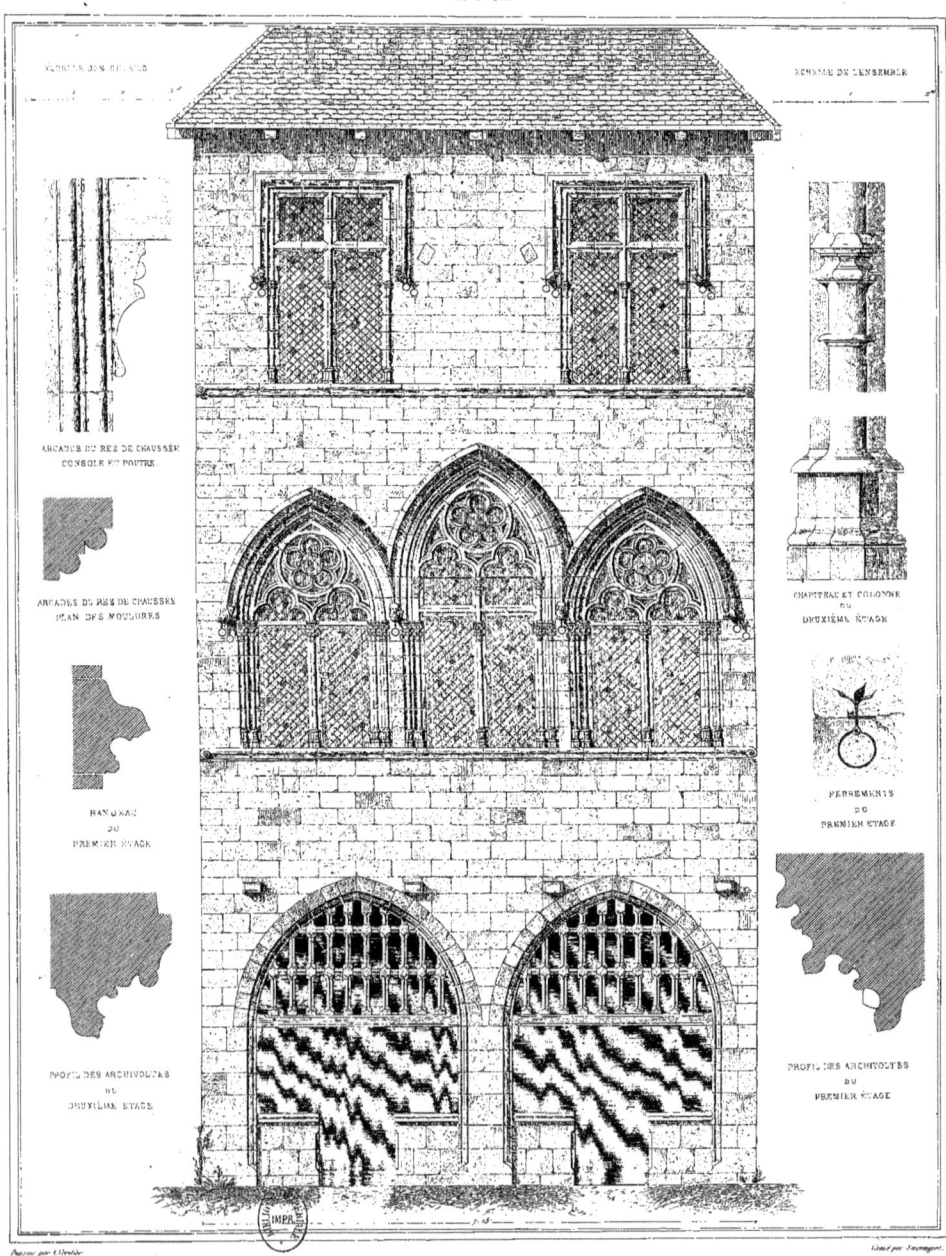

MAISON A SARLAT
DORDOGNE

MAISON DU GRAND VENEUR À CORDES

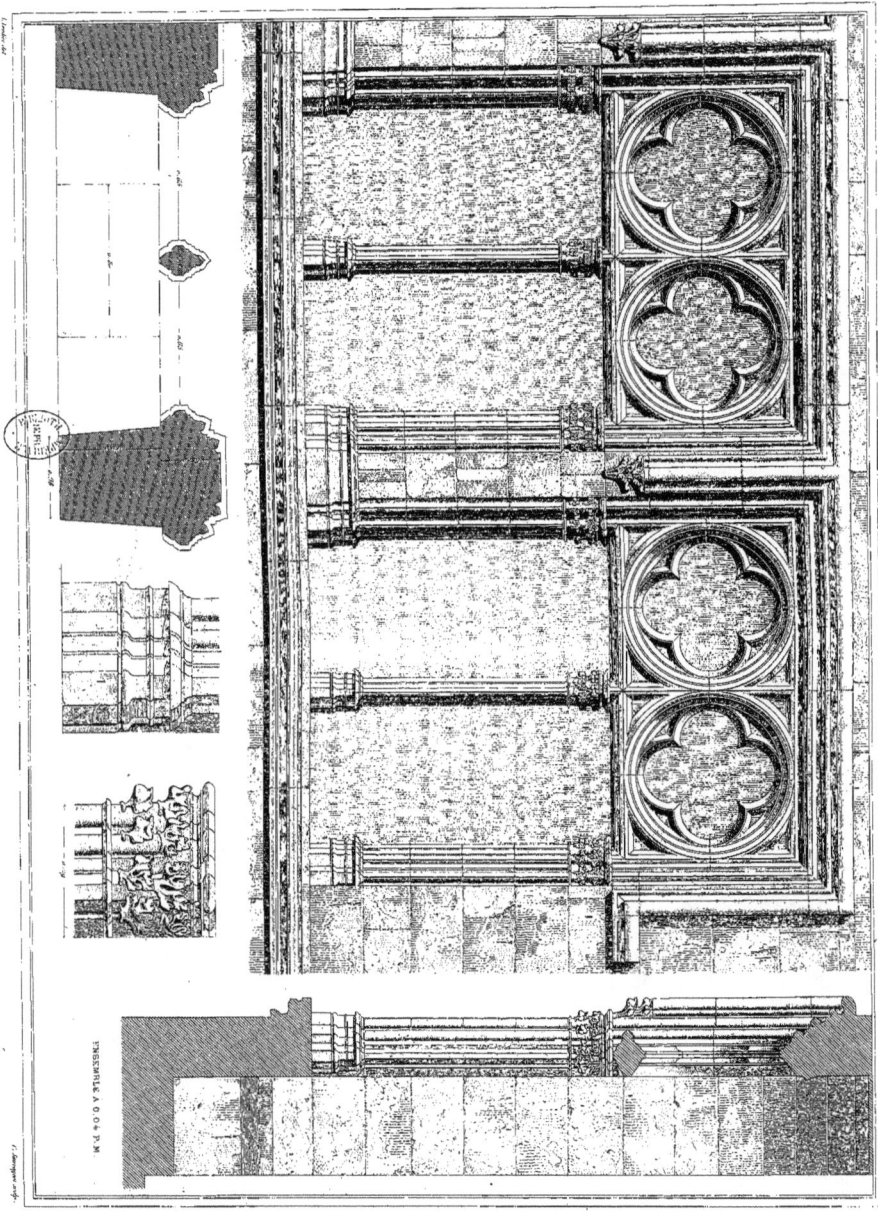

HÔTEL DE VILLE DE MARTEL (LOT)
DÉTAILS DES FENÊTRES

FRANCE
XIVᵉ SIÈCLE

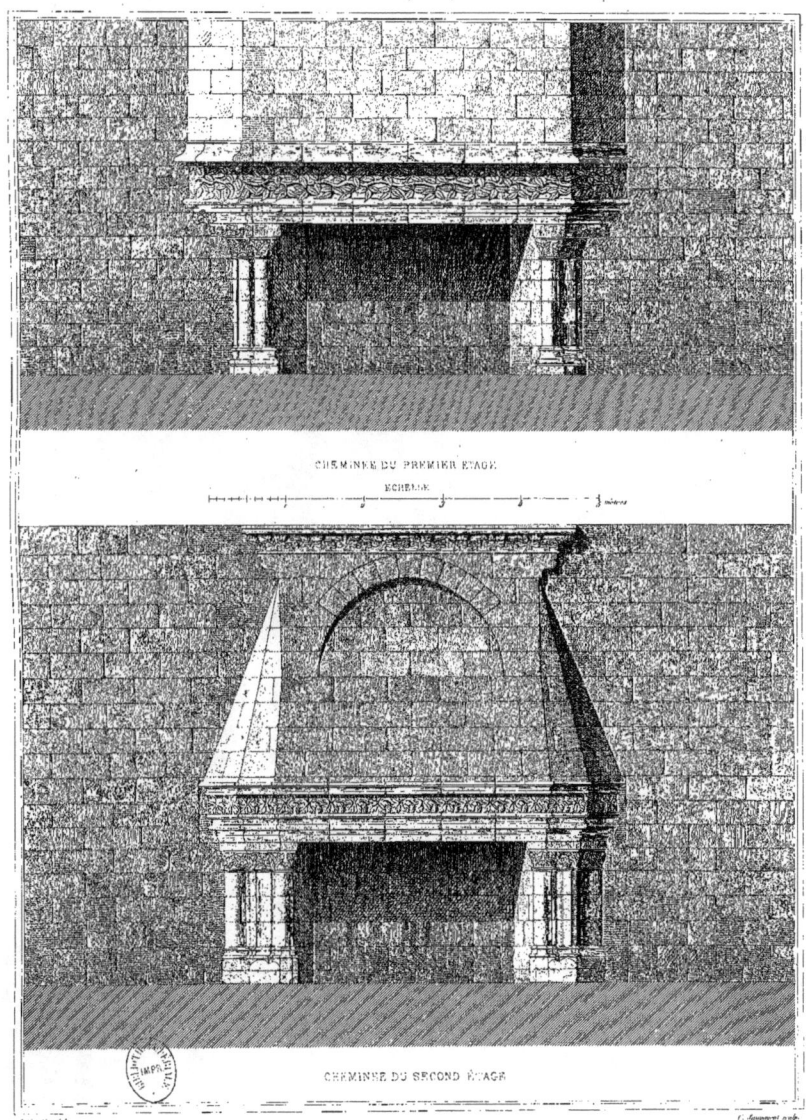

CHATEAU DE PIERREFONDS

FRANCE
SEIZIÈME SIÈCLE

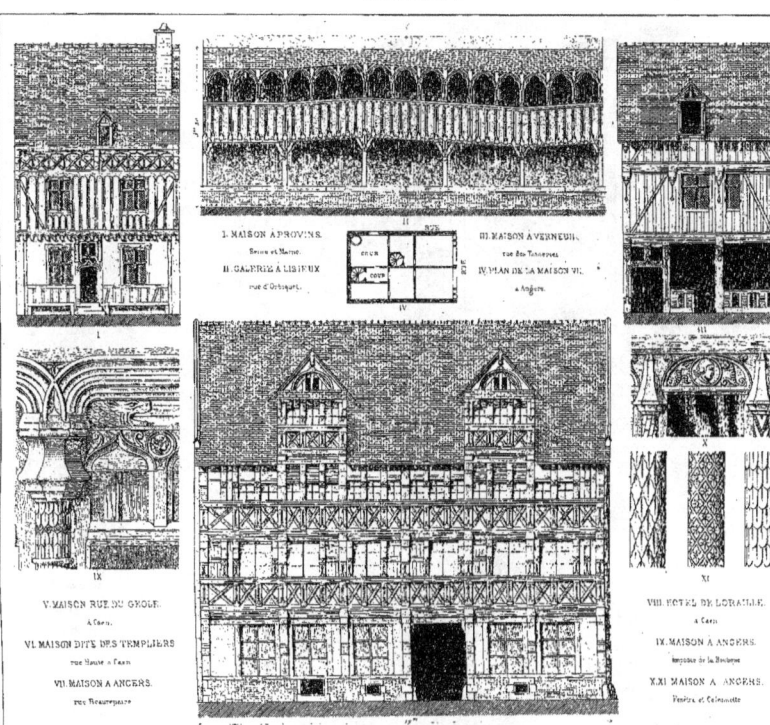

I. MAISON A PROVINS.
Seine et Marne.

II. GALERIE A LISIEUX
rue d'Orbiquet.

III. MAISON A VERNEUIL.
rue des Tanneurs.

IV. PLAN DE LA MAISON VII.
à Angers.

V. MAISON RUE DU GEOLE.
à Caen.

VI. MAISON DITE DES TEMPLIERS
rue Haute à Caen.

VII. MAISON A ANGERS.
rue Beaurepaire.

VIII. HOTEL DE LORAILLE.
à Caen.

IX. MAISON A ANGERS.
impasse de la Rochoyre.

X.XI. MAISON A ANGERS.
Fenêtre et Colonnette.

VI

VII

VIII

MAISONS DU SEIZIÈME SIÈCLE

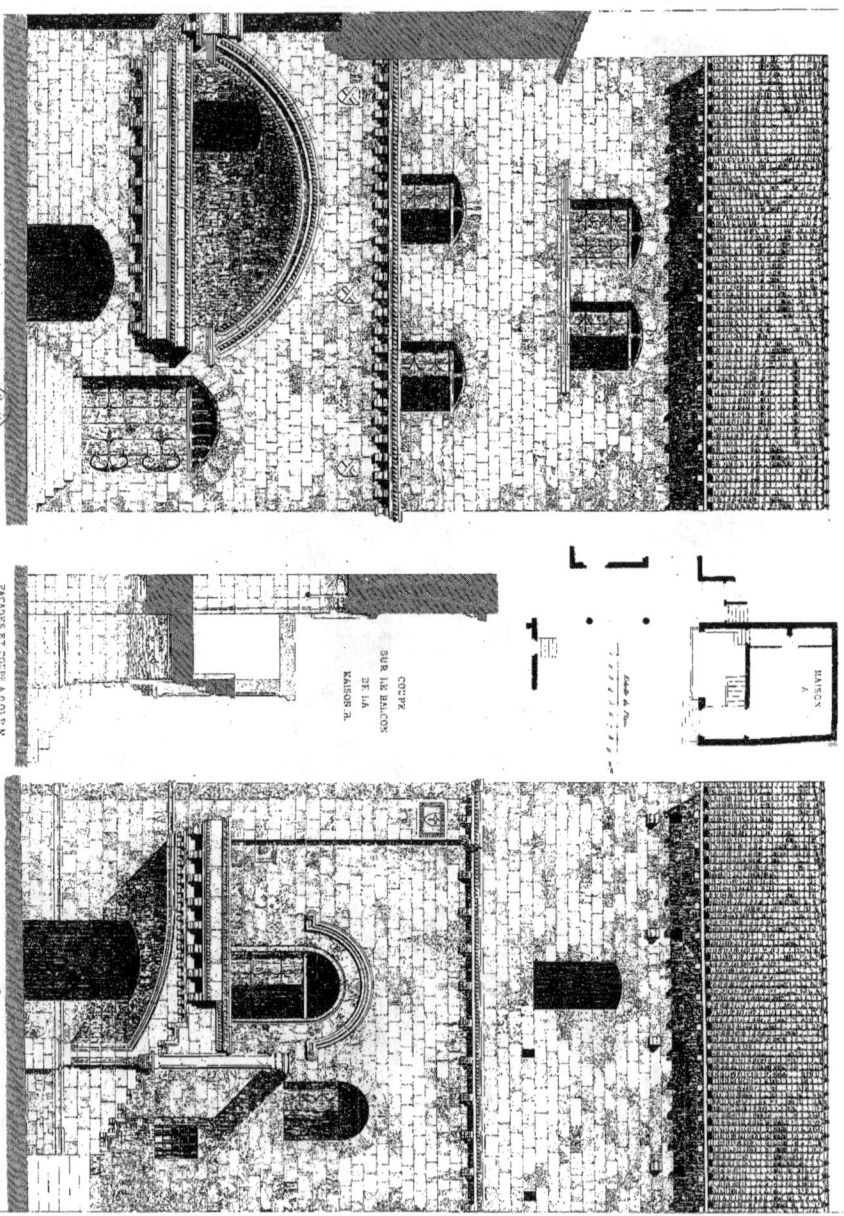

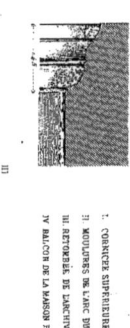

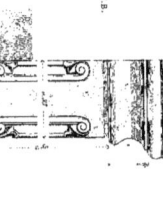
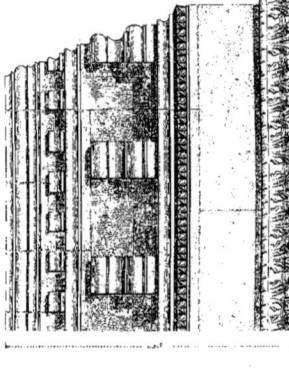

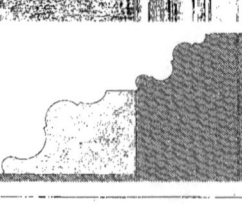
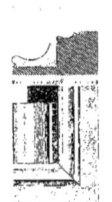
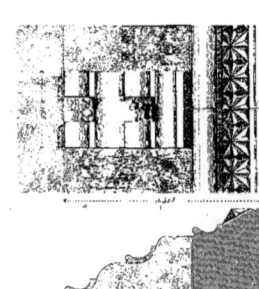

MAISONS À VITRÉ

DÉTAILS

XIe SIÈCLE

I. CORNICHE SUPÉRIEURE DE LA MAISON A.
II. MOULURES DE L'ARC DU BALCON MAISON B.
III. RETOMBÉE DE L'ARCHIVOLTE PORTE DE LA MAISON B.
IV. BALCON DE LA MAISON B.
V. MONTANT DU BALCON MAISON B.
VI. CORNICHE SUPÉRIEURE DE LA MAISON B.
VII. MARCHES DE L'ESCALIER MAISON B.
VIII. CORNICHE DU BALCON MAISON A.

MAISONS À PISE
ÉTAT ACTUEL

ITALIE
XIᵉ SIÈCLE

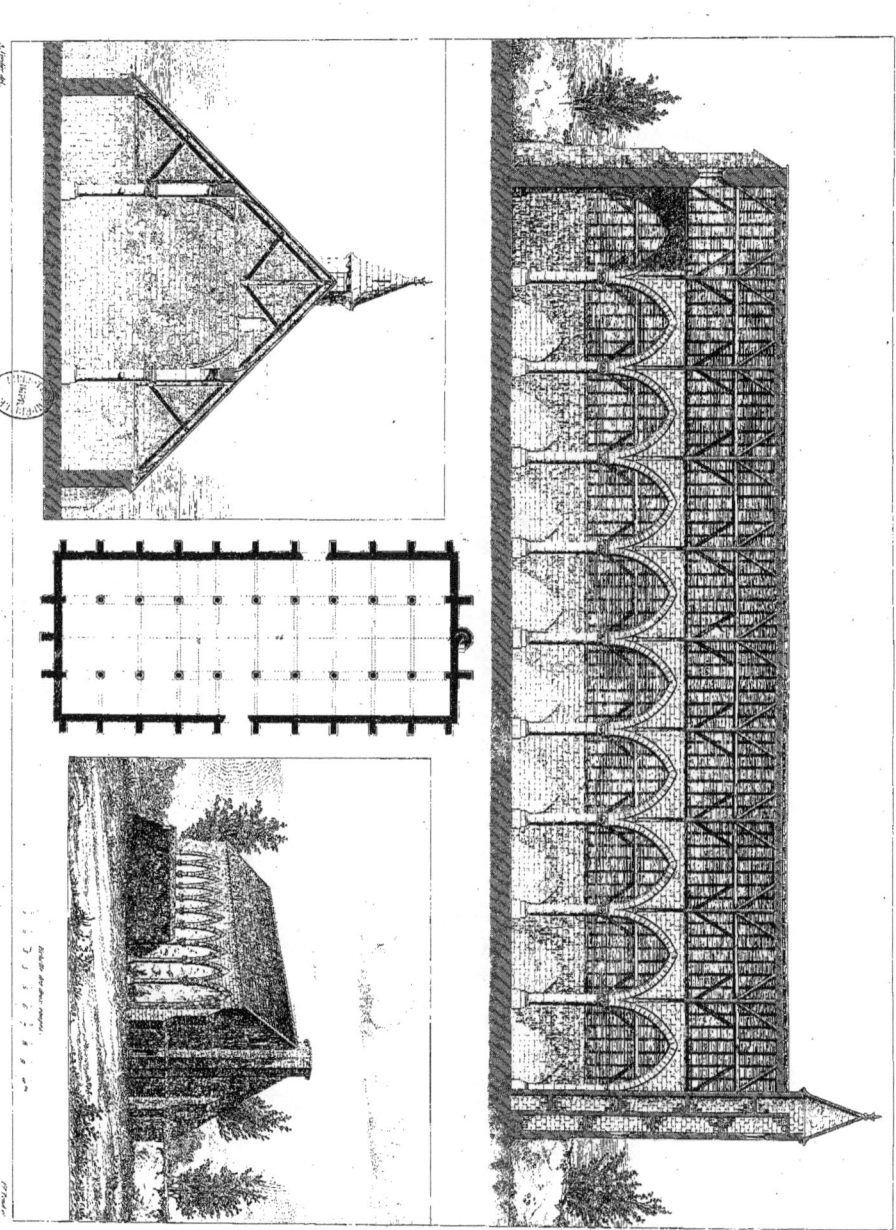

FRANCE — XIe SIÈCLE

ÉGLISE DE L'ABBAYE DE MAUBUISSON

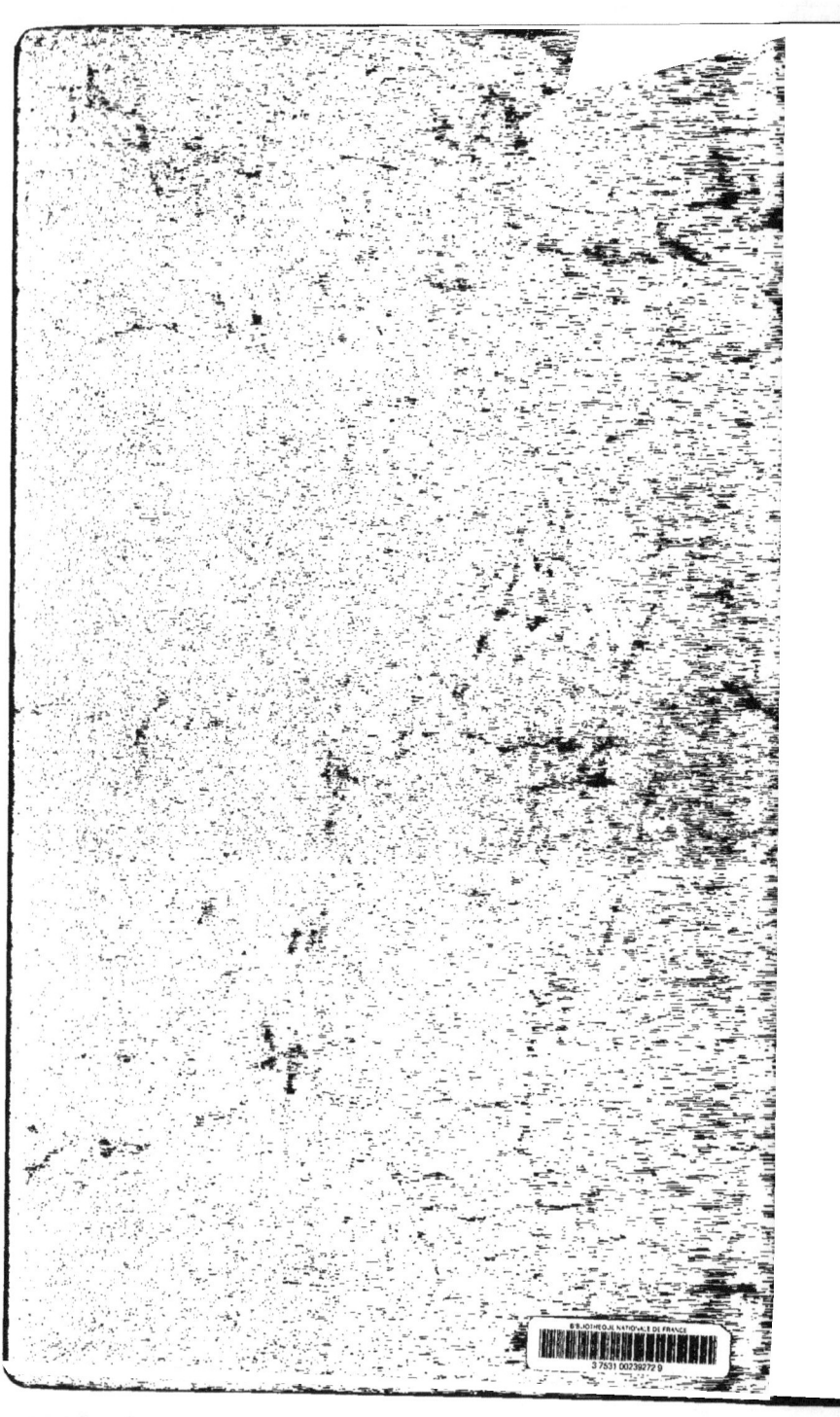

www.ingramcontent.com/pod-product-compliance
Lightning Source LLC
Chambersburg PA
CBHW050543170426
43201CB00011B/1548